全纳教育丛书

荣誉物理：电学

写给未来科学家和工程师的高中物理学教程

（第3版）

陆天明 编著

东南大学出版社
·南京·

图书在版编目(CIP)数据

荣誉物理：写给未来科学家和工程师的高中物理学教程.电学 / 陆天明编著.—3版.— 南京：东南大学出版社,2019.1(2024.11重印)
(全纳教育丛书)
ISBN 978-7-5641-8161-1

Ⅰ.①荣… Ⅱ.①陆… Ⅲ.①中学物理课-高中-教学参考资料 Ⅳ.①G634.73

中国版本图书馆 CIP 数据核字(2018)第 281433 号

荣誉物理：电学——写给未来科学家和工程师的高中物理学教程

编　　者	陆天明
责任编辑	宋华莉
编辑邮箱	52145104@qq.com
出版发行	东南大学出版社
出 版 人	江建中
社　　址	南京市四牌楼 2 号
邮　　编	210096
网　　址	http://www.seupress.com
经　　销	全国各地新华书店
印　　刷	南京玉河印刷厂
开　　本	787 mm×1092 mm　1/16
印　　张	20.75
字　　数	498 千字
版　　次	2019 年 1 月第 3 版
印　　次	2024 年 11 月第 4 次印刷
书　　号	ISBN 978-7-5641-8161-1
定　　价	48.00 元

(本社图书若有印装质量问题,请直接与营销部联系,电话：025-83791830)

前　言

　　为什么中国的古代文明没有发展出现代科学技术？为什么我们的学校总是培养不出杰出人才？李约瑟之惑和钱学森之问重重地敲打着中国的教育，也深深地刺痛了国人的教育良心。

　　这里所说的杰出人才可以理解为拔尖创新人才，这种人才应具备创造性人格特质，即：丰富的想象力、浓烈的好奇心、广泛的兴趣和优秀的思维品质。当下对拔尖创新人才的培养，通常采用行政化的办法，开设"重点班"、"实验班"，让学业成绩好的学生进入这些班学习。不可否认，这种做法简单而且容易操作，也的确培养出了一批学业上非常优秀的学生。但是，不同人的学习时间表不同，不同人的学习风格不同，整齐划一的教学要求，忽视个性心理特征与心理倾向的教育方式，不符合心理学和教育学的基本规律，容易对学生的创造性人格特质造成伤害。教育不应抹杀个性，而应尊重个性，适应个性，张扬个性。要培养具有创造性人格特质的人，必须进行个性化教育。

　　个性化教育是全纳教育的一种途径。全纳教育是一种没有排斥、没有歧视、没有分类、人人参与、合作共享的教育。全纳教育作为一种教育理念，主张进行个性化教育。

　　全纳教育是江苏省"十二五"重点资助项目。"荣誉物理"作为全纳教育课程体系课程之一，是为那些在中学阶段就显现出理科特长，并对物理特别感兴趣，立志成为科学家或工程师的学生而设计的。本教材对中学物理教学内容进行了拓展和加深，结构完整，自成体系，很大程度上弥补了当前物理教材的不足。《荣誉物理》系列丛书包含了当前高中物理竞赛考纲所规定的全部内容，所以本丛书不仅可以作为那些对物理学感兴趣的学生的课外拓展阅读材料，还可以作为一套系统的竞赛教程使用。

　　《荣誉物理》自出版以来得到了广大师生的认可，本版次根据考纲和近几年的考点变化进行了修订并再版。鉴于高中物理竞赛对数学的要求有所提高，根据实际需要，在丛书第2册即《电学分册》中，以附录形式加入了高等数学内容，以便于老师和学生们学习参考。感谢2015级曾许暨秋同学为这部分内容付出的时间和精力！

陆天明
2018年12月于九龙湖

目 录

第八章 电场 ······ 1
- §8.1 库仑定律和电场强度 ······ 1
- §8.2 高斯定理 ······ 11
- §8.3 电势与电势差 ······ 21
- §8.4 电场中的导体与电介质 ······ 29
- §8.5 电容和静电能 ······ 38
- §8.6 本章总结与能力提升训练 ······ 50

第九章 电流 ······ 65
- §9.1 欧姆定律 ······ 65
- §9.2 电路的连接和全电路欧姆定律 ······ 73
- §9.3 电路的简化 ······ 81
- §8.4 电流的叠加原理和无源网络 ······ 91
- §9.5 电桥和黑箱 ······ 98
- §9.6 物质的导电性 ······ 104
- §9.7 本章总结与能力提升训练 ······ 116

第十章 磁场 ······ 128
- §10.1 磁感强度 ······ 128
- §10.2 磁场对载流体的作用 ······ 136
- §10.3 磁场对运动电荷的作用 ······ 143
- §10.4 洛伦兹力的实际应用 ······ 154
- §10.5 本章总结与能力提升训练 ······ 166

第十一章 电磁感应 ····· 175

§11.1 法拉第电磁感应定律和楞次定律 ····· 175
§11.2 动生电磁感应 ····· 184
§11.3 感生电磁感应 ····· 193
§11.4 自感 ····· 199
§11.5 本章总结与能力提升训练 ····· 207

第十二章 交变电流和电磁波 ····· 218

§12.1 交变电流的产生和表征 ····· 218
§12.2 交流电路 ····· 227
§12.3 电磁振荡与电磁波 ····· 240
§12.4 本章总结与能力提升训练 ····· 246

附录:数学基础 ····· 257

第八章 电场

§8.1 库仑定律和电场强度

8.1.1 电荷守恒定律

物体如果能够吸引轻小物体,我们就说它带了电.使物体带电的方法称为起电的方法,有:摩擦起电、感应起电、接触起电.自然界只存在两种电荷,即正电荷和负电荷.我们把和丝绸摩擦过的玻璃棒所带的电称为正电,和毛皮摩擦过的橡胶棒所带的电称为负电.实验表明,同种电荷相互排斥,异种电荷相互吸引.

电荷的多少称为电量,用 Q 表示,单位是库仑,用 C 表示.密立根证明了微小粒子带电量的变化是不连续的,即电荷是量子化的,电量是基元电荷 e 的整数倍:$Q = Ne, N = 1, 2, 3, \cdots$

$$1e = 1.6 \times 10^{-19} \mathrm{C}$$

元电荷是电量的单位,电子的带电量为 $-1e$.

等量异种电荷相互抵消的现象称为中和.起电过程实际上是电荷的转移过程.我们熟知的摩擦起电就是电荷在不同物体间的转移.静电感应现象是电荷在同一物体上,不同部位间的转移.大量实验证明:电荷既不能被创造,也不能被消灭,它们只能从一个物体转移到另一个物体,或者从物体的一部分转移到另一部分.任何物理过程中,正负电荷的代数和始终保持不变,这就是电荷守恒定律.

自然界一切现象都遵循电荷守恒定律.

8.1.2 库仑定律

没有形状和大小,是一个几何点的电荷,我们称其为点电荷.显然点电荷也是一个理想模型.在实际处理问题时,如果带电体的大小和形状可以忽略不计时,这样的带电体就可以看成是点电荷.

真空中,两个静止的点电荷 q_1 和 q_2 之间的相互作用力的大小和两点电荷电量的乘积成正比,和它们之间的距离 r 的平方成反比;作用力的方向沿它们的连线,同号相斥,异号相吸,这就是库仑定律.用公式表示为:

$$F = k \frac{q_1 q_2}{r^2}$$

式中 k 是比例常数,依赖于各量所用的单位,在国际单位制(SI)中的数值为:$k = 9 \times 10^9 \mathrm{N \cdot m^2/C^2}$,常将 k 写成 $k = \dfrac{1}{4\pi\varepsilon_0}$ 的形式,ε_0 是真空介电常数,$\varepsilon_0 = 8.85 \times 10^{-12} \mathrm{C^2/(N \cdot m^2)}$.

库仑定律成立的条件,归纳起来有三条:

(1) 电荷是点电荷.
(2) 两点电荷是静止或者相对静止的.
(3) 只适用于真空.

8.1.3 电场强度

电荷间的相互作用是通过电场发生的,电场是物质存在的两种方式之一,是不以人的意志为转移的客观实在.电场的基本性质是力的性质,即对放入其中的电荷有力的作用,从电场的力的性质可以发现电场既有强弱之分也有方向之别.为了描述电场的力的性质,我们引入电场强度这个物理量,电场强度是从力的角度描述电场的物理量,其定义式为:

$$E = \frac{F}{q}$$

式中 q 是引入电场中的检验电荷的电量,F 是 q 受到的电场力,电场强度是矢量,其方向规定为正的检验电荷的受力方向.电场强度的大小表示电场的强弱,电场强度的方向表示电场的方向.

借助于库仑定律,可以计算出在真空中点电荷所产生的电场中各点的电场强度为:

$$E = \frac{F}{q} = k\frac{\frac{Qq}{r^2}}{q} = k\frac{Q}{r^2}$$

式中 r 为该点到场源电荷的距离,Q 为场源电荷的电量.

8.1.4 场强的叠加原理

在若干场源电荷所激发的电场中,任一点的总场强(合场强)等于每个场源电荷单独存在时在该点所激发的场强的矢量和.

原则上讲,有库仑定律和叠加原理就可运用数学工具解决静电学中的全部问题.

8.1.5 关于库仑定律的进一步说明

点电荷是一个理想模型,如果电荷的大小和形状不可以忽略,我们可以把任何连续分布的电荷看成是无限多个电荷元(可视作点电荷)的集合,再利用力的合成(叠加原理),求得非点电荷情况下库仑力的大小.

库仑定律实际上给出了一种静电场的分布,因此在应用库仑定律时,可以把第二个条件放宽到静止源电荷对运动电荷的作用,但不能推广到运动源电荷对静止电荷的作用,因为有推迟效应.

库仑定律不仅适用于真空,也适用于导体和介质.当空间有了导体或介质时,无非是出现一些新电荷——感应电荷和极化电荷,此时必须考虑它们对原来电场(源电场)的影响,但它们也遵循库仑定律,关于这个问题,我们以后还会讨论.

8.1.6 电场线

为了形象地表示电场在空间的分布情况,我们按照下面的规定在电场中画一系列曲线:曲线上每点的切线方向与该点的电场强度的方向一致.在与电场强度垂直的单位面积上,穿过曲线的条数与该处电场强度的大小成正比,即曲线分布稠密的地方电场强度大,曲线分布稀疏的地方电场强度小,这样的曲线就称为电场线.

图 8-1 画出了几种常见电场的电场线图.由图中所表示的电场线分布情形,可以看出静电场的电场线具有如下性质:

(1) 有向:电场线是有方向的曲线.
(2) 不闭:电场线起始于正电荷(或无限远),终止于负电荷(或无限远).
(3) 假想:电场线实际上不存在,是为了研究问题的方便而引入的假想的曲线.它不是客观实在,而是对物理现象的一种形象描述.
(4) 不交:两条电场线在没有电荷的地方不会相交.
(5) 不断:不在没有电荷的地方中断.

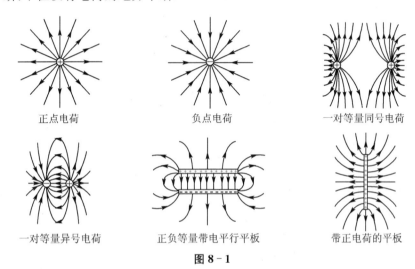

图 8-1

例 1 一个带正电的导体在空间中产生电场,用检验电荷去测电场.若检验电荷为正电荷,则对测量的影响是_____(填写"变大"或"变小"或"不变").若检验电荷为负电荷,则对测量的影响是_____(填写"变大"或"变小"或"不变").

【答案】变小　变大

【解析】对于带正电的导体,在空间中产生电场,放入正检验电荷测量电场,该处电场减小,对测量的影响变小;放入负检验电荷测量电场,该处电场增强,对测量的影响变大.

例 2 讨论均匀带电球壳的场强.

【解析】这是一个叠加原理应用的基本事例.如图 8-2 所示,在球壳内取一点 P,以 P 为顶点做两个对顶的、顶角很小的锥体,锥体与球面相交得到球面上的两个面元 ΔS_1 和 ΔS_2,设球面的电荷面密度为 σ,则这两个面元在 P 点激发的场强分别为

$$\Delta E_1 = k\frac{\sigma \Delta S_1}{r_1^2}$$

$$\Delta E_2 = k\frac{\sigma \Delta S_2}{r_2^2}$$

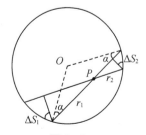

图 8-2

为了弄清 ΔE_1 和 ΔE_2 的大小关系,引进锥体顶部的立体角 $\Delta \Omega$,显然

$$\frac{\Delta S_1 \cos\alpha}{r_1^2} = \Delta \Omega = \frac{\Delta S_2 \cos\alpha}{r_2^2}$$

所以 $\Delta E_1 = k\dfrac{\sigma\Delta\Omega}{\cos\alpha}$，$\Delta E_2 = k\dfrac{\sigma\Delta\Omega}{\cos\alpha}$，即：$\Delta E_1 = \Delta E_2$，而它们的方向是相反的，故在 P 点激发的合场强为零．

同理，其他各个相对的面元 ΔS_3 和 ΔS_4、ΔS_5 和 $\Delta S_6\cdots$ 在 P 点激发的合场强均为零．原命题得证．

例 3 （2012 卓越）用等长的丝线分别悬挂两个质量、电荷量都相同的带电小球 A、B，两线上端固定在同一点 O，把 B 球固定在点 O 的正下方，当 A 球静止时，两悬线夹角为 θ，如图 8-3 所示．若在其他条件不变，只改变下列某些情况，能够保持两悬线夹角不变的方法是（　　）

(A) 同时使两悬线的长度都减半

(B) 同时使 A 球的质量、电荷量都减半

(C) 同时使 A、B 两球的质量、电荷量都减半

(D) 同时使两悬线的长度和两球的电荷量都减半

【答案】 BD

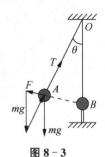

图 8-3

【解析】 对 A 球进行受力分析，画出受力分析图．由图中几何关系可得：

$$\dfrac{mg}{OB} = \dfrac{F}{AB}$$

$$F = \dfrac{kQq}{r^2}$$

要保持两悬线夹角不变的方法是：r 不变，同时使 A 球的质量、电荷量都减半；同时使两悬线的长度和两球的电荷量都减半，选项 BD 正确．

例 4 如图 8-4 所示，一条均匀带电细棒 AB 的电荷线密度为 λ．直棒外一点 P 到直棒的距离为 R．PA 和 PB 为 P 点到棒两端的连线，它们与 AB 方向的夹角分别为 α 和 β．求证：线棒 AB 在 P 点产生的场强方向为 $\angle APB$ 的角平分线上．

图 8-4

【解析】 如图 8-5 所示，以 P 为圆心，R 为半径作圆．在 AB 上任一段微元 Δl，其在 P 点产生的场强为：

$$\Delta E = \dfrac{k\cdot\Delta l\lambda}{r^2} \quad (1)$$

r 为 Δl 与 P 点的距离．

又 $\quad \Delta l = \dfrac{r\Delta\theta}{\cos\theta} \quad (2)$

把 (2) 式代入 (1) 式可得：

$$\Delta E = \dfrac{k\cdot\Delta\theta\lambda}{r\cos\theta} = \dfrac{k\lambda\cdot\Delta\theta}{R}$$

$$= \dfrac{k\lambda\cdot R\Delta\theta}{R^2}$$

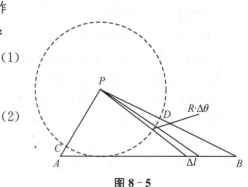

图 8-5

上式表明，在 AB 上任一段微元 Δl，其在 P 点产生的场强与电荷密度同样的 λ 的圆 P 上的相应的 $R\cdot\Delta\theta$ 的微元产生的场相同．

所以细棒 AB 在 P 点产生的场与电荷密度同样的为 λ 的圆弧 CD 在 P 处产生的场相同．所以 P 点的场强方向在 $\angle APB$ 的角平分线上．

【点评】 本题能否求出场强的大小呢?请读者思考.

例5 真空中一对相距为 l 的带等量异号电荷的点电荷系统,且 l 远小于讨论中所涉及的距离,则这样的电荷体系称为电偶极子,并且把连接两电荷的直线称为电偶极子的轴线,将电量 q 与两点电荷间距 l 的乘积定义为电偶极矩. 试讨论电偶极子产生的电场.

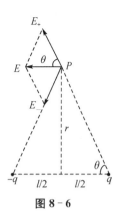

图 8-6

【解析】(1) 设两电荷连线中垂面上有一点 P,该点到两电荷连线的距离为 r,则 P 点的场强如图 8-6 所示,其中

$$E_+ = E_- = k\frac{q}{r^2 + \frac{l^2}{4}}$$

$$E = 2E_+ \cos\theta = 2k\frac{q}{r^2 + \frac{l^2}{4}} \cdot \frac{\frac{l}{2}}{\sqrt{r^2 + \frac{l^2}{4}}}$$

$$= k\frac{ql}{\left(r^2 + \frac{l^2}{4}\right)^{\frac{3}{2}}} \approx k\frac{ql}{r^3}$$

(2) 若 P' 为两电荷延长线上的一点,P' 到两电荷连线中点的距离为 r,如图 8-7 所示,则

$$E_+ = \frac{kq}{\left(r - \frac{l}{2}\right)^2}, \quad E_- = \frac{kq}{\left(r + \frac{l}{2}\right)^2}$$

$$E = E_+ - E_- = \frac{kq}{r^2}\left(1 + \frac{l}{r} - 1 + \frac{l}{r}\right) = k\frac{2ql}{r^3}$$

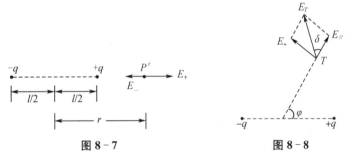

图 8-7　　　　图 8-8

(3) 若 T 为空间任意一点,它到两电荷连线的中点的距离为 r,如图 8-8 所示,则 $ql_\perp$ 在 T 点产生的场强分量为:

$$E_\perp = k\frac{ql_\perp}{r^3} = k\frac{ql\sin\varphi}{r^3}$$

由 $ql_\parallel$ 在 T 点产生的场强分量为:

$$E_\parallel = k\frac{2ql_\parallel}{r^3} = k\frac{2ql\cos\varphi}{r^3}$$

故

$$E_T = \sqrt{E_\perp^2 + E_\parallel^2} = k\frac{ql}{r^3}\sqrt{3\cos^2\varphi + 1}$$

$$\tan\delta = \frac{E_\perp}{E_\parallel} = \frac{\sin\varphi}{2\cos\varphi} = \frac{\tan\varphi}{2}$$

强化训练

1. 如图所示,用两根轻质细绝缘线把两个质量相同的带电小球悬挂起来,a 球带 $+q$,b 球带 $-2q$,且两球间的库仑力小于 b 球的重力,即两根线都处于竖直绷紧的状态.现加一水平向左的匀强电场,则小球若保持平衡,表示两小球平衡状态的图是 （　　）

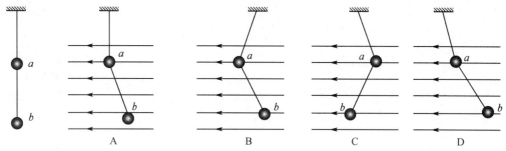

  【解析】以 a、b 两球组成的整体为研究对象.a、b 之间的库仑力和绳子的张力是内力,对整体的平衡不起作用.而 a、b 受到匀强电场的作用,因 $q_a < q_b$,故 q_a 受到水平向左的力小于 q_b 受到水平向右的力.这就决定了 a 上部悬绳必须有向左的力的分力.这就排除了 A、B 两个结论.a、b 整体的受力分析如图(a)所示.

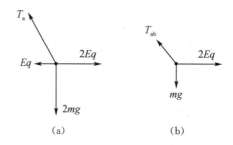

  以 B 球为研究对象,由于 b 受匀强电场向右的作用力,故 b 上部的悬绳必须有向左的分力,这就排除了结论 C,肯定了结论 D.b 球的受力分析如图(b)所示.

  选项 D 正确.

  【点评】研究对象是两个,又要判断内力的大小或方向.这类问题一般是以整体为研究对象,作受力分析,列平衡方程,再以其中一个受力情况较简单的物体为研究对象,作受力分析,列平衡方程,最后求解.这样要比分别以两个物体为研究对象,作受力分析,列平衡方程,最后求解的方法要简便.

2. 点电荷 $+9Q$ 和 $-Q$ 固定放置,相距 L,第三个电荷 q 只能在过 $+9Q$ 与 $-Q$ 的直线上运动.问:

  (1) q 应满足什么条件,才能在直线上平衡?

  (2) q 的平衡稳定性跟 q 的电荷符号有什么关系?

【解析】如图所示,设合场强为零的点在 $-Q$ 外侧 x 处,因为

$$\frac{k9Q}{(L+x)^2} = \frac{kQ}{x^2}$$

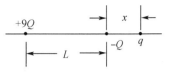

解得 $x = \frac{1}{2}L$. q 无论正负、大小如何,都可在该点平衡. 再设 q 偏离平衡位置向右发生微小位移 Δx,如果 q 为负,则合力 F 可写成(向右为正):

$$F = k\frac{Qq}{\left(\frac{L}{2}+\Delta x\right)^2} - k\frac{9Qq}{\left(\frac{3L}{2}+\Delta x\right)^2}$$

$$= kQq \frac{\left(\frac{3L}{2}+\Delta x\right)^2 - 9\left(\frac{L}{2}+\Delta x\right)^2}{\left(\frac{L}{2}+\Delta x\right)^2 \left(\frac{3L}{2}+\Delta x\right)^2}$$

$$= kQq \frac{-2(3L+4\Delta x)\Delta x}{\left(\frac{L}{2}+\Delta x\right)^2 \left(\frac{3L}{2}+\Delta x\right)^2} < 0$$

F 为负值,说明 q 为负电荷时,合力与 Δx 反向,平衡为稳定,F 为回复力. 如果 q 为正电荷时,仿上述方法易证明 F 为正值,不具有回复力性质,平衡不稳定.

【点评】(1) q 的大小和符号无限制,只有放在 $+9Q$ 和 $-Q$ 连线上 $-Q$ 的外侧,距离 $-Q$ 为 $\frac{1}{2}L$ 远处才能平衡.

(2) q 为负电荷时,平衡为稳定;q 为正电荷时,平衡不稳定.

3. 如图,求半径为 R,面密度为 σ 的均匀带电球壳球心处的场强.

【解析】如图所示,在球面上的 P 处取一极小的面元 ΔS,它在球心 O 点激发的场强大小为 $\Delta E = k\frac{\sigma \Delta S}{R^2}$,方向由 P 指向 O 点.

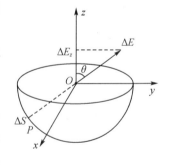

无穷多个这样的面元激发的场强大小和 ΔS 激发的完全相同,但方向各不相同,它们矢量合成的效果怎样呢?这里我们要大胆地预见——由于在 x 方向、y 方向上的对称性,$\sum \vec{E}_x = \sum \vec{E}_y = 0$,最后的 $\sum E = \sum E_z$,所以先求 $\Delta E_z = \Delta E \cos\theta = k\frac{\sigma \Delta S \cos\theta}{R^2}$,而且 $\Delta S \cos\theta$ 为面元在 xOy 平面的投影,设为 $\Delta S'$

所以 $$\sum E_z = \frac{k\sigma}{R^2} \sum \Delta S'$$

而 $$\sum \Delta S' = \pi R^2$$

$E = k\pi\sigma$,方向垂直边界线所在的平面.

4. 如图所示,质量为 $2m$ 的均匀带电球 M 的半径为 R,带电量为 $+Q$,开始静止在光滑的水平面上,在通过直径的直线上开一个很小的绝缘、光滑的水平通道. 现在球 M 的最左端 A 处,由

静止开始释放一质量为 m、带电量为 $-Q$ 的点电荷 N. 若只考虑两电荷间的相互静电力,试求点电荷运动到带电球 M 的球心时,两带电体的速度.

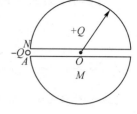

【解析】均匀带电球 M 在球内离球心距离为 x 处产生的电场强度为

$$E = \frac{kQx}{R^3}$$

点电荷 N 在此处所受的电场力为

$$F_N = \frac{kQ^2 x}{R^3}$$

此时带电球 M 所受的电场力也为

$$F_M = \frac{kQ^2 x}{R^3}$$

因而可将此系统构建为类似如右图所示的双振子,相对质心 O' 点做简谐运动. 由质心运动定理可知,系统的质心 O' 点静止不动,质心 O' 点距开始静止的球心 O 点的距离为 x',则

$$x' = \frac{mR}{M+m} = \frac{R}{3}$$

以质心 O' 为双振子振动的平衡位置,令 $k_0 = \dfrac{kQ^2}{R^3}$,N 相对质心振动的等效弹簧劲度系数为 $k_N = \dfrac{3k_0}{2}$,振幅为 $A_N = \dfrac{2R}{3}$.

球 M 相对质心振动的等效弹簧劲度系数 $k_M = 3k_0$,振幅为 $A_M = \dfrac{R}{3}$. N 到达球心时对应于两振子都到达平衡位置,由简谐运动知识得,此时点电荷 N、球 M 的速度分别为

$$v_N = A_N \sqrt{\frac{k_N}{m}} = \frac{2R}{3}\sqrt{\frac{3k_0}{2m}}$$

$$v_M = A_M \sqrt{\frac{k_M}{2m}} = \frac{R}{3}\sqrt{\frac{3k_0}{2m}}$$

5. 如图所示,两个同轴的带电无限长半圆柱面,内外圆柱面的半径分别为 a、b. 设在图中 $a < r < b$ 区域内只有径向电场,电势分布为 $U = k\ln b/r$,其中 k 为常量. 由此电势分布可得出电场强度分布为 $E = k/r$. 现有一质量为 m、初速为 v_0、带电量为 $-q$ 的粒子从左方 A 处射入,且 v_0 既与圆柱面轴线垂直又与入射处的圆柱的直径垂直(不计带电粒子的重力).

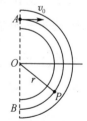

(1) 试问 v_0 为何值时可使粒子沿半径为 $R(R > a)$ 的半圆轨道运动?

(2) 若粒子的入射方向与上述 v_0 方向偏离一个很小的角度 β(仍然与圆柱面轴线垂直),其他条件不变,则粒子将偏离 (1) 中的半圆轨道. 设新轨道与原半圆轨道相交于 P 点. 试证明:对于很小的 β 角,P 点的位置与 β 角无关,并求出 P 点的方位角 $\theta = \angle AOP$ 的数值.

【解析】(1) 根据带电粒子在径向电场中做圆周运动的条件,即带电粒子所受的电场力等于

粒子沿径向指向圆心 O 的向心力,得

$$\frac{mv_0^2}{R} = qE = \frac{qk}{R}$$

则

$$v_0 = \sqrt{\frac{qk}{m}}$$

(2) 带电粒子运动轨迹看似比较复杂,但考虑到 β 较小,粒子沿切向的分速度为

$$v_t = v_0\cos\beta \approx v_0$$

径向的分速度

$$v_r = v_0\sin\beta = v_0\beta$$

运用力和运动独立性原理,可把此复杂的运动构建为沿着半径为 R 的匀速圆周运动和径向的振幅较小的简谐运动的复合运动.

粒子沿径向做简谐运动的平衡位置为 $r_0 = R$,设沿径向的微小位移为 x,回复力 F_r 满足

$$-\frac{kq}{r_0+x} = F_r - \frac{mv_t^2}{r_0+x}$$

即

$$F_r = -\left(\frac{qk}{r_0+x} - \frac{mv_t^2}{r_0+x}\right)$$

由角动量守恒,得

$$mv_0 r_0 = mv_t(r_0+x)$$

运用数学近似处理,有

$$\frac{1}{r_0+x} = \frac{1}{r_0} \cdot \left(1 - \frac{x}{r_0}\right)$$

$$\frac{1}{(r_0+x)^3} = \frac{1}{r_0^3} \cdot \left(1 - \frac{3x}{r_0}\right)$$

结合

$$\frac{qk}{r_0} = \frac{mv_0^2}{r_0}$$

得

$$F_r = -\frac{2mv_0^2}{r_0^2} x$$

令 $k' = \frac{2mv_0^2}{r_0^2}$,粒子沿径向做简谐运动的周期为

$$T = 2\pi\sqrt{\frac{m}{k'}} = \frac{\sqrt{2}\pi r_0}{v_0}$$

粒子第一次到达平衡位置 P 点时,所用的时间为 $t = \frac{T}{2}$,粒子做匀速圆周运动转过的角度为

$$\theta = \frac{v_0 t}{r_0} = \frac{\pi\sqrt{2}}{2}.$$

6. 在 x 轴的 $x = a$ 和 $x = -a$ 两位置上,各有一个带电量均为 Q 的固定点电荷,在 $x = 0$ 处有一电量为 q、质量为 m 的自由小球,且 Q 与 q 同号.今使小球沿着 x 轴方向稍稍偏离 $x = 0$ 位置,设小球只受两固定带电质点的库仑力,其他作用力均可忽略.试证明小球将在 x 轴上围绕 $x = 0$ 点做简谐振动,并求出小球的振动周期 T.

【解析】 质点做简谐振动的根据是所受合力为线性恢复力,弹簧振子、单摆等都是如此. 如图所示,当带电小球从平衡位置 O 稍稍右移到 x 位置时,左 Q 对它的斥力 F_1 将小于右 Q 对它的斥力 F_2,合力指向左方,使之回复平衡位置,F_x 是恢复力. 左移类似.(又,若 q 与 Q 异号,为吸引力,则右移后合力指向右方,不能回复平衡位置)再具体写出带电小球所受合力的表达式,利用"稍稍偏离",即 $x \ll a$ 的条件,取近似. 若合力 F_x 与 x 成正比,则是线性力,证明完毕. 最后,与弹簧振子的公式对比,即可求出振动周期 T.

如图所示,设带电小球从 O 点沿 x 轴稍稍右移到 x 位置,则所受合力为

$$F_x = F_1 - F_2 = k\frac{Qq}{(a+x)^2} - k\frac{Qq}{(a-x)^2}$$

$$= k\frac{Qq}{a^2}\left[\left(\frac{1}{1+\frac{x}{a}}\right)^2 - \left(\frac{1}{1-\frac{x}{a}}\right)^2\right]$$

因 $Qq > 0$,可见 $F_x < 0$,指向左方,为恢复力. 由于 $x \ll a$,所以有

$$\frac{1}{\left(1+\frac{x}{a}\right)^2} = 1 - \frac{2x}{a}$$

$$\frac{1}{\left(1-\frac{x}{a}\right)^2} = 1 + \frac{2x}{a}$$

代入 F_x 表达式,得

$$F_x = -4k\frac{Qq}{a^3}x$$

可见 $F_x \propto -x$,即合力既与偏离成正比又与偏离反向,确是线性恢复力. 因此,带电小球将在 x 轴上围绕平衡位置 O 做简谐振动. 做简谐振动的周期为

$$T = 2\pi\sqrt{\frac{m}{k}}$$

令
$$k = 4k\frac{Qq}{a^3}$$

故本题带电小球做简谐振动的周期为

$$T = \pi a\sqrt{\frac{ma}{kQq}}$$

§8.2 高斯定理

8.2.1 电场线疏密的规定

为形象描述电场强度在空间的分布,人为地引入一系列电场线,其疏密反映电场强度的大小,曲线每一点的切线方向表示该点电场强度的方向,如图 8-9 所示,在电场强度分布空间的一点选取面元 $\mathrm{d}\vec{S}$,面元方向用单位法向矢量 $\vec{n}$ 表示.要求 $\mathrm{d}\vec{S}$ 非常小,以保证在面元上各点电场强度为常矢量.

该面积元在电场强度方向上的投影大小 $\mathrm{d}S_\perp$,如图 8-10 所示,该点电场强度的大小:$E = \dfrac{\mathrm{d}\Phi_e}{\mathrm{d}S_\perp}$,即通过垂直于电场强度方向上单位面积的电场线条数,$E = \dfrac{\mathrm{d}\Phi_e}{\mathrm{d}S_\perp}$ 为电场线数密度,电场强度方向沿该点电场线切线方向:

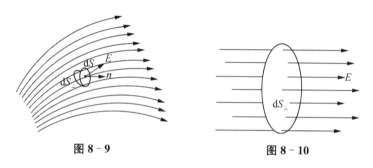

图 8-9   图 8-10

8.2.2 电通量

1. 面积元的电通量

如图 8-11(a)所示,在曲面 S 上选取一面元 $\mathrm{d}\vec{S} = \vec{n}\mathrm{d}S$,要求面元足够小,以保证在面元上各点电场强度是常矢量,面元法向正方向可以为面元的任一侧,如图 8-11(b)所示.

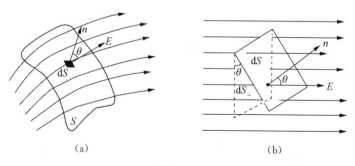

(a)   (b)

图 8-11

在电场强度方向上的投影大小 $\mathrm{d}S_\perp$,定义通过 $\mathrm{d}S$ 的电场线条数为通过该面元的电通量.

通过 $\mathrm{d}S$ 的电通量:

$\mathrm{d}\Phi_e = E\mathrm{d}S_\perp$ 就是通过 $\mathrm{d}S_\perp$ 的电通量;

$$\mathrm{d}\Phi_e = E\mathrm{d}S\cos\theta \text{ 或 } \mathrm{d}\Phi_e = \vec{E} \cdot \mathrm{d}\vec{S};$$

$0 \leqslant \theta < \dfrac{\pi}{2}, \mathrm{d}\Phi_e$ 为正；

$\dfrac{\pi}{2} < \theta \leqslant \pi, \mathrm{d}\Phi_e$ 为负．

2. 通过任意曲面 S 的电通量

穿过曲面 S 的电通量：

$$\Phi_e = \int_S \vec{E} \cdot \mathrm{d}\vec{S}$$

3. 通过闭合曲面的电通量

对于闭合曲面 S 的电通量：

$$\Phi_e = \oint_S \vec{E} \cdot \mathrm{d}\vec{S}$$

对于闭合曲面,规定面元法线方向由里向外为正,如图 8-12 所示．穿过闭合曲面 S 的电通量为净穿过闭合曲面电场线的总条数．

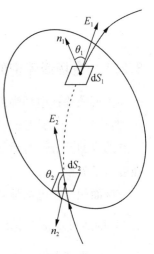

图 8-12

8.2.3 高斯定理的证明

1. 高斯定理的内容

真空中的任何静电场中,穿过任一闭合曲面的电通量等于闭合曲面所包围的电量代数和乘以 $\dfrac{1}{\varepsilon_0}$．

对于点电荷体系：

$$\Phi_e = \oint_S \vec{E} \cdot \mathrm{d}\vec{S} = \dfrac{1}{\varepsilon_0} \sum_i q_i$$

对于电荷连续分布体系：

$$\Phi_e = \oint_S \vec{E} \cdot \mathrm{d}\vec{S} = \dfrac{1}{\varepsilon_0} \oint_V \rho \mathrm{d}V$$

2. 高斯定理的证明

（1）单个点电荷

点电荷在圆心处,选取半径为 r 的球面 S 为高斯面,如图 8-13 所示．

面上任一点的电场强度：

$$\vec{E} = \dfrac{1}{4\pi\varepsilon_0} \dfrac{q}{r^2} \vec{r}^0$$

穿过面积元 $\mathrm{d}S$ 的电通量：

$$\mathrm{d}\Phi_e = \vec{E} \cdot \mathrm{d}\vec{S} = E\mathrm{d}S = \dfrac{1}{4\pi\varepsilon_0} \dfrac{q}{r^2} \mathrm{d}S$$

穿过高斯面 $\mathrm{d}S$ 的电通量：

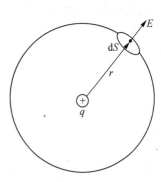

图 8-13

$$\Phi_e = \oint_S \frac{1}{4\pi\varepsilon_0} \frac{q}{r^2} dS = \frac{1}{4\pi\varepsilon_0} \frac{q}{r^2} \cdot 4\pi r^2 = \frac{q}{\varepsilon_0}$$

即与包围点电荷闭合球面大小无关,说明电场线自正电荷发出,终止于无限远处.

电场线是连续的一些曲线,在没有电荷的空间不中断,静电场为有源场.

任意闭合曲面 S',穿过 dS' 的电通量:

$d\Phi_e = \vec{E} \cdot d\vec{S'}$,如图 8-14 所示,$d\Phi_e = EdS'\cos\theta = EdS$

dS 对点电荷张的立体角:

$$d\Omega = \frac{dS}{r^2}, d\Phi_e = Er^2 d\Omega$$

$$d\Phi_e = \frac{1}{4\pi\varepsilon_0} \frac{q}{r^2} r^2 d\Omega, d\Phi_e = \frac{q}{4\pi\varepsilon_0} d\Omega$$

$$\Phi_e = \int d\Phi_e = \int \frac{q}{4\pi\varepsilon_0} d\Omega = \frac{q}{\varepsilon_0}, 与点电荷的位置和闭合曲面的形状无关$$

如果闭合曲面不包围电荷,根据电场线的在没有电荷的空间不能中断的特点,可以得出穿过闭合曲面的电通量为零. 如图 8-15 所示.

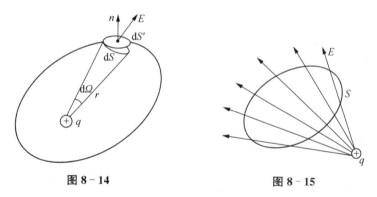

图 8-14　　　　　　　图 8-15

(2) 多个点电荷系

如图 8-15 所示,通过闭合曲面的电通量:$\Phi_e = \oint_S \vec{E} \cdot d\vec{S}$,$\vec{E} = \sum_{i=1}^{n} \vec{E_i}$ 为空间所有电荷共同产生

$$\Phi_e = \oint_S (\sum_{i=1}^{n} \vec{E_i}) \cdot d\vec{S} = \sum_{i=1}^{n} \oint_S \vec{E_i} \cdot d\vec{S}$$

$$\Phi_e = \sum_{i=1}^{n} \Phi_{ie}$$

$$\Phi_{ie} = \oint_S \vec{E_i} \cdot d\vec{S} = \frac{q_i}{\varepsilon_0}$$

$$\Phi_e = \oint_S \vec{E} \cdot d\vec{S} = \frac{1}{\varepsilon_0} \sum_i q_i$$

高斯定理表达式中的场强 $\vec{E}$ 为空间所有电荷共同产生的电场,如图 8-16 所示.

通过封闭曲面的电通量只和包围的电荷的代数和有关,与面外电荷无关,如图 8-17 所示.

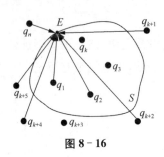
图 8-16

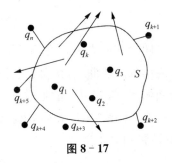
图 8-17

（3）连续带电体

显然，通过闭合曲面的电通量：

$$\Phi_e = \oint_S \vec{E} \cdot d\vec{S} = \frac{1}{\varepsilon_0} \oint_V \rho dV$$

8.2.4 高斯定理的应用

库仑定律可以由给定电荷的分布，求出空间电场强度的分布．高斯定理可以反过来，由已知空间电场强度的分布，求区域内的电荷量；在电荷分布具有某种对称分布时，可以很方便地计算空间电场的分布．下面就谈谈应用高斯定理求解电场强度的思路和方法：

1. 分析电荷分布对称性

球对称性——点电荷、电荷均匀分布的球面、均匀带电球体

轴对称性——无限长均匀带电棒、无限长均匀带电圆柱面、圆柱体、无限大带电平面

2. 分析电场强度分布对称性

球对称性——电场强度方向沿半径方向

轴对称性——电场强度方向沿垂直于轴线方向，或者沿垂直于面的方向

3. 高斯面选取

选取高斯面时，应方便电通量的求解．正如后面的问题中可以看到的，球对称性时，常取高斯面为球面，轴对称性时，常取高斯面为圆柱面．

4. 应用真空中的高斯定理

$\oint_S \vec{E} \cdot d\vec{S} = \dfrac{q}{\varepsilon_0}$ 求解电场强度．

5. 电荷分布、电场强度不对称的情况

可先根据高斯定理求解对称电荷分布的电场，再根据电场叠加原理进行计算．

库仑定律只适用于静电场，而高斯定理适用于任何电场，是电场的普遍的基本定律，这以后还会进行深入研究．

例 6 计算均匀带电球面电场分布，已知球面半径为 R，所带总的电量 $q(q>0)$，如图 8-18 所示．

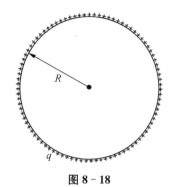

图 8-18

【解析】均匀带电球面的电荷分布具有球对称性,电场强度的分布亦具有球对称性,即以 O 为圆心做出的任一球面上各点电场强度大小相等,方向沿半径方向.

球面内电场强度的计算:

以 $r(r<R)$ 为半径做出一个球面为高斯面,如图 8-19 所示.

根据高斯定理:

$$\oint_S \vec{E} \cdot d\vec{S} = \frac{q}{\varepsilon_0} = 0$$

$$\oint_S E dS = E \cdot 4\pi r^2 = 0$$

$E=0$ 球面内处处电场强度为零

球面外电场强度的计算:

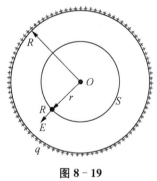

图 8-19　　　　图 8-20

以 $r(r>R)$ 为半径做出一个球面为高斯面,如图 8-20 所示.

根据高斯定理:

$$\oint_S \vec{E} \cdot d\vec{S} = \frac{q}{\varepsilon_0}$$

$$\oint_S E dS = E \cdot 4\pi r^2 = \frac{q}{\varepsilon_0}$$

$$E = \frac{q}{4\pi\varepsilon_0 r^2}$$

可见均匀带电球面外的电场分布与一个放置在球心 O 点的点电荷产生的电场相同,如图 8-21 所示.

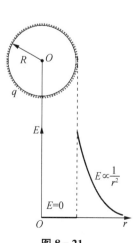

图 8-21

例7 计算均匀带电球体电场分布,已知球体半径为R,所带总的电量$q(q>0)$,如图8-22所示.

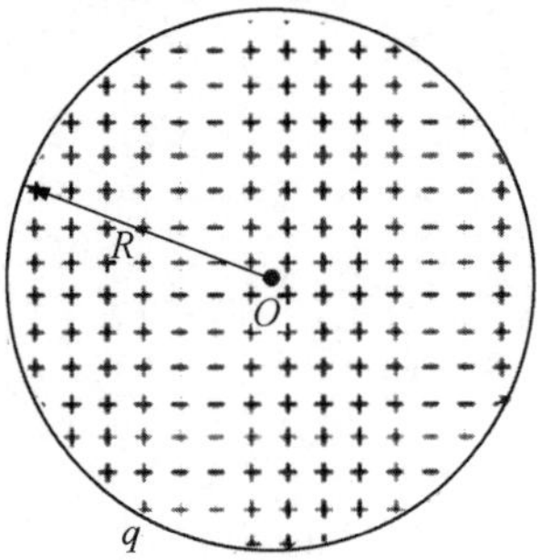

【解析】 均匀带电球体的电荷分布具有球对称性,电场强度的分布亦具有球对称性,即以O为圆心做出的任一球面上各点电场强度大小相等,方向沿半径方向.

球体电荷密度:

$$\rho = \frac{q}{\frac{4}{3}\pi R^3}$$

图8-22

球体内电场强度的计算:

选取半径$r(r<R)$的球面为高斯面,如图8-23所示.

根据高斯定理:

$$\oint_S \vec{E} \cdot d\vec{S} = \frac{1}{\varepsilon_0}\rho\left(\frac{4}{3}\pi r^3\right)$$

$$\oint_S E dS = E \cdot 4\pi r^2 = \frac{q}{\varepsilon_0}\frac{r^3}{R^3}$$

$$E = \frac{q}{4\pi\varepsilon_0}\frac{r}{R^3} = \frac{\rho r}{3\varepsilon_0}$$

球体外电场强度的计算:

选取半径$r(r>R)$的球面为高斯面,如图8-24所示.

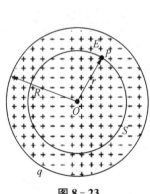

图8-23

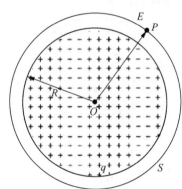

图8-24

根据高斯定理:

$$\oint_S \vec{E} \cdot d\vec{S} = \frac{q}{\varepsilon_0}$$

$$\oint_S E dS = E \cdot 4\pi r^2 = \frac{q}{\varepsilon_0}$$

$$E = \frac{q}{4\pi\varepsilon_0 r^2}$$

与一个放置在球心O点的点电荷产生的电场相同,电场强度在空间的分布如图8-25所示.

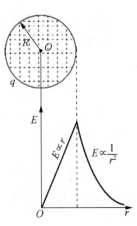

图8-25

例8 求解无限大均匀带电平面的电场强度分布,如图 8-26 所示.

【解析】 电荷均匀分布在无限大的平面上,距离平面距离相同各点的场强大小相同,方向垂直于平面,选取如图 8-27 所示的圆柱面为高斯面.

图 8-26

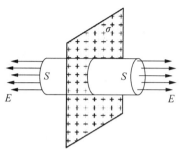

图 8-27

穿过闭合曲面的电通量:

$$\Phi_e = \oint_S \vec{E} \cdot d\vec{S} = \int_{侧面} \vec{E} \cdot d\vec{S} + \int_{左面} \vec{E} \cdot d\vec{S} + \int_{右面} \vec{E} \cdot d\vec{S}$$

$$\Phi_e = 0 + ES + ES = 2ES$$

根据高斯定理:

$$2ES = \frac{\sigma S}{\varepsilon_0}$$

$$E = \frac{\sigma}{2\varepsilon_0}$$

无限大均匀带电平面两边为均匀电场.

例9 带等电量异号的两块无限大平面板的电场在空间的分布.

【解析】 每一个带电极板在空间的电场大小:

$$E_1 = E_2 = \frac{\sigma}{2\varepsilon_0}$$

如图 8-28 所示.

区域 I: $E_I = E_1 - E_2 \longrightarrow E_I = 0$

区域 II: $E_{II} = E_1 + E_2 \longrightarrow E_{II} = \frac{\sigma}{\varepsilon_0}$

区域 III: $E_{III} = E_1 - E_2 \longrightarrow E_{III} = 0$

平行带电极板之间为均匀电场,如图 8-29 所示.

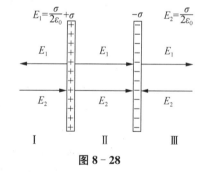

图 8-28

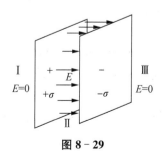

图 8-29

例10 求无限长均匀带电直线在空间的电场分布. 已知单位长度带电为 $+\lambda$.

【解析】电场的分布具有轴对称性,选取半径为 r,高度为 l 的圆柱面为高斯面,如图 8-30 所示.

通过闭合曲面的电通量:

$$\Phi_e = \oint_S \vec{E} \cdot d\vec{S} = \int_{侧面} \vec{E} \cdot d\vec{S} + \int_{上} \vec{E} \cdot d\vec{S} + \int_{下} \vec{E} \cdot d\vec{S}$$

$$\int_{上} \vec{E} \cdot d\vec{S} = \int_{下} \vec{E} \cdot d\vec{S} = 0$$

$$E \cdot 2\pi r l = \frac{\lambda l}{\varepsilon_0}$$

$$E = \frac{\lambda}{2\pi r \varepsilon_0}$$

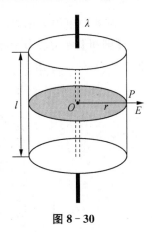

图 8-30

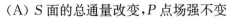

强 化 训 练

7. 关于高斯定理的理解有下面几种说法,其中正确的是 ( )
   (A) 如果高斯面上 $\vec{E}$ 处处为零,则该面内必无电荷
   (B) 如果高斯面内无电荷,则高斯面上 $\vec{E}$ 处处为零
   (C) 如果高斯面上 $\vec{E}$ 处处不为零,则高斯面内必有电荷
   (D) 如果高斯面内有净电荷,则通过高斯面的电场强度通量必不为零

【答案】D

8. 如在边长为 a 的正立方体中心有一个电量为 q 的点电荷,则通过该立方体任一面的电场强度通量为 ( )
   (A) q/ε_0 (B) $q/2\varepsilon_0$ (C) $q/4\varepsilon_0$ (D) $q/6\varepsilon_0$

【答案】D

9. 如图所示,闭合面 S 内有一点电荷 Q,P 为 S 面上一点,在 S 面外 A 点有一点电荷 Q',若将电荷 Q' 移至 B 点,则 ( )
   (A) S 面的总通量改变,P 点场强不变
   (B) S 面的总通量不变,P 点场强改变
   (C) S 面的总通量和 P 点场强都不变
   (D) S 面的总通量和 P 点场强都改变

【答案】B

10. 空间有一非均匀电场,其电场线如图所示. 若在电场中取一半径为 R 的球面,已知通过球面上 ΔS 面的电通量为 $\Delta \Phi_e$,则通过其余部分球面的电通量为:
    (A) $-\Delta \Phi_e$ (B) $4\pi R^2 \Delta \Phi_e / \Delta S$
    (C) $(4\pi R^2 - \Delta S)\Delta \Phi_e / \Delta S$ (D) 0

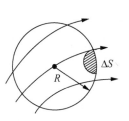

【答案】A

11. 已知一高斯面所包围的体积内电荷代数和 $\sum q_i = 0$，则可肯定： ( )

(A) 高斯面上各点场强均为零
(B) 穿过高斯面上每一面元的电通量均为零
(C) 穿过整个高斯面的电通量为零
(D) 以上说法都不对

【答案】C

12. 在电场强度为 $\vec{E} = E\vec{j}$ 的匀强电场中，有一如图所示的三棱柱，取表面的法线向外，设过面 $AA'CO$，面 $B'BOC$，面 $ABB'A'$ 的电通量为 ϕ_1, ϕ_2, ϕ_3，则 ( )

(A) $\phi_1 = 0$ $\phi_2 = Ebc$ $\phi_3 = Ebc$
(B) $\phi_1 = -Eac$ $\phi_2 = 0$ $\phi_3 = Eac$
(C) $\phi_1 = -Eac$ $\phi_2 = -Ec\sqrt{a^2+b^2}$ $\phi_3 = -Ebc$
(D) $\phi_1 = Eac$ $\phi_2 = Ec\sqrt{a^2+b^2}$ $\phi_3 = Ebc$

【答案】B

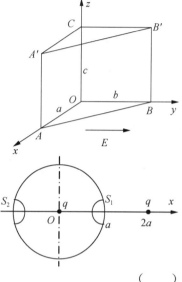

13. 有两个点电荷电量都是 $+q$，相距为 $2a$，今以左边的点电荷所在处为球心，以 a 为半径作一球形高斯面。在球面上取两块相等的小面积 S_1 和 S_2，其位置如图所示。设通过 S_1 和 S_2 的电场强度通量分别为 ϕ_1 和 ϕ_2，通过整个球面的电场强度通量为 ϕ，则 ( )

(A) $\phi_1 > \phi_2, \phi = q/\varepsilon_0$
(B) $\phi_1 < \phi_2, \phi = 2q/\varepsilon_0$
(C) $\phi_1 = \phi_2, \phi = q/\varepsilon_0$
(D) $\phi_1 < \phi_2, \phi = q/\varepsilon_0$

【答案】D

14. 有一个内外半径分别为 a 和 b 带电球壳，电荷体密度 $\rho = \dfrac{A}{r}$，在球心有一个点电荷 Q，证明当 $A = \dfrac{Q}{2\pi a^2}$ 时，球壳区域内的电场强度的大小与 r 无关。

【解析】如图所示，在球壳区域内选取半径为 r 的球面为高斯面

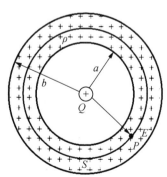

根据高斯定理：

$$\oint_S \vec{E} \cdot d\vec{S} = \dfrac{Q + \int_V \rho dV}{\varepsilon_0},$$

$$E \cdot 4\pi r^2 = \dfrac{Q + \int_a^r \dfrac{A}{r} \cdot 4\pi r^2 dr}{\varepsilon_0}$$

球壳区域内的场强大小：

$$E = \dfrac{Q}{4\pi\varepsilon_0 r^2} + \dfrac{1}{4\pi\varepsilon_0 r^2} \cdot 2\pi A(r^2 - a^2)$$

$$E = \dfrac{Q}{4\pi\varepsilon_0 r^2} + \dfrac{A}{2\varepsilon_0} - \dfrac{Aa^2}{2\varepsilon_0 r^2}$$

电场强度的大小与 r 无关：有

$$\frac{Q}{4\pi\varepsilon_0 r^2} - \frac{Aa^2}{2\varepsilon_0 r^2} = 0$$

即当 $A = \dfrac{Q}{2\pi a^2}$

$$\begin{cases} \rho = \dfrac{A}{r} = \dfrac{Q}{2\pi a^2} \dfrac{1}{r} \\ E = \dfrac{A}{2\varepsilon_0} = \dfrac{Q}{4\pi\varepsilon_0 a^2} \end{cases}$$

球壳区域内的电场强度的大小与 r 无关.

15. 如图所示，厚度为 b 的"无限大"带电平板，电荷体密度 $\rho = kx(0 \leqslant x \leqslant b)$，$k$ 为正常数，求：

(1) 平板外侧任意一点 p_1 和 p_2 的电场强度大小；
(2) 平板内任意一点 p 处的电场强度；
(3) 电场强度为零的点在何处？

【解析】(1) "无限大"带电平面在空间产生的电场为常数，将厚度为 b 的"无限大"带电平板看作是"无限多"个均匀带电平面，由此得出该带电体在体外两侧的电场为均匀电场，选取圆柱面为高斯面. 如图所示.

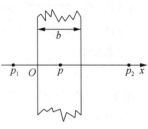

根据高斯定理：

$$\oint_S \vec{E} \cdot d\vec{S} = \frac{\int_0^b (kx) \cdot (\Delta S dx)}{\varepsilon_0}$$

$$2E \cdot \Delta S = \frac{kb^2}{2\varepsilon_0} \Delta S$$

平板外任一点的场强：

$$E = \frac{kb^2}{4\varepsilon_0}$$

(2) 将圆柱面一个底面位于带电板内的任一点 p，设 p 的电场沿 x 轴正方向，如图所示

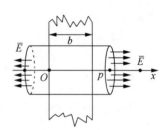

根据高斯定理：

$$\oint_S \vec{E} \cdot d\vec{S} = \frac{\int_x^b (kx) \cdot (\Delta S dx)}{\varepsilon_0}$$

$$\frac{kb^2}{4\varepsilon_0} \cdot \Delta S + (-E \cdot \Delta S) = \frac{\Delta S}{2\varepsilon_0} k(b^2 - x^2)$$

平板内任意一点 p 的电场强度大小：

$$E = \frac{k}{4\varepsilon_0}(2x^2 - b^2)$$

(3) 令 $E = \dfrac{k}{4\varepsilon_0}(2x^2 - b^2) = 0$

由此解得：$x = \dfrac{\sqrt{2}}{2}b = 0.71b$ 为电场强度为零的点.

16. 一个球形均匀带电体,电荷体密度为 ρ,内部有一个偏心球形空腔,用高斯定理证明空腔内部为均匀电场. 如图所示.

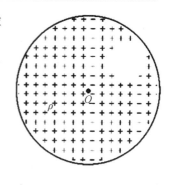

【解析】空腔任意一点的电场是电荷体密度为 ρ,与球体等大的实心球体和电荷体密度为 $-\rho$ 与空腔等大的实心球体共同产生的. 如图所示.

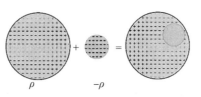

空腔中任意一点 P 的电场强度:

$$\vec{E} = \vec{E}_1 + \vec{E}_2$$

如图所示:

根据高斯定理:

$$\begin{cases} \vec{E}_1 = \dfrac{\rho \vec{r}'}{3\varepsilon_0} \\ \vec{E}_2 = -\dfrac{\rho \vec{r}''}{3\varepsilon_0} \end{cases}$$

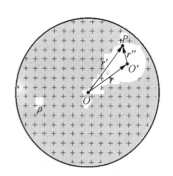

应用矢量关系:

$$\vec{r}' = \vec{r} + \vec{r}''$$

$$\vec{E} = \dfrac{\rho \vec{r}'}{3\varepsilon_0} - \dfrac{\rho \vec{r}''}{3\varepsilon_0}$$

$$\vec{E} = \dfrac{\rho(\vec{r} + \vec{r}'')}{3\varepsilon_0} - \dfrac{\rho \vec{r}''}{3\varepsilon_0}$$

$$\vec{E} = \dfrac{\rho \vec{r}}{3\varepsilon_0}$$

可见空腔内部为均匀电场,方向就是 $\vec{r}$ 的方向,与 $\vec{r}'$ 和 $\vec{r}''$ 均无关.

§8.3 电势与电势差

8.3.1 电势差、电势、电势能

处于电场中的电荷具有的能量称为电势能,用 ε 表示,在数值上等于把电荷移到参考位置时电场力所做的功. 显然电势能与参考点的选择有关.

与前面所学过的重力场一样,由于电场力也是保守力,即电场力做功与具体路径无关,只取决于始末位置. 我们把在电场中的两点间移动电荷所做的功与被移动电荷电量的比值,定义为这两点间的电势差,即:

$$U_{AB} = \dfrac{W_{AB}}{q}$$

这就是说,在静电场内任意两点 A 和 B 间的电势差,在数值上等于一个单位正电荷从 A 沿

任一路径移到 B 的过程中电场力所做的功,所以电势差反映了电场力做功的能力.电势差仅由电场本身的性质决定,与被移动电荷的电量无关;即使不移动电荷,这两点间的电势差依然存在.电势差的单位是伏特,用符号 V 表示.

如果我们在电场中选定一个参考位置,规定它为零电势点,则电场中的某点跟参考位置间的电势差就叫做该点的电势,即:

$$U_P = \frac{W_{PO}}{q}$$

通常我们取大地或无穷远处为零电势点.电势是标准量,其正负代表电势的高低,单位是伏特(V).

电势是反映电场能的性质的物理量,电场中任意一点 A 的电势,在数值上等于一个单位正电荷在 A 点处所具有的电势能,因此将电量为 q 的电荷放在电场中电势为 U 的某点,其所具有的电势能为

$$\varepsilon = qU$$

显然沿电场线方向电势降低,正电荷周围的电势为正,负电荷周围的电势为负.

8.3.2 几种常见带电体的电势分布

1. 点电荷周围的电势

如图 8-31 所示,场源电荷电量为 Q,在与 Q 距离为 r 的 P 点处有一带电量为 q 的检验电荷,现将该检验电荷由 P 点移至无穷远处(取无穷远处为零电势),由于此过程中,所受电场力为变力,故将 q 移动的整个过程理解为由 P 移至很近的 P_1(离 Q 距离为 r_1)点,再由 P_1 移至很近的 P_2(离 Q 距离为 r_2)点 …… 直至无穷远处.在每一段很小的过程中,电场力可视作恒力,因此这一过程中,电场力做功可表示为:

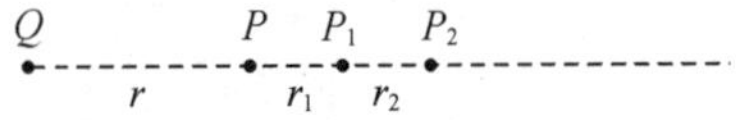

$$\begin{aligned} W &= k\frac{Qq}{r^2}(r_1-r) + k\frac{Qq}{r_1^2}(r_2-r_1) + k\frac{Qq}{r_2^2}(r_3-r_2) + \cdots \\ &= \frac{kQq}{rr_1}(r_1-r) + \frac{kQq}{r_1 r_2}(r_2-r_1) + \frac{kQq}{r_2 r_3}(r_3-r_2) + \cdots \\ &= \frac{kQq}{r} - \frac{kQq}{r_1} + \frac{kQq}{r_1} - \frac{kQq}{r_2} + \frac{kQq}{r_2} - \frac{kQq}{r_3} + \cdots \\ &\approx k\frac{Qq}{r} \end{aligned}$$

图 8-31

所以点电荷周围任一点的电势可表示为:

$$U = k\frac{Q}{r}$$

式中 Q 为场源电荷的电量,r 为该点到场源电荷的距离.

2. 均匀带电球壳,实心导体球周围及内部的电势

由于实心导体球处于静电平衡时,其净电荷只分布在导体球的外表面,因此其内部及周围

电场、电势的分布与均匀带电球壳完全相同. 由于均匀带电球壳外部电场的分布与点电荷周围电场的分布完全相同,因此用上面类似方法不难证明均匀带电球壳周围的电势为

$$U = \frac{kQ}{r} \quad (r > R)$$

式中 Q 为均匀带电球壳的电量,R 为球壳的半径,r 为该点到球壳球心的距离.

在球壳上任取一个微元,设其电量为 Δq,该微元在球心 O 处产生的电势 $U_i = \frac{k\Delta q}{R}$. 由电势叠加原理,可知 O 点处电势等于球壳表面各微元产生电势的代数和,$U = \sum U_i = \sum \frac{k\Delta q}{R} = \frac{k\sum \Delta q}{R}$.

显然,均匀带电球壳内部各点电势相同,因而其内部及表面的电势均为 $\frac{kQ}{R}$. 所以,对于均匀带电球壳,其电势分布为:

$$U = \frac{kQ}{r} \quad (r \geqslant R)$$

$$U = \frac{kQ}{R} \quad (r \leqslant R)$$

8.3.3 电势叠加原理

电势和场强一样,也可以叠加. 因为电势是标量,因此在点电荷组形成的电场中,任一点的电势等于每个电荷单独存在时,在该点产生的电势的代数和,这就是电势叠加原理.

8.3.4 匀强电场中电势差与场强的关系

场强大小和方向都相同的电场为匀强电场,两块带等量异种电荷的平板之间的电场可以认为是匀强电场,它的电场线特征是平行、等距的直线.

场强与电势虽然都是反映场强本身性质特点的物理量,两者之间也必然存在着某种联系. 不难看出,沿着场强方向电势降低得最快,也就是说电势降低最快的方向就是场强的方向. 在匀强电场中,当电荷沿着电场方向移动 d 时,

$$W = qU = Eq \cdot d$$

所以

$$U = Ed$$

这就是说,在匀强电场中,两点间的电势等于场强大小和这两点在沿场强方向的位移的乘积.

在匀强电场中,场强在数值上等于沿场强方向每单位距离上降低的电势,$E = \frac{U}{d}$. 电场方向是指向电势降低最快的方向. 在匀强电场中,电势降低是均匀的. 如果沿电场方向建立直线坐标系. 有:

$$\vec{E}_x = \frac{\Delta \varphi}{\Delta x} \vec{i}$$

对于非匀强电场,有

$$\vec{E}_x = \frac{\mathrm{d}\varphi}{\mathrm{d}x} \vec{i}$$

8.3.5 场强环路定理

与万有引力一样,电场力做功也与路径无关,所以电场力是保守力,电场力做的正功等于电势能的减少量.在电场中的任意环路中,电场力的功一定有零.

例 11 半径为 R 的半球形薄壳,其表面均匀分布面电荷密度为 σ 的电荷,求该球开口处圆面上任一点的电势.

【解析】设想填补电荷密度亦为 $+\sigma$ 的另半个球面,如图 8-32 所示. 则球内任一点的场强均为 0,对原半球面开口处圆面上的任一点 P 而言, 也有 $E_P=0$,而 E_P 是上、下两个半球在 P 点产生的场强 $E_上$、$E_下$ 的合成. 另据对称性易知,$E_上$、$E_下$ 的大小必定相等,而 $E_上$、$E_下$ 的合场强为零,说明 $E_上$、$E_下$ 均垂直于半球开口平面,故在半球面带均匀电荷的情况下,它的开口圆面应为等势点,即圆面上任一点的电势都等于开口圆面圆心点处的电势. 故:$U_P = U_0 = k\dfrac{Q}{R} = k\dfrac{\sigma \cdot 2\pi R^2}{R} = 2\pi k R \sigma$.

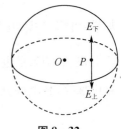

图 8-32

【总结】虽然场强与电势是描述电场不同方面特性的两个物理量,它们之间没有必然的对应关系,但电势相等的各点构成的等势面应与该处的场强方向垂直,利用这个关系可为求取场强或电势提供一条有用的解题路径.

例 12 在不计重力的空间,有 A、B 两个带电小球,电量分别为 q_1 和 q_2,质量分别为 m_1 和 m_2,被固定在相距为 r 的两点,试问:

(1) 若解除 A 球的固定,它能获得的最大动能是多少?

(2) 若同时解除两球的固定,它们各自获得的最大动能是多少?

(3) 未解除固定时,这个系统的静电势能是多少?

【解析】(1) A、B 两球间的电势能全部转为 A 球的动能

$$E_k = k\dfrac{q_1 q_2}{r}$$

(2) 两球动量守恒:

$$m_A v_A = m_B v_B$$

$$\dfrac{1}{2}m_A v_A^2 + \dfrac{1}{2}m_B v_B^2 = E$$

$$E = \dfrac{kq_1 q_2}{r}$$

$$E_{k1} = \dfrac{m_2}{m_1+m_2}k\dfrac{q_1 q_2}{r},\ E_{k2} = \dfrac{m_1}{m_1+m_2}k\dfrac{q_1 q_2}{r}$$

(3) 未解除固定时,这个系统的静电势能为 $k\dfrac{q_1 q_2}{r}$.

【点评】设三个点电荷的电量分别为 q_1、q_2 和 q_3,两两相距为 r_{12}、r_{23} 和 r_{31},则这个点电荷系统的静电势能是:$k\left(\dfrac{q_1 q_2}{r_{12}} + \dfrac{q_2 q_3}{r_{23}} + \dfrac{q_3 q_1}{r_{31}}\right)$.

例 13 如图 8-33,三根实线表示三根首尾相连的等长绝缘细棒,每根棒上的电荷分布情

况与绝缘棒都换成导体棒时完全相同. 点 A 是 $\triangle abc$ 的中心，点 B 则与 A 相对 bc 棒对称，且已测得它们的电势分别为 U_A 和 U_B. 试问：若将 ab 棒取走，A、B 两点的电势将变为多少？

【解析】每根细棒的电荷分布虽然复杂，但相对各自的中点必然是对称的，而且三根棒的总电量、分布情况彼此必然相同. 这就意味着：
① 三棒对 A 点的电势贡献都相同（可设为 U_1）；② ab 棒、ac 棒对 B 点的电势贡献相同（可设为 U_2）；③ bc 棒对 A、B 两点的贡献相同（为 U_1）.

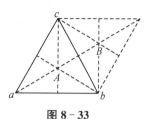

图 8-33

所以，取走 ab 前
$$3U_1 = U_A$$
$$2U_2 + U_1 = U_B$$

取走 ab 后，因三棒是绝缘体，电荷分布不变，故电势贡献不变，所以
$$U'_A = 2U_1$$
$$U'_B = U_1 + U_2$$
$$U'_A = \frac{2}{3}U_A; \quad U'_B = \frac{1}{6}U_A + \frac{1}{2}U_B.$$

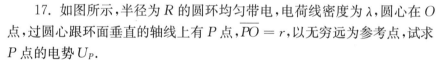

17. 如图所示，半径为 R 的圆环均匀带电，电荷线密度为 λ，圆心在 O 点，过圆心跟环面垂直的轴线上有 P 点，$\overline{PO} = r$，以无穷远为参考点，试求 P 点的电势 U_P.

【解析】这是一个电势标量叠加的简单模型. 先在圆环上取一个元段 ΔL，它在 P 点形成的电势

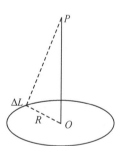

$$\Delta U = k \frac{\lambda \Delta L}{\sqrt{R^2 + r^2}}$$

环共有 $\frac{2\pi R}{\Delta L}$ 段，各段在 P 点形成的电势相同，而且它们是标量叠加.

$$U_P = \frac{2\pi k \lambda R}{\sqrt{R^2 + r^2}}$$

【点评】如果这个总电量的分布不是均匀的，结论不会改变.

18. 三个电荷位置如图所示，求电荷系的相互作用能（电荷系的相互作用能，等于搬运各个点电荷过程中外力所做功的代数和）.

```
  A        a       B        a       C
  •————————————————•————————————————•
  -q               +q               -q
```

【解析】(1) 设想开始时三个电荷均处于无穷远处，电势能均为 0，B 电荷从无穷远处移至目前的位置，不需外力做功.

(2) 然后，将 A 电荷从无穷远处移至目前位置，外力做功为 W_1，则

$$W_1 = -\frac{kQq}{a}$$

(3) 最后,将 C 电荷从无穷远处移至当前位置.由于 A、B 电荷的存在,外力做功 W_2 应等于 C 电荷相对于 A 和 B 电势能增量之和.

$$W_2 = k\frac{Qq}{2a} - k\frac{Qq}{a} = -\frac{kQq}{2a}$$

综上,系统的相互作用能总和为

$$E = W_1 + W_2 = -\frac{3kQq}{2a}$$

【点评】相互作用能即电势能,因而,求算电荷系的电势能总和也可采用上述求法.

19. 如图所示,A、B 两点相距 $2L$,圆弧 $\overset{\frown}{OCD}$ 是以 B 为圆心、L 为半径的半圆.A 处放有电量为 q 的点电荷,B 处放有电量为 $-q$ 的点电荷.试问:

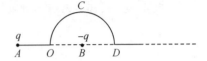

将单位正电荷从 O 点沿 $\overset{\frown}{OCD}$ 移到 D 点,电场力对它做了多少功?

将单位负电荷从 D 点沿 AB 的延长线移到无穷远处去,电场力对它做了多少功?

【解析】
$$U_O = k\frac{q}{L} + k\frac{-q}{L} = 0$$

$$U_D = k\frac{q}{3L} + k\frac{-q}{L} = -\frac{2kq}{3L}$$

$$U_\infty = 0$$

再用功与电势的关系即可求出

$$W_1 = \frac{2kq}{3L}, \quad W_2 = \frac{2kq}{3L}$$

20. 电荷 q 均匀分布在半球面 ACB 上,球面半径为 R,CD 为通过半球顶点 C 和球心 O 的轴线,如图(甲)所示.P、Q 为 CD 轴线上相对 O 点对称的两点,已知 P 点的电势为 U_P,试求 Q 点的电势 U_Q.

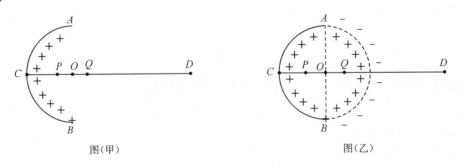

图(甲)　　　　　　　图(乙)

【解析】这又是一个填补法的应用.将半球面补成完整球面,并令右边内、外层均匀地带上电量为 q 的电荷,如图(乙)所示.

从电量的角度看,右半球面可以看作不存在,故这时 P、Q 的电势不会有任何改变.

而换一个角度看,P、Q 的电势可以看成是两者的叠加:① 带电量为 $2q$ 的完整球面;② 带电量为 $-q$ 的半球面.

考查 P 点

$$U_P = k\frac{2q}{R} + U_{半球面}$$

其中，$U_{半球面}$ 显然为填补时 Q 点的电势，大小相等、符号相反，即 $U_{半球面} = -U_Q$.
以上的两个关系已经足以解题了.

$$U_Q = k\frac{2q}{R} - U_P.$$

21. 真空中，有五个电量均为 q 的均匀带电薄球壳，它们的半径分别为 R、$R/2$、$R/4$、$R/8$、$R/16$，彼此内切于 P 点（如右图所示）. 球心分别为 O_1、O_2、O_3、O_4、O_5. 求 O_5 与 O_1 间的电势差.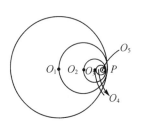

【解析】均匀带电球壳在球内外的电势是大家熟知的. 利用电势叠加原理可先分别求出球心 O_5 与 O_1 的电势，再算 O_5 与 O_1 的电势差.

O_5 的电势为：

$$U(O_5) = k\left(\frac{q}{R} + \frac{q}{R/2} + \frac{q}{R/4} + \frac{q}{R/8} + \frac{q}{R/16}\right)$$
$$= k(1 + 2 + 2^2 + 2^3 + 2^4)\frac{q}{R}$$
$$= 31k\frac{q}{R} \qquad ①$$

O_1 的电势为：

$$U(O_1) = k\left[\frac{q}{R} + \frac{q}{\frac{R}{2}} + \frac{q}{\frac{R}{2}+\frac{R}{4}} + \frac{q}{\frac{R}{2}+\frac{R}{4}+\frac{R}{8}} + \frac{q}{\frac{R}{2}+\frac{R}{4}+\frac{R}{8}+\frac{R}{16}}\right]$$
$$= k\left(3 + \frac{372}{105}\right)\frac{q}{R} = 6.54k\frac{q}{R} \qquad ②$$

O_5 与 O_1 的电势差：

$$U(O_5) - U(O_1) = 31k\frac{q}{R} - 6.54k\frac{q}{R} = 24.46k\frac{q}{R}$$

22. 如右图所示，三个带同种电荷的相同金属小球，每个球的质量均为 m、电量均为 q，用长度为 L 的三根绝缘轻绳连接着，系统放在光滑、绝缘的水平面上. 现将其中的一根绳子剪断，三个球将开始运动起来，试求中间这个小球的最大速度.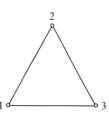

【解析】设剪断的是 1、3 之间的绳子，由动力学分析易知，2 球获得最大动能时，1、2 之间的绳子与 2、3 之间的绳子刚好应该在一条直线上. 而且由动量守恒知，三球不可能有沿绳子方向的速度. 设 2 球的速度为 v，1 球和 3 球的速度为 v'，则

动量关系 $\qquad mv + 2mv' = 0$

能量关系 $\qquad 3k\dfrac{q^2}{L} = 2k\dfrac{q^2}{L} + k\dfrac{q^2}{2L} + \dfrac{1}{2}mv^2 + \dfrac{1}{2}2mv'^2$

解以上两式即可得 v 值

$$v = q\sqrt{\frac{2k}{3mL}}.$$

23. 如图(甲),AC 为一均匀带电直棒,B 为此带电棒电场中的一点,$BC \perp AC$,B 点的电势 $U_B = U$,求连线 AB 中点 D 处的电势 U_D.

【解析】 D 点处的电势为 AC 棒上各点的电荷在该点形成的电势的叠加,若自 D 点引垂线 DE 垂直平分 AC,如图(乙)所示,则可认为 D 点的电势为 AE 部分电荷形成的电势 U_{AE} 与 EC 部分的电荷形成的电势 U_{EC} 的叠加

即:$U_D = U_{AE} + U_{EC}$

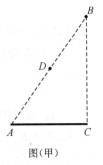

图(甲)

由于空间分布的对称,显然应有:

$U_{AE} = U_{EC}$

可见若能求出 U_{AE} 则可解出本题.

为求 U_{AE} 可以从电势的定义式和 $\triangle ACB$ 与 $\triangle AED$ 的相似来找出相应的关系.

如图(丙)所示,设 AC 棒的单位长度上的带电量为 λ,则 AC 棒上的任一很小段 Δx_i 上所带电荷 ΔQ_i 在 B 点处产生的电势为:

$$\Delta U_i = k\frac{\Delta Q_i}{r_i} = k\lambda\frac{\Delta x_i}{r_i}$$

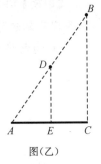

图(乙)

上式中 r_i 为 Δx_i 段到 B 点的距离.

另外,又设在图(丙)中 $\triangle ABC$ 的中线 DF 处放一条单位长度上带电量也为 λ 的均匀带电棒,则 DF 棒上有一小段 $\Delta x'_i$ 与 AC 棒上的 Δx_i 对应(Δx_i 和 $\Delta x'_i$ 是图中小长条三角形的底和中线),而 $\Delta x'_i$ 段上的电荷在 B 点处产生的电势为:

$$\Delta U'_i = k\frac{\Delta Q'_i}{r'_i} = k\lambda\frac{\Delta x'_i}{r'_i}$$

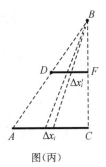

图(丙)

上式中 r'_i 为 $\Delta x'_i$ 段到 B 点的距离,由相似三角形对应边的比例关系有:

$$\frac{\Delta x_i}{r_i} = \frac{\Delta x'_i}{r'_i}$$

$$\Delta U_i = \Delta U'_i$$

即 AC 棒上任一小段的电荷在 B 点所产生的电势与 DF 棒上的一对应小段的电荷在 B 点产生的电势相等,显然 AC 棒的整体各部分与 DF 棒的整体各部分都存在着这种对应关系.由于 B 点的电势为棒上各部分电荷在该点形成的电势的叠加,故应有 AC 棒整体在 B 点产生的电势与 DF 棒整体在 B 点产生的电势相等.依题述有 AC 棒上的电荷在 B 点产生的电势为 U,则 DF 棒上的电荷在 B 点产生的电势也为 U.

可见,AE 段上的电荷在 D 点处形成的电势为 $U_{AE} = U$,EC 段上的电荷在 D 点处形成的电势为 $U_{EC} = U$,则 D 点处的电势为:

$$U'_D = U_{AE} + U_{EC} = 2U$$

即 D 点的电势为 $U_D = 2U$.

§8.4 电场中的导体与电介质

一般的物体分为导体与电介质两类.导体中含有大量自由电子;而电介质中各个分子的正负电荷结合得比较紧密.处于束缚状态,几乎没有自由电荷,而只有束缚电子.当它们处于电场中时,导体与电介质中的电子均会逆着原静电场方向偏移,由此产生的附加电场起着反抗原电场的作用,但由于它们内部电子的束缚程度不同,使它们处于电场中表现出不同的现象.

8.4.1 静电感应、静电平衡和静电屏蔽

1. 静电感应与静电平衡

把金属放入电场中时,自由电子除了无规则的热运动外,还要沿场强反方向做定向移动,结果会使导体两个端面上分别出现正、负净电荷.这种现象叫做"静电感应".所产生的电荷叫"感应电荷".由于感应电荷的聚集,在导体内部将建立起一个与外电场方向相反的内电场(称附加电场),随着自由电荷的定向移动,感应电荷的不断增加,附加电场也不断增强,最终使导体内部的合场强为零,自由电荷的移动停止,导体这时所处的状态称为静电平衡状态.处于静电平衡状态下的导体具有下列四个特点:

(1) 导体内部场强为零;
(2) 净电荷仅分布在导体表面上(孤立导体的净电荷仅分布在导体的外表面上);
(3) 导体为等势体,导体表面为等势面;
(4) 电场线与导体表面处处垂直,表面处合场强不为 0.

2. 静电屏蔽

静电平衡时内部场强为零这一现象,在技术上可用来实现静电屏蔽.金属外壳或金属网罩可以使其内部不受外电场的影响.如图 8-34 所示,由于感应电荷的存在,金属壳外的电场线依然存在,此时,金属壳的电势大于零,但如果把外壳接地,金属壳外的感应电荷流入大地(实际上自由电子沿相反方向移动),壳外电场线消失.可见,接地的金属壳既能屏蔽外场,也能屏蔽内场.

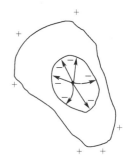

图 8-34

在无线电技术中,为了防止不同电子器件互相干扰,它们都装有金属外壳.在使用时,这些外壳都必须接地,如精密的电磁测量仪器都装有金属外壳,示波管的外部也套有一个金属罩,就都是为了实现静电屏蔽.高压带电作用时工作人员穿的等电势服也是根据静电屏蔽的原理制成.

8.4.2 电介质及其极化

1. 电介质

电介质分为两类:一类是外电场不存在时,分子的正负电荷中心是重合的,这种电介质称为非极性分子电介质,如 CO_2、CH_4 等及所有的单质气体;另一类是外电场不存在时,分子的正负电荷中心也不相重合,这种电介质称为极性分子电介质,如 H_2O、NH_3 等.对于极性分子,由于分子的无规则热运动,不加外电场时,分子的取向是混乱的,如图 8-35 所示.因此,不加外电场

时,无论是极性分子电介质,还是非极性分子电介质,宏观上都不显电性.

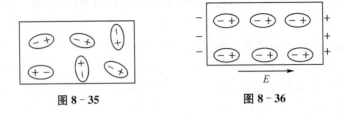

图 8-35   图 8-36

2. 电介质的极化

当把介质放入电场后,非极性分子正负电荷的中心被拉开,分子成为一个偶极子;极性分子在外电场作用下发生转动,趋向于有序排列.因此,无论是极性分子还是非极性分子,在外电场作用下偶极子沿外电场方向进行有序排列,如图 8-36 所示.在介质表面上出现等量异种的极化电荷(不能自由移动,也不能离开介质而移到其他物体上),这个过程称为极化.

极化电荷在电介质内部产生一个与外电场相反的附加电场,因此与真空相比,电介质内部的电场要减弱,但又不能像导体一样可使体内场强削弱到处处为零.减弱的程度随电介质不同而不同,故物理上引入相对介电常数 ε_r 来表示电介质的这一特性,对电介质 ε_r 均大于 1,对真空 ε_r 等于 1,对空气 ε 可近似认为等于 1.

真空中场强为 E_0 的区域内充满电介质后,设场强减小到 E,那么比值 $\dfrac{E_0}{E}$ 就叫做这种电介质的相对介电常数,用 ε_r 表示,则:

$$\varepsilon_r = \frac{E_0}{E}$$

引入介电常数 ε_r 后,极化电荷的附加电场和总电场原则上解决了.但实际上附加电场和总电场的分布是很复杂的,只有在电介质表现为各向同性,且对称性极强的情况下,才有较为简单的解.

介质中两点电荷间的库仑力为:

$$F = \frac{kQq}{\varepsilon_r r^2}$$

如果定义真空的介电常数为 $\varepsilon_0 = \dfrac{1}{4\pi k}$,则有 $k = \dfrac{1}{4\pi \varepsilon_0}$,于是库仑定律的表达式为:

$$F = \frac{kQq}{\varepsilon_r r^2} = \frac{Qq}{4\pi \varepsilon_0 \varepsilon_r r^2}$$

定义介质的介电常数为

$$\varepsilon = \varepsilon_r \varepsilon_0$$

得到库仑定律的表达式为

$$F = \frac{Qq}{4\pi \varepsilon r^2}$$

点电荷在电介质中产生的电场的表达式为

$$E = \frac{Q}{4\pi \varepsilon r^2}$$

点电荷在电介质中的电势表达式为

$$U = \frac{Q}{4\pi\varepsilon r}$$

高斯定理为

$$\sum(\vec{E}\cdot d\vec{S}) = \frac{1}{\varepsilon}\sum q_i$$

引入辅助物理量或电位移矢量 $\vec{D}=\varepsilon\vec{E}$，则高斯定理可以表述为

$$\sum(\vec{D}\cdot d\vec{S}) = \sum q_i$$

8.4.3 电像法

一般情况下，求空间中某点的场强的一般方法是用点电荷的场强公式和场的叠加原理，但用数学工具来进行具体运算时可能较为复杂，对于某些特殊情况，我们可以用高斯定理来求解，电像法则是更加特殊的求解场强的方法．先看下面的实例．

情形1：一无限大接地导体板A前面有一点电荷Q，如图8-37所示，则导体板A左边（图中左半平面）的空间电场，可看作是在没有导体板A存在的情况下，由点电荷Q与其像电荷$-Q$所共同激发产生的．像电荷$-Q$的位置就是把导体板A当做平面镜时，点电荷Q在此镜中的像点位置．于是左半空间任一点的P的电势为：

$$U = kQ\left(\frac{1}{r} - \frac{1}{r'}\right)$$

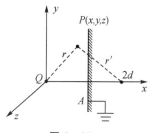

图 8-37

式中r和r'分别是点电荷Q和像电荷$-Q$到点P的距离，并且：

$$r^2 = x^2 + y^2 + z^2, \quad r'^2 = (2d-x)^2 + y^2 + z^2$$

此处d是点电荷Q到导体板A的距离．

情形2：一半径为r的接地导体球置于电荷q的电场中，点电荷到球心的距离为h，球上感应电荷同点电荷q之间的相互作用也可以用一像电荷q'替代，显然由对称性易知像电荷在导体球的球心O与点电荷q的连线上，设其电量为q'，离球心O的距离为h'，如图8-38所示，则对球面上任一点P，其电势：

$$U = k\left(\frac{q}{\sqrt{r^2+h^2-2rh\cos\theta}} - \frac{q'}{\sqrt{r^2+h'^2-2rh'\cos\theta}}\right) = 0$$

整理化简得：

$$q^2(r^2+h'^2) - 2q^2 rh'\cos\theta = q'^2(r^2+h^2) - 2q'^2 rh\cos\theta$$

要使此式对任意θ成立，则必须满足：

$$q^2(r^2+h'^2) = q'^2(r^2+h^2)$$
$$q^2 h' = q'^2 h$$

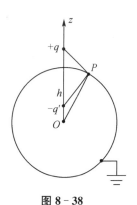

图 8-38

解得：

$$h' = \frac{r^2}{h}, \quad q' = \frac{r}{h}q$$

在某些情况下，从边界面和电荷的几何位置能够推断：在所考察的区域外，适当放几个量值合适的电荷就能够模拟所需要的边界条件．这些电荷称为像电荷，而这种用一个带有像电荷的、

无界的扩大区域来代替有界区域的解决实际问题的方法,就称为电像法.电像法的实质在于将一给定的静电场变换为另一易于计算的等效静电场,多用于求解在边界面(例如接地或保持电势不变的导体)前面有一个或一个以上点电荷的问题.

电像法的正确性可用静电场的唯一性定理来论证,定性分析可从电场线等效的角度去说明.

例 14 在距离一个接地的很大的导体板距离为 d 的 A 处放一个带电量为 $-q$ 的点电荷,如图 8-39 所示.

(1) 求板上感应电荷在导体内 P 点($PA = r$)产生的电场强度.

(2) 求板上感应电荷在导体外 P' 点产生的电场强度,已知 P' 点与 P 点以导体板右表面对称.

(3) 求证导体板表面化的电场强度矢量总与导体板表面垂直.

(4) 求导体板上感应电荷对电荷 $-q$ 的作用力.

(5) 若切断导体板跟地的连接线,再把 $+Q$ 电荷置于导体板上,试说明这部分 $+Q$ 电荷在导体板上应如何分布才可以达到静电平衡(略去边缘效应).

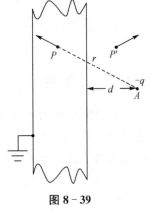

图 8-39

【解析】由于导体板很大且接地,因此只有右边表面才分布有正的感应电荷,而左边接地那一表面是没有感应电荷的,这一点可以用反证法加以证明.

静电平衡的条件是导体内场强为零,故 P 点处的场强为零,而 P 点处的零场强是导体外及表面电荷产生场强叠加的结果.

(1) 因为静电平衡后导体内部合场强为零,所以感应电荷在 P 点的场强 $E_{感}$ 和 $-q$ 在 P 点的场强 E_{-q} 大小相等,方向相反,即:

$$E_{感} = E_{-q} = \frac{kq}{r_1^2}$$

方向如图 8-40(a) 所示,r_1 是 $-q$ 到 P 点的距离.

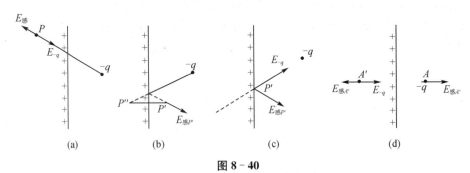

图 8-40

(2) 由于导体板接地,因此感应电荷分布在导体的右边.根据对称原理可知,感应电荷在导体外任意一点 P' 处产生的场强一定和感应电荷在对称点 P'' 处产生的场强镜像对称,如图 8-40(b) 所示,即 $E_{感P'} = E_{感P''}$,而 $E_{感P''} = E_{-q} = \frac{kq}{r_2^2}$,式中 r_2 为 $-q$ 到 P'' 的距离,因此 $E_{感P'} = \frac{kq}{r_2^2}$,方向如图 8-40(b) 所示.

(3) 根据(2)的讨论将 P' 取在导体的外表面,此处的场强由 E_{-q} 和 $E_{感P'}$ 叠加而成,如图

8-40(c)所示,不难看出,这两个场强的合场强是垂直于导体表面的.

(4) 在导体板内取一点和 $-q$ 所在点 A 对称的 A' 点, A' 的场强由 E_{-q} 和 $E_{感A'}$ 叠加而为零.

$$E_{感A'} = E_{-q} = \frac{kq}{4d^2}$$

由对称可知,A 处的 $E_{感A}$ 和 $E_{感A'}$ 应是大小相等,方向相反的,如图 8-40(d)所示,所以 $-q$ 所受的电场力大小为:

$$F = E_{感A} \cdot q = E_{-q} \cdot q = \frac{kq}{(2d)^2} \cdot q = \frac{kq^2}{4d^2}$$

方向垂直板面向左.

(5) 因为 E_{-q} 和 $E_{感}$ 在导体内处处平衡,所以 $+Q$ 只有均匀分布在导体两侧,才能保持导体内部场强处处为零.

【点评】从以上(2)、(3)、(4)的分析中可看出:导体外部的电场分布与等量异种电荷的电场分布完全相似,即感应电荷在右侧的作用与在 A 点对称的 A' 位置上放一个 $+q$ 的作用完全等效,这就是"电像法"的本质.

例 15 有一块很大的接地导体,具有两个互相垂直的表面,在此两表面外较近处有一个点电荷 q,坐标为 (x_0, y_0),如图 8-41 所示,求 q 受到的感应电荷的库仑力.

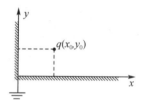

图 8-41

【解析】由于导体处在点电荷 q 的电场中,导体表面会产生感应电荷,但感应电荷却并不是均匀分布的,不过 q 产生电场的电场线应与导体表面互相垂直.这使我们想到:如果只有沿 y 轴方向的一块大导体板,可设想在 $(-x_0, y_0)$ 处有一带电量为 q 的负电荷存在,那么 $-q$ 对 q 的作用力与无限大导体平面上的感应电荷对 q 的作用力等效.沿这条思路,充分利用接地导体电势为零这一条件,可顺利找出等效替换模型.

若仅使 y 轴上各点电势为零,可设想在 $(-x_0, y_0)$ 处有电荷.同理,若仅使 x 轴上各点电势为零,可设想在 $(-x_0, y_0)$ 处有一个 $(-q)$ 电荷.现要使 x 轴、y 轴上各点电势为零,还需在 $(-x_0, -y_0)$ 处引入一个 $(+q)$ 电荷.这样等效替代后可得 q 受到的感应电荷的库仑力,考虑 x、y 轴两方向有

$$F_x = -k\frac{q^2}{(2x_0)^2} + k\frac{q^2}{\sqrt{(4x_0^2 + 4y_0^2)^2}}\cos\alpha$$

其中

$$\cos\alpha = \frac{x_0}{\sqrt{x_0^2 + y_0^2}}$$

代入得

$$F_x = -\frac{kq^2}{4}\left[\frac{1}{x_0^2} - \frac{x_0}{(x_0^2 + y_0^2)^{3/2}}\right]$$

同理,

$$F_y = -\frac{kq^2}{4}\left[\frac{1}{y_0^2} - \frac{y_0}{(x_0^2 + y_0^2)^{3/2}}\right],\text{负号表示库仑力与 }x\text{、}y\text{ 轴方向相反,即为引力.}$$

注：本题的解法常称为"镜像法"，$-q$ 即为"像电荷".

● 强 化 训 练 ●

24. 如图所示，球形导体空腔内、外壁的半径分别为 R_1 和 R_2，带有净电量 $+q$，现在其内部距球心为 r 的地方放一个电量为 $+Q$ 的点电荷，试求球心处的电势.

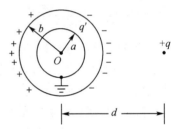

【解析】由于静电感应，球壳的内、外壁形成两个带电球壳. 球心电势是两个球壳形成电势、点电荷形成电势的合效果.

根据静电感应的尝试，内壁的电荷量为 $-Q$，外壁的电荷量为 $+Q+q$，虽然内壁的带电是不均匀的，根据上面的结论，其在球心形成的电势仍可以应用定式，所以 $U_O = k\dfrac{Q}{r} - k\dfrac{Q}{R_1} + k\dfrac{Q+q}{R_2}$.

25. 有两个极薄的同心导体球壳，内壳半径为 a，外壳半径为 b，在壳外距球心为 $d(d>b)$ 处放一点电荷 $+q$，现使内壳接地，求两球壳之间的电势差.

【解析】分两步分析，第一步是只有外球壳和壳外的电荷 $+q$ 的情况，这时 $+q$ 会引起球壳上的电荷的分布，而球壳上电荷的分布只是使壳内场强处处是零，球壳和壳内空间是等势体. 壳上电荷的代数和为零. 这时不难算出球壳和壳内空间的电势为 $\dfrac{kq}{d}$.

在外球壳内再放一内球壳，不会引起任何场的变化，但当内球壳接地后，要使内球壳的电势为零，则在内球壳上必须分布有负电荷 q'，此电荷均匀分布，这种电荷又造成外球壳的内表面均匀分布 $-q'$，外表面均匀分布 q'，但由于外表面本来有不均匀分布的电荷，叠加的效果是外表面的电荷依然分布不均匀.

内壳接地，电势为零，球心电势亦为零. 设内球由于接地所带电量为 q'，球心电势由 q'、外壳电荷以及壳外点电荷 q 共同产生，故有：

$$k\dfrac{q'}{a} + k\dfrac{\sum q_i}{b} + k\dfrac{q}{d} = 0$$

式中 $\sum q_i$ 为外壳所带电量之和，$\sum q_i = 0$，所以：

$$k\dfrac{q'}{a} + k\dfrac{q}{d} = 0$$

$$q' = -\dfrac{q}{d}a$$

影响外壳电势的电荷有：内壳电荷 q'，外壳内表面电荷 $-q'$，外壳外表面的电荷 q'. 由于球壳外表面的电荷分布不均匀，可以看成是分布均匀的 q' 与原来分布不均匀但总电量为零的电荷叠加在一起的，而原来不均匀分布但总量为零的电荷与 $+q$ 一起在球内产生的场强为零，虽不会引起电势差，但可以产生 $\dfrac{kq}{d}$ 的电势. 所以外壳的电势为：

$$U = k\frac{q'}{b} + k\frac{q}{d} = k\frac{q}{d}\left(1 - \frac{a}{b}\right)$$

【点评】 从此看出,当壳外电荷量值及位置变更时,在题设情况下,电势差是变化的.求外壳的电势是非常困难的,要用到等效的思想.

26. 正四面体盒子由彼此绝缘的四块导体板构成,各导体板带电且电势分别为 U_1、U_2、U_3 和 U_4,则盒子中心点 O 的电势 U 等于多少?

【解析】 此处的四块板子虽然位置相对 O 点具有对称性,但电量各不相同,因此对 O 点的电势贡献也不相同.

我们用"填补法"将电量不对称的情形加以改观:先将每一块导体板复制三块,做成一个正四面体盒子,然后将这四个盒子位置重合地放置——构成一个有四层壁的新盒子.在这个新盒子中,每个壁的电量将是完全相同的(为原来四块板的电量之和)、电势也完全相同(为 $U_1 + U_2 + U_3 + U_4$),新盒子表面就构成了一个等势面,整个盒子也是一个等势体,故新盒子的中心电势为

$$U' = U_1 + U_2 + U_3 + U_4$$

最后回到原来的单层盒子,中心电势必为

$$U = \frac{1}{4}U'$$

$$U = \frac{1}{4}(U_1 + U_2 + U_3 + U_4).$$

27. 如图所示,在半径为 $r = 0.12$ m 的原来不带电的金属球壳内放两个点电荷,电量分别是 $q_1 = -3 \times 10^{-9}$ C 和 $q_2 = 9 \times 10^{-9}$ C. 它们与金属球内壁不接触.在距离球壳中心 O 点 100 m 处的一个点电荷 q_3,它的电量是 6×10^{-14} C,q_3 所受的静电力是多少?($\varepsilon = 8.85 \times 10^{-12}$ F/m)

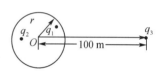

【解析】 由于 q_1 和 q_2 处于不带电的金属球壳内,其对外的作用等价于电荷集中在球心的点电荷,电量为:

$$q_1 + q_2 = -3 \times 10^{-9} \text{ C} + 9 \times 10^{-9} \text{ C}$$

由库仑定律得 q_3 所受的静电力为:

$$F_1 = \frac{1}{4\pi\varepsilon} \frac{(q_1 + q_3)q_3}{r^2}$$

$$= 9 \times 10^9 \times \frac{6 \times 10^{-9} \times 6 \times 10^{-14}}{100^2}$$

$$= 3.24 \times 10^{-16} \text{ N}$$

28. 如图所示,两个同心导体球,内球半径为 R_1,外球是个球壳,内半径为 R_2,外半径 R_3. 在下列各种情况下求内外球壳的电势差以及壳内空腔和壳外空间的电势分布规律.

(1) 内球带 $+q$,外球壳带 $+Q$.
(2) 内球带 $+q$,外球壳不带电.
(3) 内球带 $+q$,外球壳不带电且接地.

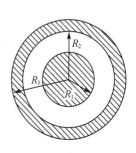

(4) 内球通过外壳小孔接地,外球壳带 $+Q$.

【解析】 如图所示,根据叠加原理:

(1) R_1 处有均匀的 $+q$, R_2 必有均匀的 $-q$, R_3 处有 $+(Q+q)$ 电荷,因此:

内球: $U_1 = k\dfrac{q}{R_1} - k\dfrac{q}{R_2} + k\dfrac{Q+q}{R_3}$

外球: $U_2 = k\dfrac{q}{r} - k\dfrac{q}{r} + \dfrac{k(Q+q)}{R_3} = \dfrac{k(Q+q)}{R_3}$

上式中 $R_2 < r < R_3$.

电势差: $U_{12} = U_1 - U_2 = k\dfrac{q}{R_1} - k\dfrac{q}{R_2}$

腔内: $U_内 = k\dfrac{q}{r} - k\dfrac{q}{R_2} + \dfrac{k(Q+q)}{R_3}$ ($R_1 < r < R_2$)

壳外: $U_外 = k\dfrac{q}{r} - k\dfrac{q}{r} + \dfrac{k(Q+q)}{R_3} = \dfrac{k(Q+q)}{R_3}$ ($r > R_3$)

(2) R_1 处有 $+q$, R_2 处有 $-q$, R_3 处有 $+q$, 因此:

内球: $U_1 = k\dfrac{q}{R_1} - k\dfrac{q}{R_2} + k\dfrac{q}{R_3}$

外球: $U_2 = k\dfrac{q}{r} - k\dfrac{q}{r} + k\dfrac{q}{R_3} = k\dfrac{q}{R_3}$

上式中 $R_2 < r < R_3$.

电势差: $U_{12} = U_1 - U_2 = k\dfrac{q}{R_1} - k\dfrac{q}{R_2}$

腔内: $U_内 = k\dfrac{q}{r} - k\dfrac{q}{R_2} + \dfrac{kq}{R_3}$ ($R_1 < r < R_2$)

壳外: $U_外 = k\dfrac{q}{r} - k\dfrac{q}{r} + \dfrac{kq}{r} = \dfrac{kq}{r}$ ($r > R_3$)

(3) R_1 处有 $+q$, R_2 处有 $-q$, 外球壳接地, 外球壳 $U_2 = 0$, R_3 处无电荷.

内球: $U_1 = k\dfrac{q}{R_1} - k\dfrac{q}{R_2}$

电势差: $U_{12} = U_1 - U_2 = k\dfrac{q}{R_1} - k\dfrac{q}{R_2}$

腔内: $U_内 = k\dfrac{q}{r} - k\dfrac{q}{R_2}$ ($R_1 < r < R_2$)

壳外: $U_外 = k\dfrac{q}{r} - k\dfrac{q}{r} = 0$ ($r > R_3$)

(4) 内球接地,电势为零,内球带 $-q'$, R_2 处有 $+q'$, R_3 处有 $+(Q+q)$, 先求 q', 因为:

$$-k\dfrac{q'}{R_1} + k\dfrac{q'}{R_2} + \dfrac{k(Q+q')}{R_3} = 0$$

解得:

$$q' = \dfrac{QR_1R_2}{R_1R_2 + R_2R_3 - R_1R_3}$$

内球: $U_1 = 0$

外球：$U_2 = -k\dfrac{q'}{R_2} + k\dfrac{q'}{R_2} + k\dfrac{Q-q'}{R_3} = \dfrac{kQ(R_2-R_1)}{R_1R_2+R_2R_3-R_1R_3} = U_{21}$

腔内：$U_{\text{inside}} = -k\dfrac{q'}{r} + k\dfrac{q'}{R_2} + k\dfrac{Q-q'}{R_3} = \dfrac{kQR_2}{R_1R_2+R_2R_3-R_1R_3}\left(1-\dfrac{R_1}{r}\right)$ $(R_1<r<R_2)$

壳外：$U_{\text{outside}} = -k\dfrac{q'}{r} + k\dfrac{q'}{r} + k\dfrac{Q-q'}{R_3} = \dfrac{kQR_3(R_2-R_1)}{(R_1R_2+R_2R_3-R_1R_3)r}$ $(r>R_3)$

29. 如图（甲）所示，两块互成60°夹角的很大的接地金属板间有一点正电荷q，且其距离两板的距离均为a，求点电荷q所受到的静电力．

【解析】由于导体板处在点电荷q的电场中，导体表面会产生感应电荷，但感应电荷的分布却是不均匀的，如果利用导体板的电势为零，设法找到等效的替换模型，即可求解本题．由于静电感应，电荷q受两块金属板上感应电荷的作用，根据金属板为等势面及对称性，其作用效果可等效为5个点电荷对该电荷的作用，这五个点电荷的位置和将两导体板看成平面镜后像点的位置相同，其中三个带负电荷，两个带正电荷．如图（乙）所示，1、3、5点电荷带负电，2、4点电荷带正电．带电量均为q，由电荷分布的对称性可知，合力应设SO指向O．

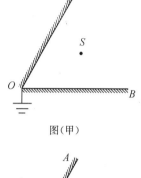

图（甲）

$F_{1S} = F_{5S} = \dfrac{kq^2}{L^2}\cdot\cos60° = \dfrac{kq^2}{2L^2}$

$F_{2S} = F_{4S} = \dfrac{kq^2}{(2L\sin60°)^2}\cdot\cos30° = -\dfrac{\sqrt{3}kq^2}{6L^2}$

$F_{3S} = \dfrac{kq^2}{(2L)^2} = \dfrac{kq^2}{4L^2}$

$F_{合} = 2F_{1S} + F_{3S} + 2F_{2S} = \dfrac{kq^2}{L^2}\left(\dfrac{3}{4} - \dfrac{\sqrt{3}}{6}\right)$

而 $a = \dfrac{L}{2}$，故

$$F_{合} = \dfrac{9-2\sqrt{3}}{48}\cdot\dfrac{kq^2}{a^2}$$

图（乙）

【总结】本题使用了电像法，由此，我们可以看到在解决静电感应与受力问题时，利用与光学成像近似的规律和方法来解决问题的独特魅力．

30. 如图所示，真空中有一个中性导体球，其半径为R，在距球心为d处的P点放置一电量为$+q$的点电荷，求导体球与点电荷间的作用力．

【解析】先假设导体球接地，则导体球上会出现感应电荷，且分布不均匀，感应电荷在球外产生的电场可以看成是球内一镜像电荷产生的电场，这个镜像电荷的大小为：

$$q' = -\dfrac{R}{d}q$$

镜像电荷在OP的连线上，与O点相距

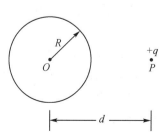

$$r_x = \frac{R^2}{d}$$

在这个镜像电荷与 $+q$ 的电势叠加后,球面等势,且为零.

如果没有接地,则在 P 点放置 $+q$ 后,虽然球面上出现感应荷,但代数和为零,这些电荷中 O 点的总电荷为势,O 点的电势即为 $+q$ 在 O 点的电势:

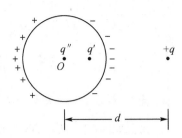

$$U_O = \frac{kq}{d}$$

由于整个球是一个等势体,所以电势为 $U = \frac{kq}{d}$.

把此时的球与接地时的球对比,可以发现,只要在球心放置电荷 q''

$$k\frac{q''}{R} = k\frac{q}{d}$$

$$q'' = \frac{R}{d}q$$

相当于有 q'' 的电量均匀分布于球面上. 所以球面上的电荷分布为:原来接地时不均匀的感应电荷与均匀分布的感应电荷 q'' 叠加而成.

球与 $+q$ 间的作用力为

$$F = \frac{kqq'}{(d-r_x)^2} + \frac{kqq''}{d^2} = -kq^2R\left[\frac{d}{(d^2-R^2)^2} - \frac{1}{d^3}\right]$$

负号表示吸引力.

【点评】如果球原来就带电 $+Q$,则可以作相同的讨论,相当于 $+Q$ 的电量均匀分布于球的表面.

§8.5 电容和静电能

8.5.1 电容器的电容

电容器是以电场能的形式储存电能的一种装置,与以化学能储存电能的蓄电池不同.

任何两个彼此绝缘又互相靠近的导体,都可以看成是一个电容器,电容器所带电荷 Q 与它两板间电势差 U 的比值,叫做电容器的电容,记作 C,即 $C = \frac{Q}{U}$.

电容的意义就是每单位电势差的带电量,显然 C 越大,电容器储电本领越强,而电容是电容器的固有属性,仅与两导体的形状、大小位置及其间电介质的种类有关,而与电容器的带电量无关.

电容器的电容有固定的、可变的和半可变的三类,按极片间所用的电介质,则有空气电容器、真空电容器、纸质电容器、陶瓷电容器、涤纶电容器、云母电容器、电解电容器等.

每个电容器的型号都标明两个重要数值:电容量和耐压值(即电容器所承受的最大电压,亦称击穿电压).

8.5.2 几种常用电容器的电容

1. 平行板电容器

若两金属板平行放置,距离 d 很小,两板的正对面积为 S、两极板间充满相对介电常数为 ε 的电介质,即构成平行板电容器.

设平行板电容器带电量为 Q,则两极板间电势差:

$$U = Ed = \frac{4\pi k\sigma}{\varepsilon}d = \frac{4\pi k}{\varepsilon} \cdot \frac{Q}{S}d$$

故电容:

$$C = \frac{Q}{U} = \frac{\varepsilon S}{4\pi kd}$$

2. 真空中半径为 R 的孤立导体球形电容器的电容

由公式可知,导体球的电势为:

$$U = \frac{kQ}{R}$$

因此孤立导体球形电容器的电容为:

$$C = \frac{Q}{U} = \frac{R}{k}$$

地球半径很大,电容很大,容纳电荷的本领极强,一个普通的导体球与地球相连,可以证明,此导体球的电荷将基本上被地球分去,而导体球所带电量将微乎其微,具体的证明方法请读者自己思考.

3. 同轴圆柱形电容器

高 H、半径 R_1 的导体圆柱外,同轴地放置高也为 H、内半径为 $R_2 > R_1$ 的导体筒,当 $H \gg R_2$ 时,便构成一个同轴圆柱形电容器. 如果 $R_2 - R_1 \ll R_1$,则可将它近似处理为平行板电容器,由公式可得其电容为

$$C = \frac{2\pi RH\varepsilon}{4\pi kD} = \frac{\varepsilon RH}{2kD}$$

上式中 $R \approx R_1 \approx R_3$,$D = R_2 - R_1$.

4. 同心球形电容器

半径为 R_1 的导体球(或球壳)和半径为 R_2 的导体球壳同心放置,便构成了同心球形电容器. 若同心球形电容器内、外球壳之间也充以相对介电常数为 ε_r 的电介质,内球壳带电量为 Q,外球壳带 $-Q$ 电荷,则内、外球壳之间的电势差为:

$$U = U_内 - U_外 = k\frac{Q}{\varepsilon_r}\left(\frac{1}{R_1} - \frac{1}{R_2}\right)$$

故电容

$$C = \frac{Q}{U} = \frac{\varepsilon_r R_1 R_2}{(R_2 - R_1)k}$$

当 $R_2 \to \infty$ 时,同心球形电容器便成为孤立导体(孤立导体是指在该导体周围没有其他导体或带电体,或者这些物体都接地)球形电容器,设 $R_1 = R$,则其电容为:

$$C = \frac{\varepsilon R}{k}$$

8.5.3 电容器的连接

电容器的性能有两个指标:电容和耐压值. 在实际应用时,当这两个指标不能满足要求时,就要将电容器串联或并联使用.

1. 串联

几个电容器,前一个的负极和后一个的正极相连,这种连接方式称为电容器的串联. 充电后各电容器的电量相同,即 $Q_1 = Q_2 = \cdots = Q$. 第一个电容器的正极与第 n 个电容器的负极之间的电压 U 为各电容器电压 U_i 之和,即 $U = \sum_{i=1}^{n} U_i$,因此电容器串联可以增大耐压值. 用一个电量为 Q,电压为 U 的等效电容来代替上述 n 个串联的电容器,则电容为:

$$C = \frac{Q}{U} = \frac{Q}{U_1 + U_2 + \cdots + U_n}$$

$$\frac{1}{C} = \frac{1}{C_1} + \frac{1}{C_2} + \cdots + \frac{1}{C_n} = \sum_{i=1}^{n} C_i^{-1}$$

2. 并联

把 n 个电容器的正极连在一起,负极连在一起,这种连接方式称为电容器的并联. 充电后正极总电量 Q 等于各电容器正极电量 Q_i 之和,即 $Q = \sum_{i=1}^{n} Q_i$;正极和负极之间的电压 U 等于各电容器的电压 U_i,即 $U = U_i$,用一个电量为 Q、电压为 U 的等效电容器代替上述几个并联的电容器,则电容为:

$$C = \frac{Q}{U} = \sum_{i=1}^{n} \frac{Q_i}{U_i}$$

$$C = C_1 + C_2 + \cdots + C_n = \sum_{i=1}^{n} C_i$$

例 16 由许多个电容为 C 的电容器组成一个如图 8-42 所示的多级网络,试问:
(1) 在最后一级的右边并联一个多大的电容 C',可使整个网络的 A、B 两端电容也为 C'?
(2) 不接 C',但无限地增加网络的级数,整个网络 A、B 两端的总电容是多少?

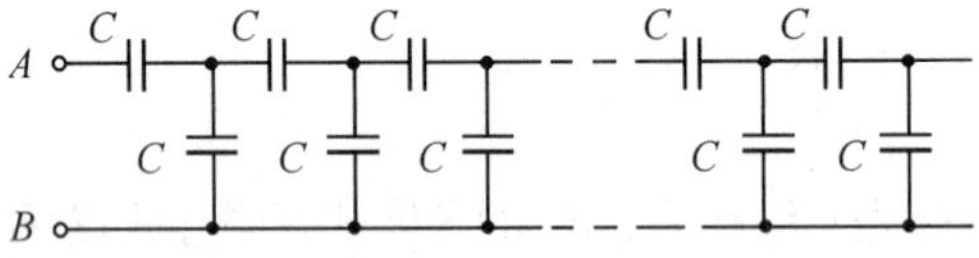

图 8-42

【解析】(1) 据题意有:

$$\frac{1}{C + C'} + \frac{1}{C} = \frac{1}{C'}$$

解得

$$C' = \frac{\sqrt{5} - 1}{2} C$$

(2) 因为"无限",所以"无限加一级后仍为无限",得出方程

$$\frac{1}{C + C_0} + \frac{1}{C} = \frac{1}{C_0}$$

$$C_0 = \frac{\sqrt{5} - 1}{2} C$$

例17 有一空气平行板电容器,极板面积为 S,与电池连接,极板上充有电荷 $+Q_0$ 和 $-Q_0$,断开电源后,保持两板间距离不变,在极板中部占极板间的一半体积的空间填满(相对)介电常数为 ε_r 的电介质,如图 8-43 所示. 已知真空的介电常数 ε_0,求:

(1) 图中极板间 a,b 两点的电场强度 E_a 和 E_b.

(2) 图中与电介质接触和空气接触的正极板上的电荷 Q_1 和 Q_2.

(3) 图中与正极板相接触的那部分介质界面上的极化电荷 Q_1'.

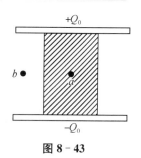

图 8-43

【解析】(1) 设未插入电介质时平行板电容器的电容为 C_0,有:

$$C_0 = \frac{\varepsilon_0 S}{d} \tag{1}$$

插入介质后可以看成是充满介质部分的电容 $C_a = \frac{C_0}{2}$ 与没有充介质部分的电容器 $C_b = \frac{\varepsilon_0 \varepsilon_r S}{2d}$ 并联,总电容为 C,则:

$$C = \frac{C_0}{2} + \frac{\varepsilon_0 \varepsilon_r S}{2d} \tag{2}$$

$$U = \frac{Q_0}{C} \tag{3}$$

$$E_a = \frac{U}{d} \tag{4}$$

由以上各式可得

$$E_a = \frac{2Q_0}{\varepsilon_0(\varepsilon_r + 1)S}$$

$$E_b = E_a = \frac{2Q_0}{\varepsilon_0(\varepsilon_r + 1)S}$$

(2)
$$Q_1 = C_a U \tag{5}$$

由(2)、(3)、(5) 式可得 $Q_1 = \frac{\varepsilon_r Q_0}{\varepsilon_r + 1}$

$$Q_2 = C_b U \tag{6}$$

由(2)、(3)、(6) 式可得 $Q_2 = \frac{Q_0}{\varepsilon_r + 1}$

(3) 因 $E_a = E_b$ 故:

$$\frac{Q_1 + Q_1'}{\varepsilon_0 \cdot \frac{S}{2}} = \frac{Q_2}{\varepsilon_0 \cdot \frac{S}{2}}$$

解得:

$$Q_1' = -(Q_1 - Q_2) = -\frac{\varepsilon_r - 1}{\varepsilon_r + 1} Q_0$$

负号表示上极板处的极化电荷为负.

8.5.4 带电导体的能量

先来考查一个导体球,设其所带电量为 Q,我们可以设想电量 Q 是一些分散在无限远处的电荷,在外力作用下一点点搬到带电体上的,因此搬运过程中外力克服静电场力做的功,等于带电体的电能.该导体的电势与其所带电量之间的函数关系如图 8 - 44 所示,斜率为其电容的倒数 $\frac{1}{C}$. 设每次都搬运极少量的电荷 ΔQ, 此过程可认为导体上的电势不变,设为 U_i, 该过程中搬运电荷所做的功为 $W_i = \Delta Q \cdot U_i$, 即图中一狭条矩形的面积(如图中阴影部分所示),因此整个过程中,带电导体储存的能量为:

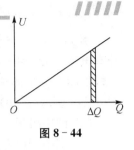

图 8 - 44

$$E = W = \sum W_i = \sum (U_i \Delta Q)$$

其数值正好等于图中过 O 点的斜线下的许多小狭条面积之和,若 ΔQ 取得尽可能小,则数值就趋向于斜线下三角形的面积.

$$E = W = \frac{1}{2}QU = \frac{Q^2}{2C} = \frac{1}{2}CU^2$$

上述带电导体的静电能公式也可推广到一般带电的电容器,对于平行板电容器,其电容为 C,带电量为 Q,则此电容器两极板间的电势差为 $U = \frac{Q}{C}$. 因此平行板电容器两极板间的电势差与极板上所带电量的关系也是线性的.

一电动势为 U 的电源对一电容为 C 的电容器充电,充电完毕后,电容器所带电量:

$$Q = CU$$

电容器储存能量:

$$E = \frac{1}{2}CU^2$$

而电源在对电容器充电过程中,所提供的能量为:

$$QU = CU^2 = 2E$$

也就是说,在充电过程中,电容器仅得到了电源提供的一半能量.可以推测,另一半能量是在导线和电源内阻上转化的内能以及以电磁波形式发射出去的能量.

8.5.5 电场的能量

由公式 $E = \frac{1}{2}CU^2$, 似乎可以认为能量与带电体的电量有关,能量是集中在电荷上的.其实,前面只是根据功能关系求得带电导体的静电能,并未涉及能量的分布问题.由于在静电场范围内,电荷与电场总是联系在一起的,因此电能究竟与电荷还是与电场联系在一起,尚无法确定.以后学习了麦克斯韦的电磁场理论可知,电场可以脱离电荷而单独存在,并以有限的速度在空间传播,形成电磁波,而电磁波携带能量早已被实践所证实.因此我们说,电场是电能的携带者,电能是电场的能量.下面以平行板电容器为例,用电场强度表示能量公式.

$$E = \frac{1}{2}CU^2 = \frac{1}{2} \cdot \frac{\varepsilon S}{4\pi k d}E^2 d^2 = \frac{\varepsilon E^2 Sd}{8\pi k}$$

单位体积的电场能量称为电场的能量密度,用 ω 来表示:

$$\omega = \frac{\varepsilon E^2}{8\pi k} = \frac{1}{2}DE$$

上式是一个普遍适用的表达式,只要空间某点的电场强度已知,该处的能量密度即可求出,而整个电场区的电场能量可以通过对体积求和来求得.

例18 用 N 节电动势为 ε 的电池对某个电容器充电,第一次用 N 节电池串联后对电容器充电;第二次先用一节电池对电容器充电,再用两节串联再充一次,再用三节串联再充……直到用 N 节串联充电,哪一种方案消耗电能多?

【解析】第一次电源提供的能量 $W = QN\varepsilon$,电容器储能 $E = \frac{1}{2}QN\varepsilon$,消耗的能量:

$$\Delta E = W - E = \frac{1}{2}Q(N\varepsilon) = \frac{1}{2}C(N\varepsilon)^2$$

第二次充电时,电容器上电量从 $0 \to Q_1 \to Q_2 \to Q_3 \cdots \cdots$ 而

$$Q_1 = C\varepsilon$$
$$Q_2 = C \cdot 2\varepsilon$$
$$Q_3 = C \cdot 3\varepsilon$$
$$\vdots$$

电源每次提供的能量为:

$$W_1 = \varepsilon \Delta Q = \varepsilon \Delta Q_1 = C\varepsilon^2$$
$$W_2 = 2\varepsilon \Delta Q_2 = 2\varepsilon(Q_2 - Q_1) = 2C\varepsilon^2$$
$$\vdots$$
$$W_N = (Q_N - Q_{N-1})_1 N\varepsilon = NC\varepsilon^2$$
$$W' = \sum W_i = C\varepsilon^2(1 + 2 + 3 + \cdots + N) = \frac{1}{2}N(N+1)C\varepsilon^2$$

消耗的能量

$$\Delta E' = W' - E = \frac{1}{2}CN\varepsilon^2 = \frac{\Delta E}{N}$$

显然,第一种方案消耗的能量多。实际上,第一种方案电源搬运电量 Q 全部是在电势差 $N\varepsilon$ 条件下进行的。第二种方案中,只有最后一次搬运电量 $(Q_N - Q_{N-1})$ 是在电势差 $N\varepsilon$ 下进行的,其余 $N-1$ 次是在小于 $N\varepsilon$ 下进行的。

例19 平行板电容器两极板均为正方形,其面积均为 $S = 1.0 \times 10^{-2}$ m²,相距为 $d = 1.0 \times 10^{-3}$ m,将这个电容器与电源相连接,电源的电动势 $\varepsilon = 100$ V,再把厚度为 d,长度等于电容器极板长的电介质板(相对介电常数 $\varepsilon_r = 2$),以匀速 $v = 2.3 \times 10^{-2}$ m/s 引入两极板间(图 8-45)。问:

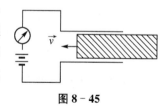

图 8-45

(1) 电路中的电流强度为多少?
(2) 电介质板插入过程中电源输出的能量为多少?
(3) 电容器中电介质板引入前后所储存的能量有何变化?比较电源输出的能量与电容器中能量的变化量是否相同?并说明原因。

【解析】(1) 在电介质匀速插入的过程中,电容不断增加,经过 Δt 之后,电容为:

$$C = C_0 - \frac{\sqrt{S}v\Delta t}{4\pi k d} + \frac{\varepsilon_r \sqrt{S}v\Delta t}{4\pi k d} = C_0 + \frac{(\varepsilon_r - 1)\sqrt{S}v\Delta t}{4\pi k d}$$

电容增加值:

$$\Delta C = C - C_0 = \frac{(\varepsilon_r - 1)\sqrt{S}v\Delta t}{4\pi k d}$$

因 $Q = C \cdot \varepsilon$，故电容器上相应的电量增加值为：

$$\Delta Q = \Delta C \cdot \varepsilon = \frac{(\varepsilon_r - 1)\sqrt{S}v\Delta t}{4\pi kd} \cdot \varepsilon$$

所以充电电流：

$$I = \frac{\Delta Q}{\Delta t} = \frac{(\varepsilon_r - 1)\sqrt{S}v\varepsilon}{4\pi kd} = 2 \times 10^{-9} \text{ A}$$

(2) 电源输出的电能

$$W = \varepsilon I t = 9 \times 10^{-7} \text{ J}$$

(3) 介质未插入时，电容器所贮电能为：

$$W_1 = \frac{1}{2}C_0\varepsilon^2 = \frac{1}{2} \cdot \frac{S}{4\pi kd}\varepsilon^2 = 4.43 \times 10^{-7} \text{ J}$$

插入介质后，电容器所贮电能增加为：

$$\Delta W = \frac{1}{2}(\varepsilon_r C_0 - C_0)\varepsilon^2 = \frac{1}{2}C_0\varepsilon^2 = 4.43 \times 10^{-7} \text{ J}$$

所以电源输出能量 $W > \Delta W$，由题设可知，电源内阻、线路电阻均不计，那么电源多输出的能量 $W - \Delta W$ 到什么地方去了？把电介质插入电容器之间时，在介质板上将产生极化电荷，极板上自由电荷对极化电荷产生吸引力，在忽略介质板与电容器极板间的摩擦力时，要使介质板匀速地插入电容器中去，必须再加一外力与此吸引力相平衡。因此，在介质板匀速地插入电容器时，外力做负功，使电源输出的一部分能量 $W - \Delta W$ 变成了其他形式的能量。

由于 I 是恒定电流，产生稳恒磁场，不会产生电磁波，如果 I 变化，还要考虑变化电流产生变化磁场从而有可能产生电磁波，则上式右边还要加上一项表示电磁波向外传播带走的能量。

例 20 如图 8-46，一个不带电的金属球壳，内外半径分别为 a 和 b，球心处放置一个带电量为 $+Q$ 的点电荷，欲把球心处点电荷从球内经球壳上一微小缝隙移至无限远，求外力的功。

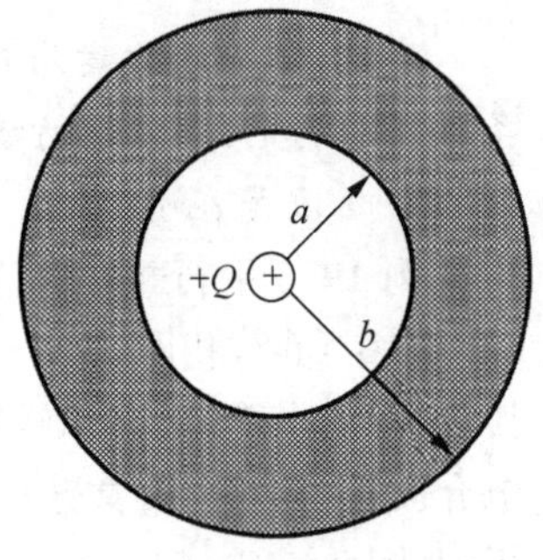

【解析】 考虑到在静电场理论中，静电能量贮存在电场中的观点与静电能量由电荷携带的观点是等效的，不影响问题的结果。我们可以用静电能由电荷携带的观点去计算这部分静电场的贮能。因此，导体球壳本身，即在半径 a 到 b 之间，由初态无电场到终态在其中相应的空间有电场，增加的静电能可以写成：

$$\Delta E = \frac{Q^2}{2C_a} - \frac{Q^2}{2C_b}$$

图 8-46

其中 C_a，C_b 分别表示半径为 a、b 的孤立导体球的电容，即 $C_a = 4\pi\varepsilon_0 a$，$C_b = 4\pi\varepsilon_0 b$，由此可得外力所做的功为：

$$W = \frac{Q^2}{2C_a} - \frac{Q^2}{2C_b} = 4\pi\varepsilon_0(a - b)$$

【总结】 还有两种思路，但都要用到微积分：

(1) 因为球心处电荷一下子全部移出时，移动过程中球壳上感应电荷分布变化，静电场变化，所以，做的功用 Q 乘以初末状态两点的电势差是不对的。这时，可以把 Q 分成无限多个小电荷，一个一个地经球壳小缝移至无限远，这样处理就可以保证移动一个无穷小电荷时，不会带来移动中电场分布的改变。

(2) 我们也可以换一种观点，比较点电荷未移出之前和移出之后，点电荷周围空间的电场，两种状态下的静电能量均贮存在电场中,终态的静电能是一个带电量为 Q 的点电荷周围静电场的能量,它比初态静电能多,多的部分就是初态球壳层导体中的那一部分空间有了静电能,这是因为导体内部场强为零.但因为是一个非匀强电场,可利用 $\omega = \dfrac{1}{2}\varepsilon_0 E^2$ 来计算.

● 强化训练 ●

31. 如图所示,面积为 S 的平行板电容器中充满了固态电介质,给电容器充电 Q 后切断电源,使电容器的下极板及固态电介质固定不动.用外力把上极板十分缓慢地竖直向上移动距离 d.设上极板的质量可以忽略,试求移动上极板外力做的功 W,已知移动上极板前板间距离也是 d,电介质相对介电常数为 ε_r.

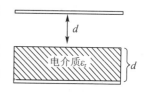

【解析】移动上极板前 $C_0 = \dfrac{\varepsilon_r S}{4\pi k d}$,充电量为 Q,储存电场能

$$E = \dfrac{Q^2}{2C_0}$$

把上极板向上移动距离 d,两极板间可认为有两个电容器串联,总电容为 C,则:

$$C = \dfrac{\dfrac{S}{4\pi k d} \cdot \dfrac{\varepsilon_r S}{4\pi k d}}{\dfrac{S}{4\pi k d} + \dfrac{\varepsilon_r S}{4\pi k d}} = \dfrac{\varepsilon_r S}{(1+\varepsilon_r)4\pi k d}$$

Q 不变,电场能变为 $E' = \dfrac{Q^2}{2C}$.

因为 $C < C_0$,所以 $E' > E$,移动极板外力克服电场吸引力所做的功

$$W = E' - E = \dfrac{Q^2}{2}\left(\dfrac{1}{C} - \dfrac{1}{C_0}\right) = \dfrac{2\pi k d Q^2}{S}$$

可见 W 和介电常数 ε_r 无关.

32. 一个平行板电容器,中间充有两层电介质,其介电常数和电阻率分别为 ε_1、ε_2 和 ρ_1、ρ_2,如图(甲)所示,求当在平行板电容器上加上电压 U 且达到稳定后,上、下极板所带电量之比.

【解析】充入电介质后,等效于新形成两个彼此串联的电容器,每个电容器又并联着一个电阻,如图(乙)所示.

$$C_1 = \dfrac{\varepsilon_1 S}{4\pi k d_1}$$

$$C_2 = \dfrac{\varepsilon_2 S}{4\pi k d_2}$$

$$R_1 = \dfrac{\rho_1 d_1}{S}$$

$$R_2 = \dfrac{\rho_2 d_2}{S}$$

稳定后,流经 R_1、R_2 的电流相等,

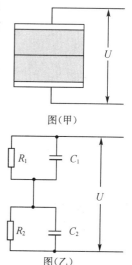

图(甲)

图(乙)

$$\frac{U_1}{U_2} = \frac{R_1}{R_2}$$

再由 $Q = CU$,即可得

$$\frac{Q_1}{Q_2} = \frac{C_1 U_1}{C_2 U_2} = \frac{C_1 R_1}{C_2 R_2} = \frac{\varepsilon_1 \rho_1}{\varepsilon_2 \rho_2}$$

【点评】可见,只有在 $\varepsilon_1 \rho_1 = \varepsilon_2 \rho_2$ 时,上下两极板的电量大小才相等.

33. 如图所示,一平行板电容器,极板面积为 S,其上半部为真空,而下半部充满相对介电常数为 ε_r 的均匀电介质,当两极板分别带上 $+Q$ 和 $-Q$ 的电量后,试求:

(1) 板上自由电荷的分布;
(2) 两板之间的场强;
(3) 介质表面的极化电荷.

【解析】(1) 电介质的充入虽然不能改变内表面的电量总数,但由于改变了场强,故对电荷的分布情况肯定有影响. 设真空部分电量为 Q_1,介质部分电量为 Q_2,显然有

$$Q_1 + Q_2 = Q$$

两极板分别为等势体,将电容器看成上下两个电容器的并联,必有

$$U_1 = U_2 \quad 即 \quad \frac{Q_1}{C_1} = \frac{Q_2}{C_2}$$

又

$$C_1 = \frac{\frac{S}{2}}{4\pi k d}, \quad C_2 = \frac{\varepsilon_r \cdot \frac{S}{2}}{4\pi k d}$$

解以上两式即可得

$$Q_1 = \frac{1}{1+\varepsilon_r} Q$$

$$Q_2 = \frac{\varepsilon_r}{1+\varepsilon_r} Q$$

(2) 根据

$$E = \frac{U}{d}, \quad U = \frac{Q}{C}$$

可得:

$$E_1 = E_2 = \frac{8\pi k Q}{(1+\varepsilon_r) S}$$

(3) 极化电荷形成的电场与自由电荷形成的电场叠加成为 E_2

$$E_2 = 4\pi k (\sigma - \sigma') = 4\pi k \left(\frac{Q_2}{S/2} - \frac{Q'}{S/2} \right)$$

$$Q' = \frac{\varepsilon_r - 1}{\varepsilon_r + 1} Q$$

【点评】一个带电量为 Q 的金属小球,周围充满相对介电常数为 ε_r 的均匀电介质,可以求出与导体表面接触的介质表面的极化电荷量

$$Q' = \frac{\varepsilon_r - 1}{\varepsilon_r + 1} Q$$

34. 如图所示的电路中,三个电容器完全相同,电源电动势 $\varepsilon_1 = 3.0$ V,$\varepsilon_2 = 4.5$ V,开关 K_1 和 K_2 接通前电容器均未带电,试求 K_1 和 K_2 接通后三个电容器的电压 U_{ao}、U_{bo} 和 U_{co} 各为多少?

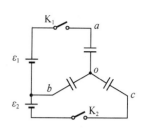

【解析】与 o 相连的三块极板("孤岛")的总电量为零.

电量关系:
$$\frac{U_{ao}}{C} + \frac{U_{bo}}{C} + \frac{U_{co}}{C} = 0$$

电势关系:
$$\varepsilon_1 = U_{ao} + U_{ob} = U_{ao} - U_{bo}$$
$$\varepsilon_2 = U_{bo} + U_{oc} = U_{bo} - U_{co}$$

解以上三式
$$U_{ao} = 3.5 \text{ V}, \quad U_{bo} = 0.5 \text{ V}, \quad U_{co} = -4.0 \text{ V}$$

35. 如图所示,由 n 个单元组成的电容器网络,每一个单元由三个电容器连接而成,其中有两个的电容为 $3C$,另一个的电容为 $2C$. 以 a、b 为网络的输入端,a'、b' 为输出端,今在 a、b 间加一个恒定电压 U,而在 $a'b'$ 间接一个电容为 C 的电容器,试求:

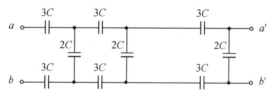

(1) 从输入端算起,第 k 个单元后面所有电容器储存的总电能;

(2) 若把第一单元输出端与后面断开,再除去电源,并把它的输入端短路,则这个单元的三个电容器储存的总电能是多少?

【解析】(1) 从最右端观察,发现 C 与 $2C$ 并联后的总电容为 $3C$,再和 2 个 $3C$ 的电容串联后的总电容为 C,于是有规律:
$$C_\text{总} = C_k = C$$

从输入端算起,第 k 个单元后的电压为
$$U_k = \frac{U}{3^{k-1}}$$
$$E_k = \frac{CU^2}{2 \cdot 3^{2(k-1)}}$$

(2) 断开前,可以算出第一单元的三个电容器以及后面"系统"的电量分配如下图(a)所示. C_1 的右板和 C_2 的上板形成"孤岛",C_2 的下板和 C_3 的右板也形成"孤岛". C_2 对 C_1 和 C_3 进行充电:

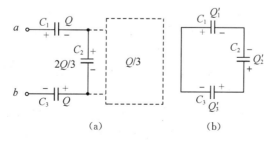

$$Q'_1 = Q'_3$$

$$Q'_2 + Q'_3 = \frac{Q}{3}$$

电势关系：

$$\frac{Q'_1}{3C} + \frac{Q'_3}{3C} = \frac{Q'_2}{2C}$$

从以上三式解得

$$Q'_1 = Q'_3 = \frac{Q}{7}$$

$$Q'_2 = \frac{4Q}{21}$$

系统的储能 $E = \dfrac{Q'^2_1}{2 \times 3C} + \dfrac{Q'^2_2}{2 \times 2C} + \dfrac{Q'^2_3}{2 \times 3C} = \dfrac{CU^2}{63}$.

36. 一个带总电荷 Q 的导体球被切成两半,若要保持两半球还在一起,至少需要多大的力? 已知球的半径为 R.

【解析】可以证明,导体表面的受力密度(单位面积所受的力的大小)等于其表面附近的电场能密度(单位体积的电场能),则由此可求出半球受的力,从而可由受力平衡得到题目要求的力.

对导体球,电荷全部分布在表面上,面电荷密度为：

$$\sigma = \frac{Q}{4\pi R^2}$$

导体球面受力密度为：

$$f = \frac{1}{2}\varepsilon_0 E^2 = \frac{1}{2}\varepsilon_0 \left(\frac{1}{4\pi\varepsilon_0} \cdot \frac{Q}{R^2}\right)^2 = \frac{Q^2}{32\pi^2\varepsilon_0 R^4}$$

这是一个定值. 故我们可设想这是由气体产生的压强(设想球空心,内部充满气体),则半球的受力大小不变. 在此情况下,求半球受力可分析其表面所受的压力,有：

$$F = P \cdot \pi R^2 = f \cdot \pi R^2 = \frac{Q^2}{32\pi\varepsilon_0 R^2}$$

此即两半球的电相互作用力. 为使两半球仍不分开,则外力至少为 F,有：

$$F_{外} \geqslant F = \frac{Q^2}{32\pi\varepsilon_0 R^2}$$

以上解本题所用方法最为简捷. 除此之外,还可利用电荷元所受外场的力求和来计算 F.

37. 如图所示,两个竖直放置的同轴导体薄圆筒,内筒半径为 R,两筒间距为 d,筒高为 $L (L \gg R \gg d)$,内筒通过一个未知电容 C_x 的电容器与电动势 U 足够大的直流电源的正极连接,外筒与该电源的负极相连. 在两筒之间有相距为 h 的 A、B 两点,其连线 AB 与竖直的筒中央轴平行. 在 A 点有一质量为 m、电量为 $-Q$ 的带电粒子,它以 v_0 的初速率运动,其运动方向垂直于由 A 点和筒中央轴构成的平面. 为了使此带电粒子能够经过 B 点,试求所有可供选择的 v_0 和 C_x 值.

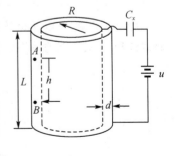

【解析】带电粒子从 A 点射出后,受到重力和筒间电场力的作用. 重力竖直向下,使带电粒子在竖直方向做自由落体运动;电场力的方向在垂直筒中央轴的平面内,沿径向指向中央轴. 为

了使带电粒子能通过 B 点,要求它在垂直中央轴的平面内以 R 为半径做匀速圆周运动,这就要求电场力能提供适当的向心力,即对 C_x 有一定要求. 为了使带电粒子经过 B 点,还要求它从 A 点沿 AB 到达 B 点的时间刚好等于带电粒子做圆周运动所需时间的整数倍,亦即对圆周运动的速度 v_0 有一定的要求.

带电粒子在重力作用下,从 A 点自由下落至 B 点所需的时间为:

$$t = \sqrt{\frac{2h}{g}}$$

带电粒子在垂直于筒中央轴的平面内,做匀速圆周运动一圈所需的时间为:

$$T = \frac{2\pi R}{v_0}$$

为了使带电粒子经过 B 点,要求:

$$t = nT \quad (n = 1, 2, \cdots)$$

由以上三式,得:

$$v_0 = \frac{2\pi R}{T} = \frac{2\pi R n}{t} = 2n\pi R \sqrt{\frac{g}{2h}} \quad (n = 1, 2, \cdots)$$

带电粒子做匀速圆周运动(速率 v_0,半径 R)所需的向心力由电场力提供,电场力为:

$$F = \frac{mv_0^2}{R}$$

此电场力由内外筒之间的电场提供. 因 $R \gg d$,近似认为内外筒构成平行板电容器,其间是大小相同的径向电场 E,设内外筒电势差为 U_R,则带电粒子所受电场力应为:

$$F = QE = \frac{QU_R}{d}$$

由以上两式,得:

$$U_R = \frac{mv_0^2 d}{QR}$$

代入 v_0,得:

$$U_R = \frac{2n^2\pi^2 R d m g}{hQ} \quad (n = 1, 2, \cdots)$$

因为内、外筒电容器 C_R 与 C_x 串联,故有:

$$C_R U_R = C_x U_x$$
$$U_R + U_x = U$$

解得

$$C_x = \frac{C_R U_R}{U - U_R}$$

由公式可知,同轴圆柱形电容器的电容:

$$C_R = \frac{RL}{2kd}$$

代入,得:

$$C_x = \frac{n^2\pi^2 R^2 Lmg}{k(hQU - 2n^2\pi^2 Rdmg)} \quad (n = 1, 2, \cdots)$$

这就是全部可供选择的 C_x.

§8.6 本章总结与能力提升训练

本章内容丰富,知识结构如下:

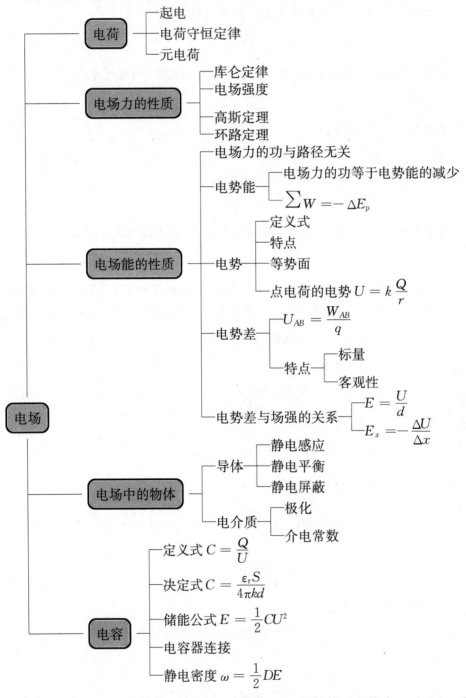

例21 如图 8-47 所示,已知两正对着的 A、B 两板的面积均为 S,相距 d,带电量分别为 $+Q_1$ 与 $+Q_2$,求 U_{AB}(忽略边缘效应).

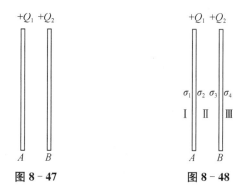

图 8-47   图 8-48

【解析】 两板的四个平面的电量将呈现一定规律的分布.金属板虽然很薄,但内部合场强依然为零;金属板"很大"是指物理无穷大,可以应用无限大平板的场强公式式.

如图 8-48 所示,忽略边缘效应,四个面的电荷分布应是均匀的,设四个面的电荷面密度分别为 σ_1、σ_2、σ_3 和 σ_4,显然

$$(\sigma_1 + \sigma_2)S = Q_1$$
$$(\sigma_3 + \sigma_4)S = Q_2$$

A 板内部空间场强为零,有

$$\frac{1}{2\varepsilon_0}(\sigma_1 - \sigma_2 - \sigma_3 - \sigma_4) = 0$$

B 板内部空间场强为零,有

$$\frac{1}{2\varepsilon_0}(\sigma_1 + \sigma_2 + \sigma_3 - \sigma_4) = 0$$

解以上四式,易得

$$\sigma_1 = \sigma_4 = \frac{Q_1 + Q_2}{2S}$$

$$\sigma_2 = -\sigma_3 = \frac{Q_1 - Q_2}{2S}$$

$$E_{\text{II}} = \frac{1}{2\varepsilon_0}(\sigma_1 + \sigma_2 - \sigma_3 - \sigma_4) = \frac{Q_1 - Q_2}{2\varepsilon_0 S}$$

$$U_{AB} = E_{\text{II}} d = 2\pi kd \frac{Q_1 - Q_2}{S}$$

【点评】 模型作为一个电容器,它的"电量"是 $\frac{Q_1 - Q_2}{2}$.如果在板间充满相对介电常数为 ε_r 的电介质,不会影响四个面的电荷分布.但会影响空间 II 的场强.对空间 I 和 III 的场没有影响.实际上,我们还可以求出 A、B 两板之间的静电力,以 A 为对象,外侧受力 $\frac{Q_1 + Q_2}{2} \cdot \frac{E_{\text{I}}}{2}$(方向相左),内侧受力 $\frac{Q_1 - Q_2}{2} \cdot \frac{E_{\text{II}}}{2}$ (方向向右,合力为 $F = \frac{2k\pi}{S} Q_1 Q_2$,两板间是排斥力.)

例 22 一无限长均匀带电细线弯成如图 8-49 所示的平面图形,其中 $\overset{\frown}{AB}$ 是半径为 R 的半圆弧,AA' 平行于 BB',试求圆心处的电场强度.

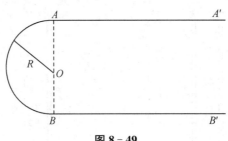

图 8-49

【解析】 本题要求电场强度,然而竟未给出电荷线密度以及圆半径等通常必不可少的条件,明显地暗示所求 O 点场强似乎应为 0,否则便无从求解.

均匀带电细线由半圆弧 $\overset{\frown}{AB}$ 及两平行半无限长直线 AA' 和 BB' 构成. 显然它们在平面上应产生确定的非零电场强度分布(在整个空间亦应如此),但是 O 点似乎是平面中唯一具有某种对称性的特殊位置,在 O 点的电场强度为零是可能的,并非不合理.

O 点的场强是四部分贡献的矢量和,即左上 $\frac{1}{4}$ 圆弧、左下 $\frac{1}{4}$ 圆弧、上面的半无限长直线 AA'、下面的半无限长直线 BB'. 它们在 O 点产生的电场强度分别指向右下方、右上方、左上方、左下方(假设细线带正电),相互抵消是确有可能的.

为了检验上述猜测是否正确,如图 8-50 所示,在左上 $\frac{1}{4}$ 圆弧中任取弧元 Δl_1,相应地 BB' 中取线元 Δl_2,Δl_1 和 Δl_2 对于 O 点的张角 $\Delta\varphi$ 相同. 显然,当 Δl_1 遍及左上 $\frac{1}{4}$ 圆弧时,Δl_2 相应遍及整个 BB';左下 $\frac{1}{4}$ 圆弧与 AA' 类似.

现在来看 Δl_1 和 Δl_2 在 O 点处产生的电场强度 ΔE_1 和 ΔE_2 的关系. ΔE_1 和 ΔE_2 刚好反向,关键是大小是否相等,如图 8-50 所示.

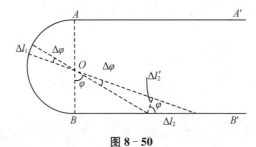

图 8-50

$$\Delta l_1 = R\Delta\varphi$$

式中 R 是半圆弧的半径,设细线中电荷线密度为 λ,则

$$\Delta E_1 = k\frac{\Delta Q_1}{R^2} = k\frac{\lambda \Delta l_1}{R^2} = k\frac{\lambda \Delta\varphi}{R}$$

其中 ΔQ_1 是 Δl_1 上的电量. 类似地,若 Δl_2 上的电量为 ΔQ_2,则

$$\Delta E_2 = k\frac{\Delta Q_2}{R^2} = k\frac{\lambda \Delta l_2}{r^2}$$

式中 r 是 Δl_2 到 O 点的距离. 由图不难发现下述几何关系

$$\Delta l_2 = \frac{\Delta l_2'}{\cos\varphi}, \Delta l_2' = r\Delta\varphi, \cos\varphi = \frac{R}{r}$$

代入得

$$\Delta E_2 = k\frac{\lambda \Delta\varphi}{R}$$

故

$$\Delta E_2 = \Delta E_1$$

可见,任意弧元 Δl_1 和相应的线元 Δl_2 在 O 点产生的电场强度 ΔE_1 和 ΔE_2 刚好抵消,由于 Δl_1 任选,当 Δl_1 遍及半个圆弧时,Δl_2 刚好遍及 AA' 和 BB',因此,圆心 O 处的电场强度应为 0,即 $E_O = 0$.

例 23 如图 8-51 所示,在 $-d \leqslant x \leqslant d$ 的空间区域内 (y、z 方向无限延伸) 均匀分布着密度为 ρ 的正电荷,此外均为真空.

(1) 试求 $|x| \leqslant d$ 处的场强分布;

(2) 若将一质量为 m,电量为 $-\rho$ 的带电质点,从 $x=d$ 处由静止释放,试问该带电质点经过多长时间第一次到达 $x=0$ 处?

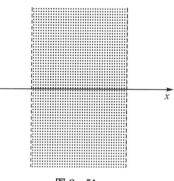

图 8-51

【解析】 根据给定区域电荷分布均匀且对称,在 y、z 方向无限伸展的特点,我们想象存在这样一个圆柱体,底面积为 S,高为 $2x$,左、右底面在 x 轴上的坐标分别是 $-x$ 和 x,如图 8-52 所示. 可以判断圆柱体左、右底面处的场强必定相等,且方向分别是逆 x 轴方向和顺 x 轴方向. 再根据高斯定理,便可求出坐标为 x 处的电场强度.

(1) 根据高斯定理 $E \cdot 2S = 4\pi k\rho S \cdot 2x$. 坐标为 x 处的场强:

$$E = 4\pi k\rho x \quad (|x| \leqslant d)$$

$x > 0$ 时,场强与 x 轴同向;

$x < 0$ 时,场强与 x 轴反向.

(2) 若将一质量为 m、电量为 $-q$ 的带电质点置于此电场中,质点所受的电场力为:

$$F = -4\pi k\rho q x \quad (|x| \leqslant d)$$

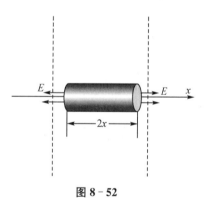

图 8-52

显然,质点所受的电场力总是与位移 x 成正比,且与位移方向相反,符合准弹性力的特点. 质点在电场力作用下做简谐振动,振动的周期为:

$$T = 2\pi\sqrt{\frac{m}{4\pi k\rho q}} = \sqrt{\frac{\pi m}{k\rho q}}$$

当质点从 $x=d$ 处静止释放,第一次到达 $x=0$ 处所用的时间为:$t = \frac{T}{4} = \frac{1}{4}\sqrt{\frac{\pi m}{k\rho q}}$.

例 24 两个带正电的点电荷,带电量都是 Q,固定放置在图 8-53 中 x 轴上 A、B 两点处,A、B 距原点 O 的距离都为 r. 若在原点处放置另一个点电荷,其带电量大小为 q,质量为 m.

(1) 当限制点电荷 q 只能在哪些方向上运动时,它在 O 处才是稳定的?
(2) 讨论在这些方向上受扰动后,它的运动情况.

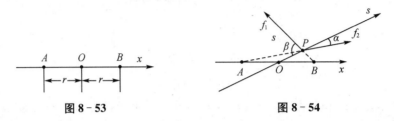

图 8-53　　　　　图 8-54

【解析】本题是电学与力学相结合的题目.可设点电荷 q 被限制在与 x 轴成 θ 角的某条直线上运动.使电荷 q 在此直线上发生微小位移,分析它在此直线上受的合力,若合力方向指向平衡位置则为稳定平衡,反之为不稳定平衡.若合力大小与位移大小成正比,合力方向与位移方向相反,则 q 做简谐运动.

(1) 先讨论点电荷 q 带正电的情况.设限制它在与 x 轴成 θ 角的 s 轴上运动,当受扰动移动到 P 点($OP = s$)时,它受到 f_1 和 f_2 两个力(图 8-54),因此 q 在 s 轴上受的合力为:

$$f_s = k\frac{Qq}{AP^2}\cos\alpha - k\frac{Qq}{BP^2}\cos\beta$$

由余弦定理可知:

$$\overline{AP}^2 = r^2 + s^2 + 2rs\cos\theta$$
$$\overline{BP}^2 = r^2 + s^2 - 2rs\cos\theta$$
$$\cos\alpha = \frac{s + r\cos\theta}{(r^2 + s^2 + 2rs\cos\theta)^{1/2}}$$
$$\cos\beta = \frac{r\cos\theta - s}{(r^2 + s^2 - 2rs\cos\theta)^{1/2}}$$

代入上式,得

$$f_s = \frac{kqQ(s + r\cos\theta)}{(r^2 + s^2 + 2rs\cos\theta)^{3/2}} + \frac{-kqQ(r\cos\theta - s)}{(r^2 + s^2 - 2rs\cos\theta)^{3/2}}$$

因为 q 是受扰动而偏离 O 位置,所以 s 很小,可以略去 s^2 项,得

$$f_s = k\frac{qQ}{r^3}\left[\frac{s + r\cos\theta}{\left(1 + \frac{2s}{r}\cos\theta\right)^{3/2}} - \frac{r\cos\theta - s}{\left(1 - \frac{2s}{r}\cos\theta\right)^{3/2}}\right]$$

$$= k\frac{Qq}{r^3}\left[(s + r\cos\theta)\left(1 - \frac{3s}{r}\cos\theta\right) - (r\cos\theta - s)\left(1 + \frac{3s}{r}\cos\theta\right)\right]$$

$$= \frac{2kQqs}{r^3}(1 - 3\cos^2\theta)$$

由此可见,当 $\cos^2\theta > \frac{1}{3}$ 时(图 8-55 中阴影部分),$f_s < 0$,即合力的方向指向原点,与位移方向相反,所以 q 是稳定的;当 $\cos^2\theta < \frac{1}{3}$ 时,$f_s > 0$,合力方向背离原点,q 是不稳定的.

如果 q 带负电荷,讨论与上述公式正好相反.

(2) 在稳定范围内,当 q 带正电荷时

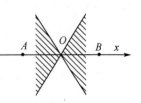

图 8-55

$$T = \frac{2kQqs}{r^3}(1 - 3\cos^2\theta)$$

f_s 与 s 大小成正比,方向相反,所以 q 将做简谐运动.由牛顿第二定律和振动方程可知

$$\vec{a} = -\frac{2kqQ(3\cos^2\theta - 1)}{mr^3}\vec{s} = -\omega^2 \vec{x}$$

式中

$$\omega^2 = \frac{2kqQ(3\cos^2\theta - 1)}{mr^3}$$

由此可得振动周期

$$T = \frac{2\pi}{\omega} = 2\pi\sqrt{\frac{mr^3}{2kqQ(3\cos^2\theta - 1)}}$$

当 q 带负电荷时,周期为

$$T = 2\pi\sqrt{\frac{mr^3}{2kqQ(1 - 3\cos^2\theta)}}$$

例 25 求证:相距为 a 的两个点电荷 ne 与 e,其零势面是一个球面.

【**解析**】球面是个三维空间图形,因此要考虑三维空间坐标.如图 8-56 所示,设 x、y 轴在纸面上,z 轴垂直纸面指向读者,电荷 ne 位于原点,另一电荷 e 位于 x 轴上,坐标为 $(a, 0, 0)$.

设空间某一场点 $P(x, y, z)$,到 ne 与 e 的距离分别是 r_1 与 r_2,P 点电势是 ne 和 e 各自独立在 P 点贡献的电势的代数和,即:

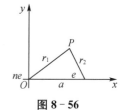

图 8-56

$$U_P = k\frac{ne}{r_1} + k\frac{e}{r_2}.$$

设 $U_P = 0$,则 $\dfrac{e(nr_2 + r_1)}{r_1 r_2} = 0$

则 $\qquad nr_2 + r_1 = 0$

即 $\qquad (nr_2)^2 = (-r_1)^2 = r_1^2$

又因为

$$r_1^2 = x^2 + y^2 + z^2$$
$$r_2^2 = (x - a)^2 + y^2 + z^2$$

所以

$$n^2[(x - a)^2 + y^2 + z^2] = x^2 + y^2 + z^2$$

得 $\qquad (n^2 - 1)(x^2 + y^2 + z^2) - 2n^2 ax + n^2 a^2 = 0$

$$x^2 - \frac{2n^2 a}{n^2 - 1}x + \frac{n^2 a^2}{n^2 - 1} + y^2 + z^2 = 0$$

$$\left(x - \frac{n^2}{n^2 - 1}a\right)^2 + y^2 + z^2 = \frac{n^2}{(n^2 - 1)^2}a^2$$

这是一个球面方程,P 是任意点,说明电势为零的点的轨迹是一个球面.球心坐标为 $\left(\dfrac{n^2}{n^2 - 1}a, 0, 0\right)$,球半径为 $\dfrac{na}{n^2 - 1}$.

● 强化训练 ●

38. 如图所示,把半径为 R 的球体切为八等份,取其中一份,使之均匀带电,电荷体密度为 ρ. 试求此八分之一带电球体在球心 O 处的电场强度大小 E.

【解析】八分之一球壳在球心的场强大小为

$$E_1 = \frac{\sqrt{3}}{4} k\pi\sigma.$$

八分之一球体可看成无穷多个八分之一球壳重叠而成,每层厚度为 Δh. 当 $\Delta h \to 0$ 时,每层都可以认为是球壳. 球心的场强为

$$E_0 = \frac{R}{\Delta h} E_1 = \frac{R}{\Delta h} \frac{\sqrt{3}}{4} k\pi\sigma \qquad ①$$

式中 σ 为此球壳的等效面密度.

设 S 为这无穷多个球壳中任一个的面积,厚为 Δh,将其看做一个球壳面,由电量守恒得

$$\rho \cdot S \cdot \Delta h = S\sigma \qquad ②$$

由①②式解得

$$E_0 = \frac{\sqrt{3}}{4} k\pi R\rho.$$

39. 如图所示,设电源电动势为 ε,开始时 S 断开,C_A,C_B 都不带电,现把开关 S 先接 1,电路稳定后再接 2,使 C_B 通电,然后再接 1,再接 2,反复操作 n 次之后,问 C_B 正极板上获得多少电量?

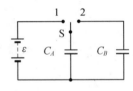

【解析】(1) 开关 S 接 1,C_A 充电得电量 εC_A. 接 2,C_A 与 C_B 并联,C_B 得电量

$$Q_1 = C_B \cdot \frac{\varepsilon C_A}{C_A + C_B}$$

(2) S 又接 1 再接 2,两电容器总电量为 $Q_1 + C_A\varepsilon$
C_B 得到电量

$$Q_2 = \frac{C_B}{C_A + C_B}(Q_1 + C_A\varepsilon) = \frac{C_A C_B \varepsilon}{C_A + C_B}\left(1 + \frac{C_B}{C_A + C_B}\right)$$

(3) S 又接 1 再接 2,两电容器总电量为 $Q_2 + C_A\varepsilon$
C_B 得到电量

$$Q_3 = \frac{C_B}{C_A + C_B}(Q_2 + C_A\varepsilon)$$

令

$$k = \frac{C_B}{C_A + C_B}$$

得

$$Q_3 = kC_A\varepsilon(1 + k + k^2)$$

......

$$(n)\ Q_n = kC_A\varepsilon(1 + k + k^2 + \cdots + k^{n-1})$$

$$Q_n = kC_A\varepsilon \cdot \frac{1-k^n}{1-k}$$

$$= \frac{C_A C_B \varepsilon}{C_A + C_B} \cdot \frac{1-k^n}{1-\frac{C_B}{C_A+C_B}}$$

$$= \varepsilon C_B\left[1-\left(\frac{C_B}{C_A+C_B}\right)^n\right]$$

40. 如图所示为一个由 N 个一价正离子和负离子交错排列而成的一维点阵，相邻离子之间的间距为 a，估算这 $N(N\to\infty)$ 个相互作用的电荷所组成的系统的总静电能. 已知：

$$\ln 2 = 1 - \frac{1}{2} + \frac{1}{3} - \frac{1}{4} + \cdots + (-1)^{n+1}\frac{1}{n} + \cdots$$

······ ⊕　⊖　⊕　⊖　⊕　⊖　⊕ ······

【解析】除两端一些离子外，每个离子与其周围离子的相互作用情形都相同，任取一正离子记为 A_0，两侧各对离子依次为 A_{-1}，A_{+2}，则 A_0 在第 1 对负离子中间位置具有电势能

$$E_{-1} = -2k\frac{e^2}{a}$$

这是与第一对负离子所共有的；A_0 在第 2 对正离子中间位置具有电势能

$$E_{+2} = 2k\frac{e^2}{2a}$$

这也是与第 2 对正离子所共有······
所以系统的总能量为：

$$E = 2k\frac{e^2}{a}\left(-1+\frac{1}{2}-\frac{1}{3}+\frac{1}{4}-\cdots\right) = -(2\ln 2)k\frac{e^2}{a}$$

以上考虑的是一个电荷与其他电荷之间的作用势能，对于 N 个电荷以及重复计算的情况，所以最终总能量为：

$$E_T = \frac{NE}{2} = (-N\ln 2)k\frac{e^2}{a}$$

41. 空间某一体积为 V 的区域内的平均电场强度 $\overline{\vec{E}}$ 定义为 $\overline{\vec{E}} = \frac{\sum \vec{E}_i \Delta V_i}{V}$，式中 ΔV_i 为体积 V 内第 i 个非常小的体积（称为体积元），$\vec{E}_i$ 为第 i 个体积元内的场强（只要体积元足够小，可以认为场强为匀强电场）. 今有一半径为 a 的原来不带电的金属球，现使它处于电量为 q 的点电荷的电场中. 点电荷位于金属球外，与球心的距离为 R. 试计算金属球表面的感应电荷所产生的电场在此球内的平均电场强度.

【解析】根据静电平衡原理，导体内部电场强度处处为零，感应电荷在某一点的场强与 q 在这一点的场强大小相等、方向相反. 因此，可以用计算 q 的场强替代计算感应电荷的场强.

因为球体内的 $\vec{E} = -k\frac{q}{r^2}\vec{r}$，大小和方向处处都不一样，所以要直接计算 $\sum \vec{E}_i \Delta V_i$ 是很困难的. 为了计算 $\sum \vec{E}_i \Delta V_i$，我们做一个巧妙的设想，设想在球的体积内均匀分布着体密度为 ρ 的电荷，总电量 $q = \frac{4}{3}\pi a^3 \rho$. 根据叠加原理，$q$ 和 Q 的库仑力为

$$\vec{F} = \sum \vec{E}_i \rho \Delta V_i = \rho \sum \vec{E}_i \Delta V_i$$
$$= \frac{Q}{V} \sum \vec{E}_i \Delta V_i = Q \frac{\sum \vec{E}_i \Delta V_i}{V} = Q\vec{E'} \quad ①$$

式中 $\vec{E'}$ 表示 q 在球 V 内的平均电场强度.

如前所述,均匀带电球体与点电荷的作用力与电荷集中于球心时相同,即

$$F = k\frac{Qq}{R^3}\vec{R} \quad ②$$

对比①②两式可知,感应电荷在球内的平均场强

$$\vec{E} = -\vec{E'} = -\frac{F}{Q} = -k\frac{q}{R^3}\vec{R}$$

42. 如图(甲)所示,在电场强度为 E 的均匀电场中放着一个均匀金属球,其半径为 R,由于感应在球上产生了表面密度为 σ 的电荷. σ 和图中标出的场强方向的夹角 α 有关系,求关系式 $\sigma(\alpha)$.

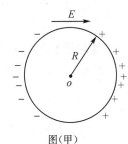

图(甲)

【解析】由题意可知,在外电场 E 的作用下,球上就会发生电荷的移动.在平衡状态,球面的左边会聚集负电荷,而在右边聚集正电荷,感应电荷产生的电场用 E_1 来表示.在空间的不同点,E_1 可以不一样,稳定后,合电场是 $E+E_1$,这既适于球的内部,也适于球的外部.但是,位于恒定的外电场中的导体内部,电场等于零.这样球内部就必须有关系式:

$$E + E_1 = 0$$

从这里可以看出,感应电荷 σ 的分布应使得在导体内部产生一匀强电场,而在导体外部产生一非匀强电场,下面我们求这一分布.

首先我们求半径为 R,整个体积都均匀充电(电荷为 Q)的球内的电场强度 E_M,如图(乙)所示.

$$E_M(r) = \frac{kq}{r^2}$$

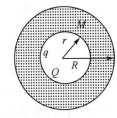

图(乙)

因 $\frac{Q}{q} = \frac{R^3}{r^3}$,

所以 $E_M = k\frac{Q}{R^3}r$.

下面我们观察一下两个半径为 R,相互错开距离 l,均匀充电 $+Q$ 及 $-Q$(如图(丙))的两个公共区域,电荷密度当然等于零,负电荷球的中心为 O',正电荷球的中心为 O,两者相距为 l,设从 O' 指向 O 的矢量用 $\vec{l}$ 表示,现求公共区内任一点 P 的场强. 有:

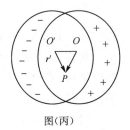

图(丙)

$$E_- = k\frac{(-Q)}{R^3}\vec{r} = -k\frac{Q}{R^3}(\vec{l}+\vec{r}), \quad E_+ = k\frac{Q}{R^3}\vec{r}$$

所以 $E_{公共} = E_- + E_+ = -k\frac{Q}{R^3}\vec{l}$(为一匀强电场).

可见,这个电场是均匀电场,现在我们让 l 趋于零.使 $E_{公共}$ 整个空间都等于 $E(=E_1)$,这相当于 Ql 的值固定的情况下,使 l 过渡到零,在此过渡中,两球公共区的合电场整个空间都等于

零,而来自标有负号和正号区域的电荷,最后趋向所求的表面电荷 σ.

按图(丁)所示,取坐标原点为 O_1,在表面 ΔS 有电荷 ΔQ(h 为 ΔS 的厚度),即

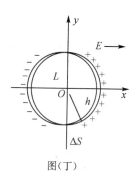

图(丁)

$$\Delta Q = \Delta Sh \frac{Q}{\frac{4}{3}\pi R^3} = \Delta S \frac{Q}{\frac{4}{3}\pi R^3} l\cos\alpha$$

由此

$$\sigma = \frac{\Delta Q}{\Delta S} = \frac{Ql\cos\alpha}{\frac{4}{3}\pi R^3}$$

然而

$$-k\frac{Ql}{R^3} + E = 0$$

$$Ql = \frac{1}{k}ER^3$$

所以

$$\sigma = \frac{3E\cos\alpha}{4\pi k}$$

【点评】该题先通过静电平衡的规律分析出带电球感应电荷的大致分布,然后运用等效法将两个均匀带异号电荷的"球"错开球心进行电荷叠加,从而接近本题模型,求出结果.这样用理想化的近似模型来替代所讨论的实物,方法十分巧妙.

43. 如图(甲)所示,一接地的无限大水平放置的导体平板的上方有一正点电荷 Q,其到平板的距离为 h,试求:

(1) 从点电荷 Q 出发沿着水平方向(即平行于导体平板)的电场线碰到导体表面的位置;

(2) 从点电荷 Q 到导体平板的垂足 O 点处的场强;

(3) 点电荷 Q 与导体平板之间的相互作用力.

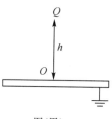

图(甲)

【解析】由于导体平板无限大,故平板将其整个下方屏蔽起来了(可将无限大平板视为半径 R 趋于无限大的球壳,从而易得上述结论),同时板上出现了感应电荷.只要分析出感应电荷的作用,则整个电场就清楚了,其他问题就得到了解决.

先分析感应电荷的作用.

因板的下方被屏蔽起来,故下方场强处处为零.这是感应电荷的场与电荷 Q 的场叠加的结果.说明感应电荷对板下方空间的作用等效于在电荷 Q 处的 $-Q$.由于感应电荷分布在板上,其对空间的作用关于板对称,故感应电荷对其上方空间的作用等效于置于与 Q 对称位置处的 $-Q$ 电荷,如图(乙)所示.

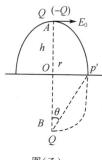

图(乙)

(1) 此处讨论的空间在板上方,故感应电荷的作用在 B 处用 $-Q$ 代替.

电场线从 Q 发出,Q 发出的电场线总数(即其周围闭合面的总的电通量)为

$$\Phi = \frac{Q}{\varepsilon_0}$$

电场线形状如图(丙)所示.

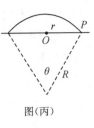

图(丙)

该电场线绕轴 AB 旋转一周,形成一个曲面,而其终止于板上的点 P,也画出半径为 r 的圆.可以看到,由于电场线不相交,故通过圆弧的电场线条数为 $\frac{\Phi}{2}$.因为在 E_0 下方发出的电场线条数与从其上方发出的电场线条数相同,又圆面的电通量(即电场线条数)由 A 处 Q 与 B 处 $-Q$ 产生的通量叠加.于是有

$$\frac{\Phi}{2} = \frac{Q}{\varepsilon_0} \cdot \frac{2\pi R^2(1-\cos\theta)}{4\pi R^2} \times 2 = \frac{1}{2} \cdot \frac{Q}{\varepsilon_0}$$

式中 $\frac{Q}{\varepsilon_0}$ 为电荷 Q 发出的总电场线条数. $2\pi R^2(1-\cos\theta)$ 表示角 θ 内包含的电场线占总条数的比例(点电荷电场线球对称).因子 2 则是因为 $+Q$ 与 B 点 $-Q$ 在圆面上通量大小相等,正负相同.

由上式得

$$\theta = 60°$$

所以

$$r = h\tan\theta = \sqrt{3}h$$

即电场线在板上终止点距 O 点距离为 $\sqrt{3}h$.

(2) 此处讨论空间仍为板上方,故感应电荷作用仍用 B 处 $-Q$ 代替. O 处场强为

$$E = \frac{1}{4\pi\varepsilon_0} \cdot \frac{Q}{h^2} \cdot 2 = \frac{Q}{2\pi\varepsilon_0 h^2}$$

方向竖直向下.

(3) 作用力大小即为 Q 与 $-Q$ 间的库仑作用力

$$F = \frac{1}{4\pi\varepsilon_0} \cdot \frac{Q}{(2h)^2} \cdot Q = \frac{Q^2}{16\pi\varepsilon_0 h^2}$$

两者间为吸引力.

【点评】题中所述与感应电荷等效的电荷称之为像电荷.一般可以认为像电荷就是 B 处的 $-Q$,而忽略了 A 处的 Q,实际上两者都是像电荷,只是一个对板下起作用,另一个是对板上起作用.题中提到 Q 与 $-Q$ 关于"板"对称,实际上由于屏蔽,只有上表面有电荷,此"板"实际指的是板的上表面.

44. 如图所示,在不带电的金属球 A 内有两个球形空腔,两空腔的球心 O_1、O_2 相距为 a,在两空腔中球心处分别放置点电荷 q_1 和 q_2,在 O_1O_2 连线的延长线上一点 O_3(位于球 A 之外)放置一点电荷 q_3,设 O_3 与 O_2 相距为 b,求达到静电平衡后,金属球 A 给点电荷 q_1 的作用力是多大?

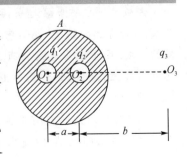

【解析】达到静电平衡时,两空腔内表面应分别带有感应电荷 $-q_1$ 和 $-q_2$,且各自在腔内表面上对称均匀分布,而球 A 外表

面则带有感应电荷(q_1+q_2),由于q_3的存在,其分布是不均匀的.

金属球A对q_1的作用力就是金属球上的感应电荷$-q_1$、$-q_2$和(q_1+q_2)对q_1的作用力之合力.由于$-q_1$的对称分布,则$-q_1$对q_1的作用力为零.由于$-q_2$的对称分布,则$-q_2$与q_2两电荷对q_1的总作用力为零,即此两电荷作用于q_1的力应该等值反向,故知$-q_2$对q_1的作用力大小为

$$F_{-(2)t} = k\frac{q_1 q_2}{a^2}.$$

其方向沿$O_1 O_2$连线方向,由O_1指向O_2.

由静电平衡原理可知,A外表面上的电荷(q_1+q_2)与q_3对q_1的作用力的合力为零,可见(q_1+q_2)对q_2的作用力大小为

$$F_{(12)t} = \frac{kq_1 q_3}{(a+b)^2}.$$

其方向沿$O_1 O_2$连线方向,由O_1指向O_2.

由以上分析可见,球A对q_1的作用力大小为

$$F = \frac{kq_1 q_2}{a^2} + \frac{kq_1 q_3}{(a+b)^2}.$$

其方向沿$O_1 O_2$连线方向,由O_1指向O_2.

45. 弹簧原长为L_0,挂上金属板M后伸长了x_0,与下方另一固定金属板相距为d_0,两板面积都是S,突然加上电压U,使M板正,下板负,结果M板振动起来,在其振动的平衡位置,两板距离为d_1.求弹簧的劲度系数k及M板做微小振动的频率.

【解析】两板间匀强电场$E = \dfrac{U}{d}$是两个同向等大场强叠加的结果,一个场强由M板电荷独立贡献,而另一个由下板电荷独立贡献.考虑上板受的电场力,当然上板电荷产生的电场不会对上板电荷自己施力.所以平衡时,下板在上板处产生的场强为

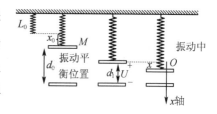

$$E = \frac{U}{2d_1}$$

平衡时电容

$$C = \frac{1}{4\pi k_0} \frac{S}{d_1}$$

式中k_0是静电力恒量.

上板充有正电

$$Q = CU = \frac{US}{4\pi k_0 d_1},$$

M板的平衡条件为

$$mg + QE = k(x_0 + d_0 - d_1)$$

即

$$kx_0 + \frac{US}{4\pi k_0 d_1} \cdot \frac{U}{2d_1} = k(x_0 + d_0 - d_1)$$

解出弹簧的劲度系数

$$k = \frac{SU^2}{8\pi k_0 d_1^2 (d_0 - d_1)}.$$

假设 M 板做微小振动的瞬时位置为从 O 点向正方向(向下)偏离 x,则回复力

$$F_{回} = mg + QE' - k[x_0 + (d_0 - d_1) + x]$$
$$= kx_0 + \frac{US}{4\pi k_0 d_1} \frac{U}{2(d_1 - x)} - kx_0 - k(d_0 - d_1) - kx$$

$E' = \frac{U}{2(d_1 - x)}$,随着 x 的变化在变化,由于 $x \ll d_1$,所以

$$E' = \frac{U}{2d_1}\left(1 - \frac{x}{d_1}\right)^{-1} = \frac{U}{2d_1}\left(1 + \frac{x}{d_1}\right)$$

将上式代入回复力表达式,可整理得

$$F_{回} = \frac{U^2 S}{8\pi k_0 d_1^2} - k(d_0 - d_1) + \frac{U^2 S}{8\pi k_0 d_1^3}x - kx$$
$$= -kx\left[1 - \frac{d_0 - d_1}{d_1}\right] = -k\left(2 - \frac{d_0}{d_1}\right)x$$

又因为

$$m = \frac{kx_0}{g}$$

所以

$$a = -\frac{g}{x_0}\left(2 - \frac{d_0}{d_1}\right)x$$

极板 M 做简谐运动

$$T = \frac{2\pi}{\sqrt{\frac{g}{x_0}\left(2 - \frac{d_0}{d_1}\right)}}$$

$$f = \frac{1}{T} = \frac{1}{2\pi}\sqrt{\frac{d_1 x_0}{(2d_1 - d_0)g}}$$

46. 在平面上有一段长为 l 的均匀带电直线,在该平面取直角坐标系 xOy,原点 O 为 AB 中点,AB 沿 x 轴,y 轴与 x 轴垂直.

(1) 试求该平面上的电场线方程.

(2) 试求该平面上的等势线方程.

【解析】(1) 如图(甲),由前面相关结论可知,均匀带电直线 AB 在任一点 P 的电场强度与相应的圆弧在 P 点的电场强度相同. 该圆弧以 P 点为圆心,以 P 点到直线 AB 的垂直距离为半径,圆弧对 P 点的张角等于直线 AB 对 P 点的张角,即为 $\angle APB$,圆弧上均匀带电,其电荷的线密度与 AB 直线的电荷密度相同. 显然,由对称性,该圆弧在 P 点的电场强度方向应沿 $\angle APB$ 的角平分线.

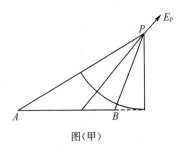

图(甲)

如图(乙)所示,在以 A 和 B 为两焦点的双曲线上任取一点 P,过 P 点作该双曲线的切线 SPT 和法线 MPN(SPT 和 MPN 垂直). 由双曲线的光学性质可知,从 A 点到 P 点的入射光线,经镜面 MPN 反射后,必定经过 B 点,即入射角 $\angle APS$ 等于反射角 $\angle BPS$,换言之,SPT 即为 $\angle APB$ 的角平分线.

若 AB 均匀带电,任一点 P 的电场强度方向应为 $\angle APB$ 的角平分线,即应为沿双曲线在 P 点的切线 SPT 的方向,因此,在该平面上的电场线,就是以 A 和 B 为两焦点的双曲线族,其方程

第八章 电 场

为

$$\frac{x^2}{a^2} - \frac{y^2}{\frac{l^2}{4} - a^2} = 1$$

式中 l 是 AB 的长度,a 是双曲线顶点与坐标原点 O 的距离.a 是可调参量,取值范围为

$$0 < a < \frac{l}{2}$$

(2)如图(丙)所示,以 A 和 B 为两焦点作椭圆,由椭圆的光学性质可知,从 A 点到椭圆上任一点的入射光线经椭圆反射后必经过 B 点.过 P 点作椭圆的切线 MPN 和法线 SPT,则入射角 $\angle APS$ 应等于反射角 $\angle BPS$.

若 AB 均匀带电,由第一问,任一点 P 的电场强度方向应沿 $\angle APB$ 的角平分线,即应沿椭圆在 P 点的法线 SPT 的方向.因此,通过 P 点的等势线方向应为与 SPT 垂直的切线 MPN 的方向.换言之,在该平面上的等势线,就是以 A 和 B 为两焦点的椭圆族,其方程为

$$\frac{x^2}{a^2} + \frac{y^2}{\frac{l^2}{4} - a^2} = 1$$

式中 l 是 AB 的长度,a 椭圆的半长轴.a 是可调参量,取值范围为 $a > \frac{l}{2}$

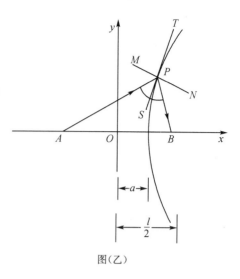

图(乙)

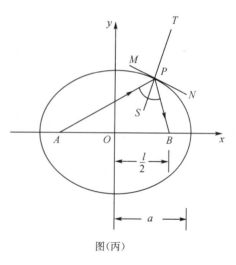

图(丙)

47.如图(甲)所示,在边长为 a 的正三角形三个顶点 A、B、C 处分别固定电量为 Q 的正点电荷,在其中三条中线的交点 O 上放置一个质量为 m,电量为 q 的带正电质点,O 点显然为带电质点的平衡位置,设该质点沿某一中线稍稍偏离平衡位置,试证明它将做简谐运动,并求其振动周期.

【解析】要想证明带电质点是否做简谐运动,则需证明该带电质点沿某一中线稍稍偏离平衡位置时,所受的回复力是否与它的位移大小成正比,方向相反.因此该题的关键是求出它所受回复力的表达式,在此题中也就是合外力的表达式.

如图(乙)所示,以 O 为坐标原点,以 AOD 中线为坐标 x 轴,设带电质点在该轴上偏移 x,A 处 Q 对其作用力为 F_1,B、C 处两个 Q 对其作用的合力为 F_2.

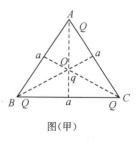

图(甲)

取 x 轴方向为正方向 有:

$$F_1 = -\frac{kQq}{(r-x)^2} = -\frac{kQq}{r^2}\left(1 - \frac{x}{r}\right)^{-2}$$

因为

$$r = OA = OB = OC = \frac{\sqrt{3}}{3}a$$

当 x 很小时

$$\left(1 - \frac{x}{r}\right)^{-2} = 1 + \frac{2x}{r}$$

所以

$$F_1 = -3k\frac{Qq}{a^2}\left(1 + \frac{6x}{\sqrt{3}a}\right)$$

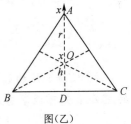

图(乙)

$$F_2 = 2\left[\frac{kQq}{\left(\frac{a}{2}\right)^2 + (h+x)^2} \cdot \frac{h+x}{\sqrt{\left(\frac{a}{2}\right)^2 + (h+x)^2}}\right]$$

$$= 2kQq(h+x)\left[\left(\frac{a}{2}\right)^2 + (h+x)^2\right]^{-\frac{3}{2}}$$

$$= 2kQq(h+x)\left(\frac{a^2}{4} + h^2 + 2hx\right)^{-\frac{3}{2}}$$

$$= 2kQq(h+x)\left(\frac{a^2}{3} + \frac{\sqrt{3}}{3}ax\right)^{-\frac{3}{2}}$$

$$= 2kQq(h+x)\left(\frac{a^2}{3}\right)^{-\frac{3}{2}}\left(1 + \frac{\sqrt{3}}{a}x\right)^{-\frac{3}{2}}$$

$$= 6\sqrt{3}kQq\frac{h+x}{a^3}\left(1 - \frac{3}{2}\frac{\sqrt{3}}{a}x\right)$$

$$= 6\sqrt{3}k\frac{Qq}{a^3}\left(h - \frac{3\sqrt{3}}{2a}hx + x\right) \text{（略去 } x^2 \text{ 项）}$$

$$= 6\sqrt{3}k\frac{Qq}{a^3}h\left(1 - \frac{3\sqrt{3}}{2a}x + \frac{x}{h}\right)$$

$$= 3k\frac{Qq}{a^3}\left(1 + \frac{\sqrt{3}}{2a}x\right)$$

因此带电质点所受合力为

$$F_x = F_1 + F_2 = -3k\frac{Q}{a^2}q\left(\frac{6x}{\sqrt{3}a} - \frac{\sqrt{3}}{2a}x\right)$$

$$= -\frac{9\sqrt{3}}{2}k\frac{Q}{a^3}qx$$

由此可知，合外力 F_x 与 x 大小成正比，方向相反，即该带电质点将做简谐运动，其振动周期为

$$T = 2\pi\sqrt{\frac{m}{k}} = \frac{2\pi a}{3}\sqrt{\frac{2am}{3kQq}}$$

第九章 电流

§9.1 欧姆定律

9.1.1 电流强度

导体处于静电平衡时,导体内部场强处处为零.如果导体内部场强不为零,带电粒子在电场力作用下发生定向移动,形成了电流.形成电流的条件是:(1) 存在自由电荷;(2) 两端有电势差.综合条件(1)、(2),导体中形成电流的条件可表述为导体中存在电场.

自由电荷在不同种类导体内部是不同的,金属导体中自由电荷是电子;酸、碱、盐在水溶液中是正离子和负离子;在导电气体中是正离子、负离子和电子.

电流强度是描述电流强弱的物理量,单位时间通过导体横截面的电量叫做电流强度,简称电流.用定义式表示为:

$$I = \frac{q}{t}$$

电流强度是标量,但电流具有方向性,规定正电荷定向移动的方向为电流方向.在金属导体中电流强度的表达式是:

$$I = nevS$$

n 是金属导体中自由电子密度,e 是电子电量,v 是电子定向移动的平均速度,S 是导体的横截面积.

在垂直于电流方向上,单位面积内的电流强度叫做电流密度,表示为:

$$j = \frac{I}{S}$$

金属导体中,电流密度为:

$$j = nev$$

电流密度 j 是矢量,其方向与电流方向一致.所以有:

$$\vec{j} = ne\vec{v}$$

9.1.2 欧姆定律

实验表明,导体中的电流强度 I 跟它两端所加的电压 U 成正比,跟它的电阻 R 成反比,即:$I = \frac{U}{R}$,这就是欧姆定律,适用于金属导电和电解液导电的情况.对非线性元件(如二极管、三极管)和气体导电等情况不适用.

9.1.3 电阻定律

导体的电阻为:

$$R = \frac{\rho L}{S} = \frac{L}{\sigma S}$$

式中 ρ 称为导体电阻率,σ 则为电导率,电阻率和电导率互为倒数,均由导体的自身性质决定. 实验表明,多数材料的电阻率都随温度的升高而增大,在温度变化范围不大时,纯金属的电阻率与温度之间近似地有如下线性关系.

$$\rho = \rho_0(1 + \alpha t)$$

式中 ρ_0 为 0 ℃ 时电阻率,ρ 为 t ℃ 时电阻率,α 为电阻率的温度系数,多数纯金属 α 值接近于 4×10^{-3} ℃$^{-1}$,而对于半导体和绝缘体,电阻率随温度的升高而减小. 某些导体材料在温度接近某一临界温度时,其电阻率突减为零,这种现象叫超导现象.

超导材料除了具有零电阻特性外,还具有完全抗磁性,即超导体进入超导状态时,体内磁通量被排除在体外,可以用这样一个实验来形象地说明:在一个浅平的锡盘中,放入一个体积很小但磁性很强的永磁铁,整个装置放入低温容器里,然后把温度降低到锡出现超导电性的温度. 这时可以看到,小磁铁竟然离开锡盘表面飘然升起,与锡盘保持一定距离后,悬在空中不动了. 这是由于超导体的完全抗磁性,使小磁铁的磁感线无法穿透超导体,磁场畸变产生一个向上的很大的排斥力,把磁铁托在空中,这就是磁悬浮的道理,这一特性启示了人们用超导材料制造磁悬浮列车.

超导现象是 1911 年荷兰物理学家昂尼斯首先发现的. 他发现温度降至 4.2 K(−268.8 ℃) 时,汞的电阻突然消失,并把这种"零"电阻特性称为"超导电性". 接着他又发现在 7.3 K 附近,铅也具有"超导性". 超导的完全抗磁性是迈斯纳于 1933 年发现的,他证明了处于磁场中的超导体可以把磁感线完全排斥在体外,从而使自身可以悬浮在磁体之上. 所以这个现象称为"迈斯纳效应".

至今人们仍把"零电阻特性"和"完全抗磁性"作为判定材料达到"超导状态"的两个必要条件.

9.1.4 电流密度和电场强度的关系

在通电导体中取一小段长为 ΔL,其两端电压为 ΔU,则有:

$$\Delta U = I \cdot \rho \frac{\Delta L}{S} = \frac{I \cdot \Delta L}{\sigma S}$$

$$\frac{\Delta U}{\Delta L} = E$$

$$j = \frac{I}{S}$$

得到 $j = \sigma E$.

上式给出了电流密度与推动电荷流动的电场之间的对应关系,更细致地描述了导体的导电规律,被称为欧姆定律的微分形式.

9.1.5 焦耳定律

1. 电功

电流通过一段电路时,自由电荷在电场力作用下发生定向移动,电场力对自由电荷做功. 电

流在一段电路上所做的功 W,等于这段电路两端的电压 U、电路中电流 I 和通电时间 t 三者的乘积.即

$$W = UIt$$

单位时间内电流所做的功叫做电功率,用 P 表示电功率,则 $P = \dfrac{W}{t} = UI$.

2. 电热

电流在一段只有电阻元件的电路上所做的功等于电流通过这段电路时所产生的热量 Q.焦耳通过实验得到结论:如果通过一段只有电阻元件的电路的电流为 I,这段电路的电阻为 R,通电时间为 t,则:

$$Q = I^2Rt$$

这就是焦耳定律,我们还可推出这段电路中电流的发热功率为 $P = I^2R$.

电流做功的过程,就是电能转化为其他形式的能的过程.一般来讲,人们用电的目的往往不是为了发热.如使用电动机是为了将电能转化为机械能,使用电解槽是为了将电能转化为化学能等.发热只是副效应,因此,一般说来电热只是电功的一部分.

例 1 如图所示,两个棱柱的横截面均为正方形,面积分别为 S_1,S_2 的,高度分别为 h_1,h_2,求电流在垂直于侧面方向上流动时的电阻.

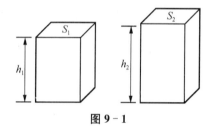

图 9-1

【解析】设横截面的边长为 a,由电阻定律

$$R = \rho\dfrac{a}{ah}$$

$$\dfrac{R_1}{R_2} = \dfrac{h_2}{h_1}$$

【总结】电阻与上、下底的面积无关.

例 2 为了使一圆柱形导体棒电阻不随温度变化,可将两根截面积相同的碳棒和铁棒串联起来,已知碳的电阻率为 $\rho_{0碳} = 3.5 \times 10^{-5}\ \Omega \cdot m$,电阻率温度系数 $\alpha_{碳} = -5 \times 10^{-4}\ ℃^{-1}$,而铁的电阻率为 $\rho_{0铁} = 8.9 \times 10^{-8}\ \Omega \cdot m$,$\alpha_{铁} = 5 \times 10^{-3}\ ℃^{-1}$.求这两棒的长度之比是多少?

【解析】各种材料的长度和截面积都会随温度变化而变化,但它们电阻率的变化比线度的变化要明显得多(一般相差两个数量级),因此可以忽略线度的变化.

将 $\rho = \rho_0(1 + \alpha t)$ 代入 $R = \dfrac{\rho L}{S}$,得:

$$R = R_0(1 + \alpha t)$$

式中 R_0 为材料在 $0\ ℃$ 时的电阻.

将碳棒和铁棒串联,总电阻为:

$$R = R_{碳} + R_{铁} = R_{0碳} + R_{0铁} + R_{0碳}\alpha_{碳}t + R_{0铁}\alpha_{铁}t$$

要 R 不随温度变化,必须有:

$$R_0\alpha_{碳}t + R_{0铁}\alpha_{铁}t = 0$$

由 $R = \rho \dfrac{l}{S}$，可知截面积相同的两棒长度之比为：

$$\frac{L_{铁}}{L_{碳}} = -\frac{\rho_{碳}}{\rho_{铁}}\frac{\alpha_{碳}}{\alpha_{铁}} = -\frac{3.5\times 10^{-5}\times(-5\times 10^{-4})}{8.9\times 10^{-8}\times 5\times 10^{-3}} = 39.3 : 1$$

例3 来自质子源的质子（初速度为零），经一加速电压为 800 kV 的直线加速器加速形成电流强度为 1 mA 的细柱形质子流．已知质子电荷 $e = 1.6\times 10^{-19}$ C．这束质子流每秒打到靶上的质子数为 _____．假定分布在质子源到靶之间的加速电场是均匀的，在质子束中与质子源相距 l 和 $4l$ 的两处，各取一段极短的相等长度的质子流，其中的质子数分别为 n_1 和 n_2，则 $n_1/n_2 =$ _____．

【解析】
$$N = \frac{1\times 10^{-3}}{1.6\times 10^{-19}} = 6.25\times 10^{15}$$

高粒子数密度为 n'，质子流处处电流相等：

$$n_1' e v_1 S = n_2' e v_2 S$$

$$l = \frac{v_1^2}{2a}$$

$$4l = \frac{v_2^2}{2a}$$

于是

$$\frac{n_1'}{n_2'} = \frac{v_2}{v_1} = \frac{2}{1}$$

表明两处的粒子数密度之比为 2:1，由于所取长度相等，粒子数目之比就等于粒子数密度之比，即

$$\frac{n_1}{n_2} = \frac{2}{1}$$

【总结】 质子流形成的电流处处相等，两个极短的相等长度的质子流中的电量分别为 $n_1 e$ 和 $n_2 e$，不难看出，这些电荷将分别在 $\dfrac{\Delta l}{v_1}$ 和 $\dfrac{\Delta l}{v_2}$ 时间内流出相应的两段质子流．所以 $n_1 e / \dfrac{\Delta l}{v_1} = n_2 e / \dfrac{\Delta l}{v_2}$，于是：$\dfrac{n_1}{n_2} = \dfrac{2}{1}$.

例4 电流沿着横截面积 $S = 1 \text{ mm}^2$ 的铜导线流动，电流 $I = 1$ A，试求电子顺着导体有序运动的平均速度 v. 可以认为，在每个铜原子内只有一个电子参与导电．铜的原子量 $A = 63.6$，密度 $\rho = 8.9\times 10^{-3}$ kg/cm³．

【解析】 研究一段导体，在时间 Δt 内电子在有序运动时所通过的路程为

$$\Delta l = v\Delta t$$

如图 9-2 所示，在时间 Δt 内只有位于长度为 $v\Delta t$ 的小圆柱内的电子才能顺利地通过这段横截面积．根据题意每个铜原子内只有一个电子参与导电，在面积为 S、长度为 $v\Delta t$ 的小圆柱内对应的质量为

$$\Delta m = \rho S v \Delta t$$

这段圆柱包含的原子数目为

$$\Delta N = \frac{\Delta m}{A} N_A,$$

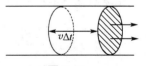

图 9-2

式中 N_A 为阿伏伽德罗常数,而
$$I = \Delta q/\Delta t,$$
其中 $\Delta q = \Delta N e$,

即 $v = \dfrac{AI}{N_A \rho S e} = 7 \times 10^{-5}$ m/s.

【点评】 从本题的结果我们再一次看到,平常我们觉察到的"电流传播速率"不是自由电子定向移动的速率.开关接通前,导体处于静电平衡状态,尽管存在电源,但导体内部的场强处处为零,闭合开关导致它附近的电场发生一个突变,形成一个"电磁扰动".它以电磁波的形式向外传播,并在导体各处形成电场.由于闭合电路中电动势的作用,导体内的电场得以维持.因为 c 值很大,所以实际上,在接通开关的瞬间,导体各处的电场几乎立即就建立起来.导体各处的自由电子也几乎同时开始做定向移动,这就是为什么一合开关电灯就亮的道理.

例 5 能够导电的液体称为电解液.电解液中能自由移动的带电粒子是正、负离子.在没有外电场时,正负离子做无规则的热运动.在有外电场作用时,液体中正负离子定向移动形成宏观电流,正、负离子的平均定向速度(又称迁移速度)v_+ 和 v_- 与所加的电场成正比.若单位体积内有 n 对正负离子,每个离子带电量为 q,考虑到负电荷的运动等效于等量的正电荷反方向的运动,则电流密度大小为多少?

【解析】 由电流强度的微观表达式 $I = nqvs$ 可得导体电流密度的表达式为
$$j = nqv$$
考虑到正负电荷同时参与产生电流,所以
$$j = nq(v_+ + v_-)$$

例 6 当金属内部有电场时,所有自由电子都将在原有具有较大平均速度的热运动的基础上,叠加一个很小的定向运动,就是所有电子的这种定向运动形成宏观电流.由于与晶体点阵的碰撞,自由电子定向速度的增加受到限制.电子与晶体点阵碰撞后散射的速度沿各个方向几率相等,这样电子定向运动的特征完全丧失,其定向速度为 0.这样,电子在电场力的作用下从零开始做匀加速运动,已知某金属的电子数密度为 n,两次碰撞的平均路程为 $\bar{\lambda}$,电子热运动的平均速率为 $\bar{u}$,电子的质量为 m,电子带电量 e,求:

(1)电子定向运动的平均速度的大小 $\bar{v}$.

(2)此金属的电导率.

【解析】 (1) $\vec{v} = \dfrac{\vec{v}_0 + \vec{v}_t}{2} = \dfrac{1}{2}\left(0 - \dfrac{e}{m}Et\right) = -\dfrac{e\tau}{2m}\vec{E}$

而 $t = \dfrac{\bar{\lambda}}{\bar{u}}$ 为两次碰撞的时间.

所以: $\vec{v} = -\dfrac{e\bar{\lambda}}{2m\bar{u}}\vec{E}$

(2)在金属内部,在与 $\vec{j}$ 垂直方向取一面积为 ΔS 的面元,以 ΔS 为底,$\vec{v}$ 为高作一个柱体.设单位体积内自由电子数为 n,则单位时间内柱体内的所有自由电子均能穿过 ΔS 面元而形成电流,ΔS 面上任一点的电流密度:
$$\vec{j} = \dfrac{en\Delta S \cdot \vec{v}}{\Delta S} = ne\vec{v}$$

$\vec{j}$ 的方向以正电荷运动方向为准,电子带负电,$\vec{j}$ 的方向与 $\vec{v}$ 的方向相反.

$$\vec{j} = -ne\vec{v}$$

代入 $\vec{v}$，得到

$$\vec{j} = \frac{ne^2 \vec{\lambda}}{2m\vec{u}} E$$

与欧姆定律的微分形式相比，金属的电导率 σ 为

$$\sigma = \frac{ne^2 \vec{\lambda}}{2m\vec{u}}$$

● 强 化 训 练 ●

1. 氢原子的核外电子质量为 m，电荷量为 $-e$，在离核最近的轨道上运动，轨道半径为 r_1，求：
(1) 电子运动的动能；
(2) 电子绕核转动的频率；
(3) 电子绕核转动所产生的环形电流的电流强度值．

【解析】(1) 根据圆周运动规律 $F = \dfrac{mv^2}{r}$ 得：

$$\frac{kq_1q_2}{r_1^2} = \frac{mv^2}{r_1}$$

电子运动的动能：

$$E_k = \frac{1}{2}mv^2 = \frac{kq_1^2}{2r_1} = \frac{ke^2}{2r_1}$$

(2) 由

$$E_k = \frac{1}{2}mv^2 = \frac{ke^2}{2r_1}$$

可得

$$v = \sqrt{\frac{ke^2}{mr_1}}$$

转动周期

$$T = \frac{2\pi r_1}{v} = 2\pi\sqrt{\frac{mr_1^3}{ke^2}}$$

所以电子绕核转动的频率

$$f = \frac{1}{T} = \frac{e}{2\pi r_1}\sqrt{\frac{k}{mr_1}}$$

(3) 根据电流强度的定义，可得环形电流的电流强度值：

$$I = \frac{q}{t} = \frac{e}{2\pi\sqrt{\dfrac{mr_1^3}{ke^2}}} = \frac{e^2}{2\pi r_1}\sqrt{\frac{k}{mr_1}}$$

2. 有三个非线性的电阻元件 A、B、C，它们都不服从欧姆定律，其电压与所通过的电流的平方成正比，即 $U_A = aI_A^2$，$U_B = bI_B^2$，$U_C = cI_C^2$，其中 a、b、c 为常数．现将 A、B 并联再与 C 串联后接在一输出电压恒为 ε 的电源上，求电源的输出功率．

【解析】如图所示，A、B 并联，则

$$U_A = U_B, \text{即} \ aI_A^2 = bI_B^2$$

由回路电压方程可得

$$\varepsilon = U_A + U_C = aI_A^2 + cI_C^2$$

由节点电流方程可得

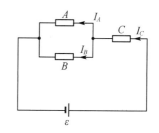

$$I_C = I_A + I_B$$

又

$$P = \varepsilon I$$

联立解得

$$P = \frac{\sqrt{a} + \sqrt{b}}{\sqrt{ab + ae + bc + 2c\sqrt{ab}}}$$

3. 把2.92 g的食盐溶解在1 L的水中，测得44%的食盐分子发生电离。若钠离子的迁移率（单位电场强度所产生的平均速率）为4.5×10^{-8} m²/(s·V)，氯离子的迁移率为6.67×10^{-8} m²/(s·V)，求食盐溶液的电阻率。

【解析】由于溶液中的电流是正、负离子共同提供的，所以溶液中导电电流微观表达式为

$$I = neS(v_+ + v_-)$$

根据欧姆定律、电阻定律

$$I = \frac{U}{R}$$

$$R = \rho \frac{l}{S}$$

$$\frac{1}{\rho} = ne\left(\frac{v_+}{E} + \frac{v_-}{E}\right) = ne(k_+ + k_-)$$

又由分子动理论，求得离子体密度n

$$n = \frac{m}{MV} \cdot N \cdot \eta$$

η为电离率，M为摩尔质量，N为阿伏伽德罗常数。

$$\rho = 4.17 \ \Omega \cdot m$$

4. 用伦琴射线使空气电离时，在平衡情况下，每立方厘米有10^8对离子，已知每个正、负离子的电荷量都是1.6×10^{-19} C，正离子的平均定向速率为1.27 cm/s，负离子的平均定向速率为1.84 cm/s，求这时空气中每平方米流过的电流强度。

【解析】空气中的分子在伦琴射线照射下可形成正、负离子。由于正、负离子各自向相反方向定向运动而形成电流。

根据 $\quad I = neSv$

得 $\quad I = n_+ eSv_+ + n_- eSv_-$

所以，每平方米流过的电流

$$\frac{I}{S} = n_+ ev_+ + n_- ev_- = 5.0 \times 10^{-7} \text{ A/m}^2$$

5. 已知火箭发动机产生的推力F等于火箭在单位时间内喷出的推进剂的质量J与推进剂速度v的乘积，即$F = Jv$，质子火箭发动机喷出的推进剂是质子，这种发动机用于外层空间中产生小的推力来纠正卫星的轨道或姿态，设一台质子发动机喷出质子流的电流$I = 1$ A，用于加速质子的电压$U = 5 \times 10^4$ V，试求该发动机的推力F，已知质子的质量是$m = 1.67 \times 10^{-27}$ kg，电量为$e = 1.6 \times 10^{-19}$ C.

【解析】 设质子束的横截面积为 S，束中单位体积内的质子数为 n，质子的速度为 v，则有：

$$I = nevS \quad \text{①}$$

$$J = vSnm \quad \text{②}$$

$$eU = \frac{1}{2}mv^2 \quad \text{③}$$

由①、②、③得：

$$F = I\sqrt{\frac{2mU}{e}}$$

代入数据得：$F = 3.2 \times 10^{-2}$ N.

6. 一条导线，横截面积为 0.5 mm²，通以 2.0 A 电流. 若平均每个银原子有一个电子参与导电，已知银摩尔质量为 0.108 kg/mol，密度为 10.5×10^3 kg/m³，电阻率为 1.6×10^{-9} Ω·m，电子质量 $m = 9.1 \times 10^{-31}$ kg，阿伏伽德罗数 N_A 为 6.0×10^{23} mol^{-1}. 求：

(1) 银导线内自由电子密度 n.
(2) 电子定向移动的平均速率 v.
(3) 一个电子两次相继碰撞的平均间隔时间 t.
(4) 导线内电场强度 E.

【解析】 (1) 题目给出了每个银原子平均提供一个自由电子，因此在导线中自由电子的密度就可由单位体积的银原子数来计算

$$n = \frac{N}{V} = \frac{\rho N_A}{M} = 5.83 \times 10^{28} \text{ m}^{-3}$$

(2) 由电流的微观表达式 $I = neSv$，可求电子的平均速率

$$v = \frac{I}{neS} = 4.29 \times 10^{-4} \text{ m/s}$$

(3) 若导线中场强为 E，则两次碰撞电子定向移动的加速度为

$$a = \frac{eE}{m},$$

电子定向移动的平均速度为

$$v = \frac{0 + at}{2} = \frac{eEt}{2m} = \frac{eUt}{2ml}$$

式中 t 为电子相继两次碰撞的平均间隔时间，U 为长 l 的直导线两端的电压.
由电流的微观表达式得

$$I = neSv = \frac{e^2nStU}{2ml} \quad \text{①}$$

由欧姆定律与电阻定律得

$$I = \frac{U}{R} = \frac{SU}{\rho l} \quad \text{②}$$

由①、②两式联立解得

$$t = \frac{2m}{e^2 n \rho} = 7.62 \times 10^{-14} \text{ s}$$

(4) 导线中的电场强度可根据自由电子的平均速度来计算

$$E = \frac{2mv}{et} = 6.4 \times 10^{-2} \text{ V/m}$$

§9.2 电路的连接和全电路欧姆定律

9.2.1 电路的连接

1. 用电器依次连接的电路称为串联电路. 电阻串联后具有如下的性质：

（1）基本规律
$$I_1 = I_2 = \cdots = I$$
$$U = U_1 + U_2 + \cdots + U_n$$
$$R = R_1 + R_2 + \cdots + R_n$$

（2）分压原理
$$\frac{U_1}{R_1} = \frac{U_2}{R_2} = \cdots = \frac{U_n}{R_n}$$

（3）分功率原理
$$\frac{P_1}{R_1} = \frac{P_2}{R_2} = \cdots = \frac{P_n}{R_n}$$

串联电路通过各电阻的电流相同，总电压为各电阻两端电压之和，电压的分配与电阻成正比，功率的分配也与电阻成正比.

2. 用电器并列连接的电路称为并联电路. 电阻并联后具有如下性质：

（1）基本规律
$$U_1 = U_2 = \cdots = U$$
$$I = I_1 + I_2 + \cdots + I_n$$
$$\frac{1}{R} = \frac{1}{R_1} + \frac{1}{R_2} + \cdots + \frac{1}{R_n}$$

（2）分流原理
$$\frac{I_1}{1/R_1} = \frac{I_2}{1/R_2} = \cdots = \frac{I_n}{1/R_n}$$

（3）分功率原理
$$\frac{P_1}{1/R_1} = \frac{P_2}{1/R_2} = \cdots = \frac{P_n}{1/R_n}$$

并联电路各电阻两端电压相同，总电流为通过各支路电流之和，电流的分配与电阻成反比，功率的分配亦与电阻成反比.

9.2.2 全电路欧姆定律

1. 电动势

电源是把其他形式的能转化为电能的装置. 这种转化是通过非静电力做功来实现的. 为了描述电源把其他形式的能转化为电能的能力，我们引入电动势 ε.

$$\varepsilon = \frac{W}{q}$$

式中 W 是非静电力做的功，q 是通过电源的电量，显然电动势的单位与电势差的电位相同.

可见电动势是通过比值法来定义的又一物理量.

不同种类的电源,电动势往往相同.如:干电池可保持正、负极间有 1.5 V 的电压;常用的铅锌蓄电池可保持两极间有 2.0 V 的电压.

2. 闭合电路欧姆定律的内容

电路中的电流与电源的电动势成正比与电路的总电阻成反比 $I = \dfrac{\varepsilon}{R+r}$. 式中 R 为电源的外电阻,r 为电源的内电阻.

电源两端的电压

$$U = \varepsilon - Ir$$

$$U = \dfrac{R\varepsilon}{R+r}$$

对于确定电源,ε、r 是一定的,U-I 图线和 U-R 图线如图 9-3(a) 和 (b) 所示,其中 $I_m =$

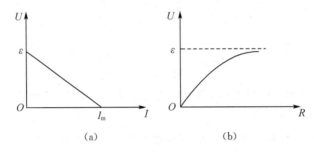

图 9-3

$\dfrac{\varepsilon}{r}$,为电源短路电流.

3. 电源的输出功率

电源的总功率

$$P_{电源} = \varepsilon I = \dfrac{\varepsilon^2}{R+r}$$

电源输出功率

$$P_{出} = UI = \dfrac{R\varepsilon^2}{(R+r)^2} = \dfrac{\varepsilon^2}{R + \dfrac{r^2}{R} + 2r}$$

当 $R = r$ 时,电源输出功率为最大

$$P_{max} = \dfrac{\varepsilon^2}{4r}$$

此时电源效率 $\eta = 50\%$.

电源输出功率 P 随外电阻 R 的变化如图 9-4 所示,若电源外电阻分别为 R_1、R_2 时,输出功率相等,则必有:

$$r^2 = R_1 R_2$$

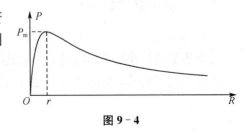

图 9-4

9.2.3　含源电路中的电压

电路中任意两点间的电势差等于连接这两点的支路上各电路元件上电势降的代数和,其中电势降的正、负符号规定如下:

(1) 当从电路中的一点到另一点的走向确定后,如果支路上的电流流向和走向一致,该支路电阻元件上的电势降取正号,反之取负号.

(2) 支路上电源电动势的方向和走向一致时,电源的电势降为电源电动势的负值(电源内阻视为支路电阻) 反之,取正值.

如图 9-5 所示,对某电路的一部分,由一段含源电路欧姆定律可求得:

$$U_A - U_B = I_1R_1 - \varepsilon_1 + I_1r_1 + \varepsilon_2 - I_2r_2 - I_2R_2 - \varepsilon_2 - I_2r_3 - I_2R_2 - \varepsilon_3 - I_2R_3$$

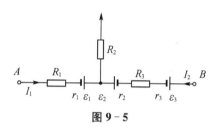

图 9-5

9.2.4　基尔霍夫定律

1. 对电路中任何一个节点,流出的电流之和等于流入的电流之和,这个定律又称为是基尔霍夫电流定律 KCL(Kirchhoff's Current Law) 或可表达为:汇于节点的各支路电流强度的代数和为零. 用公式表示为:

$$\sum \pm I_i = 0$$

若规定流入电流为正,则从节点流出的电流强度加负号. 对于有 n 个节点的完整回路,可列出 n 个方程,实际上只有 $n-1$ 个方程是独立的.

2. 沿回路环绕一周,电势降落的代数和为零,这个定律又称为基尔霍夫电压定律 KVL(Kirchhoff's Voltage Law),用公式可以表示为:

$$\sum \pm \varepsilon_i + \sum (\pm I_j R_j) = 0$$

对于给定的回路绕行方向,理想电源,从正极到负极,电势降落为正,反之为负;对电阻及内阻,若沿电流方向则电势降落为正,反之为负. 若复杂电路包括 m 个独立回路,则有 m 个独立回路方程.

9.2.5　电表的改装

1. 欲将满偏电流为 I_g,内阻为 R_g 的电流表改装为量程为 U 的电压表,需将分压电阻 R 和电流表串联,如图 9-6 所示. 所谓量程为 U 时,就是当电压表两端的电压为 U 时,通过电流表的电流为 I_g,电流表分担的电压为 U_g. 根据串联电路的规律有:

$$R = \frac{U_R}{U_g} \cdot R_g = \frac{U - U_g}{U_g} \cdot R_g$$

若
$$n = \frac{U}{I_g R_g}$$
则
$$R = (n-1)R_g$$

电压表内阻：
$$R_V = R + R_g = \frac{U}{I_g R_g} \cdot R_g = nR_g$$

通常，R_V 都很大，理想情况下可认为 $R_V \to \infty$.

2. 欲将内阻为 R_g，满偏电流为 I_g 的电流表改装为量程为 I 的电流表时，需将分流电阻 R 和电流表并联，如图 9-7 所示.

若
$$n = \frac{I}{I_g}$$
$$R = \frac{I_g \cdot R_g}{I_R} = \frac{I_g \cdot R_g}{I - I_g} = \frac{R_g}{n-1}$$

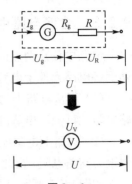

图 9-6

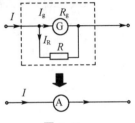

图 9-7

通常，R 很小（$R \ll R_g$），可认为电流表内阻 $R_g = R$，理想情况下可认为 $R \to 0$.

3. 将电流表改装成欧姆表

简易欧姆表接法示意图如图 9-8 所示，R_0 为调零电阻，表头内阻为 R_g，满偏刻度为 I_g. 测量前，应先将两表笔短接，调节 R_0，使流过表头的电流为 I_g. 若电源的电动势为 ε，内阻为 r，则：

$$I_g = \frac{\varepsilon}{R_0 + R_g + r} = \frac{\varepsilon}{R_{中}}$$

如果在两表笔间接一电阻 $R_x = R_{中}$，则电流减半，指针指表盘中央，因此，$R_0 + R_g + r$ 称为"中值电阻"，表盘最左刻度对应于 $R_x \to \infty$，最右边刻度对应于 $R_x = 0$，对于任一阻值 R_x，若

$$I = \frac{I_g}{n} = \frac{\varepsilon}{R_{中} + R_x} \quad (n = 1, 2, 3, \cdots)$$

得
$$R_x = (n-1)R_{中} \quad (n = 1, 2, 3, \cdots)$$

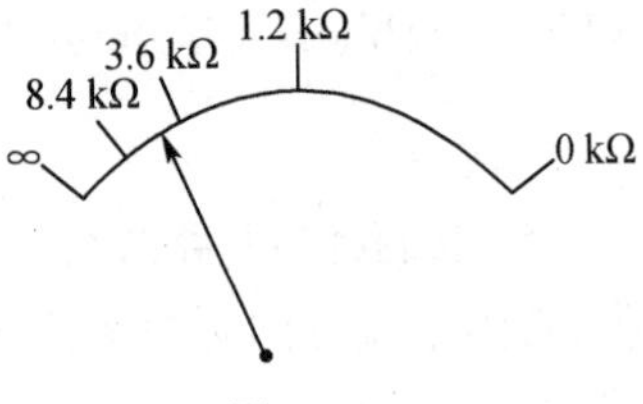

这就是欧姆表的刻度原理，如欧姆表的中值电阻 $R_{中} = 1.2 \text{ k}\Omega$，表盘满偏 1/4 处的刻度为 $(4-1) \times 1.2 \text{ k}\Omega = 3.6 \text{ k}\Omega$，表盘满偏 $\frac{1}{8}$ 处的刻度为 $8.4 \text{ k}\Omega$，如图 9-9 所示.

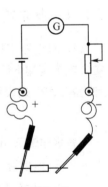

图 9-8

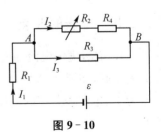

图 9-9

欧姆表的量程改变后，各刻度所对应的电阻值应乘以相同倍率，另外要注意，凡使用欧姆表，必须进行机械调零和欧姆调零，并且换挡后一定要重新进行欧姆调零.

例 7 如图 9-10 所示电路，设电源电压不变，问：

(1) R_2 在什么范围内变化时，R_2 上消耗的电功率随 R_2 的增大而增大？

(2) R_2 在什么范围内变化时，R_2 上消耗的电功率随 R_2 增大而减小？

图 9-10

(3) R_2 为何值时，R_2 上消耗的电功率为最大？

【解析】 先求出 P_2 随 R_2 变化的表达式

$$R_{AB} = \frac{(R_2+R_4)R_3}{R_2+R_3+R_4}$$

$$I_1 = \frac{\varepsilon}{R_1 + \frac{(R_2+R_4)R_3}{R_2+R_3+R_4}}$$

$$I_1 = \frac{(R_2+R_3+R_4)\varepsilon}{R_1R_2+R_1R_3+R_1R_4+R_2R_3+R_3R_4}$$

$$U_{AB} = I_1 R_{AB} = \frac{\varepsilon(R_2+R_4)R_3}{R_1R_2+R_1R_4+R_1R_3+R_2R_3+R_3R_4}$$

$$P_2 = I_2^2 R_2 = \left(\frac{U_{AB}}{R_2+R_4}\right)^2 R_2$$

$$= \frac{R_3^2 \varepsilon^2 R_2}{(R_1R_2+R_1R_4+R_1R_3+R_2R_3+R_3R_4)}$$

$$= \frac{R_3^2 \varepsilon^2 R_2}{[(R_1R_4+R_1R_3+R_3R_4)+R_2(R_1+R_3)]^2}$$

令

$$R_1R_4+R_1R_3+R_3R_4 = A$$

$$R_1+R_3 = B$$

$$R_3^2 \varepsilon^2 = C$$

则：

$$P_2 = \frac{CR_2}{(A+BR_2)^2} = \frac{CR_2}{(A-BR_2)^2+4ABR_2}$$

$$= \frac{C}{\left(\frac{A}{\sqrt{R_2}}-B\sqrt{R_2}\right)^2+4AB}$$

（1）当 $A>BR_2$ 时，即 $R_1R_4+R_1R_3+R_3R_4 > R_2(R_1+R_3)$

$$\frac{A}{\sqrt{R_2}}-B\sqrt{R_2} > 0$$

$$R_2\uparrow,\frac{A}{\sqrt{R_2}}\downarrow,B\sqrt{R_2}\uparrow,P_2\uparrow$$

（2）当 $A<BR_2$ 时，即 $R_1R_4+R_1R_3+R_3R_4 < R_2(R_1+R_3)$

$$\frac{A}{\sqrt{R_2}}-B\sqrt{R_2} < 0$$

$$R_2\uparrow,\left(\frac{A}{\sqrt{R_2}}-B\sqrt{R_2}\right)^2\uparrow,P_2\downarrow$$

（3）当 $A=BR_2$ 时，即 $R_1R_4+R_1R_3+R_3R_4 = R_2(R_1+R_3)$，$P_2$ 最大.

例8 如图 9-11 所示电路中，已知 $\varepsilon_1=32$ V，$\varepsilon_2=24$ V，$R_1=5$ Ω，$R_2=6$ Ω，$R_3=54$ Ω，求各支路的电流.

【解析】 题中电路共有 2 个节点，故可列出一个节点方程. 而支路 3 个，只有 2 个独立的回路，因而能列出两个回路方程，三个方程恰好满足求解条件.

规定 I_1、I_2、I_3 正方向如图所示，则有：

$$I_1 + I_2 - I_3 = 0$$

两个独立回路,有:
$$-\varepsilon_1 + \varepsilon_2 - I_2 R_2 + I_1 R_1 = 0$$
$$-\varepsilon_2 + I_2 R_2 + I_3 R_3 = 0$$

联立解方程得:
$$I_1 = 1 \text{ A}, I_2 = -0.5 \text{ A}, I_3 = 0.5 \text{ A}$$

I_2 小于零,说明 I_2 实际电流方向与图中所假定电流方向相反.

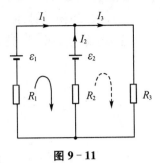

图 9-11

7. 如图所示,$\varepsilon_1 = \varepsilon_2 = 2$ V,内电阻 $r_1 = r_2 = 0.5$ Ω,外电阻 $R_1 = 0.5$ Ω,$R_2 = 1.5$ Ω,求流经 R_1、R_2 和 ε_1 的电流分别是多少?

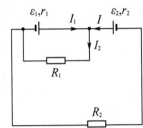

【解析】如图所示,由基尔霍夫方程可得
$$\begin{cases} I_2 = I_1 + I \\ -I_1 r + \varepsilon_1 = I_2 R_1 \\ I_2 R_1 + I r_2 - \varepsilon_2 + I R_2 = 0 \end{cases}$$

解得
$$I_1 = 0.44 \text{ A}, \quad I_2 = 2.22 \text{ A}, \quad I = 1.78 \text{ A}$$

8. 如图所示的电路中,已知三个电池的电动势分别为 $\varepsilon_1 = 4$ V,$\varepsilon_2 = 2$ V,$\varepsilon_3 = 2$ V;三个电池的内阻分别为 $r_1 = 1$ Ω,$r_2 = 1$ Ω,$r_3 = 1$ Ω;三个定值电阻分别为 $R_1 = 7$ Ω,$R_2 = 1$ Ω,$R_3 = 3$ Ω.求 A、B 两点间的电压 U_{AB} 为多少?

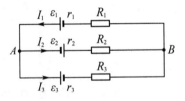

【解析】此题适合用基尔霍夫定律来解答.该电路有两个节点、两个网格.根据节点定律可以列出一个独立方程,根据回路定律可以列出两个独立方程,然后联立求解.

电路中的电流方向是我们设定的,以节点 A 为研究对象,根据节点定律得:
$$I_1 - I_2 - I_3 = 0$$

选取回路 $R_1\varepsilon_1\varepsilon_2 R_2$ 为研究对象,根据回路定律得:
$$-\varepsilon_1 + I_1(r_1 + R_1) - \varepsilon_2 + I_2(r_2 + R_2) = 0$$

选取回路 $R_1\varepsilon_1\varepsilon_3 R_3$ 为研究对象,根据回路定律得:
$$-\varepsilon_1 + I_1(r_1 + R_1) - \varepsilon_3 + I_3(r_3 + R_3) = 0$$

以上三式联立,代入数据解得:
$$I_1 = 0.5 \text{ A}, I_2 = 1 \text{ A}, I_3 = -0.5 \text{ A}$$

上式解出 I_3 为负值,说明这个支路中电流方向设反了,实际上的电流方向应是从右向左.

求 A、B 两点间电压,可选取中部支路为研究对象.根据一段含源电路的欧姆定律:
$$U_{AB} = -\varepsilon_2 + I_2(r_2 + R_2) = 0$$

上式表明 A、B 两点间的电压为零.

9. 电动势分别为 ε_1 和 ε_2、内阻为 r_1 和 r_2（下图(a)）的两个电池，用一个电动势为 ε 和内阻为 r 的电池（图(b)）代替，流过电阻 R 的电流强度不变，并与 R 无关。问 ε 和 r 应随 ε_1、ε_2，r_1 和 r_2 怎样变化？如果开始不是两个，而是 n 个电动势分别为 $\varepsilon_1,\varepsilon_2,\cdots,\varepsilon_n$ 和内阻分别为 $r_1,r_2,\cdots,r_n$ 的电池，那 ε 和 r 的公式应是什么样？

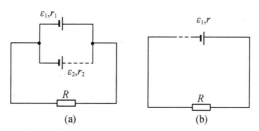

【解析】利用欧姆定律和基尔霍夫定律，对电路(a)可得到三个方程：

$$\varepsilon_1 = I_1 r_1 + IR$$
$$\varepsilon_2 = I_2 r_2 + IR$$
$$I = I_1 + I_2$$

由以上三式解出：

$$I = \frac{\varepsilon_1 - IR}{r_1} + \frac{\varepsilon_2 - IR}{r_2} = \frac{\dfrac{\varepsilon_1}{r_1} + \dfrac{\varepsilon_2}{r_2}}{1 + \dfrac{R}{r_1} + \dfrac{R}{r_2}}$$

对电路(b)，有
$$I = \frac{\varepsilon}{R+r}$$

根据题给条件，两个 I 应该相等

$$\frac{\dfrac{\varepsilon_1}{r_1} + \dfrac{\varepsilon_2}{r_2}}{1 + \dfrac{R}{r_1} + \dfrac{R}{r_2}} = \frac{\varepsilon}{R+r}$$

即：
$$R\left(\frac{\varepsilon_1}{r_1} + \frac{\varepsilon_2}{r_2}\right) + r\left(\frac{\varepsilon_1}{r_1} + \frac{\varepsilon_2}{r_2}\right) = R\varepsilon\left(\frac{1}{r_1} + \frac{1}{r_2}\right) + \varepsilon$$

要使两个多项式完全相等，只有对应次方的系数相等，这就是说：

$$\frac{\varepsilon_1}{r_1} + \frac{\varepsilon_2}{r_2} = \varepsilon\left(\frac{1}{r_1} + \frac{1}{r_2}\right)$$

$$r\left(\frac{\varepsilon_1}{r_1} + \frac{\varepsilon_2}{r_2}\right) = \varepsilon$$

$$\varepsilon = \frac{\dfrac{\varepsilon_1}{r_1} + \dfrac{\varepsilon_2}{r_2}}{\dfrac{1}{r_1} + \dfrac{1}{r_2}}$$

由此得：
$$\frac{1}{r} = \frac{1}{r_1} + \frac{1}{r_2}$$

电动势和内阻分别为 $\varepsilon_1,\varepsilon_2,\cdots,\varepsilon_n,r_1,r_2,\cdots,r_n$，$n$ 个电池并联时亦可用一个电池代替。替换电池的电动势 ε 和内阻 r 可用下列公式确定：

$$\varepsilon = \frac{\frac{\varepsilon_1}{r_1} + \frac{\varepsilon_2}{r_2} + \cdots + \frac{\varepsilon_n}{r_n}}{\frac{1}{r_1} + \frac{1}{r_n} + \cdots + \frac{1}{r_n}}$$

$$\frac{1}{r} = \frac{1}{r_1} + \frac{1}{r_2} + \cdots + \frac{1}{r_n}$$

这些公式可用数学归纳法来验证,由读者自己计算.

10. 用导线将八个完全相同的电源顺接为一闭合电路,求每个电源的端电压(不考虑导线电阻).

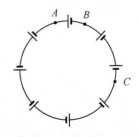

【解析】设每个电源的电动势及内阻为 ε 和 r,由全电路的欧姆定律得:

$$I = \frac{8\varepsilon}{8r} = \frac{\varepsilon}{r}$$

故任一电源的端压(以电源 BA 为例)

$$U_{AB} = \varepsilon - Ir = \varepsilon - \varepsilon = 0$$

即任一电源的端压为零,即导线上任意两点(如 A、C)电位相等,但整个电路仍有电流,方向由电动势确定.

11. 如图所示,是一个电压、电流两用表中两个电流挡,量程 $I_1 = 1 \text{ mA}$,$I_2 = 500 \text{ mA}$;一个电压挡,量程为 $U = 10 \text{ V}$,已知表头 G 满偏电流 $I_g = 500 \text{ mA}$,内阻 $R_g = 600 \text{ Ω}$,求电阻 R_1、R_2 和 R_3 的阻值.

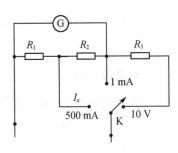

【解析】电流量程 I 挡,电路结构为 R_1、R_2 串联与 R_g 并联,

$$n = \frac{I_1}{I_g} = 2$$

$$R_1 + R_2 = \frac{R_g}{n-1} = 600 \text{ Ω}$$

电流量程 I_2 挡,R_g 与 R_2 串联后与 R_1 并联

$$n = \frac{I_2}{I_g} = 1\,000$$

$$R_1 = \frac{R_g + R_2}{n-1} = \frac{600 + R_2}{999}$$

两式联解得:

$$R_1 = 1.2 \text{ Ω}, \quad R_2 = 598.8 \text{ Ω}$$

对于电压表,R_1 与 R_2 串联后与 G 并联,构成一个新表头,

$$I'_g = 1 \text{ mA}, \quad R'_g = \frac{R_g \cdot (R_1 + R_2)}{R_g + R_1 + R_2} = 300 \text{ Ω}$$

再与 R_3 串联构成量程为 10 V 的伏特表,则 R_3 为

$$R_3 = \left(\frac{U}{I'_g R'_g} - 1\right) = \frac{U}{I'_g} - R'_g = 9.7 \times 10^3 \text{ Ω}$$

12. 如图所示,R_1、R_2、R_3 为定值电阻,但阻值未知,R_x 为电阻箱. 当 R_x 为 $R_{x1} = 10 \text{ Ω}$ 时,通过它的电流 $I_{x1} = 1 \text{ A}$;当 R_x 为 $R_{x2} = 18 \text{ Ω}$ 时,通过它的电流 $I_{x2} = 0.6 \text{ A}$,则当 $I_{x3} = 0.1 \text{ A}$ 时,

求电阻 R_{x3}.

【解析】 电源电动势、内电阻 r、电阻 R_1、R_2、R_3 均未知，按题目给的电路模型列式求解，显然方程数少于未知量数，于是可采取变换电路结构的方法.

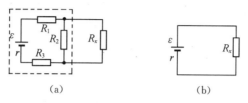

将图 (a) 所示的虚线框内电路看成新的电源，则等效电路如图 (b) 所示，电源的电动势为 ε'，内电阻为 r'，根据电学知识，新电路不改变 R_x 和 I_x 的对应关系，有

$$\varepsilon' = I_{x1}(R_{x1} + r') \qquad ①$$
$$\varepsilon' = I_{x2}(R_{x2} + r') \qquad ②$$
$$\varepsilon' = I_{x3}(R_{x3} + r') \qquad ③$$

由 ①、② 两式得，$\varepsilon' = 12\ \text{V}$，$r' = 2\ \Omega$.

代入 ③ 式，可得 $R_{x3} = 118\ \Omega$.

§9.3　电路的简化

9.3.1　等效电压源定理

1. 电压源

(1) 理想电压源

我们把只有电动势而无内阻的理想电源称为理想电压源，又称恒压源. 因为不管外电路电阻如何变化，外电压都不变，在数值上始终等于电源的电动势 ε.

(2) 电压源

实际电源的内阻 $r \neq 0$，当外阻变化时，外电压随之变化，这时的电源又称为电压源. 显然，实际电源即电压源，可以看成是恒压源与内阻 r 的串联.

图 9-12

电压源的符号与普通电源符号相同（图 9-12）.

2. 等效电压源定理

等效电压源定理又叫做戴维宁定理，其内容为：有源二端网络可以等效成一个电压源. 其电动势 ε 等于网络的开路路端电压. 其内阻 r 等于从网络两端看的除源（将电动势短路，内阻仍保留在网络中）网络的电阻. 如图 9-13 所示.

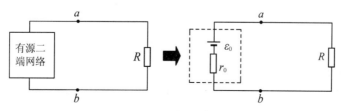

图 9-13

有源二端网络泛指电路或其中一部分,"有源"指网络中有电源,"两端"指网络与其他电路的联系只有两个接口.

例 9 如图 9-14 所示电路中,$\varepsilon_1 = 4.0 \text{ V}, \varepsilon_2 = 1.0 \text{ V}, R_1 = 10 \text{ Ω}, R_2 = 20 \text{ Ω}, R_3 = 30 \text{ Ω}$,电源内阻不计.求电容 C 两极板间的电势差 U_{AB}.

【解析】 当电路达平衡时,电容器断路.设电阻 R_1、R_2 和电源 ε_1 组成的电路中 D、E 两点作为电路的两端有源网络的输出端,等效电压源的电动势 ε 和内阻 r 为:

$$\varepsilon = \varepsilon_1 \cdot \frac{R_2}{R_1 + R_2}, \quad r = \frac{R_1 R_2}{R_1 + R_2}$$

所以通过 R_3,ε_2 的电流强度 I 满足

$$I = \frac{\varepsilon + \varepsilon_2}{R_3 + r} = \frac{\varepsilon_1 \dfrac{R_2}{R_1 + R_2} + \varepsilon_2}{R_3 + \dfrac{R_1 R_2}{R_1 + R_2}}$$

$$= \frac{\varepsilon_1 R_2 + \varepsilon_2 (R_1 + R_2)}{R_1 R_3 + R_2 R_3 + R_1 R_2} = 0.1 \text{ A}$$

由此可得 A 点电势为

$$U_A = U_D + I R_3 = U_D + 3.0 \text{ V}$$

而 B 点电势为

$$U_B = U_D + \varepsilon_1 = U_D + 4.0 \text{ V}$$

所以

$$U_{AB} = -1.0 \text{ V}$$

9.3.2 Y-△ 变换

在某些复杂的电路中往往会遇到电阻的 Y 形(星形)或 △(三角形)形,如图 9-15 所示.有时把 Y 形连接代换成等效的 △ 形连接,或把 △ 形连接代换成等效的 Y 形连接,可使电路变为串、并联,从而简化计算.等效代换要求 Y 形连接和 △ 形连接的三个端点间的电压 U_{12}、U_{23}、U_{31} 及流过的电流 I_1、I_2、I_3 相同.

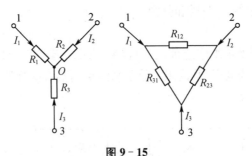

图 9-15

在 Y 形电路中有:

$$I_1 R_1 - I_2 R_2 = U_{12}$$
$$I_3 R_3 - I_1 R_1 = U_{31}$$

$$I_1 + I_2 + I_3 = 0$$

可解得：
$$I_1 = \frac{R_3}{R_1R_2 + R_2R_3 + R_3R_1}U_{12} - \frac{R_2}{R_1R_2 + R_2R_3 + R_3R_1}U_{31}$$

在 △ 形电路中

$$I_{12} = \frac{U_{12}}{R_{12}}$$

$$I_{31} = \frac{U_{31}}{R_{31}}$$

$$I_1 = I_{12} - I_{31}$$

$$I_1 = \frac{U_{12}}{R_{12}} - \frac{U_{31}}{R_{31}}$$

等效即满足：
$$\frac{U_{12}}{R_{12}} - \frac{U_{31}}{R_{31}} = \frac{R_3}{R_1R_2 + R_2R_3 + R_3R_1}U_{12} - \frac{R_2}{R_1R_2 + R_2R_3 + R_3R_1}U_{31}$$

即：
$$R_{12} = \frac{R_1R_2 + R_2R_3 + R_3R_1}{R_3} \quad ①$$

$$R_{31} = \frac{R_1R_2 + R_2R_3 + R_3R_1}{R_2} \quad ②$$

用类似方法可得：
$$R_{23} = \frac{R_1R_2 + R_2R_3 + R_3R_1}{R_1} \quad ③$$

①、②、③ 式是将 Y 形网络变换到 △ 形电路中的一组变换．
同样将 △ 形电路变换到 Y 形电路，变换式可由 ①、②、③ 式求得 ④、⑤、⑥ 式

$$R_1 = \frac{R_{12}R_{31}}{R_{12} + R_{23} + R_{31}} \quad ④$$

$$R_2 = \frac{R_{12}R_{23}}{R_{12} + R_{23} + R_{31}} \quad ⑤$$

$$R_3 = \frac{R_{31}R_{23}}{R_{12} + R_{23} + R_{31}} \quad ⑥$$

9.3.3 利用对称性简化电路

1. 等势节点的断接法

在一个复杂电路中，如果能找到一些完全对称的点(以两端连线为对称轴)，那么可以将接在等电势节点间的导线或电阻或不含电源的支路断开(即去掉)，也可以用导线或电阻或不含电源的支路将等电势节点连接起来，且不影响电路的等效性．

例 10 用导线连接成如图 9 - 16 所示的框架，$ABCD$ 是正四面体，每段导线的电阻都是 1 Ω. 求 AB 间的总电阻.

【解析】设想 A、B 两点上存在电势差 $U_A - U_B$，由电路的对称性可以知道 D、C 两点的电势

都应该介于 U_A 与 U_B 的中间,即 $U = \dfrac{U_A - U_B}{2}$,所以两点应是等电势的.
这样,去掉 CD 段导线,对 A、B 间的总电阻不会有影响.当去掉 CD 段导线后,就成为三路并联,即 $A—D—B$,$A—C—B$,和 AB,于是:

$$\dfrac{1}{R_\text{总}} = \dfrac{1}{R_{ADB}} + \dfrac{1}{R_{ACB}} + \dfrac{1}{R_{AB}} = 2$$

所以 $R_\text{总} = 0.5\ \Omega$

图 9-16

2. 电流分布法

设有电流 I 从 A 点流入、B 点流出,应用电流分流的思想和网络中两点间不同路径等电压的思想(即基尔霍夫定理),建立以网络中各支路的电流为未知量的方程组,解出各支路电流与总电流 I 的关系,然后经任一路径计算 A、B 两点间的电压 U_{AB},再由 $R_{AB} = \dfrac{U_{AB}}{I}$ 即可求出等效电阻.

例 11 10 根电阻均为 r 的电阻丝接成如图 9-17 所示的网络,试求出 A、B 两点之间的等效电阻 R_{AB}.

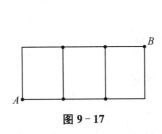

图 9-17

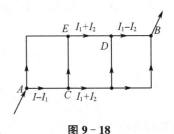

图 9-18

【解析】 由结构对称性,要求电流 I 从 A 点流入后在 A 点的电流分布应与电流 I 从 B 点流出前的电流分布相同,中间四方形必具有上、下电流分布对称和左、右电流分布对称,因此网络内电流分布应如图 9-18 所示.对图中 C 点和 D 点,有电流关联.

$$I - I_1 = I_2 + (I_1 + I_2)$$

解得

$$I_1 + I_2 = \dfrac{1}{2} I \qquad ①$$

由 A、E 两点间不同路线等电压的要求,得:

$$I_1 \cdot 2r = (I - I_1)r + I_2 r$$

即 $3I_1 - I_2 = I$ ②

解 ①、② 两式得:

$$I_1 = \dfrac{3}{8} I$$

$$I_2 = \dfrac{1}{8} I$$

选择线路 $AEDB$,可得:

$$U_{AB} = I_1 \cdot 2r + (I_1 + I_2)r + (I - I_1)r = \dfrac{15}{8} Ir$$

因此,A、B 间等效电阻便为:

$$R_{AB} = \frac{U_{AB}}{I} = \frac{15}{8}r$$

9.3.4 无穷网络的简化

让我们来看一个具体的例子.

例 12 在如图 9-19 所示电路中,求 A、B 两点间的等效电阻 R_{AB}?

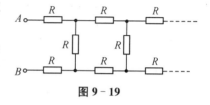

图 9-19

【解析】法一:设总电流为 I,第一分支点处电流为 $I_1 = eI$、$I'_1 = (1-e)I$;

则在第二分支点处情况一样,电流分配应相同,

所以
$$I_2 = eI_1 = e^2 I$$
$$I'_2 = (1-e)I_1 = e(1-e)I,$$

依次类推,因并联电路两端电压相等,故
$$(1-e)IR = 2eIR + (e-e^2)IR$$

整理后得:
$$e^2 - 4e + 1 = 0$$
$$e = \frac{4 \pm \sqrt{4^2-4}}{2} = 2 \pm \sqrt{3}$$

因为 e 必须小于 1,故舍去 $2+\sqrt{3}$ 这个解,而有
$$e = 2 - \sqrt{3}$$

由欧姆定律
$$U_{AB} = 2IR + (1-e)IR = 2IR + (1-2+\sqrt{3})IR$$
$$= (1+\sqrt{3})IR = IR_{AB}$$

所以
$$R_{AB} = (1+\sqrt{3})R.$$

法二:由于是无穷网格,去掉最左边的三个电阻后电阻仍为 R.
$$R_{AB} = 2R + \frac{R \cdot R_{AB}}{R + R_{AB}}$$

所以
$$R_{AB} = (1+\sqrt{3})R$$

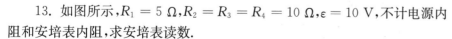

13. 如图所示,$R_1 = 5\ \Omega$,$R_2 = R_3 = R_4 = 10\ \Omega$,$\varepsilon = 10\ \text{V}$,不计电源内阻和安培表内阻,求安培表读数.

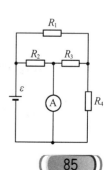

【解析】电路的连接是:R_3 与 R_4 并联后再与 R_1 串联,然后再与 R_2 并联.
通过 R_1 的电流为
$$I_1 = 1\ \text{A}$$

R_3 分得的电流为 $I_3 = \dfrac{I_1}{2} = 0.5\ \text{A}$.

通过 R_2 的电流为 $I_2 = \dfrac{\varepsilon}{R_2} = 1$ A.

安培表的电流为通过 R_2 的电流与通过 R_3 的电流之和. 所以通过安培表的电流为 $I_A = 1.5$ A.

14. 用伏安法测量电源电动势和内电阻时的电路有两种接法,已知伏特表的内阻为 R_V,安培表的内阻为 R_A,电源电动势的真实值为 ε,电源内阻的真实值为 r. 若采用图(1)电路,则理论上所测电源电动势的数值应为_____,电源内阻为_____. 若采用图(2)电路,则理论上所测电源电动势的数值应为_____,电源内阻为_____.

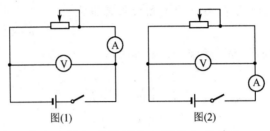

图(1)   图(2)

【解析】图(1)中是电压表和电源组成的等效电源的电动势为

$$\varepsilon'_1 = \dfrac{R_V}{R_V + r}\varepsilon$$

内阻为

$$r'_1 = \dfrac{R_V r}{R_V + r}$$

图(2)是电流表和电源组成的等效电源:
$$\varepsilon'_2 = \varepsilon$$
$$r'_2 = R_A + r$$

15. 如图所示,若电阻 R_1、R_2、R_3、R_4 的阻值以及电源的电动势 ε_1 和 ε_2 均为已知,不计电源内阻,求通过电阻 R_4 的电流.

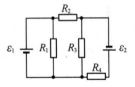

【解析】如图所示,把除 R_4 和电源 ε_2 以外的部分等效为电源. 电源的电动势为

$$\varepsilon'_1 = \dfrac{R_3}{R_2 + R_3}\varepsilon_1$$

内阻为

$$r'_1 = \dfrac{R_2 R_3}{R_2 + R_3}$$

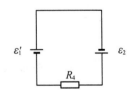

所以,通过 R_4 的电流为:
$$I = \dfrac{\varepsilon'_1 + \varepsilon_2}{r'_1 + R_4}$$
$$= \dfrac{\varepsilon_1 R_3 + \varepsilon_2(R_2 + R_3)}{R_2 R_3 + R_2 R_4 + R_3 R_4}$$

16. 在电路图中,R_0 为已知,求:

(1) R_1 等于多少时,ab 间的等效电阻才等于 R_0?

(2) 当通过电流时,ab 两端的电压等于 cd 两点间电压的多少倍?

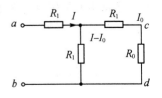

【解析】（1）由串并联电路的特点,可得:
$$R_{总} = \frac{R_1^2 + R_0 R_1}{2R_1 + R_0} + R_1 = \frac{3R_1^2 + 2R_0 R_1}{2R_1 + R_0}$$

如果 $R_{总} = R_0$,

则解方程可得 $R_1 = \frac{\sqrt{3}}{3} R_0$.

(2) 设总电流为 I,通过 R_0 的电流为 I_0,则应有:

$$\frac{I_0}{I - I_0} = \frac{R_1}{R_1 + R_0} = \frac{\frac{\sqrt{3}}{3} R_0}{R_0 + \frac{\sqrt{3}}{3} R_0} = \frac{\sqrt{3}}{3 + \sqrt{3}}$$

$$I_0 = \frac{1}{2 + \sqrt{3}} I$$

$$\frac{U_{ab}}{U_{cd}} = \frac{IR_0}{I_0 R_0} = \sqrt{3} + 2$$

17. 三个相同的金属圈两两相交地焊接成如图(a)所示的形状,若每一金属圈的原长电阻(即它断开时测两端的电阻)为 R,试求图中 A、B 两点之间的电阻.

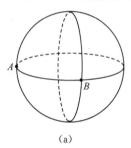

(a)

【解析】 从图(a)看出,整个电阻网络相对 A、B 两点具有上、下对称性,因此可上、下压缩成如图(b)所示的等效简化网络,其中 r 为原金属圈长度部分的电阻,即有:

$$r = R/4$$

(b)

网络中从 A 点到 O 点的电流与从 O 点到 B 点的电流必相同;从 A' 点到 O 点的电流与从 O 点到 B' 点的电流必相同.因此可将 O 点断开,等效成如图(c)所示的简化电路.

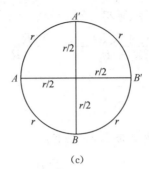

(c)

继而再简化成如图 (d) 所示的电路：

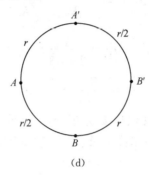

(d)

最后可算得：

$$R_{AB} = \left(\frac{2}{r} + \frac{2}{5r}\right)^{-1} = \frac{5}{12}r$$

$$R_{AB} = \frac{5}{48}R$$

18. 如图 (a) 所示，框架是用同种金属丝制成的，单位长度的电阻为 ρ，一连串内接等边三角形的数目可认为趋向无穷，取 AB 边长为 a，以下每个三角形的边长依次减小一半，则框架上 A、B 两点间的电阻为多大？

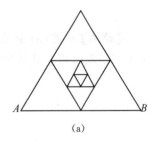

(a)

【解析】从对称性考虑，原电路可以用如图 (b) 所示的等效电路来代替，同时我们用电阻为 $\frac{R_{AB}}{2}$ 的电阻器来代替由无数层"格子"所构成的"内"三角，并且电阻是 R_{AB} 这样的，$R_{AB} = R_x$，$R = a\rho$，因此

$$R_x = R\left(R + \frac{RR_x/2}{R + R_x/2}\right) \cdot \left(R + R + \frac{RR_x/2}{R + R_x/2}\right)$$

解此方程得到：

$$R_{AB} = R_x = \frac{\sqrt{7}-1}{3}R = \frac{1}{3}(\sqrt{7}-1)a\rho$$

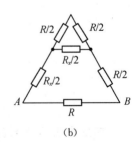

(b)

19. 如图 (a) 所示为 6 个阻值均为 R 的电阻与电动势为 ε（内阻不计）的电池. 求流过电池的电流强度.

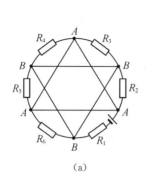 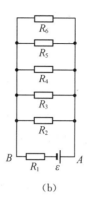

(a)   (b)

【解析】由于 6 个节点由 6 条无电阻的导线连接,所以不等电势的点只有两个,分别以 A 和 B 标出,其等效电路如图(b)所示. 由图(b)可知,电路的总电阻为

$$R_x = \frac{R}{5} + R = \frac{6}{5}R$$

根据欧姆定律,可求电路中的总电流,也即流过电池的电流为

$$I = \frac{\varepsilon}{R_x} = \frac{5\varepsilon}{6R}$$

20. 如图(a)所示,有一个无限网络,各电阻阻值按等比级数规律变化. 求等效电阻 R_{AB} 是多少?

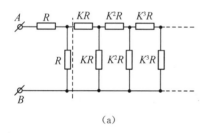 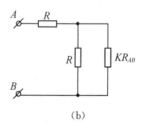

(a)   (b)

【解析】依题意,从无限网络中去掉虚线左端一个网络,其等效电阻不变,仍为 R_{AB};而虚线右端的网络的电阻正好是原网络的 K 倍. 所以等效电路如图(b)所示.

根据串、并联关系有

$$R_{AB} = \frac{R + KR_{AB}R}{KR_{AB} + R}$$

$$KR_{AB}^2 - (2K-1)RR_{AB} - R^2 = 0$$

所以

$$R_{AB} = \frac{\lfloor (2K-1) + \sqrt{4K^2+1} \rfloor R}{2K}$$

21. 如图所示,无限长金属细框中每一段金属丝的电阻均为 R,试求 A、B 间的等效电阻 R_{AB}.

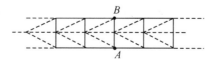

【解析】 解法一：细框背面的那根无限长金属丝无电流通过，金属丝可拆去．再将每个小三角形"压成"一条直线段，每条直线段的电阻均为 $\dfrac{2R \cdot R}{2R+R} = \dfrac{2}{3}R$．

(a)

于是，原题图变成图(a)所示的(二端)无限网络．

此网络具有相对于 A、B 连线的左、右对称性，可将其以 A、B 为基线对折，且各线段电阻并联，变成图(b)所示的(二端)无限网络．

在图(b)中引入无限靠近 A、B 的 x、y 点，所求的等效电阻 R_{AB} 便可视为 $\dfrac{2}{3}R$ 电阻与待求的 R_{xy} 电阻的并联电阻．

(b)

R_{xy} 计算的示意图如图(c)所示，R_{k+1} 与 R_k 之间的递推关系推导如下：

$$R_{k+1} = \dfrac{R}{2} + \dfrac{R}{2} + \left(\dfrac{3}{R} + \dfrac{1}{R_k}\right)^{-1}$$
$$= (4RR_k + R^2)/(3R_k + R)$$

依上式可得

$$R_{xy} = (4RR_{xy} + R^2)/(3R_{xy} + R),$$

解得

$$R_{xy} = (3 + \sqrt{21})R/6.$$

(c)

最后为

$$R_{AB} = \left(\dfrac{3}{2R} + \dfrac{1}{R_{xy}}\right)^{-1} = 2\sqrt{21}R/21.$$

解法二：在图(a)中，A、B 右侧无限靠近 A、B 处取 M、N 点，并在 A、B 右侧的"第一格"外无限靠近节点取 P、Q 点(如图(d))．设 P、Q 右侧的总电阻为 R_n，M、N 右侧的总电阻为 R_{n+1}，对于此无限格式网络来说，其等效阻值不会因为"多一格"或"少一格"而发生变化，即

$$R_{n+1} = R_n \quad (n \to \infty)$$

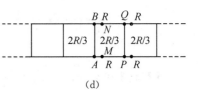

(d)

而

$$R_{n+1} = \dfrac{R_n \cdot 2R/3}{R_n + 2R/3} + 2R = R_n$$

解得 $R_n = (3 + \sqrt{21})R/3$，即

$$R_{MN} = (3 + \sqrt{21})R/3$$

显然，A、B 左侧的无限网络的等效电阻的阻值必等于 R_{MN}．故 R_{AB} 等于 $R_{MN}/2$ 与 R 并联的总电阻．即

$$R_{AB} = \left(\dfrac{2}{R_{MN}} + \dfrac{3}{2R}\right)^{-1} = \dfrac{2R_{MN} \cdot R}{4R + 3R_{MN}} = \dfrac{2\sqrt{21}}{21}R$$

22. 在图(a)所示的电路中，若电源电动势 $\varepsilon = 1.5$ V，内阻 $r_0 = 0.1\ \Omega$，$r_1 = 1\ \Omega$，$r_2 = 1.6\ \Omega$，$r_3 = r_5 = 2\ \Omega$，$r_4 = 1.2\ \Omega$，试求总电流及各分支电流．

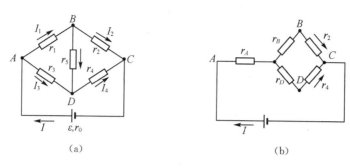

(a)　　　　　　　　　　　(b)

【解析】 可将原电路中 A、B、D 所连成的三角形电路变换为星形电路,经过变换后的等效电路图如图(b)所示,利用变换公式可求得

$$r_A = \frac{r_1 r_3}{r_1 + r_2 + r_3} = 0.4 \text{ Ω}$$

$$r_B = \frac{r_1 r_5}{r_1 + r_3 + r_5} = 0.4 \text{ Ω}$$

$$r_D = \frac{r_3 r_5}{r_1 + r_3 + r_5} = 0.8 \text{ Ω}$$

则全电路的等效电阻为

$$r = r_0 + r_A + \frac{(r_B + r_2)(r_D + r_4)}{r_B + r_2 + r_D + r_4} = 1.5 \text{ Ω}$$

总电流
$$I = \frac{\varepsilon}{r} = 1 \text{ A}$$

因为
$$r_B + r_2 = r_D + r_4 = 2 \text{ Ω}$$

故
$$I_2 = I_4 = I/2 = 0.5 \text{ A}$$

为了确定电流强度 I_5,可假设 C 点接地,则它的电势 $U_C = 0$,而 B 点和 D 点电势比 C 点的电势分别高出 $r_2 I_2$ 和 $r_4 I_4$ 的数值,即

$$U_B = U_C + r_2 I_2 = 0.8 \text{ V}$$

$$U_D = U_C + r_4 I_4 = 0.6 \text{ V}$$

因为 $U_B > U_D$,故在 BD 段,电流 I_5 由 B 点流向 D 点,且

$$I_5 = \frac{U_B - U_D}{r_5} = 0.1 \text{ A}$$

$$I_1 = I_2 + I_5 = 0.6 \text{ A}$$

$$I_3 = I_4 - I_5 = 0.4 \text{ A}$$

§9.4　电流的叠加原理和无源网络

在中学物理学中存在着不少我们称之为叠加原理的规律,如:运动的叠加原理、波的叠加原理、场强的叠加原理、电势的叠加原理等. 在进行电路分析和计算时,则常常要用到电流的叠加原理.

若电路中有多个电源,则通过电路中任一支路的电流等于各个电源单独存在时,在该支路中产生的电流之代数和. 这就是所谓的电流的叠加原理."电源单独存在"指的是假设将其余电源除去,但要在其原位置接入一只大小等于其内阻的电阻.电流的叠加原理又叫电源的独立作用原理,其本质是电场的叠加.

运用电流的叠加原理可以简化计算,因为对于单个电源的电路有可能运用简单的串并联公式进行计算.在电路分析时运用电流的叠加原理也便于考查增添某个电源对原来电路产生的影响.

我们不难看出,电流的叠加原理的本质是场的叠加原理.

例13 如图9-20所示,两台发电机并联运行,共同供电给负载,负载电阻 $R = 24\ \Omega$. 由于某种原因,两台发电机的电动势产生差异, $\varepsilon_1 = 130\ \text{V}, r_1 = 1\ \Omega, \varepsilon_2 = 117\ \text{V}, r_2 = 0.6\ \Omega$,求每台发电机中的电流和它们各自发出的功率.

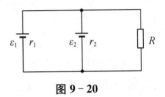

图9-20

【解析】法一:用基尔霍夫定律解

第一步:对每支路设一支路电流,如图9-21中 I_1、I_2、I_3.

第二步:列出 $(n-1)$ 个节点方程,现在 $n=2$,只能列出 $n-1 = 1$ 个方程.

$$-I_1 - I_2 + I_3 = 0 \qquad ①$$

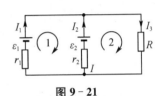

图9-21

第三步:列出 $m = P - (n-1) = 3 - (2-1) = 2$ 个独立回路方程,选独立回路,如图9-30中,1、2各有一条不为另一回路所含的支路,所以是独立的.

回路1

$$I_1 r_1 - I_2 r_2 = \varepsilon_1 - \varepsilon_2 \qquad ②$$

回路2

$$I_2 r_2 + I_3 R = \varepsilon_2 \qquad ③$$

第四步:解①、②、③式,求得

$$I_1 = \frac{(r_2 + R)\varepsilon_1 - R\varepsilon_2}{r_1 r_2 + r_2 R + r_1 R} = 10\ \text{A}$$

$$I_2 = \frac{-R\varepsilon_1 + (r_1 + R)\varepsilon_2}{r_1 r_2 + r_2 R + r_1 R} = -5\ \text{A}$$

$$I_3 = \frac{r_2 \varepsilon_1 + r_1 \varepsilon_2}{r_1 r_2 + r_2 R + r_1 R} = 5\ \text{A}$$

I_2 为负值,说明实际电流方向与所设方向相反.

第五步:求各发电机输出的功率.

$$P_1 = \varepsilon_1 I_1 - I_1^2 r_1 = 1\ 200\ \text{W}$$

$$P_2 = \varepsilon_2 I_2 - I_2^2 r_2 = -600\ \text{W}$$

这说明第二台发电机不仅没有输出功率,而且还要吸收第一台发电机的功率.

法二:利用电源的独立作用原理求解

当只考虑电机 ε_1 的作用时,原电路等效为图9-22所示的电路,由图可知

$$I_{11} = \frac{\varepsilon_1}{r_1 + \dfrac{r_2 R}{r_2 + R}} = \frac{130}{1 + \dfrac{0.6 \times 24}{0.6 + 24}}\ \text{A} = 82\ \text{A}$$

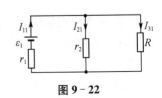

图9-22

$$I_{21} = \frac{R}{r_2+R}I_{11} = \frac{24}{0.6+24} \times 82 \text{ A} = 80 \text{ A}$$

当只考虑发电机 ε_2 的作用时,原电路等效为图 9-23 所示的电路,由图可知

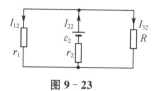

图 9-23

$$I_{22} = \frac{\varepsilon_2}{r_2 + \frac{r_1 R}{r_1+R}} = \frac{117}{0.6+\frac{1\times 24}{1+24}} \text{ A} = 75 \text{ A}$$

$$I_{12} = \frac{R}{r_1+R}I_{22} = \frac{24}{1+24} \times 75 \text{ A} = 72 \text{ A}$$

将两次求得的电流叠加,可得到两台发电机的实际电流分别为

$$I_1 = I_{11} - I_{12} = (82-72) \text{ A} = 10 \text{ A}(方向为 I_{11} 的方向)$$

$$I_2 = I_{21} - I_{22} = (80-75) \text{ A} = 5 \text{ A}(方向为 I_{21} 的方向)$$

同理,可解得各发电机的输出功率

$$P_1 = 1\,200 \text{ W}$$

$$P_2 = -600 \text{ W}$$

负号表明第二台发电机不仅无输出功率,而且还要吸收第一台发电机的功率.

【点评】 从本题计算结果看出,将两个电动势和内电阻都不同的电源并联向负载供电未必是好事,这样做会形成两电源并联部分的环路电流,使电源发热.

运用基尔霍夫定律解题时,对于一个复杂的含有电源的电路,如果由 n 个节点、P 条支路所组成,我们可以对每一支路任意确定它的电流大小和方向,最后解出值为正,说明所设电流方向与实际方向一致,所得值为负则说明所设电流方向与实际方向相反.这个电路中共有 P 个待求电流强度.

在 n 个节点中任意选取其 $(n-1)$ 个节点,根据基尔霍夫第一定律,列出节点电流方程组,再选择 $m = P-(n-1)$ 个独立回路,根据基尔霍夫第二定律,列出回路电压方程组,从而获得 P 方程,即可求解.

例 14 如图 9-24 所示是一个由电阻丝构成的平面正方形无穷网络,各小段的电阻为 R,求 A、B 两点间的等效电阻.若将 A、B 间的一小段电阻丝,换成电阻为 $4R$ 的另一小段电阻丝,试问换后 A、B 间的等效电阻是多少?

【解析】 设想内阻极大的电源加在 A 和地(或无穷远)之间,使由 A 点流进网络的电流为 I,则由对称性可知,流过 AB 的电流为 $\frac{I}{4}$.假设拆去此电源,在 B 点和地(或无穷远)之间加上另一内阻极大的电源,使由 B 点流出网络的电流强度为 I,由对称性可知,流过 AB 的电流仍为 $\frac{I}{4}$.若把上述电源同时加上,则由叠加原理可知,流过 AB 的电流为 $\frac{I}{4} + \frac{I}{4} = \frac{I}{2}$.设 AB 间的等效电阻为 R_{AB},所以:

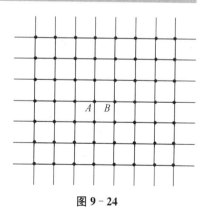

图 9-24

$$IR_{AB} = \frac{I}{2} \cdot R$$

$$R_{AB} = \frac{R}{2}$$

设除 AB 外的其他电阻丝构成的网络的电阻为 R_0,则整个电阻可以看成是 A、B 间电阻丝与 R_0 的并联. 则:

$$R_{AB} = \frac{R_0 R}{R_0 + R} = \frac{R}{2}$$

$$R_0 = R$$

当 A、B 间的一小段电阻丝换成电阻为 $4R$ 时,则:

$$R'_{AB} = \frac{R_0 \cdot 4R}{R_0 + 4R} = 0.8\,R$$

例 15 如图 9 - 25 所示为由无数个立方体结构组成的空间网络结构,已知立方体的每条棱长的电阻为 R,求 AB 间的等效电阻.

【解析】设想内阻极大的电源加在 A 和地(或无穷远)之间,使由 A 点流进网络的电流为 I,由对称性可知,流过 AB 的电流为 $\frac{I}{6}$. 再假设拆去此电源,在 B 点和地(或无穷远)之间加上另一内阻极大的电源,使由 B 点流出网络的电流强度为 I,由对称性可知,流过 AB 的电流同样为 $\frac{I}{6}$. 若把上述两个电源同时加上,则由叠加原理可知,流过 AB 的电流必为 $\frac{I}{6} + \frac{I}{6} = \frac{I}{3}$. 设 AB 间的等效电阻为 R_{AB},所以:

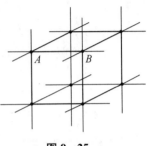

图 9 - 25

$$IR_{AB} = \frac{I}{3} \cdot R$$

$$R_{AB} = \frac{R}{3}$$

● 强化训练 ●

23. 如图(1)所示,$R = r_1 = 8\,\Omega, r_2 = 2\,\Omega, \varepsilon_2 = 2\varepsilon_1 = 6\,V$,试分别求断开和合上电键时,伏特表的读数.

【解析】断开电键 K,回路成简单回路. 由于 $\varepsilon_2 > \varepsilon_1$,回路电流沿逆时针方向,回路电流 I 为:

$$I = \frac{\varepsilon_2 - \varepsilon_1}{r_1 + r_2}$$

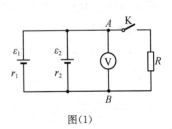

图(1)

伏特表的读数为:

$$U_{AB} = \varepsilon_2 - Ir_2 = \varepsilon_2 - \frac{\varepsilon_2 - \varepsilon_1}{r_1 + r_2} \cdot r_2 = 5.4\,V$$

合上电键 K,电路变为多回路电路,伏特表读数就是 R 上的电压降.

利用叠加原理求解,为求出每个电源在 R 上独立提供的电流,画出两个等效电路,如图(2)、(3)所示,每一个图中只保留一个电源. 图(2)中流经 R 的电流 I_1 为:

$$I_1 = \frac{\varepsilon_2}{r_2 + \frac{Rr_1}{R+r_1}} \cdot \frac{r_1}{R+r_1} = \frac{1}{2}\text{A}$$

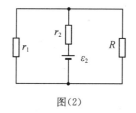

图(2)

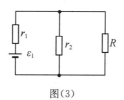

图(3)

图(3)中流经 R 的电流 I_2 为:

$$I_2 = \frac{\varepsilon_1}{r_1 + \frac{Rr_2}{R+r_2}} \cdot \frac{r_2}{R+r_2} = \frac{1}{16}\text{A}$$

而且 I_1、I_2 流经 R 的方向一致. 所以原电路中伏特表的读数为:

$$U_{AB} = (I_1 + I_2)R = 4.5\text{ V}$$

【总结】 本题采用等效电压源定理、等效电流源定理均可得到同样结论.

24. 在如图所示平面网络中,结点间的电阻丝的阻值均为 R,求 AB 间的等效电阻.

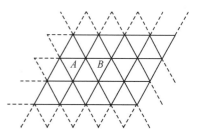

【解析】 设有电流 I 自 A 点流入,流到四面八方无穷远处,那么必有 $\frac{I}{6}$ 电流由 A 流向 B,假设有电流 I 由四面八方汇集到 B 点流出,则有 $\frac{I}{6}$ 电流从 A 流向 B,如果从 A 流入 I,从 B 流出 I,则 AB 中的电流为:$I_{AB} = \frac{I}{3}$.

$$R_{AB} = \frac{U_{AB}}{I} = \frac{I_{AB}R}{I} = \frac{R}{3}$$

25. 有一无限大导体平面网络,由大小相同的正六边形网孔组成,如图所示,所有六边形每边的电阻均为 R,求 A、C 间的电阻.

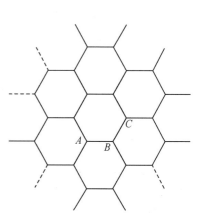

【解析】 设有电流 I 自 A 点流入,流到四面八方无穷远处,那么必有 $\frac{I}{3}$ 电流由 A 流向 B,有 $\frac{I}{6}$ 电流由 B 流向 C. 再假设有电流 I 由四面八方汇集到 C 点流出,那么必有 $\frac{I}{6}$ 电流由 A 流向 B,有 $\frac{I}{3}$ 电流由 B 流向 C.

将以上两种情况综合,即有电流 I 由 A 点流入,自 C 点流出,由电流叠加原理可知

$$I_{AB} = \frac{I}{3} + \frac{I}{6} = \frac{I}{2}$$

$$I_{BC} = \frac{I}{2}$$

因此，A、C 两点间等效电阻

$$R_{AC} = \frac{U_{AC}}{I} = \frac{I_{AB}R + I_{BC}R}{I} = R$$

26. 电阻网络如右图所示，每一小段电阻丝电阻均为 R，试求 A、B 间等效电阻 R_{AB}.

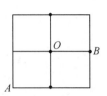

【解析】 A 端流入、B 端流出的电流，这一网络并不具有直观的对称性. 但若根据电流的可叠加性，将电流 I 从 A 点流入，B 点流出方式处理为电流从 A 点流入、O 点（网络中心）流出与从 O 点流入、B 点流出的方式的叠加，那么后两种均具有对称性，于是将不对称性问题转化为对称性问题.

电流 I 从 A 点流入、O 点流出，分布如图(1)所示，从 A 点流入的电流对称地分流，$I_1' = \frac{1}{2}I$，因对称性，BDE 部分无电流，由电阻并联分流关系得：

$$I_2' = \frac{1}{4}I_1' = \frac{1}{8}I$$

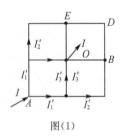 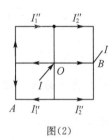 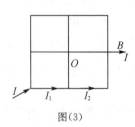

图(1)　　　　图(2)　　　　图(3)

电流从 O 点流入、B 点流出，如图(2)所示，利用对称性不难得

$$I_1'' = \frac{1}{24}I, \quad I_2'' = \frac{5}{24}I$$

图(2)是两种对称电流叠加，则有

$$I_1 = I_1' + I_1'' = \frac{13}{24}I, \quad I_2 = I_2' + I_2'' = \frac{8}{24}I$$

A、B 间电压

$$U_{AB} = I_1 R + I_2 \cdot 2R = \frac{29IR}{24}$$

$$R_{AB} = \frac{U_{AB}}{I} = \frac{29R}{24}$$

27. 有一无限平面方格电阻线网络，如图所示. 所有连接相邻点间的电阻线段的电阻均为 r. 若将 A 和 B 或 A 和 C 接入电路，试分别求出此网络的等效电阻 R_{AB} 和 R_{AC}.

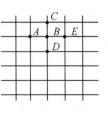

【解析】 本题是对称的二维无限平面电阻网络，可根据电路对称性，采用电流分布法求解.

设想从 A 流入网络的电流强度为 I,并流向无穷远处的四面八方.由对称性知从 A 流向 B 的电流为 $(1/4)I$.类似地又设想另一种情况,即从网络的四面八方有电流流入,它们均汇聚于结点 B,并从 B 点流出,其电流强度也是 I,则从对称性知,由 A 流向 B 的电流也是 $(1/4)I$.这两种情况的叠加,就相当于从 A 流入及从 B 流出的电流强度均为 I 的情况,这正是本题的已知条件.故在本题中从 A 流向 B 的电流强度为

$$I_{AB} = \frac{I}{4} + \frac{I}{4} = \frac{I}{2}$$

A、B 两点间的电势差为

$$U_{AB} = rI_{AB} = \frac{I}{2}r$$

故等效电阻

$$R_{AB} = \frac{U_{AB}}{I} = \frac{r}{2}$$

同理,求 AC 间的等效电阻 R_{AC} 时,可设想电流 I 从 A 点流入并向四周无穷远处流去,则由对称性可知流经 AB 的电流为 $\frac{I}{4}$,流经 BC 的电流为 $\frac{I}{4} \times \frac{1}{3} = \frac{I}{12}$,再假设电流 I 从四周无穷远处对称地流来,并从 C 点流出,则流经 BC 的电流为 $\frac{I}{4}$,流经 AB 的电流为 $\frac{I}{4} \times \frac{1}{3} = \frac{I}{12}$.两种情况的叠加就等价于电流 I 从 A 流入、从 C 流出的情况,这时 AB 间的电流为

$$I_{AB} = \frac{I}{4} + \frac{I}{4} \times \frac{1}{3} = \frac{1}{3}I$$

同样可得流经 BC 的电流强度为

$$I_{BC} = \frac{1}{4}I \times \frac{1}{3} + \frac{1}{4}I = \frac{1}{3}I$$

在 AB 及 BC 电阻丝上的电压降分别为

$$U_{AB} = I_{AB}r_{AB} = \frac{1}{3}Ir$$

$$U_{BC} = I_{BC}r_{BC} = \frac{1}{3}Ir$$

$$U_{AC} = U_{AB} + U_{BC} = \frac{2}{3}Ir$$

等效电阻

$$R_{AC} = \frac{U_{AC}}{I} = \frac{2}{3}r$$

【总结】 对称性极强的二维无限平面网络问题的讨论可引申到对称性极强的无限三维网络.其实前一种网络即为二维晶体的几何结构,后一种网络则为三维晶体的几何结构.当然也可以退回到下图所示的一维(线形)网络.

电流从 a 点流入,从 c 点流出等效于从 a 点流到无穷远处和从无穷远处流到 c 点两种情况的叠加.我们可以用上图所示的一维网络(每段电阻都是 R_0)来验证一下,求 a、b 两点间的等效电阻.

第一种情况是电流 I 从 a 点流入,到无穷远处. 由于对称, a 到 b、a 到 c 上的电流必然都是 $\dfrac{I}{2}$.

第二种情况是电流 I 从无穷远处流过来,最后从 b 点流出. 同样由于对称,ab 和 db 上的电流也都是 $I/2$.

将两种情况叠加,可得电流 I 从 a 点流入、b 点流出时,ab 段上的电流是 I. 在整个无限网络上用欧姆定律

$$U_{ab} = R_{ab} I$$

可得

$$R_{ab} = U_{ab}/I \qquad ①$$

再在 ab 段上用欧姆定律

$$U_{ab} = R_0 I_{ab} = R_0 I$$
$$R_0 = U_{ab}/I \qquad ②$$

比较①、②两式,可知,此网络 a、b 之间的等效电阻等于 R_0. 这个结果明显是对的. 这样,便验证了上述等效处理的正确性.

值得注意的是:一般说来,对于由正多边形均匀电阻丝所组成的平面网络,从任一结点流向各支路的分流电流并不相等(同样从各支路流向同一支点的分流电流也不相等). 只有对于平面上的无穷网络,且只有单个电极流入(或只有单个电极流出)某一结点时,才严格遵从上述规律.

§9.5　电桥和黑箱

9.5.1　惠斯通电桥

用欧姆表测量电阻虽然方便,但不够精确,而用伏安法测电阻,电表所引起的误差又难以消除,精确地测量电阻,常用惠斯通电桥.

图 9-26 是惠斯通电桥的电路图,A、C 间接一根电阻丝,当 B、D 两点的电势相等时,通过检流计的电流强度 $I_g = 0$,此时就称电桥平衡(可通过调节滑动触头 D 的位置来实现). 根据串联电路中电阻与电压成正比的原理,可知此时应有:

$$R_1 : R_2 = R_x : R_0$$

由于 R_1 和 R_2 由同一均匀电阻丝组成,其阻值与长度成正比,待测电阻的计算公式为:

$$R_x = \dfrac{R_1}{R_2} R_0 = \dfrac{L_1}{L_2} R_0$$

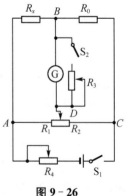

图 9-26

测出电阻丝长度 L_1 和 L_2 之比,再由标准电阻 R_0 的阻值即可确定待测电阻 R_x 的阻值.

9.5.2　电势差计

精确地测量电源电动势常采用电势差计. 电势差计是根据补偿原理来设计的,补偿法的原

理可用图 9-27(a) 所示来说明. 此时的 $\varepsilon_x = \varepsilon$.

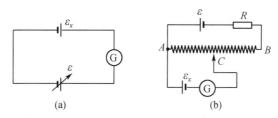

图 9-27

通常情况下,用测量仪器对电源进行测量时,总有电流通过电源,因而造成测量误差. 用图 9-27(b) 所示的电路进行测量时,可以使待测电源中的电流为零. 图中工作电源与粗细均匀的电阻线 A、B 相连. 适当调节 C 的位置,当电阻线在 A、C 段的电势降刚好与待测电源的电动势 ε_x 相等时,灵敏电流计 G 内没有电流通过,待测电源中的电流也为零. 这时,称待测电路得到了补偿.

若先对一个标准电池实现补偿,就可以对电路进行定标(测得 A、C 间单位长度相当于多少伏电压),然后对某个待测电压实现补偿,即可精确地测定这个电压值.

用这种方法既可以测量电源电动势,还可以测量某段电路两端电压. 若再借助于比较法,还可测量电阻值,这种测量方法称为补偿法.

滑线式电势差计的电路如图 9-28 所示,它由三部分组成:工作电源 ε、开关 K_1 和变阻器 R_1 组成"工作电路";标准电池 ε_0、灵敏电流计 G 和保护电阻 R_2 组成"标准电路";待测电源 ε_x、开关 K_3、电阻箱 R_3、灵敏电流计 G 和保护电阻 R_2 组成"测量电路",三部分之间接有转换开关 K_2 和由粗细均匀的电阻线 AB 和滑动触头 C. 任何电势差计,无论结构多么复杂,都有以上三部分.

测量前,应先对电势差计进行校准,回路中的工作电源电压可取 $3 \sim 4$ V 间的某个值,调节变阻器 R_1 使工作电路中的电流达到规定值再将转换开关 K_2 接标准电池,调节滑动触头 C,并逐步减小保护电阻 R_2,直至 R_2 等于零时,接通灵敏电流计 G,表中也没有电流通过,这时"标准回路"就达到了平衡,记下此时电阻线上 AC_1 段的长度 l_1.

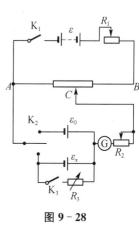

图 9-28

然后,将 R_2 调至最大,将转换开关 K_2 接待测电源,并断开开关 K_3 按以上方法再调节"测量电路"使其达到平衡,并记下此时触头位置所对应的电阻线上 AC_2 的长度 l_2. 在调节过程中,R_1 的位置不能动,以保护工作电流不变. 此时,由于电阻线的粗细均匀,故有:

$$\frac{\varepsilon_0}{\rho \frac{L_1}{S}} = I = \frac{\varepsilon_x}{\rho \frac{L_2}{S}}$$

即

$$\varepsilon_x = \frac{L_2}{L_1} \varepsilon_0$$

如果要测量待测电源的内阻 r,可以合上 K_3,用以上方法测得待测电源的路端电压:

$$U_x = \frac{L_3}{L_1} \varepsilon_0$$

再根据公式

$$\varepsilon_x = U_x + Ir = U_x\left(1 + \frac{r}{R_3}\right)$$

读出电阻箱的阻值 R_3，即可求出电源内阻为：

$$r = R_3\left(\frac{\varepsilon_x}{U_x} - 1\right)$$

利用电势差计还可以借助于比较法测电阻，测量方法如图 9-29 所示，图中 R 为标准电阻，R_x 为待测电阻，先用电势差计测出 R_x 两端的电压 U_x，再用同样的办法测出标准电阻 R 两端的电压 U，由于电势差计没有分流作用，故

$$U : U_x = IR : IR_x = R : R_x$$

因此
$$R_x = \frac{U_x}{U}R$$

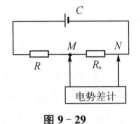

图 9-29

9.5.3 黑箱问题

不能打开进行直接测量的系统称为黑箱，要求对黑箱内部结构进行判断的问题就是黑箱问题．黑箱问题具有智力测试的性质，无明显规律可循，大多靠猜测然后进行验证．对思维的灵活性和敏捷性要求比较高．比较通用的方法就是对输入和输出的信息进行比较，对内部结构进行假设，然后验证，如果假设与已知的结论有矛盾就要对原假设进行修正，再验证，这样反复进行，直到不出现矛盾为止．所以常常要进行多次尝试．黑箱问题有时答案不止一个.

例 16 如图 9-30 所示，在黑箱内有一个电源和几个阻值相同的电阻组成的电路，箱外有四个连接柱，利用电压表测出每两点间的电压分别为：$U_{12} = 5$ V，$U_{34} = 3$ V，$U_{13} = 2$ V，$U_{42} = 0$．试画出箱内的电路，并要求电阻数不超过 5 个．

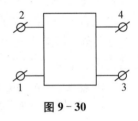

图 9-30

【解析】在盒内电阻数不超过 5 个的条件下，可能的电路有 6 种，如图 9-31 所示．

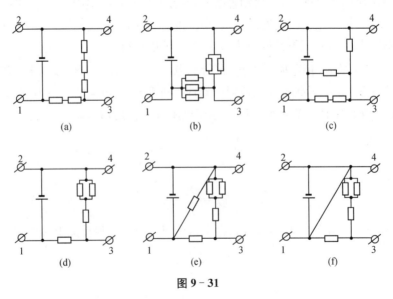

图 9-31

第九章 电 流

强化训练

28. 如图(a)所示的黑箱有1、2、3、4四个端子,用一节干电池和一个电流表串联(内阻皆不计),分别与两个端子相连,测得结果如下:$I_{13}=3I_{12}=3I_{14}$,$I_{13}=2I_{24}=2I_{34}$,若黑箱内的电路由完全相同的电阻组成,试画出盒内电路图.

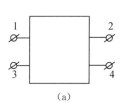
(a)

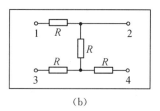
(b)

【解析】 由题目所给出的测量电流关系可知,$3R_{13}=R_{12}=R_{14}$,$2R_{13}=R_{23}=R_{24}=R_{34}$,如图(b)所示电路是一种符合题目要求的电路.

29. 分别求出图(a)及(b)所示的电路中,AB两端的等效电阻.

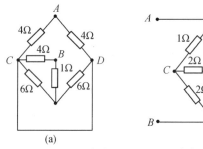

【解析】 在图(a)中,因C、D两点为导线所短路,电势相等,故原电路可按下图逐步简化,得:

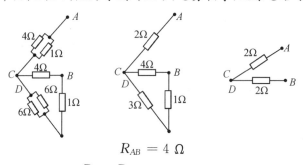

$R_{AB}=4\ \Omega$

R_1、R_2、R_3、R_4、R_5组成一电桥.因$\dfrac{R_1}{R_2}=\dfrac{R_3}{R_4}$,故电桥平衡,$C$、$D$两点等电势,原电路可简化为下图.

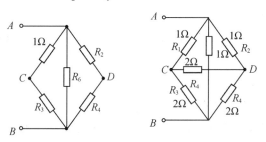

$$\frac{1}{R_{AB}} = \frac{1}{R_1+R_5} + \frac{1}{R_2+R_4} + \frac{1}{R_6} = 1.5\ \Omega$$

30. 右图是一个用补偿电路测定未知电阻 R_x 的电路，已知 $R_S = 20.00\ \Omega$，当 S 拨至 1 时，e、c 电阻线的长度为 $L_1 = 25.38\ \text{cm}$，当 S 拨至 2 时，e、c 电阻线的长度为 $L_2 = 87.47\ \text{cm}$，G 表指针均指零位，试求 R_x 的值．

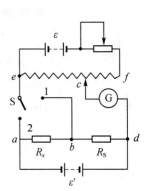

【解析】当 S 拨至 1 时，G 表指针指零，则有

$$U' \cdot \frac{R_S}{R_x + R_S} = U \cdot \frac{l_1}{l}$$

式中 U 为 ef 两点间的电压，U' 为 ad 两点间的电压，l 为 ef 电阻线的全长．

当 S 拨至 2 时，G 表指针也指零，则有

$$U' = U \cdot \frac{l_2}{l}$$

两式相比得

$$\frac{R_S}{R_x + R_S} = \frac{l_1}{l_2}$$

代入数据解得

$$R_x = 48.93\ \Omega$$

31. 某黑箱内有若干定值电阻连接成的电路．从该电路中引出 4 个端钮 1、1′、2 和 2′，如图（a）所示．

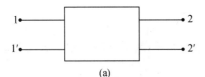

(a)

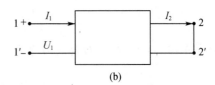

(b)

当 2-2′ 端短接，1-1′ 端加 $U_1 = 9.0\ \text{V}$ 电压时，测得 $I_1 = 3.0\ \text{A}$，$I_2 = 3.0\ \text{A}$，方向如图（b）所示．

当 1-1′ 端短接，2-2′ 端加 $U_2 = 3.0\ \text{V}$ 电压时，测得 $I_1' = 1.0\ \text{A}$，$I_2' = 1.5\ \text{A}$，方向如图（c）所示．

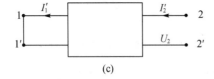

(c)

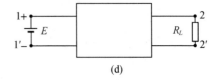

(d)

(1) 试判断确定暗盒内能满足上述条件的最简单的电路并计算构成此电路的各电阻的阻值．

(2) 当 1-1′ 端接电动势 $E = 7.0\ \text{V}$、内阻 $r = 1.0\ \Omega$ 的电源而 2-2′ 端接 $R_L = 6.0\ \Omega$ 的负载时，如图（d）所示，该负载获得的功率 P_L 是多少？

【解析】关于暗盒问题，一般根据题设条件由易到难逐段地猜想电路的结构，直到电路完全

符合题设要求为止.

(1) 若盒内是仅由1个电阻连成的电路,则因无论怎样连接均不能同时满足两个条件,故不可能是这种电路.

若盒内是由2个电阻连成的电路,则一种情况是2个电阻串联或并联,因它们均等效为1个电阻,如前所述,这两种电路均不满足题所给出的条件.另一种情况是两电阻的连接如图(e)或图(f)所示.

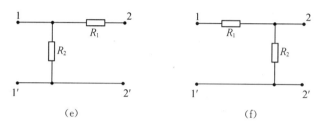

(e)   (f)

在图(e)中,因第一个条件不能满足,不符合题意.

在图(f)中,只要 $R_1 = 3.0\ \Omega$,则能满足第一个条件.为了满足第二个条件,设 $2-2'$ 间的电阻为 R',R' 必须满足下列条件:

$$R' = \frac{U_2}{I'_2} = \frac{3.0}{1.5}\ \Omega = 2.0\ \Omega$$

$$R' = \frac{R_1 R_2}{R_1 + R_2}$$

因 $R_1 = 3.0\ \Omega$,得 $R_2 = 6.0\ \Omega$,即 $R_1 = 3.0\ \Omega$,$R_2 = 6.0\ \Omega$ 时,图(f)所示的电路结构就是能同时满足两个条件的最简单的电路.

(2) 按题意,完整的电路如图(g)所示.

根据欧姆定律,有

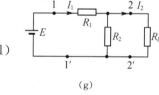

(g)

$$I_1 = \frac{E}{r + R_1 + \dfrac{R_2 R_L}{R_2 + R_L}} \quad (1)$$

$$I_2 = \frac{R_2 R_L}{R_2 + R_L} I_1 \cdot \frac{1}{R_L} = \frac{R_2}{R_2 + R_L} I_1 \quad (2)$$

负载获得的功率为

$$P_L = I_2^2 R_L \quad (3)$$

代入数值得

$$P_L = 1.5\ \text{W} \quad (4)$$

32. 用下面给出的器件组成电位差计电路,测量一个电池的电动势和内电阻.器件有:均匀电阻丝、米尺、滑动触点开关、滑动变阻器 R、蓄电池、标准电池(电动势 ε_S)、灵敏电流计、阻值为 R_0 的标准电阻、单刀双掷开关、普通开关和待测电池等各一件以及导线若干.要求画出电路图,写出实验步骤,导出待测电池的电动势和内电阻的计算式.

【解析】如右图所示,蓄电池 E,滑动变阻器 R 和均匀电阻丝 ad 组成电位差计电路.ε_S 为标准电池,E_x 为待测电池,K 为单刀双掷开关,K' 为普通开关,G 为灵敏电流计.

(1) 测电动势 ε_x:把单刀双掷开关接通1,使 K' 断开,移动滑动触点到 b 处,使 G 中电流为零，记下 ab 长度 l_1；再把单刀双掷开关接通 2，使待测电池 ε_x 接入电路，又移动滑动接触点到 g，使 G 中电流为零．记下 ag 长度 l_2，则有

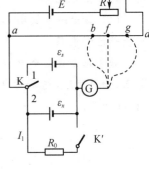

$$\frac{\varepsilon_x}{\varepsilon_S} = \frac{I\rho \cdot \dfrac{l_2}{S}}{I\rho \cdot \dfrac{l_1}{S}} = \frac{l_2}{l_1}$$

式中 ρ 和 S 分别为均匀电阻丝的电阻率和横截面积．由此得

$$\varepsilon_x = \frac{l_2}{l_1}\varepsilon_S$$

（2）测内电阻 r：K 仍接 2，将 K′ 接通．这时 G 中电流不为零，又移动滑动接触点到 f 处，使 G 中的电流为零，记下 af 的长度 l_3．这时待测电源、R_0 回路中有电流 I_1 通过，待测电源的端电压为 U．则应有

$$\frac{U}{\varepsilon_x} = \frac{l_3}{l_2}$$

而

$$U = \frac{R_0}{R_0 + r}\varepsilon_x$$

最后得

$$r = \frac{l_2 - l_3}{l_2}R_0$$

§9.6 物质的导电性

9.6.1 金属中的电流

金属导体内的电流强度与自由电子的平均定向运动速率有关．设金属导体的横截面积为 S，单位面积内自由电子数密度为 n，自由电子的平均定向运动速率为 v，电子电量为 e，则：

$$I = \frac{\Delta q}{\Delta t} = \frac{neSv \cdot \Delta t}{\Delta t} = nevS$$

由上式可估算出电子的定向运动速率是很小的，一般为 10^5 m/s 数量级，与电子热运动的平均速率（约 10^{-5} m/s 数量级）和"电的传播速率"（即电场的传播速率，为 3×10^8 m/s）不能混为一谈．

9.6.2 电解液中的电流

液体导电包括液态金属导电与电解质导电两种．电解质导电与金属导电的机理不同，固态金属导电跟液态金属（如汞）导电的载流子是自由电子。在导电过程中，金属本身不发生化学变化，而电解质导电的载流子是正负离子，在导电过程中伴随着电解现象．所谓电解现象就是电解质在导电的同时在正负极板处发生化学反应的现象.

英国物理学家、化学家法拉第，通过大量的实验，在 1833 年总结出了两条电解定律，即法拉第电解第一定律和法拉第电解第二定律．

法拉第电解第一定律的内容为:电解质导电时,所析出物质的质量 m 跟通过电解液的电流强度 I 成正比,跟通电时间 t 成正比. 由于 $Q = It$,所以法拉第电解第一定律也可表述为:电解时析出物质的质量 m 跟通过电解液的电量 Q 成正比,用公式表示为

$$m = kQ$$

式中比例恒量是叫做电化当量,其物理意义是:通过 1 C 电量时,所析出这种物质的质量.

法拉第电解第二定律的内容为:各种物质的电化当量跟它的摩尔质量 μ 成正比,跟它的化合价 n 成反比. 在化学中,我们常将 $\frac{\mu}{n}$ 称为"化学当量". 例如一价银的化学当量等于它的摩尔质量 0.107 868 kg/mol,二价铜的化学当量等于它的摩尔质量 0.063 546 kg/mol 除以它的化合价 $n = 2$,得 0.031 772 kg/mol. 因此,法拉第电解第二定律又可简述为:

各种物质的电化当量与它的化学当量成正比. 用公式表示为

$$k = \frac{1}{F} \cdot \frac{\mu}{n}$$

式中,F 称为"法拉第恒量". 对于任何物质,都有 $F = 96\ 484$ C/mol,约为 9.64×10^4 C/mol. 可以将法拉第电解第一定律和第二定律统一表示为

$$m = \frac{\mu Q}{Fn}.$$

9.6.3 气体中的电流

通常情况下,气体不导电. 只有在电离剂存在或极强大的电场情况下,气体才会被电离而导电. 气体导电既有离子导电,又有电子导电. 气体导电一般不遵从欧姆定律.

由于引起气体电离的原因不同,可分为被激放电(non-self-maintained discharge)和自激放电(self-maintained discharge). 在电离剂(用紫外线、X 射线或放射性元素发出的放射线照射或者用燃烧的火焰照射气体)的作用下,发生的气体放电现象叫做被激放电. 没有电离剂作用而在高电压作用下发生的气体放电现象叫做自激放电.

各种自激放电形式的区别如下表:

放电种类	气体电离的原因	阴极发射电子的原因
辉光放电	电子碰撞	被正离子轰击
弧光放电	强电流通过时产生的高温	被正离子轰击并保持很高的温度（主要是热电子发射）
火花放电	主要是电子碰撞还有火花本身的辐射	被正离子轰击
电晕放电	很强电场的作用(场致电离和碰撞电离)	

种种自激放电形式间的联系主要表现在它们之间可以转化. 在放电电流很强时,辉光放电可以变成弧光放电;若电源的功率很大时,火花放电可以变成弧光放电.

例 17 如图 9-32 所示,电解槽与路端电压为 $U = 100$ V 的电源相连,电解槽内平行地放置三个极板 A、C 皆为银板,B 为铜板,并用两个电压表监测. 电压极板 B 将容器隔断成两部分,右边充以硝酸银溶液,左边充以硫酸铜溶液. 合上电键 S,发现电压表读数相同,经测量发现 B 板质量以 8.0 mg/s 速率增加. 若已知银的摩尔质量为 108 g,铜的摩尔质量为 63.5 g,银和铜的

化合价分别为一价和二价,求电源提供的功率.

【解析】极板 B 作为左侧容器的阴极,又作为右侧容器的阳极. SO_4^{2-} 奔向 A 板,但银原子比 SO_4^{2-} 更易失去电子,从而银离子被氧化进入溶液,溶液中每通过 $2e$ 电量,硝酸银中就有两个正离子 Ag^+ 奔向 B 板并析出两个银原子. 同时 B 板右侧的铜原子被氧化进入溶液中,右侧溶液中的铜离子 Cu^{2+} 和银离子 Ag^+ 向 C 板,但由于 Ag^+ 更易得电子,所以在 C 板有银析出.

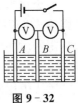

图 9-32

溶液中每流过 $2e$ 电量,B 板质量增加 $(2M_{银} - M_{铜})/N_A$,因此,电流为 I、通电时间为 t 时,B 板所增加的质量为

$$m = \frac{It}{2e} \cdot \frac{(2M_{银} - M_{铜})}{N_A}$$

电源提供功率为 $P = UI = \dfrac{UN_A(2e)}{2M_{银} - M_{铜}} \cdot \dfrac{m}{t}$,代入数据 $P = 1.01 \times 10^3$ W.

【总结】电解槽通电后,发生的电化学过程如下:溶液中的离子在电场力作用下,正离子到达阴极获得电子被还原,在阴极上析出,负离子到达阳极失去电子被氧化. 所以,左侧 A 壁银溶解,铜板左侧面上析出银,铜板右侧面铜溶解,C 板上先析出银后才有铜析出.

例 18 在封口的毛细管内有两段水银柱,它们被一小滴 HgI_2 电解质溶液隔开,如图 9-33 所示,毛细管直径 $d = 0.3$ mm,管与电阻 $R = 390$ kΩ 的电阻器串联,再接到电动势 $E = 10$ V 的电池上,试问液滴移动 1 cm 经过多少时间?

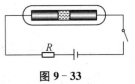

图 9-33

【解析】在电解质液里电流的流动与物质的迁移有关. 在阴极发生还原反应,从电解液中还原成水银;而在阳极发生氧化反应,水银被氧化,转化为电解液.

根据法拉第电解定律,在时间 t 内阴极上析出水银质量

$$m = \frac{1}{F} \frac{M}{n} It$$

因为水银、电解液电阻与 R 相比可忽略 $I = \dfrac{\varepsilon}{R}$,在阴极上析出水银,在阳极上水银溶解,导致小液滴向阳极移动,设移动距离 L,则:

$$m = \rho \cdot \frac{\pi d^2}{4} \cdot L$$

则移动 L 经历时间关系可由等式:

$$m = \frac{M}{Fn} It = \frac{M}{Fn} \frac{\varepsilon}{R} t = \rho \frac{\pi d^2}{4} L$$

得:

$$t = \frac{\pi d^2 Fn\rho RL}{4M\varepsilon}$$

代入数据可求得 $t = 100$ h.

9.6.4 电子空穴对

导电性能介于导体和绝缘体之间的一类物质被称为半导体,如硅、锗、氧化亚铜等. 以硅为例,硅是四价元素,硅原子最外层四个价电子,在形成单晶硅时,每个原子都以四个价电子与相邻的四个原子联系,相邻的两个原子就有一对共有电子,形成共价键. 如图 9-34 所示,共价链中

电子是被束缚的.但是由于热运动,极少数电子可能获得足够大能量,挣脱成为自由电子,同时共价键中留下一个空位叫空穴,原子是中性的,失去电子后可以看作空穴带正电,如图9-34所示.这个空穴很容易被附近共价键中束缚电子填补,形成新的空穴,束缚电子的填补运动叫空穴运动,在纯净的半导体中,自由电子和空穴是成对出现的,叫电子-空穴对.半导体的导电是既有电子导电,又有空穴导电.但由于纯净的半导体中,电子-空穴对数目较少,导电性差.

但采取某些措施如加热或光照,可使更多电子挣脱束缚,形成更多电子-空穴对,导电能力大大增强,这种性质称为热敏特性和光敏特性.同样在纯净半导体中掺入其他元素,也能使半导体的导电性能增强.

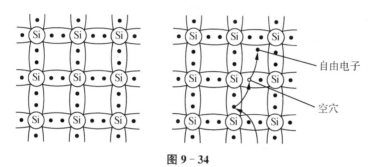

图9-34

9.6.5 P-N结

在纯净的硅中掺入微量的五价元素,如磷、砷等,一些硅原子空间位置被五价的如磷的原子所代替.磷在与周围硅原子形成共价键时多出一个电子,很容易成为一个自由电子,相应磷原子失去电子成为正离子.这类半导体由于磷的掺入,自由电子数目显著增多,导致电子浓度比空穴浓度要大得多,因而它主要靠电子导电,叫做电子型半导体或N型半导体.

在纯净的硅中掺入微量三价元素如硼、镓、铟等,同样在晶体中一些硅原子会被它们取代.由于形成共价键时缺少一个电子,附近共价键中电子很容易来填补,使得它们成为负离子,同时形成一个空穴.三价元素的掺入使空穴的数目增加,这类半导体中空穴浓度要比自由电子浓度大得多,导电主要是空穴导电,因而被称为空穴型半导体或P型半导体.

当采用特殊工艺使半导体一侧为P型半导体,另一侧成为N型半导体,由于N型半导体中电子浓度大,而P型半导体中空穴浓度大,结果发生扩散运动,N区由于跑掉电子留下正离子,P区跑掉空穴留下正离子,在它们的交界处附近形成一个电场,如图9-35所示,显然这个电场区是阻止它们扩散的,当该阻挡层达稳定时,扩散运动达到动态平衡,这个电场区阻挡层叫PN结.

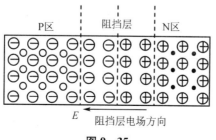

图9-35

9.6.6 二极管

在PN结的N区和P区各引一电极就构成一晶体二极管.晶体二极管对应的正、负极及符号如图9-36所示.

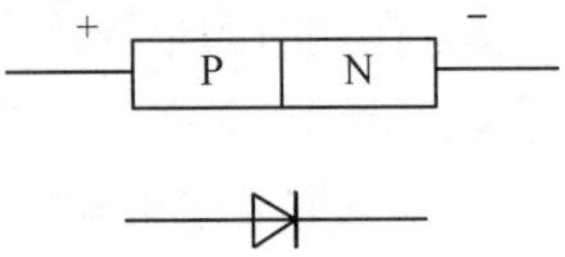

晶体二极管加正向电压时(P接电源"+"极,N接电源"-"极),外电场与阻挡层电场叠加,使PN结阻挡层变薄,这时P区空穴、N区电子又可顺利通过PN结,且外加电压大,这种作用对电子、空穴运动更有利.而电压反向时,会使阻挡层加厚,只有P区自由电子和N区空穴能通过PN结形成反向电流,但是它们的浓度太小,粗略地认为几乎没有反向电流.因而二极管表现为单向导电特性,其伏安特性曲线如图9-37所示,可见二极管是一个非线性元件.

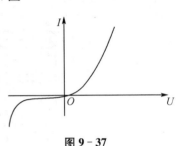

图9-36

图9-37

当对晶体二极管加上正向偏置电压,则有正向电流流过二极管,且随正向偏置电压的增大而增大.开始时,电流随电压变化较慢,而当正向偏压增到接近二极管的导通电压(锗二极管为0.2左右,硅二极管为0.7左右)时,电流明显变化在导通后,电压变化少许,电流就会急剧变化.

当加反向偏置电压时,二极管处于截止状态,但不是完全没有电流,而是有很小的反向电流.该反向电流随反向偏置电压增加得很慢,但当反向偏置电压增至该二极管的击穿电压时,电流剧增,二极管PN结被反向击穿.

例19 如图9-38所示电路中,二极管D导通时电阻为零,电源内阻不计,电动势分别为 $\varepsilon_1 = 20$ V, $\varepsilon_2 = 60$ V.电阻 $R_1 = 10$ kΩ, $R_2 = 20$ kΩ, $R = 5$ kΩ.试求通过二极管的电流强度.

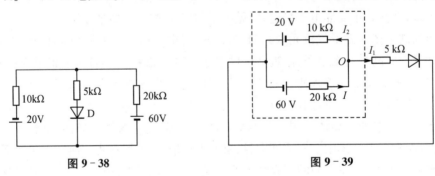

图9-38   图9-39

【解析】原电路可化为如图9-39所示电路,则由基尔霍夫定律可得:

$$I = I_1 + I_2 \qquad ①$$
$$-20 + 10 \times 10^3 \times I_2 = 60 - I \times 20 \times 10^3 \qquad ②$$
$$-5 \times 10^3 \times I_1 + 60 - 20 \times 10^3 \times I = 0 \qquad ③$$

①式是 O 点的节点电流方程,②式是虚线框中的回路电压方程,③式是整个回路的电压方程.解得:

$$I_1 = \frac{4}{7} \times 10^{-3} \text{ A}$$

此即通过二极管的电流.

【**总结**】当电路中含有二极管时,可先将其去掉,若求得的通过二极管的电流与二极管方向一致,则可不考虑二极管的存在对电路的影响;否则,电流为 0(即反向截止). 另外,本题也可用求虚线框部分的等势电压源的方法求解,过程如下:

根据等效电压源定理,a、b 两点间电压为:

$$\varepsilon_0 = \varepsilon_2 - \frac{\varepsilon_1 + \varepsilon_2}{R_1 + R_2} = \frac{20}{3} \text{ V}$$

a、b 两端的总电阻为:

$$R_0 = \frac{R_1 R_2}{R_1 + R_2} = \frac{20}{3} \text{ k}\Omega$$

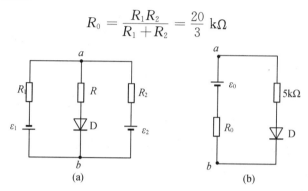

图 9-40

由此,图 9-40(a) 可等效为图 9-40(b),二极管导通,流过二极管的电流为:

$$I = \frac{\varepsilon_0}{R_0 + R} = \frac{4}{7} \times 10^{-3} \text{ A}$$

9.6.7 三极管

晶体三极管由两个 PN 结、三个电极线和管壳构成,分 PNP 型和 NPN 型两类,如图 9-41 所示. 它的三个电极 e、b、c 分别称为发射极、基极、集电极.

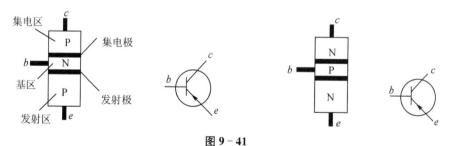

图 9-41

三极管特性是放大作用,连接电路如图 9-42 所示. 微小的基极电流变化能引起集电极电流较大的变化. 所以在输入端加一个较弱的信号,在输出端 R_C 上得到一个放大的强信号.

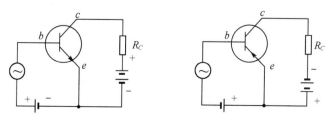

图 9-42

三极管的电流分配关系：
$$I_e = I_c + I_b$$
$$I_c \gg I_b$$

放大倍数 β
$$\beta = \frac{\Delta I_c}{\Delta I_b} \approx \frac{I_c}{I_b}$$

例 20 晶体三极管的基极 B、发射极 E 和集电极 C 的电势分别用 U_B、U_E 和 U_C 表示．理想的硅 NPN 开关三极管的性能如下：

当 U_B 较 U_E 高 0.6 V 或更高，即 $U_B - U_E \geqslant 0.6$ V 时，三极管完全导通，即发射极 E 与集电极 C 之间相当于用导线直接接通．

当 $U_B - U_E < 0.6$ V 时，三极管关断．即发射极 E 与集电极 C 之间完全不通．开关三极管只有完全导通与关断两个状态．图 9-43(a)所示是一个有实际用途的电路，Ⅰ 和 Ⅱ 都是理想的硅 NPN 开关三极管．要求：

(1) 在图中画出输出电压 U_2 随输入电压 U_1 变化的图线．
(2) 举出此电路一个可能的应用．

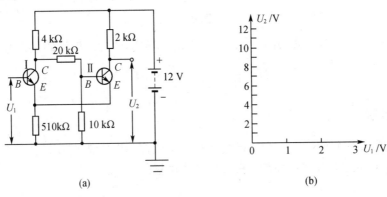

图 9-43

【解析】(1) 当输入电压 $U_1 = 0$ V 时，$U_{B1} - U_{E1} = 0 < 0.6$ V．故三极管 Ⅰ 关断，这时 $U_{E2} = U_{E1} = 0$ V，而 $U_{B2} = 12 \times \dfrac{10}{4 + 10 + 20} \approx 3.5$ V，所以 $U_{B2} - U_{E2} = 3.5$ V > 0.6 V，故三极管 Ⅱ 导通，输出电压 $U_2 = 12 \times \dfrac{510}{510 + 2\,000} \approx 2.4$ V，三极管 Ⅱ 导通后，在 R_1（指 510 Ω 那个电阻）上有电压降，使发射极电势升高，这时

$$U'_{E2} = U'_{E1} = 12 \times \frac{510}{510 + 2\,000} \approx 2.4 \text{ V}$$

$$U_{B1} - U'_{E1} = (0 - 2.4) = -2.4 \text{ V} < 0.6 \text{ V}$$

$$U_{B2} - U'_{E2} = (3.5 - 2.4) = 1.1 \text{ V} > 0.6 \text{ V}$$

故三极管 Ⅰ 仍关断，Ⅱ 仍导通，处于稳定状态．

使输入电压增加到 $U'_1 = 3.0$ V 时，

$$U'_{B1} - U'_{E1} = (3.0 - 2.4) = 0.6 \text{ V}$$

使三极管 Ⅰ 导通，导通后，R_1 上的电压降发生变化，使 U'_{E1} 变化．

$U'_{B1} \approx 12 \times \dfrac{510}{510 + \dfrac{4\,000 \times 2\,000}{4\,000 + 2\,000}} \approx 3.3 \text{ V}$(此式忽略了并联的 $20 \text{ k}\Omega + 10 \text{ k}\Omega$),

而

$$U'_{B2} = 3.3 \times \dfrac{10}{10+20} \approx 1.1 \text{ V}$$

$$U'_{B2} - U'_{E2} = 1.1 - 3.3 = -2.2 \text{ V} < 0.6 \text{ V}$$

使三极管 Ⅱ 关断,这样 U'_{E1} 由 3.3 V 变为

$$U''_{E1} = 12 \times \dfrac{510}{510+4\,000} = 1.3 \text{ V}$$

$$U'_{B1} - U''_{E1} = 3.0 - 1.3 = 1.7 \text{ V} > 0.6 \text{ V}$$

故三极管 Ⅰ 仍保持导通. 因为三极管 Ⅱ 关断,$U_{C2} = 12 \text{ V}$,这时输出端电压 $U'_2 = 12 \text{ V}$,电路处于稳定状态.

继续增加输入电压时,输出电压不再变化,仍为 $U'_2 = 12 \text{ V}$.

当输入电压由 3.0 V 减小时,由于现在 $U''_{E1} = 1.3 \text{ V}$,因此,当输入电压降低到 $U''_1 = U''_{B1} = 1.9 \text{ V}$ 以下时,能使 $U''_{B1} - U''_{E1} < 0.6 \text{ V}$,三极管 Ⅰ 关断,与(1)中所讨论的情况相同,这时输出电压又变到 $U_2 = 2.4 \text{ V}$,所以,当输入电压从 1.9 V 变到 0 时,输出电压保持 $U_2 = 2.4 \text{ V}$ 不变. 通过以上分析可知,该电路输出电压 U_2 随输入电压 U_1 的变化图线如图 9-44 所示.

(2) 例如用来控制水塔自动上水,冰箱自动启动等.

【总结】在处理实际的电子线路时,最关键的是要进行适当的近似处理.

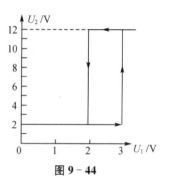

图 9-44

强化训练

33. 如图(甲)所示的电路中,两二极管均可视为理想二极管,$R_1 = R_2 = R$. a 端对 b 端电压与时间的关系如图(乙)所示. 取顺时针方向为正方向,则流过电阻 R_1 的电流随时间的变化规律为图(丙)中的哪一个?

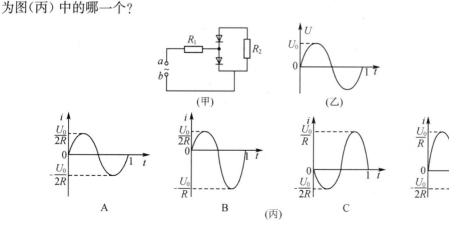

(丙)

A   B   C   D

【解析】电压 a 端为"$+$"、b 端为"$-$"时：外阻只有 R_1，电流 $i = u/R_1$.

电压 a 端为"$-$"、b 端为"$+$"时：外阻 R_1、R_2 串联，电流 $i = u/(R_1+R_2)$.

所以答案为 D.

34. 如图(a)所示的电路中，两二极管均可视为理想二极管，$R_1 = R_2$. a 端对 b 端的电压与时间的关系如图(b)所示. 请在图(b)中作出 a 端对 c 点的电压与时间的关系图线(最少画一个周期，可用铅笔作图).

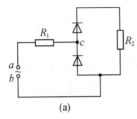
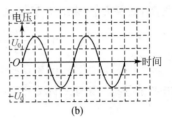

【解析】如图所示：

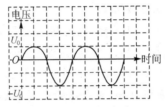

35. 用电解法精炼铜时，串联电解槽的总电阻 $R = 0.5\ \Omega$，电解槽两端电压为 $10\ V$，已知电解槽反电动势为 $6\ V$，铜的电化当量 $k = 3.3 \times 10^{-7}\ kg/C$，求：

(1) 在 $10\ h$ 内电解槽的阴极上析出铜的质量.

(2) 电解槽的效率.

【解析】(1) 根据含源电路欧姆定律，流过电解槽的电流为

$$I = \frac{U - \varepsilon_{反}}{R} = \frac{10-6}{0.5}\ A = 8\ A$$

根据法拉第电解第一定律，阴极上析出铜的质量为

$$m = kIt = 3.3 \times 10^{-7} \times 8 \times 10 \times 3\ 600\ kg = 0.095\ kg$$

(2) 该电解槽的效率为

$$\eta = \frac{\varepsilon_{反}}{U} \times 100\% = \frac{6}{10} \times 100\% = 60\%$$

36. 铜在电解液中呈现的化合价为二价，采用 $500\ A/m^2$ 的电流密度给零件镀铜，欲使镀层厚 $50\ \mu m$，至少要通电多长时间？(铜的摩尔质量为 $63.5\ g/mol$，密度为 $8.9 \times 10^3\ kg/m^3$，法拉第恒量为 $9.65 \times 10^4\ C/mol$)

【解析】由法拉第电解定律得

$$m = \frac{MIt}{nF}$$

又 $I = I_0 S$，$m = \rho h S$ 代入得

$$t = \frac{\rho h n F}{M I_0} = 2.7 \times 10^3\ s$$

37. 如图所示,一个矩形电解槽,前、后壁 A 和 B 均为银质,侧壁及底为玻璃.有一个密合很好的铜板置于槽的中部,平行前后壁放置,且把槽隔成两半,其中一半盛有硝酸银($AgNO_3$)溶液,另一半盛有硫酸铜溶液($CuSO_4$).前后壁连接在路端电压为 100 V 的直流电源上,于是发现中间铜板的质量以 8 mg/s 的速率增加.试求直流电源供给的电功率是多少?已知铜和银的电化当量分别是 $k_{Cu} = 0.329\,4 \times 10^{-6}$ kg/C,$k_{Ag} = 1.118 \times 10^{-6}$ kg/C.

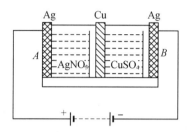

【解析】电解槽通电后,发生的电化学过程如下,溶液中的正离子在电场力的作用下到达阴极获得电子被还原,在阴极上析出;负离子在电场力的作用下到达阳极失去电子被氧化.所以左侧 A 壁银溶解,铜板左侧面析出银,铜板右侧面铜溶解,铜离子到达右侧 B 板得到电子被还原,铜析出.

中间铜板上增加的质量 Δm 是析出银的质量与溶解铜的质量差:

$$\Delta m = m_{Ag} - m_{Cu}$$

根据法拉第电解第一定律,在电极上析出物质的质量 m 与电流强度 I 以及通电时间成正比,即:

$$m_{Ag} = k_{Ag} I \Delta t$$
$$m_{Cu} = k_{Cu} I \Delta t$$

式中 k_{Ag}、k_{Cu} 分别是银和铜的电化当量.

因此,

$$\Delta m = k_{Ag} I \Delta t - k_{Cu} I \Delta t = (k_{Ag} - k_{Cu}) I \Delta t$$

变形后得:

$$I = \frac{\Delta m / \Delta t}{k_{Ag} - k_{Cu}} = 10 \text{ A}$$

根据流过电解槽的电流强度便可求出电源的输出功率.

$$P = UI = 1.0 \times 10^3 \text{ W}$$

38. 如图所示,电解槽与路端电压为 $U = 100$ V 的电源相连,电解槽内平行地放置三个极板.A、C 皆为银板,B 为铜板,并用两个电压表监测电压.极板 B 将容器隔断成两部分.右边充以硝酸银溶液,左边充以硫酸铜溶液.合上电键 S 发现电压表读数相同,经测量发现 B 的质量以 8.0 mg/s 的速率增加.若已知银的摩尔质量为 108 g/mol,铜的摩尔质量为 63.5 g/mol,银和铜的化合价分别为一价和二价,求电源提供的功率.

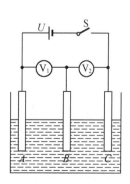

【解析】极板 B 作为左侧容器的阴极,又作为右侧容器的阳极,溶液中每流过 $2e$ 电量,硝酸银中就有两个正离子 Ag^+ 奔向 B 板并析出两个银

原子.同时在硫酸铜溶液中,有一个硫酸银离子 SO_4^{2-} 奔向 B 板,使一个铜原子被氧化进入溶液(同时有一个铜原子从 C 板析出).

溶液中每流过 $2e$ 电量,B 板质量增加 $(2M_{银}-M_{铜})/N$,因此,电流为 I、通电时间为 t 时,B 板所增加的质量为

$$m = \frac{It}{2e} \cdot \frac{(2M_{银}-M_{铜})}{N_A}$$

电源提供功率为

$$P = IU = \frac{UN_A(2e)}{2M_{银}-M_{铜}} \cdot \frac{m}{t}$$

代入数据得

$$P = 1.01 \times 10^3 \text{ W}$$

【点评】电解槽通电后,发生的电化学过程如下:溶液中的离子在电场力作用下,正离子到达阴极获得电子被还原,在阴极上析出,负离子到达阳极失去电子被氧化,所以,左侧 A 壁溶解,铜板左侧面上析出银,铜板右侧面铜溶解,铜离子 (Cu^{2+}) 到达右侧 B 板得到电子析出.

39. 在电镀池里盛上 $AgNO_3$ 溶液,溶液中插 Ag 棒连接电源正极,插 Cu 棒作为镀件连接电源负极,经一段时间后就可在 Cu 棒表面镀上一层 Ag.

(1) 要获得 3.24 kg 的 Ag,问通过电镀池的电量是多少?已知基本电荷 $e = 1.6 \times 10^{-19}$ C,阿伏伽德罗常数 $N_A = 6.02 \times 10^{23}$ mol^{-1}.

(2) 现用电镀法在半径为 R 的铁球表面均匀镀上一层 Ag,以铁球为阴极(镀件),另一极为阳极金属 Ag,通过电路的电流强度为 L,通电时间为 t,Ag 的密度为 ρ(单位是 g/cm^3),原子量为 M,求镀 Ag 的厚度 a.

【解析】(1) 通过装置的电量

$$Q = 2.9 \times 10^6 \text{ C}$$

其中 Ag 的摩尔质量为 108 g/mol.

(2) 电路中通过的电量 $Q = It$,法拉第恒量

$$F = 9.6 \times 10^4 \text{ C/mol}$$

则负责转移电子的物质的量

$$n = Q/F = It/F$$

获得的 Ag 质量为

$$m = \frac{It}{F} \times M$$

获得的 Ag 体积为

$$V = \frac{It}{F} \times M/\rho$$

因铁球面积为 $4\pi R^2$,所以镀银厚度

$$a = V/4\pi R^2 = ItM/4\pi R^2 \rho F$$

40. 如图(a)所示,电阻 $R_1 = R_2 = 1$ kΩ,电源电动势 $\varepsilon = 6$ V 且电阻不计,两个相同的二极管串联在电路中,二极管 D 的 I_D-U_D 特性曲线如图(b)所示,试求:

(1) 通过二极管 D 电流；
(2) 电阻 R_1 消耗的功率.

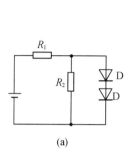
(a)

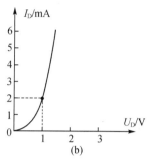
(b)

【解析】二极管属于非线性元件，它的电阻是随其不同工作点而不同. 所以应当根据电路特点确定，由电路欧姆定律找出其 U_D-I_D 关系，在其 I_D-U_D 特性曲线上作出相应图线，两根图线的交点即为其工作点.

设二极管 D 两端电压为 U_D，流过二极管的电流为 I_D，则有：

$$2U_D = \varepsilon - \left(I_D + \frac{2U_D}{R_2}\right)R_1$$

代入数据解得 U_D 与 I_D 的关系为：

$$U_D = 1.5 - 0.25 I_D \times 10^3$$

在二极管 I_D-U_D 特性曲线上再作出上等式图线，如图所示：
由图可见，两根图线交点 P 就是为此状态下二极管的工作点

$$U_D = 1 \text{ V}$$
$$I_D = 2 \text{ mA}$$

电阻 R_1 上的电压为 U_1

$$U_1 = \varepsilon - 2U_D = 4 \text{ V}$$

其功率为：

$$P_1 = \frac{U_1^2}{R_1} = 16 \text{ mW}$$

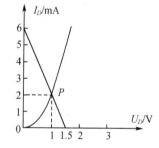

【总结】本题可先用等效电源知识求出电源的等效电动势和内电阻，也可用基尔霍夫定律处理，但较烦琐.

§9.7　本章总结与能力提升训练

本章的知识结构如下：

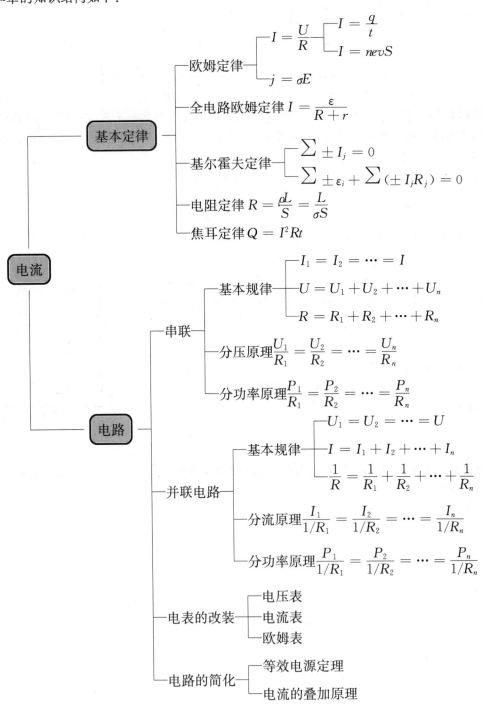

例 21 如图 9-45 所示是由 24 个等值电阻 R_0 连接而成的网络.

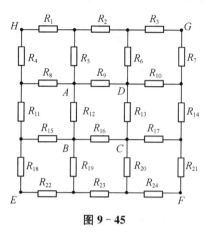

图 9-45

图 9-46(a) 中电源的电动势为 $\varepsilon = 3.00$ V,内阻 r 为 2.00 Ω 与一阻值为 28.0 Ω 的电阻 R' 及二极管 D 串联后引出两线;二极管的正向伏安曲线如图 9-46(b) 所示.

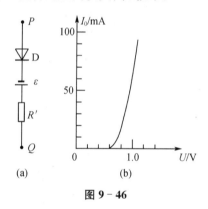

图 9-46

(1) 若将 P、Q 两端与图 9-45 中电阻网络 E、G 两点相接,测得二极管两端的电压为 0.86 V,求电阻网络两点 E 与 A 的电压.

(2) 若将 P、Q 两端与图中电阻网络 B、D 两点相接,求同二极管 D 的电流 I_D 和网格中 E、G 间的电压 U_{EG}.

【解析】(1) 当引线两端 P、Q 与电阻网格 E、G 两点连接时,二极管两端的电压 $U_{D1} = 0.86$ V,此时对应的电流从图中查得为 25.0 mA,则 E、G 两点间的电压为:

$$U_{EG} = \varepsilon - I_1 R' - U_{D1} - rI_1$$
$$= 3 - 0.025 \times (28.0 + 2) - 0.86$$
$$= 1.39 \text{ V}$$

考虑到对称性,网格 EG 两端的等效电阻 R_{EG} 可由图 9-47 表示,其值 $R_{EG} = \dfrac{13}{7} R_0$,而

$$R_{EG} = \frac{U_{EG}}{I_1} = 55.6 \text{ Ω}$$

$$R_0 = \frac{7}{13} R_{EG} = 29.9 \text{ Ω}$$

$$U_{EA} = \frac{I_1}{2} \cdot R_{18} + \frac{3}{7} \cdot \frac{I_1}{2}(R_{15} + R_{12})$$

$$= \frac{I_1}{2}\left(1 + \frac{6}{7}\right)R_0$$

$$= \frac{13}{14}I_1 R_0 = 0.695 \text{ V}$$

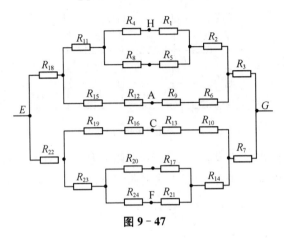

图 9-47

(2) 当引线两端 P、Q 与电阻网格 B、D 两点相接时，由图 9-48 求得等效电阻 R_{BD} 与 R_0 的关系，并代入 R_0 的阻值：

$$R_{BD} = \frac{5}{7}R_0 = \frac{5}{7} \times 29.9 = 21.4 \ \Omega$$

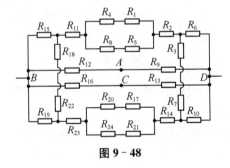

图 9-48

通过二极管 D 的电流 i_D 与二极管两端的电压关系

$$U_{D2} = \varepsilon - I_{D2}(R_{BD} + R' + r)$$

代入数据得：

$$U_{D2} = 3 - I_{D2} \cdot 51.4$$

这是一条联系 U_D 与 I_D 直线方程，而 U_D、I_D 同时又满足二极管伏安特性曲线中一直线 $U_{D2} = 3 - 51.4 I_{D2}$ 与二极管伏安特性曲线的交点的纵坐标即为二极管的电流 I_{D2}，由图 9-49 读出 $I_{D2} = 40.5$ mA。

根据对称性，图中，M、P 两点等势，N、Q 两点等势，流过 R_{18}、R_{22} 及 R_3、R_7 的电流均为零，因此 E、G 间的电势差与 M、N 两点之间

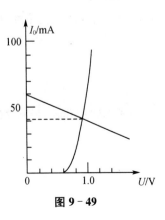

图 9-49

的电势差相等.

$$U_{EG} = U_{MN} = \frac{2}{7} \cdot \frac{I_{D2}}{2} \cdot \left[R_{11} + \frac{R_4 + R_1 + R_8 + R_5}{(R_4 + R_1)(R_8 + R_5)} + R_2 \right]$$

$$= \frac{2}{7} \cdot \frac{I_{D2}}{2} \cdot 3R_0 = 0.52 \text{ V}$$

例22 有若干电阻组成如图 9-50 所示的电路,其中 A、B 两点的接地电阻是固定不动的,输入电压 $U_1, U_2, \cdots, U_n$ 仅取 1 V 或者 0 V 两个值,0 V 表示接地.

(1) 当 $n=3$ 时,B 点的输出电压有几个可能的值?

(2) 当 $n \to \infty$ 时,B 点的最大输出电压为多少?

【解析】(1) 当 $n=3$ 时,U_1, U_2, U_3 的取值可以有 8 种组合,分别对每种组合算出 B 点的输出电压.

当 $n=3$ 时,U_1, U_2, U_3 各为 0 V 和 1 V 两值,共有 $2^3 = 8$ 种情况,相应地 B 点的输出电压也有 8 种可能的值. 不难看出,这 8 种电压分别为 0、$\frac{1}{12}$、$\frac{1}{6}$、$\frac{1}{3}$、$\frac{1}{4}$、$\frac{5}{12}$、$\frac{1}{2}$、$\frac{7}{12}$ V.

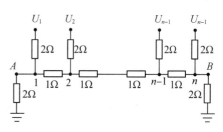

图 9-50

(2) 当 $n \to \infty$ 时,由于此时电路为无穷网络,故可试用电流叠加原理,先算出单独只有 1 个电源电压取 1 V 时,B 点的输出电压,再求和.

由于是分压输出,显然只有当 $U_1 = U_2 = \cdots = U_n = 1$ V 时,B 点输出电压最大,否则至少有 1 个电阻接地,使 B 点等效接地电阻变小,输出电压也相应变小. 因此有最大输出电压的电路如图 9-51 所示,应用电流叠加的原理,这时输出电压 $U_{(n)}$ 等于每一电源单独作用时提供的输出电压之和

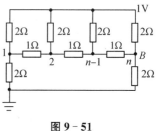

图 9-51

$$U_{(n)} = \sum_{i=1}^{n} U_i$$

其中 U_i 为 1 V.

$U_{k \ne i} = 0$ V 的情况下的输出电压(见图 9-52). 从图 9-52 可看出,R_1 与 R_2 并联后的阻值为 1 Ω,再和 R_3 串联成 2 Ω 的电阻,再和 R_4 并联成 1 Ω 的电阻,…… 从网络左端看过去,情况也相同. 左右两端各等效为 1 个 2 Ω 的电阻,再并联起来,最后与上边 1 个电阻分压. 所以

$$U_C = \frac{1}{1+2} \text{ V} = \frac{1}{3} \text{ V}$$

$$U_{Bi} = (1/3)(1/2)^{n-i}$$

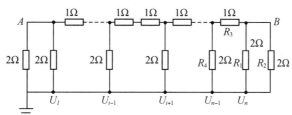

图 9-52

因此有
$$U_{(n)} = \sum_{i=1}^{n} U_{Bi} = \frac{1}{3} \sum_{k=0}^{n-1} \frac{1}{2^k}$$

当 $n \to \infty$ 时,可得到最大输出电压为
$$U_B = \lim_{n \to \infty} U_{(n)} = \frac{1}{3} \sum_{i=0}^{\infty} \frac{1}{2^i} = \frac{2}{3} \text{ V}$$

● 强 化 训 练 ●

41. 试求如图(a)所示电路中的电流.

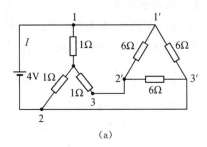

(a)

【解析】这是包含一个 Y 形电路和一个 △ 形电路的网络,解决问题的方向可将左边 Y 形网络元变换成 △ 形网络元,或将右侧 △ 形网络元变换成 Y 形网络元.

将左侧 Y 形网络换成 △ 形,如图(b).

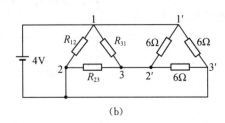

(b)

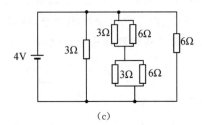

(c)

已知
$$R_1 = R_2 = R_3 = 1 \text{ Ω}$$

则有
$$R_{12} = \frac{R_1 R_2 + R_2 R_3 + R_3 R_1}{R_3} = 3 \text{ Ω}$$

$$R_{23} = \frac{R_1 R_2 + R_2 R_3 + R_3 R_1}{R_1} = 3 \text{ Ω}$$

$$R_{31} = \frac{R_1 R_2 + R_2 R_3 + R_3 R_1}{R_2} = 3 \text{ Ω}$$

由图(b),可进一步将电路整理为图(c)所示.
$$R_{总} = \frac{4}{3} \text{ Ω}$$

$$I = \frac{\varepsilon}{R_{总}} = 3 \text{ A}$$

【点评】 本题在电路化简中也可将 △ 形变换成 Y 形电路,如图所示,另求得 $R_总 = \frac{4}{3}$ Ω.

42. 十个电容为 C 的电容器按如图所示方式连接,求 AB 间等效电容 C_{AB}.

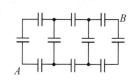

【解析】 将电容全部换成阻值为 r 的电阻,由"电容分布法"中的例题可知

$$R_{AB} = \frac{15}{8} r$$

用 $\frac{1}{C}$ 代替 R,则

$$\frac{1}{C_{AB}} = \frac{15}{8} \cdot \frac{1}{C}$$

所以

$$C_{AB} = \frac{15}{8} C$$

43. 如图所示为由无数立方体构成的无穷空间网络,已知每一条棱的电阻均为 R,求 AB 间的总电阻.

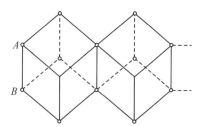

【解析】 设 AB 间的总电阻为 R_x,第一个网格去掉后的总电阻还是 R_x,把空间网格折叠后电路图可以简化为右图所示电路.

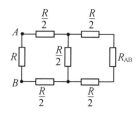

由于是无穷网格,所以去掉一个立方体后的电阻不变.于是有:

$$R_{AB} = \frac{\left[\dfrac{(R_{AB} + \frac{R}{2} + \frac{R}{2}) \cdot \frac{R}{2}}{R_{AB} + \frac{R}{2} + \frac{R}{2} + \frac{R}{2}} + \frac{R}{2} + \frac{R}{2}\right] \cdot R}{\dfrac{(R_{AB} + \frac{R}{2} + \frac{R}{2}) \cdot \frac{R}{2}}{R_{AB} + \frac{R}{2} + \frac{R}{2} + \frac{R}{2}} + \frac{R}{2} + \frac{R}{2} + R}$$

解得:

$$R_{AB} = \frac{2(\sqrt{6}-1)}{5} R$$

44. 欲测电阻 R 的阻值,现有几个标准电阻、一个电池和一个未经标定的电流计,连成如图所示的电路.第一次与电流计并联的电阻 r 为 50.00 Ω,电流计的示度为 3.9 格;第二次 r 为 100.00 Ω,电流计的示度为 5.2 格;第三次 r 为 10.00 Ω,同时将待测电阻 R 换成一个 20.00 kΩ 的标准电阻,结

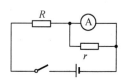

果电流计的示度为7.8格.已知电流计的示度与所通过的电流成正比,求电阻R的阻值.

【解析】在测试中,除待求量R外,电源电动势E,电源内阻r,电流计内阻R_g以及电流计每偏转一格的电流I_0均属未知.本题数据不足,且电流计读数只有两位有效数字,故本题需要用近似方法求解.

设电源电动势为E,电流计内阻为R_g,电流计每偏转一格的电流为I_0,用欧姆定律对三次测量的结果列式如下:

$$\frac{E}{\frac{50R_g}{50+R_g}+R+r} \cdot \frac{50R_g}{50+R_g} \cdot \frac{1}{R_g} = 3.9I_0$$

$$\frac{E}{\frac{100R_g}{100+R_g}+R+r} \cdot \frac{100R_g}{100+R_g} \cdot \frac{1}{R_g} = 5.2I_0$$

$$\frac{E}{\frac{10R_g}{10+R_g}+20\,000+r} \cdot \frac{10R_g}{10+R_g} \cdot \frac{1}{R_g} = 7.8I_0$$

从第三次测量数据可知,当用$20\text{ k}\Omega$电阻取代R,而且r阻值减小时电流计偏转格数明显增大,可推知R的阻值明显大于$20\text{ k}\Omega$,因此电源内阻完全可以忽略不计,与R相比,电流计内阻R_g与r的并联值对干路电流的影响同样也可以忽略不计,故以上三式可近似为:

$$\frac{E}{R} \cdot \frac{50}{50+R_g} = 3.9I_0 \qquad ①$$

$$\frac{E}{R} \cdot \frac{100}{100+R_g} = 5.2I_0 \qquad ②$$

$$\frac{E}{20\,000} \cdot \frac{10}{10+R_g} = 7.8I_0 \qquad ③$$

待测电阻$R = 120\text{ k}\Omega$.

解①、②、③三式,可得$R_g = 50\text{ }\Omega$.

45. 如图电路中电键十分迅速地从位置A转换到位置B又从B转到A,电键在每个位置停留的时间相同,这样不断反复.求通过电阻为$2R$的电阻器的平均电流值及通过电池的电流(在短时间内电容器尚未完全充电或放电,即在这种情况下电容器上电压实际上可以视为不变).

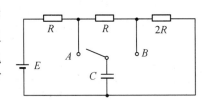

【解析】在接入短时间t内电容器尚未完全充电或放电,即在这种情况下电容器上电压实际上可以视为不变的,而电路中的电流是恒定的.

设电容器上恒定电压为U.于是在图(a)所示电路里通过电池的电流$I_总 = \frac{E-U}{R}$,通过电阻R和$2R$的电流等于$I_总 = \frac{U}{3R}$.

因此,在t时间内电容器上电荷量增加

$$\Delta q_1 = \left(\frac{E-U}{R} - \frac{U}{3R}\right)t$$

当进行相反操作时,电键又迅速从位置B转换到位置A.于是图(b)所示电路里通过电池的

电流 $I_总 = \dfrac{E-U}{2R}$,通过电阻 $2R$ 的电流等于 $I' = \dfrac{U}{2R}$.

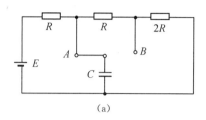

(a)

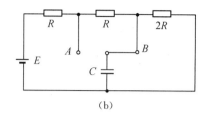

(b)

因此在时间 t 内电容器上的电荷量变化为
$$\Delta q_2 = \left(\dfrac{U}{2R} - \dfrac{E-U}{2R}\right)t$$

在稳定的条件下
$$\Delta q_1 = \Delta q_2$$

故可解得
$$U = \dfrac{9E}{14}$$

通过电阻 $2R$ 的电流全部时间的一半内等于 $\dfrac{U}{3R}$,另一半时间内等于 $\dfrac{U}{2R}$,所以通过这个电阻器的电流的平均值
$$\bar{I}_{2R} = \dfrac{5U}{12R} = \dfrac{15E}{56R}$$

当然,可以同样计算通过电池的平均电流.但是,通过电池的全部电荷量也通过电阻 $2R$,于是电容器上电荷量平均保持不变.由此可知
$$I_总 = \bar{I}_{2R} = \dfrac{15E}{56R}$$

46. 如图,空间中充满了电阻率为 ρ 常量的介质,两个导体球相距 l 埋在介质中,已知导体球半径为 R_0,本身电阻可忽略,且 l 远大于 R_0,求两导体球之间的电阻.

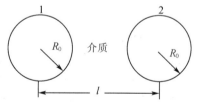

【解析】假设两导体球之间连有一电源,由此造成大小为 I_0 的总电流.首先考虑从球体 1 向外流出的电流,这相当于向无限大的空间充电,电荷将流向无限远处.由于 l 远大于 R_0,故球 2 的影响可被忽略,电流将辐射状沿半径方向向空间发散.这样,距球心 r 处的电流密度为 $\dfrac{I_0}{4\pi r^2}$.同样的讨论可以确定向球 2 流入的电流形成的电流密度分布,它也是球对称且与半径平方成反比的.这样,两球球心连线上的电流密度分布可写为
$$j(x) = \dfrac{I_0}{4\pi}\left[\dfrac{1}{x^2} + \dfrac{1}{(l-x)^2}\right], \quad R_0 < x < l - R_0$$

x 为所讨论点与球 1 球心间的距离.

我们想象沿电流线将空间中的介质分割成许多根细导线,每根导线上都流过同样大小的小电流 ΔI,导线总数为 $\dfrac{I_0}{\Delta I}$.这些导线可以看做是并联在两个导体球之间的,故它们都有着相同的电阻.我们来计算其中的一根,就是直线连接两球球心的那一根.

这根导线的粗细是不均匀的,在 x 处导线的截面积 $\Delta S = \dfrac{\Delta I}{j(x)}$.从 x 到 $x + \Delta x$ 一段导线的电阻是

$$\Delta R' = \rho \frac{\Delta x}{\Delta S} = \rho \frac{j(x)\Delta x}{\Delta I} = \rho \frac{\Delta x \cdot I_0}{4\pi \Delta I}\left[\frac{1}{x^2} + \frac{1}{(l-x)^2}\right]$$

这里要求 $\Delta x \to 0$.导线的总电阻为

$$R' = \sum_{x=R_0}^{l-R_0} \Delta R'$$

$$= \frac{\rho I_0}{4\pi \Delta I} \sum_{x=r_0}^{l-R_0}\left[\frac{1}{x^2} + \frac{1}{(1-x)^2}\right]\Delta x$$

$$= \frac{2\rho I_0}{4\pi \Delta I} \sum_{x=R_0}^{l-R_0} \frac{\Delta x}{x^2},$$

$x \to 0$ 时,我们有小量近似

$$\frac{\Delta x}{x^2} = \frac{\Delta x}{x(x+\Delta x)} = \frac{1}{x} - \frac{1}{x+\Delta x},$$

这样就可得

$$R' = \frac{\rho I_0}{2\pi \Delta I} \cdot \left(\frac{1}{R_0} - \frac{1}{l-R_0}\right)$$

最终可得,并联的 $\dfrac{I_0}{\Delta I}$ 根导线的总电阻为

$$\frac{R'}{I_0/\Delta I} = \frac{\rho}{2\pi}\left(\frac{1}{R_0} - \frac{1}{l-R_0}\right),$$

这就是题目所求的结果.

47. 波兰数学家谢尔宾斯基1916年研究了1个有趣的几何图形.他将图(a)所示的一块黑色的等边三角形 ABC 的每1个边长平分为二,再把平分点连起来,此三角形被分成4个相等的等边三角形,然后将中间的等边三角形挖掉,得到如图(b)的图形;接着再将剩下的黑色的3个等边三角形按相同的方法处理,经过第2次分割就得到图(c)的图形.经3次分割后,又得到图(d)的图形.这是带有自相似特征的图形,这样的图形又称为谢尔宾斯基镂垫.它的自相似性就是将其中1个小单元(例如图(d)中 $\triangle BJK$)适当放大后,就得到图(b)的图形.如果这个分割过程继续下去,直到无穷,谢尔宾斯基镂垫中的黑色部分被不断地镂空.

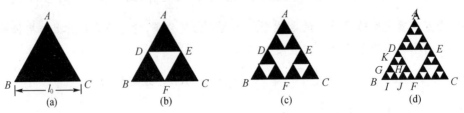

数学家对这类几何图形的自相似性进行了研究,创造和发展出了一门称为"分形几何学"的新学科. 近30多年来,物理学家将分形几何学的研究成果和方法用于有关的物理领域,取得了有意义的进展.

我们现在就在这个背景下研究按谢尔宾斯基镂垫图形的各边构成的电阻网络的等效电阻问题. 设按如图(a)所示的三角形 ABC 的边长 L_0 的电阻均为 r;经一次分割得到如图(b)所示的图形,其中每个小三角形边长的电阻是原三角形 ABC 的边长的电阻 r 的二分之一;经二次分割得到如图(c)所示的图形,其中每个小三角形边长的电阻是原三角形 ABC 的边长的电阻 r 的四分之一;三次分割得到如图(d)所示的图形,其中每个小三角形边长的电阻是原三角形 ABC 的边长的电阻 r 的八分之一.

(1) 试求经三次分割后,三角形 ABC 任意两个顶点间的等效电阻.

(2) 试求按此规律作了 n 次分割后,三角形 ABC 任意两个顶点间的等效电阻.

(3) 由第(2)问可知,对边长均为 L_0、边长电阻均为 r 的电阻三角形 ABC,现用谢尔宾斯基镂垫的方法进行分割,分割的次数越多,△ABC 中每个小三角形的边长越短,参与计算等效电阻的小三角形的边数越多,分割后的 △ABC 两顶点的等效电阻与其中的小三角形的边长有关. 为了从"分形几何学"的角度讨论这个问题. 我们先介绍二端电阻网络的"指数"的概念. 考虑一长、宽、高分别为 a、b、c 的均长方体导线,如图(e)所示,若电流沿平行于导体长度 a 的方向流进导体,则该导体垂直于电流方向的两个端面间的电阻可表示为

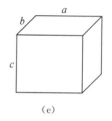

(e)

$$R = \rho \frac{a}{bc}$$

式中 ρ 为导体的电阻率. 若保持 b、c 不变,使另一边 a 的长度变化,并用 L 表示这一可改变的长度,这样构成的一维导体的电阻与 L 成正比,其电阻可表示为

$$R_{(1)}(L) = \rho \frac{L}{bc} \propto L^1$$

式中 L 被称为一维导体的指数. 若保持 c 的长度不变,但使 a 边和 b 边的长度相等且可以改变,并用 L 表示这一可改变的长度,即 $a = b = L$,这样构成的二维导体的电阻与可变的长度无关,可表示为

$$R_{(0)}(L) = \rho \frac{1}{c} \propto L^0$$

式中 0 被称为二维导体的指数. 若保持导体的三条边 a、b、c 的长度都相等且都可改变,并用 L 表示可变的长度,即 $a = b = c = L$,这样构成的三维导体的电阻与可变的长度的一次方成反比,可表示为

$$R_{(-1)}(L) = \rho \frac{1}{L} \propto L^{-1}$$

式中 -1 被称为三维导体的指数,可以将上述结论推广到一般情况,若二端电阻网络的等效电阻与可变长度 L 的关系为

$$R_{(s)}(L) = kL^s$$

式中比例系数 k 是与 L 和 s 都无关的恒量,则称 s 为此二端电阻网络的指数.

从谢尔宾斯基镂垫图形看,未经分割的三角形的边长为 L_0,经多次分割,每个最小三角形

的边长随分割次数而变,可视为可变长度 L.求出经 n 次分割后的谢尔宾斯基镂垫图形 A、B 两点的等效电阻与可变长度 L 的关系,并计算出相应的指数.

【解析】(1) 先证明一个由 3 个阻值均为 r 的电阻接成的 △ 网络 ABC,其任意两顶点间的电阻与可以改接成由 3 个电阻均为 $r/3$ 的电阻接成 Y 状网络,ABC 的任意两点间的电阻是相等的,即将图(f)的 △ 形网络改换成图(g)的电阻 Y 形网络,接入相同的外电路,外电路的电路状态不会改变,这种变换称为 △-Y 等效变换.

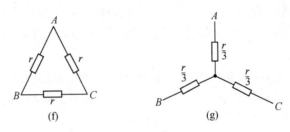

图(f)中的

$$R_{AB}(\triangle) = \frac{r \cdot 2r}{r + 2r} = \frac{2}{3}r$$

与图(g)中的

$$R_{AB}(Y) = \frac{1}{3}r + \frac{1}{3}r = \frac{2}{3}r$$

因而证得:3 个电阻网络作了这样的替换后

$$R_{AB}(\triangle) = R_{AB}(Y)$$

△ABC 经过一次分割,得到 3 个小三角形,即 △ADE、△DBF、△EFC,每个边的电阻均为 $\frac{r}{2}$,构成的电阻网络如图(h)所示.将 3 个小三角作 Y 变换得图(i),进而得图(j)、图(k)、图(l).

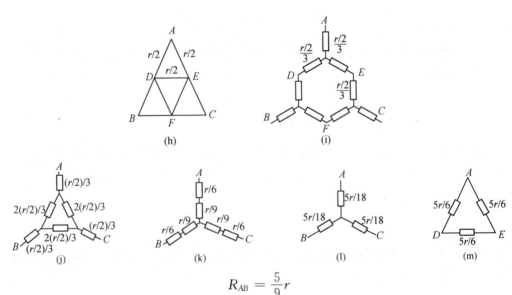

$$R_{AB} = \frac{5}{9}r$$

若将未经分割的三角形,即图中 △ABC 任意两顶点间的等效电阻表示为 $R(0)$,则

$$R(0) = \frac{2}{3}r \qquad \text{①}$$

若将三角形作了一次分割操作后得到的三角形网络,即图(h)中两顶点 AB 间的等效电阻,表示为 $R(1)$,则由上面的结果,有

$$R(1) = \frac{5}{9}r = \left(\frac{5}{6}\right)^1 \cdot \frac{2}{3}r \qquad \text{②}$$

现将图(l)中的 Y 形电阻网络变换为图(m)中的 △ 形的电阻网络,三角形每边的电阻应为 $\frac{5}{6}r$. 图(h)是将 △ABC 作了第 1 次分割操作后的情况. 欲求第 2 次分割操作后 △ABC 两顶点 AB 间的等效电阻,只要将图(f)与图(h)相对比,注意到图(h)每个小三角形的边长的电阻值是图(f)每个小三角形的边长的电阻的 1/2,所以只需将图(h)中上、左、右 3 个三角形每个边的电阻改为 $\frac{5}{6} \cdot \frac{r}{2}$ 即可. 根据②式,得

$$R(2) = \left(\frac{5}{6}\right)^2 \frac{2}{3}r \qquad \text{③}$$

经过 3 次分割,△ABC 两顶点 AB 间的等效电阻为

$$R(3) = \left(\frac{5}{6}\right)^3 \cdot \frac{2}{3}r = \frac{250}{648}r \qquad \text{④}$$

(2) 仿照计算第一次分割操作后求 △ABC 两端点 AB 间的等效电阻的方法,就可求得经过 n 次分割,三角形两端点间的等效电阻为

$$R(n) = \left(\frac{5}{6}\right)^n \cdot \frac{2}{3}r \qquad \text{⑤}$$

(3) 已知未分割时 △ABC 两顶点间对应的等效电阻可表示为

$$R(L_0) = \frac{2}{3}r = kL_0^s \qquad \text{⑥}$$

经 n 次分割后 △ABC 两顶点间对应的等效电阻可表示为

$$R\left[\left(\frac{1}{2}\right)^n L_0\right] = \left(\frac{5}{3}\right)^n \left(\frac{1}{2}\right)^n \left(\frac{2}{3}r\right) = k\left[\left(\frac{1}{2}\right)^n L_0\right]^s \qquad \text{⑦}$$

由⑥、⑦两式相除可得

$$\frac{5}{6} = \frac{1}{2^s}$$

$$s = 1 + \frac{\ln(5/3)}{\ln(1/2)} \approx 0.263 \qquad \text{⑧}$$

第十章 磁 场

§10.1 磁感强度

10.1.1 磁现象

人们把磁石能吸引铁、钴、镍等物质的性质称为磁性.如果把条形磁铁靠近铁屑,我们发现,大量的铁屑会吸附在磁铁的两端,这表明条形磁铁或磁针两端的磁性最强,称为磁极,磁铁都具两个磁极.如果用细线缚住条形磁铁的中部,将它水平地悬挂起来并能在水平面内自由转动,最后它必定停止转动,一端指向北方,另一端指向南方.指向北方的磁极称为磁北极,或 N 极;指向南方的磁极称为磁南极,或 S 极.

与电荷之间存在相互作用一样,任何两个磁极之间也存在相互作用,同号磁极互相排斥,异号磁极互相吸引.与电荷周围存在电场一样,在磁极周围也存在磁场,并且,凡是处于该磁场中的任何其他磁极或运动电荷,都要受到磁场的作用力,这种作用力称为磁场力,或磁力.所以,磁场力是通过磁场这种特殊物质传递的.

磁场不仅有强弱之分,还有方向之别,我们把磁场中小磁针静止时的指向称为磁场的方向,我们引入磁感线来描述磁场.在磁场中画出一系列带箭头的曲线,使这些曲线上任一点的切线方向都和该点的磁场方向相同,这样的曲线就叫做磁感应线,简称磁感线.磁感线的疏密表示磁场的强弱,磁感线的方向表示磁场的方向.图 10-1 为条形磁铁和 U 形磁铁周围的磁感线.

图 10-1

人们曾经认为磁和电是两类截然分开的现象,直到 1819—1820 年奥斯特(Oersted H. C., 1777—1851)发现了电流的磁效应后,人们才认识到磁与电是不可分割地联系在一起的.实验表明,在载流导线周围也存在磁场,就像磁铁周围的磁场一样.因为电流是由运动电荷引起的,所以在运动电荷周围也存在磁场.图 10-2 即为几种电流周围的磁场.

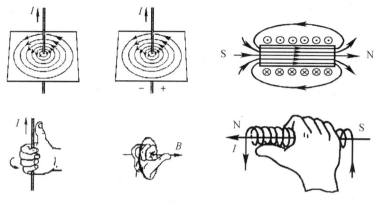

图 10 - 2

1822年,法国科学家安培提出了组成磁铁的最小单元就是环形电流,这些分子环流定向排列,在宏观上就会显示出 N、S 极的分子环流假说. 近代物理指出,正是电子围绕原子核的运动以及它本身的自旋运动形成了"分子电流",这就是物质磁性的基本来源.

一切磁现象的根源是电荷的定向移动,这就是磁现象的电本质.

10.1.2 毕奥 — 萨伐尔定律

将一个长为 L,电流为 I 的电流元放在磁场中某一点,电流元受到的作用力为 F. 当电流元在某一方位时,这个力最大,这个最大的力 F_m 和 IL 的比值,叫做该点的磁感应强度(简称磁感强度).

$$B = \frac{F}{IL}$$

B 的单位为特斯拉,用 T 表示,1 T = 1 N/(A·m). 将一个能自由转动的小磁针放在该点,小磁针静止时 N 极所指的方向,被规定为该点磁感强度的方向.

真空中,当产生磁场的载流回路确定后,空间的磁场就确定了,空间各点的 $\vec{r}$ 也就确定了. 根据载流回路而求出空间各点的 $\vec{B}$,要运用一个称为毕奥 — 萨伐尔定律的实验定律.

毕 — 萨定律告诉我们:一个电流元 $I\Delta L$,在相对电流元的位置矢量为 $\vec{r}$ 的 P 点所产生的磁场的磁感强度 $\Delta \vec{B}$ 大小为 $\Delta B = K_m \frac{I\Delta L \sin\theta}{r^2}$,$\theta$ 为顺着电流 $I\Delta L$ 的方向与 $\vec{r}$ 方向的夹角,$\Delta \vec{B}$ 的方向可用右手螺旋定则确定,即伸出右手,先把四指放在 $I\Delta L$ 的方向上,顺着小于 π 的角转向 $\vec{r}$ 方向时大拇指方向即为 $\Delta \vec{B}$ 的方向,如图 10-3 所示. K_m 为一常数,$K_m = 10^{-7}$ T·m/A. 载流回路是由许多个 $I\Delta L$ 组成的,求出每个 $I\Delta L$ 在 P 点的 $\Delta \vec{B}$ 后矢量求和,就得到了整个载流回路在 P 点的 $\vec{B}$.

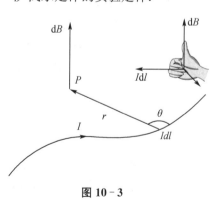

图 10 - 3

如果令 $K_m = \frac{\mu_0}{4\pi}$,$\mu_0 = 4\pi \times 10^{-7}$ T·m·A^{-1},那么 ΔB 又可写为:

$$\Delta B = \frac{\mu_0 I\Delta L \sin\theta}{4\pi r^2}$$

①

μ_0 称为真空中的磁导率. 真空中任一点的磁场可以写成矢量式:

$$\Delta \vec{B} = \frac{\mu_0 I \Delta \vec{L} \times \vec{r}}{4\pi r^3}$$

1820年, H. C. 奥斯特发现电流磁效应, 同年, 法国物理学家 J. B. 毕奥和 F. 萨伐尔用实验的方法得出长直电流对磁极的作用力同距离成反比. 稍后, P. S. M. 拉普拉斯把载流回路对磁极的作用看成是其各个电流元的作用的矢量和, 从他们的实验结果倒推出与式 ① 类似的电流元的磁场公式. 由于该定律的主要实验工作由毕奥、萨伐尔完成, 所以通常称它为毕奥-萨伐尔定律.

下面我们运用毕奥-萨伐尔定律, 来求一个半径为 R, 载电流为 I 的圆电流轴线上, 距圆心 O 为 x 的一点的磁感强度.

如图 10-4, 在圆环上选一 $I\Delta l$, 它在 P 点产生的磁感强度 $\Delta B = \frac{\mu_0}{4\pi} \cdot \frac{I\Delta l \sin 90°}{r^2} = \frac{\mu_0 I \Delta l}{4\pi r^2}$, 其方向垂直于 $I\Delta l$ 和 $\vec{r}$ 所确定的平面, 将 $\Delta \vec{B}$ 分解到沿 OP 方向 $\Delta B_{\parallel}$ 和垂直于 OP 方向 $\Delta B_{\perp}$, 环上所有电流元在 P 点产生的 $\Delta B_{\perp}$ 的和为零.

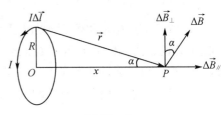

图 10-4

$$\Delta B_{\parallel} = \Delta B \sin\alpha = \frac{\mu_0 I \Delta l}{4\pi r^2} \cdot \frac{R}{r}$$

$$B = \sum \Delta B_{\parallel} = \sum \frac{\mu_0 RI}{4\pi r^3} \Delta l = \frac{\mu_0 RI}{4\pi r^3} \cdot 2\pi R$$

$$B = \frac{\mu_0 R^2 I}{2(x^2 + R^2)^{\frac{3}{2}}}$$

在圆心处, $x = 0$

$$B = \frac{\mu_0 I}{2R}$$

可以求出几个载流回路产生的磁场的磁感强度 $\vec{B}$.

1. 无限长载流直导线

长直通电导线周围的磁感线如图 10-5 所示. 如果导线中通过的电流强度为 I, 在理论上和实验中都可证明, 在真空中离导线距离为 r 处的磁感强度:

$$B = \frac{\mu_0 I}{2\pi r}$$

或

$$B = 2k \frac{I}{r}$$

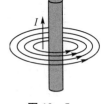

图 10-5

式中 μ_0 称为真空中的磁导率, 大小为 $4\pi \times 10^{-7}$ T/m, $k = 1 \times 10^{-7}$ T/m. $2\pi r B = \mu_0 I$ 又称为是安培环路定理.

2. 长直通电螺线管内的磁场

长直通电螺线管内的磁场如图 10-6 所示, 可认为是匀强磁场, 场强大小可近似用无限长螺线管内 B 的大小表示:

$$B_{\text{inn}} = \mu_0 n I$$

式中 n 为螺线管单位长度的匝数.

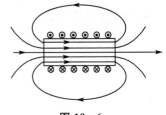

图 10-6

10.1.3 磁通量

为了形象地描绘磁场的分布,在磁场中引入磁感线,磁感线应满足以下两点:

第一,磁感线上任一点的切线方向为该点磁感强度 $\vec{B}$ 的方向;第二,通过垂直于 $\vec{B}$ 的单位面积上的磁感线的条数应等于该处磁感强度 $\vec{B}$ 的大小.磁感线是无头无尾的闭合线,与闭合电路互相套合.磁感线是一簇闭合曲线,而静电场的电场线是一簇不闭合的曲线(或者是从正电荷到负电荷,或者是从正电荷到无穷远处,从无穷远处到负电荷).这是一个十分重要的区别.

通过一给定曲面的总磁力线数称为通过该曲面的磁通量,磁通量的单位是韦伯,1 韦伯 = 1 特斯拉×1米². 图 10-7(a)中,通过匀强磁场中与磁力线垂直的平面 S_0 的磁通量为 $\Phi = BS_0$;而通过与磁力线斜交的 S 面的磁通量为:

$$\Phi = BS\cos\theta$$

(θ 角即是两个平面 S 和 S_0 的夹角,也是 S 面的法线与 $\vec{B}$ 的夹角)

而在图 10-7(b)中,磁场和曲面都是任意的,要求出通过 S 面的磁通量,应把通过 S 面上每一小面元 ΔS_i 的磁通量求出后求和,即:

$$\Phi = \sum B_i \cos\theta_i \Delta S_i$$

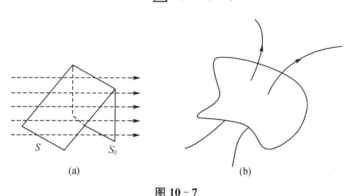

图 10-7

10.1.4 磁场中的高斯定理

考虑到磁感线是无头无尾的封闭曲线,对磁场中任一封闭曲面来说,有多少根磁力线穿入,必有多少根穿出,即通过磁场中任一封闭曲面的磁通量为零.这就是磁场的高斯定理,它表明了磁场的一个重要性质,即磁场是无源场,自然界中没有单独的 N 极或 S 极存在.

例 1 如图 10-8 所示,两互相靠近且垂直的长直导线,分别通有电流强度 I_1 和 I_2 的电流,试确定磁场为零的区域.

【解析】建立图示直角坐标系,用安培定则判断出两电流形成的磁场方向后,可以看出在 Ⅰ、Ⅲ 两象限内,两磁场方向相反,因此,合磁场为零的区域只能出现在这两个象限内.

设 $P(x,y)$ 点合磁感强度为零,即有 $k\dfrac{I_1}{x} - k\dfrac{I_2}{y} = 0$ 得 $y = \dfrac{I_2}{I_1}x$

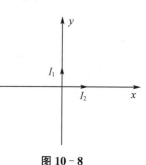

图 10-8

这就是过原点的直线方程,其斜率为 $\dfrac{I_2}{I_1}$.

例 2 如图 10-9 所示,将均匀细导线做成的圆环上任意两点 A 和 B 与固定电源连接起来,计算由环上电流引起的环中心的磁感强度.

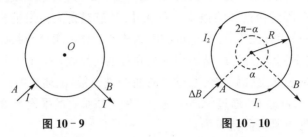

图 10-9 　　　　　　图 10-10

【解析】 磁感强度 B 可以看成是圆环上各部分(将圆环视为多个很小长度部分的累加)的贡献之和,因为对称性,圆环上各部分电流在圆心处磁场是相同或相反的,可简化为代数加减.

设 A、B 两点之间电压为 U,导线单位长度电阻为 ρ,如图 10-10 所示,则二段圆环电流:

$$I_1 = \dfrac{U}{\alpha R \rho}$$

$$I_2 = \dfrac{U}{(2\pi - \alpha) R \rho}$$

由此可得 　　　　　　$I_1 \alpha = I_2 (2\pi - \alpha)$

磁感强度 B 可以是圆环每小段 Δl 部分磁场 ΔB 的叠加,在圆心处,ΔB 可表达为:

$$\Delta B = k \dfrac{I \cdot \Delta l}{R^3}$$

所以:

$$B_1 = k \dfrac{I_1}{R^3} \cdot R\alpha$$

$$B_2 = k \dfrac{I_2}{R^3} \cdot R(2\pi - \alpha)$$

因 $I_1 \alpha = I_2 (2\pi - \alpha)$ 故 $B_1 = B_2$,即两部分在圆心处产生磁场的磁感强度大小相等,但磁场的方向正好相反,因此环心处的磁感强度等于零.

● ● ● ● ● ● ● ● ● ● **强 化 训 练** ● ● ● ● ● ● ● ● ● ●

1. 沿 x、y 坐标轴分别有电流强度相同的两个无限长直载流导线,两者在坐标原点处彼此绝缘.试问在 xOy 坐标平面第一象限上,磁感强度相同点的轨迹属于哪一类曲线?

【解析】沿 x 轴的电流在 $P(x,y)$ 点产生的 B_1 的方向垂直 xOy 平面向外,大小为:

$$B_1 = \dfrac{kI}{y}$$

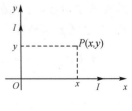

同理,y 轴的电流在 $P(x,y)$ 点产生的 B_2 的方向垂直 xOy 平面向里,大小为:

$$B_2 = \frac{kI}{x}$$

取垂直于 xOy 平面向外的方向为正,那么 $P(x,y)$ 点的总磁感强度 B 的大小为:

$$B = B_1 - B_2 = kI\left(\frac{1}{y} - \frac{1}{x}\right)$$

B 相同,记为常量 B_0,故在 xOy 平面上磁场为 B_0 的那些点 $P(x,y)$ 应满足:

$$\frac{1}{y} - \frac{1}{x} = \frac{B_0}{kI}$$

因此,在 xOy 平面第一象限上,磁感强度相同的点的轨迹是双曲线.

2. 两根互相绝缘的长直非磁性导体 C_+ 和 C_-,分别在 z 的正方向和负方向通以电流 I,两导体的正截面分别为 xOy 平面中的部分圆,圆直径同为 D,圆心间距为 $D/2$,每一根导体的电流均匀分布在自己的正截面内,如图(a),求:两根导体间空白区域的磁场分布 $B(x,y)$.

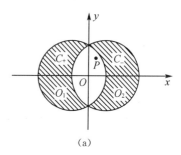

(a)

【解析】 题中两电流均不具有对称性,不好处理. 可将空腔视为通有均匀反向等大的电流,且电流密度与导线相同,则使系统具有较强的对称性. 由几何关系,易算得两导体的横截面积均为

$$S = \left(\frac{1}{12}\pi + \frac{1}{8}\sqrt{3}\right)D^2$$

故电流密度为

$$j = \frac{I}{S} = \frac{I}{\left(\frac{1}{12}\pi + \frac{1}{8}\sqrt{3}\right)D^2}$$

空腔补上反向电流后,空腔内任一点 P 的磁场由两个柱形电流共同产生,而一个柱形电流可分为 P 以内的柱形电流和 P 以外的筒形电流.

(1) 易证外部筒形电流对 P 点的磁场贡献为零. 证明如下:如图(b)所示,任取一薄壁筒形电流,截面上线电流密度为 λ,又任取两段电流,对 P 张角均为 $\Delta\theta$,$\Delta\theta$ 足够小(图中夸大了),两电流大小分别为

$$\Delta I_1 = \frac{r_1 \Delta\theta \cdot \lambda}{\sin\theta}$$

$$\Delta I_2 = \frac{r_2 \Delta\theta \cdot \lambda}{\sin\theta}$$

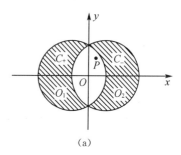

(b)

在 P 点产生的磁场大小分别为

$$\Delta B_1 = \frac{\mu_0 \Delta I_1}{2\pi r_1} = \frac{\mu_0 \Delta\theta\lambda}{2\pi\sin\theta}$$

$$\Delta B_2 = \frac{\mu_0 \Delta I_2}{2\pi r_2} = \frac{\mu_0 \Delta\theta\lambda}{2\pi\sin\theta}$$

可见 ΔB_1、ΔB_2 大小相等,又两者方向相反,故两电流在 P 处的合磁场为零,故筒状电流对 P 点的磁场无贡献.

(2) 考虑 P 以内的柱形电流,易将提示中的结论推广到柱形电流,故正向电流在 P 处的磁

场为

$$B_+ = \frac{\mu_0 j \cdot \pi r_+^2}{2\pi r_+} = \frac{\mu_0 j r_+}{2}$$

其中 r_+ 为 P 到 O_1 的距离,如图(c)所示.
同理可得

$$B_- = \frac{\mu_0 j r_-}{2}$$

所以 $\vec{B} = \vec{B}_+ + \vec{B}_-$

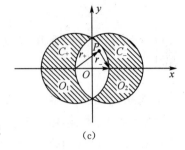

(c)

矢量合成图如图(c)所示.
由几何关系知矢量三角形与 $\triangle O_1 P O_2$ 相似,且方向均已旋转 $90°$,故 B 的大小为

$$B = \frac{\mu_0 j}{2} \overline{O_1 O_2} = \frac{\mu_0 D j}{4}$$

方向沿 y 轴正方向.
因 B 与 P 点位置无关,故空腔内是一匀强磁场.

$$B_x = 0, B_y = \frac{6\mu_0 I}{(2\pi + 3\sqrt{3})D}$$

本题中添加一对起相互抵消作用的电流而增强对称性的做法时常被用到. 均匀分布的"简状"电流在筒外的磁场与一在筒轴线上同方向等大的电流的磁场等效.

3. 在赤道上有一无限长的直导线,保持南北方向,并有恒定电流 I 自南向北流动,在导线正上方离导线 1 m 远处放一小磁针,在地磁场与直线电流磁场力作用下,小磁针偏离南北方向 $45°$ 角,如果小磁针偏离南北方向 $30°$ 角,那么小磁针与导线的距离是多少(不考虑磁偏角)?

【解析】设赤道上方的磁感强度为 B_0,偏转角为 $30°$ 时小磁针与导线的距离为 x,
则有

$$\frac{B_0}{k \frac{I}{l}} = \tan 45°$$

$$\frac{B_0}{k \frac{I}{x}} = \tan 30°$$

所以 $x = \sqrt{3}$ m

4. 如图,a、b 两根平行长直通电导线垂直于纸面相距为 r 放置,电流大小为 $I_a = 2I_b$,哪些位置满足磁感强度为零?

$I \otimes \overset{a}{\underset{}{}} \overset{x}{\underset{}{}} P \text{-------------} \overset{b}{\underset{}{}} \otimes 2I$

【解析】在 a、b 连线以外的位置上,两根导线上电流所产生的磁感强度 B_a、B_b 的方向不在同一直线上,不可能相互抵消;在 a、b 连线上,a 左边或 b 右边的位置上,B_a 和 B_b 的方向是相同的,也不可能相互抵消;因此只有在 a、b 中间的连线上,B_a 和 B_b 才有可能相互抵消,设距离 b 为 x 的 P 处合磁感强度为 0.

$$\sum \vec{B} = \vec{B}_a + \vec{B}_b$$

$$k'\frac{I}{x} - k'\frac{2I}{r-x} = 0$$

$$x = \frac{r}{3}$$

5. 将一长导线弯曲成发夹形,如图(a)所示,求位于半圆中心的 P 点磁场的磁感强度,设通电闭合圆环圆心处磁场的磁感强度为 $\mu_0 I/2R$.

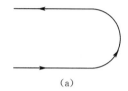

(a)

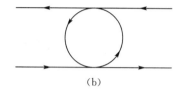

(b)

【解析】在右侧补一个相同回路,如图(b).那么我们得到的是两根无限长通电导线和一个整圆回路.

两根直导线为

$$B = \frac{\mu_0 I}{2\pi r} \times 2$$

整圆回路为

$$B = \frac{\mu_0 I}{2\pi r} \cdot 2\pi$$

根据对称性,每侧 P 点产生磁场都是整电路产生磁场的一半.

$$B_P = \frac{\mu_0 I}{2\pi r}\left(1 + \frac{\pi}{2}\right)$$

6. 斯图尔特和道尔曼于 1917 年首次测定了以匀角加速度运动的圆线圈里产生的磁场.一个均匀的细金属导线,单位长度的电阻等于 ρ_0,做成一个圆环,围绕其中心进行匀加速转动,角加速度为 β,计算在环中心的磁感强度 B 的值,电子电荷为 e,质量为 m.

【解析】电子所受的惯性力我们可以用一个假想的电场做类比,设此假想电场的电场强度为 E,有

$$Ee = mr\beta$$

$$E = \frac{mr\beta}{e}$$

根据电阻定律

$$R = \rho\frac{l}{S}$$

单位长度的电阻为

$$\rho_0 = \frac{R}{l} = \frac{\rho}{S}$$

其中 ρ 为电阻率,S 为导线截面积,电流密度 j 满足

$$j = \sigma E = \frac{E}{\rho} = \frac{E}{\rho_0 S}$$

由此可以得到电流强度 I

$$I = jS = \frac{E}{\rho_0} = \frac{mr\beta}{\rho_0 e}$$

这就是圆环中的电流强度,所以环中心处的磁感强度 B 为

$$B = \frac{\mu_0}{2} \cdot \frac{I}{r} = \frac{\mu_0 m\beta}{2\rho_0 e}$$

也可由此假想电场 E,直接得到单位长金属导线的电势差 $U = E$,电流强度为

$$I = \frac{U}{\rho_0} = \frac{E}{\rho_0}$$

同样可得到本问题的解.

§10.2 磁场对载流体的作用

10.2.1 安培力

一段通电直导线置于匀强磁场中,通电导线长为 L,电流强度为 I,磁场的磁感强度为 B,电流 I 和磁感强度 B 间的夹角为 θ,那么该导线受到的安培力为 $F = ILB\sin\theta$. 电流方向与磁场方向平行时, $\theta = 0°$, 或 $\theta = 180°$, $F = 0$;电流方向与磁场方向垂直时, $\theta = 90°$, 安培力最大, $F = ILB$.

一般情况下, $\qquad F = ILB\sin\theta$
或 $\qquad F = ILB_\perp$

安培力方向由左手定则判断,它一定垂直于 B、L 所决定的平面.

当一段通电导线是任意弯曲的曲线时,如图 10-11 所示,可以用连接导线两端的直线段的长度 l 作为弯曲导线的等效长度,那么弯曲导线所受的安培力为:

$$F = ILB\sin\theta$$

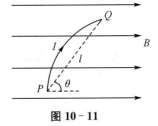

图 10-11

10.2.2 安培的定义

如图 10-12 所示,两相距为 a 的平行长直导线分别载有电流 I_1 和 I_2. 载流导线 1 在导线 2 处所产生的磁感强度为 $B_{21} = \frac{\mu_0 I_1}{2\pi a}$,方向如图 10-12 所示.

导线 2 上长为 ΔL_2 的线段所受的安培力为:

$$\begin{aligned}\Delta F_2 &= I_2 \Delta L_2 B_{21} \sin\frac{\pi}{2} \\ &= I_2 \Delta L_2 B_{21} \\ &= \frac{\mu_0 I_1 I_2 \Delta L_2}{2\pi a}\end{aligned}$$

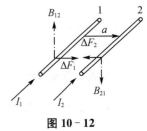

图 10-12

其方向在导线 1、2 所决定的平面内且垂直指向导线 1,导线 2 单位长度上所受的力为:

$$\frac{\Delta F_2}{\Delta L_2} = \frac{\mu_0 I_1 I_2}{2\pi a}$$

同理可证,导线 1 上单位长度导线所受力也为 $\frac{\Delta F_1}{\Delta L_1} = \frac{\mu_0 I_1 I_2}{2\pi a}$. 方向垂直指向导线 2,两条导线间是吸引力. 也可证明,若两导线内电流方向相反,则为排斥力.

国际单位制中,将电流强度的单位安培规定为基本单位.安培的定义规定为:放在真空中的两条无限长直平行导线,通有相等的稳恒电流,当两导线相距 1 米,每根导线每米长度上受力为 2×10^{-7} 牛顿时,各导线上的电流的电流强度为 1 安培.

10.2.3 安培力矩

如图 10-13 所示,设在磁感强度为 B 的均匀磁场中,有一刚性长方形平面载流线圈,边长分别为 L_1 和 L_2,电流强度为 I,线框平面的法矢量 n 与 $\vec{B}$ 之间的夹角为 θ,则各边受力情况如下:

可以计算出作用在线圈上的力矩为:
$$M = IL_1L_2B\sin\theta$$
而 L_1L_2 为线圈面积 S,故:
$$M = ISB\sin\theta$$
$$M = ISB_{/\!/}$$

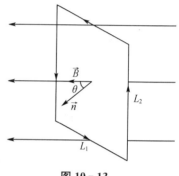

图 10-13

我们称面积很小的载流线圈为磁偶极子,用磁偶极矩 P_m 来描绘它.其磁偶极矩的大小为平面线圈的面积与所载电流的电流强度之乘积,即 $P_m = IS$,其方向满足右手螺旋定则,即伸出右手,四指绕电流流动方向旋转,大拇指所指方向即为磁偶极矩的方向(图 10-14).

如图 10-13 中 n 的方向,则 θ 角即为磁偶极矩 $\vec{P}_m$ 与磁感强度 $\vec{B}$ 的正方向的夹角.这样,线圈所受力矩可表示为:
$$M = P_mB\sin\theta$$
矢量式为:
$$\vec{M} = \vec{P}_m \times \vec{B}$$

图 10-14

我们从矩形线圈推出的公式对置于均匀磁场中的任意形状的平面线圈都适合.

例 3 在距地面 h 高处水平放置距离为 L 的两条光滑金属导轨,与导轨正交的水平方向的线路上依次有电动势为 ε 的电池,电容为 C 的电容器及质量为 m 的金属杆,如图 10-15,单刀双掷开关 S 先接触头 1,再扳向接触头 2,由于空间有竖直向下的强度为 B 的匀强磁场,使得金属杆水平向右飞出做平抛运动.测得其水平射程为 s,问电容器最终的带电量是多少?

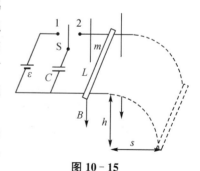

图 10-15

【解析】开关 S 接 1,电源向电容器充电,电量 $Q = C\varepsilon$.S 扳向 2,电容器通过金属杆放电,电流通过金属杆,金属杆受磁场力向右,金属杆右边的导轨极短,通电时间极短,电流并非恒定,力也就不是恒力.因此,不可能精确计算每个时刻力产生的效果,只能关心和计算该段时间内变力冲量的效果,令金属杆离开导轨瞬间具有水平向右的动量.根据冲量公式 $F\Delta t = BI\Delta t = BL\Delta q$,跟安培力的冲量相联系的是 Δt 时间内流经导体的电量.由平抛的高度与射程可依据动量定理求出 Δq,电容器最终带电量可求.

先由电池向电容器充电,充得电量 $Q_0 = C\varepsilon$.之后电容器通过金属杆放电,放电电流是变化

电流,安培力 $F = iLB$ 也是变力.根据动量定理:
$$F \cdot \Delta t = BLi\Delta t = BL\Delta q = mv$$

其中
$$v = \frac{s}{t}$$
$$h = \frac{1}{2}gt^2$$

综合得
$$v = s\sqrt{\frac{g}{2h}}$$
$$\Delta q = \frac{mv}{BL} = \frac{ms}{BL}\sqrt{\frac{g}{2h}}$$

电容器最终带电量
$$Q = Q_0 - \Delta q = C\varepsilon - \frac{ms}{BL}\sqrt{\frac{g}{2h}}$$

【总结】根据动量定理来研究磁场力冲量产生的效果,实际上就是电量和导体动量变化的关系,这是磁场中一种重要的问题类型.

例4 图 10-16 中,无限长直导线中通有恒定电流 I_0,已知由 I_0 产生磁场的公式是 $B = k\frac{I_0}{r}$,k 为恒量,边长为 $2L$ 的正方形线框轴线 OO' 与长直导线平行.某时刻线圈的 ab 边与长直导线相距 $2L$,且此时 ab 边与导线所组成的面与线圈平面垂直.已知线圈中通有电流 I.求此时刻线圈所受的磁场力矩.

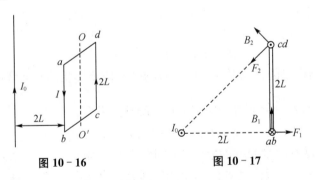

图 10-16　　　　图 10-17

【解析】画俯视图如图 10-17 所示,先根据右手螺旋定则确定 B_1 和 B_2 的方向,再根据左手定则判断 ab 边受力 F_1 和 cd 边受力 F_2 的方向,然后求力矩.

根据右手螺旋定则和左手定则确定 B_1 和 B_2、F_1 和 F_2 的方向,如图 10-17 所示.

$$B_1 = k\frac{I_0}{2L}$$
$$B_2 = k\frac{I_0}{2\sqrt{2}L}$$
$$F_1 = I \cdot 2LB_1 = kI_0I$$
$$F_2 = 2ILB_2 = \frac{\sqrt{2}}{2}kI_0I$$

F_1 对 OO' 轴产生的力矩

$$M_1 = F_1 L = k I_0 I L$$

F_2 对 OO' 轴产生的力矩

$$M_2 = F_2 \frac{\sqrt{2}}{2} L = \frac{1}{2} k I_0 I L$$

两个力矩俯视都是逆时针同方向的,所以磁场对线圈产生的力矩:

$$M = M_1 + M_2 = \frac{3}{2} k I_0 I L$$

【总结】安培力最重要的应用就是磁场力矩,这是电动机的原理,也是磁电式电流表的构造原理.一方面要强调三维模型简化为二维平面模型,另一方面则要强调受力边的受力方向的正确判断,力臂的确定,力矩的计算.本题综合运用多个知识点,解决问题的能力层次是较高的,我们应努力摸索和积累这方面的经验.

● 强 化 训 练 ●

7. 半径为 R,通有电流 I 的圆形线圈,放在磁感强度大小为 B、方向垂直线圈平面的匀强磁场中,求由于安培力而引起的线圈内张力.

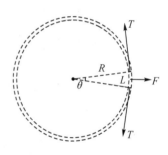

【解析】方法一:隔离一小段弧,对应圆心角 θ,则弧长 $L = \theta R$.因为 $\theta \to 0$(在右图中,为了说明问题,θ 被夸大了),弧形导体可视为直导体,其受到的安培力

$$F = ILB = IR\theta B$$

其两端受到的张力设为 T,则 T 的合力

$$F = 2T\sin\frac{\theta}{2}$$

$$T\theta = IR\theta B$$

$$T = IRB$$

方法二:隔离线圈的一半,根据弯曲导体求安培力的定式和平衡方程即可求出 $T = IRB$.

8. 如右图所示,一段质量 $m = 10$ g 的导线弯成长方形,水平的一段长 $L = 20$ cm,处在 $B = 0.1$ T 的水平匀强磁场中,导线两端的竖直部分分别插在两个浅水银槽中,两槽水银通过导线与电源和开关连接.实验发现,当开关一接通,导线就从水银槽中跳起来,跳起的最大高度为 $h = 30$ cm,求通过导线的电量.

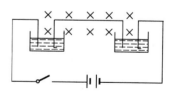

【解析】过程的前因后果是:开关接通,电流通过导线.根据左手定则可判断导线受到竖直向上的安培力作用,导线经过极短时间 Δt 就跳离水银面,电流和安培力的存在时间也就是 Δt,我们无须也不可能关心 Δt 内每一时刻杆的运动状态,只需知道 Δt 结束时刻杆具有了向上的动量 mv,并以 v 为初速开始了竖直上抛运动.

$$mv = F\Delta t = BLi\Delta t = BL\Delta q \qquad ①$$

竖直上抛过程机械能守恒,则

$$\frac{1}{2}mv^2 = mgh$$

所以
$$v = \sqrt{2gh}$$

又因为
$$m\sqrt{2gh} = BL\Delta q$$

所以
$$\Delta q = \frac{m}{BL}\sqrt{2gh} = \frac{0.01}{0.2 \times 0.1} \times \sqrt{20 \times 0.3}\ \text{C} = \frac{\sqrt{6}}{2}\ \text{C}$$

【点评】 我们在①式中忽略了导线的重力,这样做到底是否妥当?由于电池电动势和电路电阻未给出,我们不可能求出 I 和 $F_A = ILB$ 并把它和重力比较大小.然而有理由猜测,因为忽略了重力可能会引起一定误差,虽然重力只有 0.1 N,但 F_A 毕竟也是有限大的力.下面做个粗略的计算:假定不计导线两端竖直部分,设其是铜质,10 g 重,20 cm 长,截面积约为 $\frac{1}{18}$ cm²,即使只有 3 V 电压,因其电阻为 $6.2 \times 10^{-4}\ \Omega$,能产生接近 5 kA 的电流,$F_A = ILB = 5000 \times 0.2 \times 0.1\ \text{N} = 10^3\ \text{N}$.

如此看来,忽略重力是没有很大问题的.

9. 如图所示,金属棒 ab 质量 $m = 5$ g,放在相距 $L = 1$ m、处于同一水平面上的两根光滑的平行金属导轨最右端,导轨距地高 $h = 0.8$ m,电容器 $C = 400\ \mu\text{F}$,电源电动势 $E = 16$ V,整个装置放在方向竖直向上、磁感强度 $B = 0.5$ T 的匀强磁场中.开关 S 先扳向 1,稳定后再扳向 2,金属棒被抛到水平距离 $x = 6.4$ cm 的地面上,空气阻力忽略不计,取 $g = 10$ m/s².求:金属棒 ab 抛出后电容器两端电压有多高?

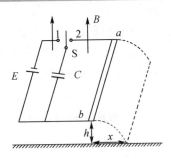

【解析】 设金属棒通过电量 Q,安培力 F 作用时间为 Δt,平抛的初速度为 v_0,飞行时间为 t,根据动量定理:

$$F\Delta t = mv_0 - 0$$

$$v_0 = \frac{x}{t}$$

$$F = BiL$$

$$h = \frac{1}{2}gt^2$$

$$Q = i\Delta t$$

以上各式联立:

$$Bi L\Delta t = BLQ = mx\sqrt{\frac{g}{2h}}$$

得:

$$Q = \frac{mx}{BL}\sqrt{\frac{g}{2h}} = 1.6 \times 10^{-3}\ \text{C}$$

设S扳向1时,电容器的电量为Q_1,则:
$$Q_1 = CU_1 = CE$$
金属棒抛出后电容器的电量为Q_2,则:
$$Q_2 = Q_1 - Q = CE - Q = 400 \times 10^{-6}\,C \times 16\,V - 1.6 \times 10^{-3}\,C = 4.8 \times 10^{-3}\,C$$
金属棒抛出后电容两端电压:
$$U_2 = \frac{Q_2}{C} = 4.8 \times 10^{-3}\,V / 400 \times 10^{-6} = 12\,V$$

10. 一个半径为R的圆线圈,共有N匝,在磁感强度为B,竖直向下的匀强磁场中,线圈可绕通过其水平直径的固定轴转动.一个质量为m的物体用细线挂在线圈下部,如图,当线圈通以电流I后,最终能在某一位置处于平衡状态,这时线圈平面跟磁场夹角为θ,写出θ的计算式;取$B = 0.50\,T$,$R = 10\,cm$,$N = 10$匝,$m = 500\,g$,$I = 1.0\,A$,线圈本身重力忽略不计,求θ值.

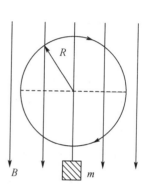

【解析】从矩形线圈推出的求磁偶极矩的公式对置于均匀磁场中的任意形状的平面线圈都适合.

所以
$$M = nBIS\cos\theta = mgR\sin\theta$$
$$nBI\pi R^2\cos\theta = mgR\sin\theta$$

所以
$$\tan\theta = \frac{nBI\pi R}{mg} = 3.14 \times 10^{-1}$$
$$\theta = 18°$$

11. 如图所示,一长方体绝缘容器,容器内部高为L、厚为d,两侧装有两根开口向上的管子,上、下装有电极C(正极)和D(负极),并经电键K与电源连接.容器中注满能导电的液体,液体的密度为ρ_0,将容器置于一匀强磁场中,磁场方向垂直纸面向里,当电键断开时,竖直管子a、b中的液面高度相同,电键K闭合后,a、b管中液面将出现高度差,问:

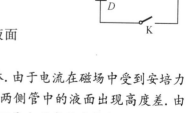

(1) 电键闭合后,哪个管的液面高些?
(2) 若在回路中接一电流表,并测得电流强度为I,两管液面高度差为h,则磁感强度的大小是多少?

【解析】当电键K闭合后,有电流通过电容器中的导电液体.由于电流在磁场中受到安培力的作用,使容器的两侧管中产生压强差.在此压强差的作用下,两侧管中的液面出现高度差.由左手定则可判断哪一管液面高.由安培力公式和液体压强公式可导出磁感强度B与可测定量之间的关系.

(1) 由左手定则可以判定通电液体所受安培力方向向右,因而b管的液面高于a管.
(2) 通电液体在磁场中受到的安培力大小为:
$$F = BIl$$
因此长方体容器两侧的压强差为:

$$P = \frac{F}{S} = \frac{BIl}{dl} = \frac{BI}{d}$$

在此压强的作用下,设两管液面的高度差为 h,则:
$$P = \rho g h$$

由上两式得磁感应强度 B 与可测定量之间的关系为:
$$B = \frac{\rho g d h}{I}$$

说明:上式亦可变形为:
$$h = \frac{I}{\rho g d} B$$

由此可知,当电流 I 很大,ρ、d 又很小时,即使磁感应强度 B 很微弱,也会使两管的液面有较大的高度差.所以用此法测量磁感应强度,电流 I 越大,ρ、d 越小,测量的灵敏度越高.

12. 地面上方某区域内有一个辐射状的磁场,空间一点磁感应强度大小 $B = \frac{a}{r}$,r 为 O 点至该点的距离,如图(a)所示.一金属圆环,半径为 R_0,设法让其有稳恒电流 I 在 O 点正上方 H_0 处,环心 O' 与 O 在同一竖直线上,金属导线环能水平静止,现使环面保持水平,竖直方向上偏离平衡位置一个微小量 y,再由静止释放,试分析导电圆环的运动.

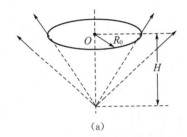
(a)
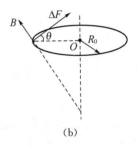
(b)

【解析】平衡位置处环所受安培力与环重力平衡,如图(b).环上一小段安培力
$$\Delta F = BI\Delta L$$
$$\Delta F_{安} = \Delta F_{安} \cdot \sin\theta = BI\Delta L \cdot \sin\theta$$
$$F_{竖} = \sum \Delta F_{安} = BI \cdot 2\pi R_0 \cdot \sin\theta$$
$$B = \frac{a}{r_0} \quad \sin\theta = \frac{R_0}{r_0}$$

所以有
$$mg = \frac{2\pi a I R_0^2}{r_0^2}$$

设当圆环竖直向上发生微小位移 y 时,同理整个环所受安培力为:
$$F_{安} = \frac{2\pi a I R_0^2}{r^2}$$

其中
$$r = \sqrt{R_0^2 + (H_0+y)^2}$$

则环所受合力为:

$$F = F_{安} - mg = 2\pi aIR_0^2\left(\frac{1}{r^2} - \frac{1}{r_0^2}\right)$$

$$= \frac{2\pi aIR_0^2[H_0^2 - (H_0+y)^2]}{(R_0^2 + H_0^2)[R_0^2 + (H_0+y)^2]}$$

$$= \frac{2\pi aIR_0^2(-2H_0 y - y^2)}{(R_0^2 + H_0^2)[R_0^2 + (H_0+y)^2]}$$

因为 y 是微小量 $y \ll H_0$，所以合力

$$F \approx -\frac{4\pi aIR_0^2 H_0}{(R_0^2 + H_0^2)^2} \cdot y$$

因此圆环将做简谐振动，振动周期

$$T = 2\pi\sqrt{\frac{m}{k}}$$

其中 k 为：

$$k = \frac{4\pi aIR_0^2 H_0}{(R_0^2 + H_0^2)^2}$$

m 为：

$$m = \frac{2\pi aIR_0^2 H_0}{(R_0^2 + H_0^2)g}$$

所以得到

$$T = 2\pi\sqrt{\frac{H_0^2 + R_0^2}{2gH_0}}$$

§10.3 磁场对运动电荷的作用

10.3.1 洛伦兹力

磁场对电流有力的作用，电流是由于电荷的定向移动产生的，所以磁场对运动电荷也应有力的作用。磁场对运动电荷的作用力称为洛伦兹力。

根据安培定律 $F = IB\Delta L\sin\theta$，而电流强度与运动电荷有关系 $I = nqvS$，θ 角既是电流元 $I\Delta L$ 与 B 的夹角，也可视为带电粒子的速度 $\vec{v}$ 与 $\vec{B}$ 之间的夹角，ΔL 长导线中有粒子数 $N = n\Delta LS$，则每个电子受到的力即洛伦兹力为：

$$f = \frac{F}{N} = \frac{nqvSB\Delta L\sin\theta}{n\Delta LS} = qvB\sin\theta$$

$$f = qvB_\perp$$

洛伦兹力总是与粒子速度垂直，因此洛伦兹力不做功，不能改变运动电荷速度的大小，只能改变速度的方向，使路径发生弯曲。

洛伦兹力的方向从图 10-18 可以看出，它一定与磁场 B 的方向垂直，也与粒子速度 v 的方向垂直，即与 v、B 所在的平面垂直，具体方向可用左手定则判定。但应注意，这里所说的粒子运动方向是指正电荷运动的方向，它恰与负电荷沿相反方向的运动等效。

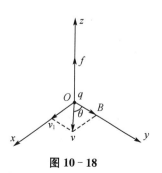

图 10-18

安培力可以做功,为什么洛伦兹力不能做功?

应该注意"安培力是大量带电粒子所受洛伦兹力的宏观体现"这句话的确切含义——"宏观表现"和"完全相同"是有区别的.我们可以分两种情形看这个问题:(1)导体静止时,所有粒子的洛伦兹力的合力显然等于安培力;(2)导体运动时,粒子参与的是沿导体棒的运动 v_1 和导体运动 v_2 的合运动,其合速度为 v,这时的洛伦兹力 f 垂直 v 而安培力垂直导体棒,它们是不可能相等的,只能说安培力是洛伦兹力的分力 $f_1 = qv_1 B$ 的合力(见图 10-19).

很显然,f_1 的合力(安培力)做正功,而 f 不做功(或者说 f_1 的正功和 f_2 的负功的代数和为零).事实上,由于电子定向移动速率 v_1 在 10^{-5} m/s 数量级,而 v_2 一般都在 10^{-2} m/s 数量级以上,致使 f_1 只是 f 的一个极小分量.

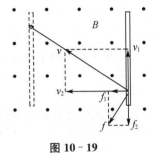

图 10-19

10.3.2 带电粒子在匀强磁场中的运动规律

带电粒子在匀强磁场中的运动规律与粒子的初始状态有关,具体如下:

如果带电粒子原来静止,它即使在磁场中也不会受洛伦兹力的作用,因而保持静止.如果带电粒子运动的方向恰与磁场方向在一条直线上,该粒子仍不受洛伦兹力的作用,粒子就以这个速度在磁场中做匀速直线运动.

带电粒子速度方向与磁场方向垂直,带电粒子在垂直于磁场方向的平面内以入射速度 v 做匀速圆周运动.带电粒子在匀强磁场中做匀速圆周运动的四个基本公式.

向心力公式:
$$qvB = \frac{mv^2}{R}$$

轨道半径公式:
$$R = \frac{mv}{qB}$$

周期、频率和角频率公式,即:
$$T = \frac{2\pi R}{v} = \frac{2\pi m}{qB}, f = \frac{1}{T} = \frac{qB}{2\pi m}, \omega = \frac{2\pi}{T} = 2\pi f = \frac{qB}{m}$$

动能公式:
$$E_k = \frac{1}{2}mv^2 = \frac{p^2}{2m} = \frac{(qBR)^2}{2m}$$

如图 10-20 所示,在洛伦兹力作用下,一个做匀速圆周运动的粒子,不论沿顺时针方向运动还是沿逆时针方向运动,从 A 点到 B 点,均具有下述特点:

(1)轨道圆心 O 总是位于 A、B 两点洛伦兹力 f 的交点上或 AB 弦的中垂线 OO' 与任一个洛伦兹力作用方向的交点上.

(2)粒子的速度偏向角 φ 等于回旋角 α,并等于 AB 弦与切线的夹角(弦切角 θ)的两倍,即 $\varphi = \alpha = 2\theta = \omega t$.

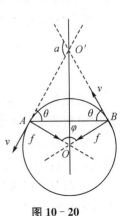

图 10-20

磁场中带电粒子运动的方向一般是任意的,但任何一个带电粒子运动的速度 v 都可以在垂直于磁场方向和平行于磁场方向进行分解,得到 $v_\perp$ 和 $v_\parallel$ 两个分速度. 根据运动的独立性可知,这样的带电粒子一方面以 $v_\parallel$ 在磁场方向上做匀速运动,一方面又在垂直于磁场的方向上做速率为 $v_\perp$ 的匀速圆周运动. 实际上粒子做螺旋线运动(如图 10-21),这种螺旋线运动的周期和螺距大小读者自己分析并不难解决. 其螺旋运动的周期 $T = \dfrac{2\pi m}{qB}$,其运动规律:

螺旋运动回旋半径:
$$r = \frac{mv\sin\theta}{qB}$$

螺旋运动螺距:
$$h = v_\parallel \cdot T = \frac{2\pi mv\cos\theta}{qB}$$

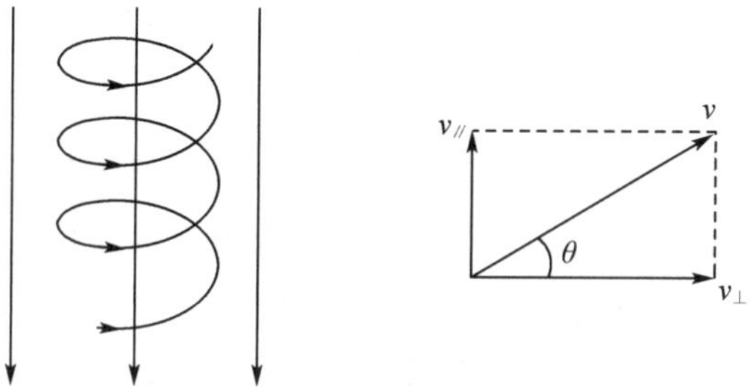

图 10-21

10.3.3 带电粒子在复合场中的运动

1. 电场和磁场平行

如图 10-22 所示的空间区域有相互平行的电场和磁场 E、B,一带电 $+q$ 的粒子以初速 v_0 射入场区,$v_0 \perp E$(或 B). 则带电粒子在磁场力作用下将做圆周运动,在电场力作用下向上做加速运动,由于向上运动速度分量 v_1 始终与 B 平行,故粒子受洛伦兹力大小恒为 qv_0B,结果粒子运动是垂直于 E(或 B)平面的半径为 $R = mv_0/qB$ 的匀速圆周运动和沿 E 方向匀加速直线运动的合运动,即一个螺距逐渐增大的螺旋运动.

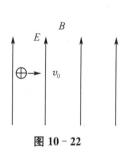

图 10-22

2. 电场力、洛伦兹力都与 v_0 方向垂直,粒子做匀速圆周运动

例如,电子绕原子核做匀速圆周运动,电子质量为 m,电量为 e,现在垂直轨道平面方向加一匀强磁场,磁感强度大小为 B,而电子轨道半径不变,已知电场力 3 倍于洛伦兹力,试确定电子的角速度.

在这里电子绕核旋转,电场力、洛伦兹力提供运动所需向心力,即
$$f_电 + f_洛 = mv^2/r$$
而 $f_洛$ 可能指向圆心,也可能沿半径向外,因而可能是
$$3evB + evB = mv^2/r$$
$$3evB - evB = mv^2/r$$

$$\omega_1 = \frac{2eB}{m} \text{ 或 } \omega_2 = \frac{4eB}{m}$$

3. 电场和磁场正交

如图 10-23 所示,空间存在着正交的电场和磁场区域,电场平行于纸面平面向下,大小为 E,磁场垂直于纸面向内,磁感强度为 B,一带电粒子以初速 v_0 进入磁场,$v_0 \perp E$,$v_0 \perp B$,设粒子带电量为 $+q$,则受力:$f_洛 = qv_0B$,方向向上;$F_电 = qE$,方向向下.若满足:

$$qv_0B = qE$$
$$v_0 = E/B$$

则带电粒子将受平衡力作用做匀速直线运动,这是一个速度选择器模型.

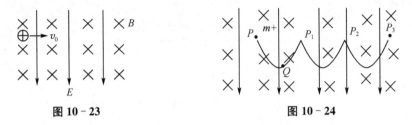

图 10-23　　　　　　图 10-24

若粒子进入正交电磁场速度 $v \neq v_0$,运动情况怎样呢?作为一个特殊的例子 $v_0 = 0$,如图 10-24 所示,在正交电磁场中,质量 m、带电量 $+q$ 的粒子由一点 P 静止释放,下面分析其运动情况.

粒子初速为零释放,它的运动轨迹是如图 10-24 所示的周期性的曲线.初速为零,亦可看成是向右 v_0 与向左 v_0 两个运动的合运动,其中 v_0 大小为:$v_0 = \frac{E}{B}$,所以 $+q$ 粒子可看成是向右 v_0 匀速直线运动和逆时针的匀速圆周运动的合运动.电场方向上向下最大位移

$$d_m = 2R$$
$$R = \frac{mv_0}{qB} = \frac{mE}{qB^2}$$
$$d_m = \frac{2mE}{qB^2}$$

经过一个周期,向右移动的距离为 L,即 PP_1 之距为

$$L = v_0 \cdot T$$
$$T = \frac{2\pi m}{qB}$$

代入,得:

$$L = \frac{2\pi mE}{qB^2}$$

最低点 Q 的速度 $v_Q = 2v_0$.

如果初速度不为零,则可将 v 分解为 $v = v_0 + v_1$,粒子的运动可看成是 v_0 与 v_1 两个运动的合运动,因而粒子受到的洛伦兹力可看成是 qv_0B 与 qv_1B 的合力,而 qv_0B 与电场力 Eq 平衡,粒子在电场中所受合力为 qv_1B,结果粒子的运动是以 v_0 做匀速直线运动和以 v_1 做匀速圆周运动的合运动.

例 5　如图 10-25 所示,在 xOy 平面内,$y > 0$ 区域有匀强电场,方向沿 $-y$ 方向,大小为

E,$y<0$ 区域有匀强磁场,方向垂直纸面向里,大小为 B,一带电量为 $+q$、质量为 m 的粒子从 y 轴上一点 P 由静止释放,要求粒子能经过 x 轴上 Q 点,Q 点坐标为 $(L,0)$,试求粒子最初释放点 P 的坐标.

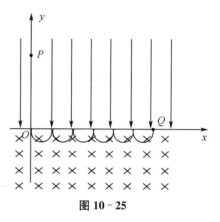

图 10-25

【解析】解决上述问题关键是明确带电粒子的受力和运动特点. 从 y 轴上释放后,只受电场力,做加速直线运动,从 O 点射入磁场,然后做匀速圆周运动,半圈后可能恰好击中 Q 点,也可能返回电场中,再减速、加速做直线运动,然后又返回磁场中,再经半圆有可能击中 Q 点…… 那么击中 Q 点应满足

$$n \cdot 2R = L \quad (1)$$

$$R = \frac{mv}{qB} \quad (2)$$

$$Eqy = \frac{1}{2}mv^2 \quad (3)$$

联立以上各式解得

$$y = \frac{qL^2B^2}{8Emn^2}$$

例 6 在如图 10-26 所示的直角坐标系中,坐标原点 O 处固定电量为 Q 的正点电荷,另有指向 y 轴正方向(竖直向上方向),磁感应强度大小为 B 的匀强磁场,因而另一个质量为 m、电量为 q 的正点电荷微粒恰好能以 y 轴上的 O' 点为圆心做匀速圆周运动,其轨道平面(水平面)与 xOz 平面平行,角速度为 ω,试求圆心 O' 的坐标值.

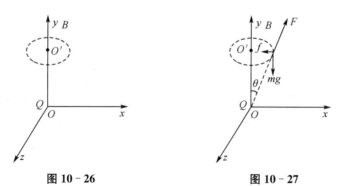

图 10-26   图 10-27

【解析】带电微粒做匀速圆周运动,可以确定在只有洛伦兹力和库仑力的情况下除非 O' 与 O 重合,否则必须要考虑第三个力即重力. 只有这样三者的合力才能保证微粒绕 O' 在水平面内做匀速圆周运动.

设带电微粒做匀速圆周运动的半径为 R,圆心的 O' 纵坐标为 y,圆周上一点与坐标原点的连线和 y 轴夹角为 θ,那么有

$$\tan\theta = \frac{R}{y}$$

带电粒子受力如图 10-27 所示,列出动力学方程为

$$mg = F\cos\theta \qquad ①$$
$$f - F\sin\theta = m\omega^2 R \qquad ②$$
$$f = q\omega RB \qquad ③$$

将②式变换得
$$f - m\omega^2 R = F\sin\theta \qquad ④$$

将③式代入④式,再由①式得
$$y = \frac{mg}{q\omega B - m\omega^2}$$

例7 真空中有一半径为 r 的圆柱形匀强磁场区域,磁场方向垂直于纸面向里,Ox 为过边界上 O 点的切线,如图 10-28 所示. 从 O 点在纸面内向各个方向发射速率均为 v_0 的电子,设电子间相互作用忽略,且电子在磁场中的偏转半径也为 r. 已知电子的电量为 e,质量为 m.

(1) 速度方向分别与 Ox 方向成 $60°$ 和 $90°$ 夹角的电子,在磁场中的运动时间分别为多少?

(2) 所有从磁场边界射出的电子,速度方向有何特征?

(3) 设在某一平面内有 M、N 两点,由 M 点向平面内各个方向发射速率均为 v_0 的电子. 请设计一种匀强磁场分布,使得由 M 点发出的所有电子都能够汇集到 N 点.

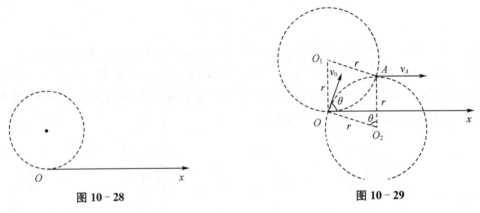

图 10-28   图 10-29

【解析】(1) 如图 10-29,入射时电子速度与 x 轴夹角为 θ,无论入射的速度方向与 x 轴的夹角为何值,由入射点 O 射出. 点 A 磁场圆心 O_1 和轨道圆心 O_2 一定组成边长为 r 的菱形. 因 $O_1O \perp Ox$,OO_2 垂直于入射速度方向,故 $\angle OO_2A = \theta$. 即电子在磁场中所偏转的角度一定等于入射时电子速度与 Ox 轴的夹角.

当 $\theta = 60°$ 时,$t_1 = \dfrac{T}{6} = \dfrac{\pi r}{3v}$.

当 $\theta = 90°$ 时,$t_2 = \dfrac{T}{4} = \dfrac{\pi r}{2v}$.

(2) 因 $\angle OO_2A = \theta$ 故 $O_2A \perp Ox$. 而 O_2A 与电子射出的速度方向垂直,可知电子射出方向一定与 Ox 轴方向平行,即所有的电子射出圆形磁场时,速度方向均与 Ox 轴相同.

(3) 上述的粒子路径是可逆的,(2) 中从圆形磁场射出的这些速度相同的电子再进入一相同的匀强磁场后,一定会聚焦于同一点,磁场的分布如图 10-30 所示,对于从 M 点向 MN 连线上方运动的电子,两磁场分别与 MN 相切,M、N 为切点,且平行两磁场边界圆心的连线 O_1O_2.

设 MN 间的距离为 l，所加的磁场的边界所对应圆的半径为 r，故应有 $2r \leqslant l$，即 $2\dfrac{mv}{eB} \leqslant l$，所以所加磁场感应强度应满足 $B \geqslant \dfrac{2mv}{el}$.

同理，对于从 M 点向 MN 连线下方运动的电子，只要使半径相同的两圆形磁场与上方的两圆形磁场位置关于 MN 对称且磁场方向与之相反即可.

只要在矩形区域 $M_1N_1N_2M_2$ 内除图 10-30 中 4 个半圆形磁场外无其他磁场，矩形 $M_1N_1N_2M_2$ 区域外的磁场均可向其余区域扩展.

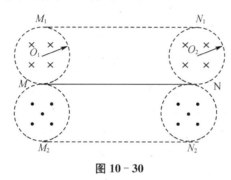

图 10-30

● ● ● ● ● ● ● ● 强 化 训 练 ● ● ● ● ● ● ● ●

13. 如图所示，顶角为 2θ 的光滑圆锥，置于磁感强度大小为 B，方向竖直向下的匀强磁场中，现有一个质量为 m，带电量为 $+q$ 的小球，沿圆锥面在水平面内做匀速圆周运动，求小球做圆周运动的最小轨道半径.

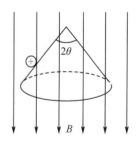

【解析】小球在运动时将受重力 mg，圆锥面对球的弹力 N，及洛伦兹力 f 的作用. 设小球做匀速圆周运动的轨道半径为 R，速率为 v，正交分解得：

$$qvB - N\cos\theta = m\dfrac{v^2}{R} \quad \text{①}$$

$$N\sin\theta - mg = 0 \quad \text{②}$$

解得：

$$\dfrac{mv^2}{R} - qvB + mg\cot\theta = 0$$

因为 v 有实数解，由 $b^2 - 4ac \geqslant 0$，即：

$$(-qB)^2 - 4\dfrac{m}{R} \cdot mg\cot\theta \geqslant 0$$

得：

$$R \geqslant \dfrac{4m^2 g\cot\theta}{q^2 B^2}$$

所以小球做圆周运动的最小半径为：

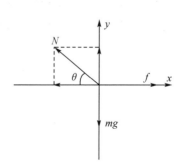

$$R_{\min} = \frac{4m^2 g\cot\theta}{q^2 B^2}$$

【点评】 本题用的是数学方法求极值,要想用物理方法求极值,则太勉强了.

14. 如图所示,两个平行板内存在互相平行的匀强电场和匀强磁场,电场强度为 E,方向竖直向上,磁感强度为 B. 在平行板的右端处有一荧光屏 MN,中心为 O,OO' 既垂直电场方向又垂直荧光屏,长度为 L. 在荧光屏上以 O 点为原点建立一直角坐标系,y 轴方向竖直向上,x 轴正方向垂直纸面向外. 现有一束具有相同速度和比荷的带正电粒子束,沿 $O'O$ 方向从 O' 点射入此电场区域,最后打在荧光屏上. 若屏上亮点坐标为 $\left(\frac{\sqrt{3}}{3}L, \frac{L}{6}\right)$,重力不计. 试求:(1) 磁场方向;(2) 带电粒子的荷质比.

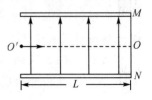

【解析】 带电粒子在相互平行的匀强电场与磁场中运动为比较复杂的三维运动(螺旋线运动),根据力和运动独立作用原理,可以把此螺旋运动构建为 y 轴方向上的加速直线运动和 xOz 平面内的匀速圆周运动的复合运动模型. 在 xOz 平面内构建出如图所示的几何图形,由图运用物理知识和三角形知识可得:磁场方向竖直向上,且

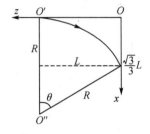

$$R = \frac{2\sqrt{3}}{3}L$$

$$\sin\theta = \frac{\sqrt{3}}{2}$$

$$\theta = \frac{\pi}{6}$$

粒子在磁场中运动的时间为

$$t = \frac{T}{6} = \frac{\pi m}{3qB}$$

结合 $y = Eqt^2/(2m) = L/6$ 得粒子的荷质比为

$$\frac{q}{m} = \frac{E\pi^2}{3B^2 L}$$

15. 如图(a)所示,一质量均匀分布的细圆环,其半径为 R,质量为 m,令此环均匀带正电,总电量为 Q. 现将此圆环平放在绝缘的光滑水平桌面上,并处于磁感强度为 B 的均匀磁场中,磁场方向竖直向下,当此环绕通过其中心的竖直轴以匀角速度 ω 沿图示方向旋转时,环中张力等于多少?

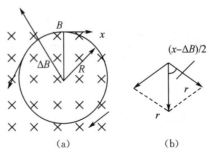

(a)　　　　(b)

【解析】在圆环上取两个相近的点 A、B,其张力为 T,AB 对应的圆心角为 $\Delta\theta$,A 点张力 T 和 B 点张力 T 的合力为 T',T' 和圆环所受到的安培力 f 一起构成圆环做匀速圆周运动的向心力(圆环旋转相当于一条通电导线,由安培定则可知 f 指向圆外,如图(b)所示).

$$T' = 2T\cos\left(\frac{\pi}{2} - \frac{\Delta\theta}{2}\right) = 2T\sin\frac{\Delta\theta}{2}$$

安培力:

$$f = I\Delta lB = \frac{Q}{2\pi R}vR\Delta\theta B$$

$$= \frac{Q}{2\pi R}\omega R^2 \cdot \Delta\theta B = \frac{Q\omega R}{2\pi}B\Delta\theta$$

又因为

$$T' - f = \Delta m\omega^2 R \tag{1}$$

其中 Δm 为 AB 之间的圆环质量.

$$\Delta m = \frac{m}{2\pi R} \cdot R\Delta\theta = \frac{m}{2\pi}\Delta\theta$$

将 T'、f、Δm 的表达式代入(1)式,得

$$2T\sin\frac{\Delta\theta}{2} - \frac{Q\omega R}{2\pi}B\Delta\theta = \frac{m}{2\pi}\Delta\theta\omega^2 R$$

因为 $\Delta\theta$ 很小,则 $\sin\frac{\Delta\theta}{2} = \frac{\Delta\theta}{2}$

$$T\Delta\theta - \frac{Q\omega R}{2\pi}B\Delta\theta = \frac{m}{2\pi}\Delta\theta\omega^2 R$$

$$T = \frac{\omega R}{2\pi}(QB + m\omega)$$

16. 如右图所示,一半径为 r 的圆柱体绕竖直轴以角速度 ω 匀速转动,圆柱体左侧有一个水平向右的大小为 E 的匀强电场,一个质量为 m、带正电 q 的小物体贴在圆柱体上,为使它在柱面上沿竖直方向以速度 v_0 匀速下滑,需加入一个匀强磁场,要求物体受到的洛伦兹力、重力和摩擦力在同一平面内,求:

(1) 磁感应强度最小值是多大?方向如何?
(2) 物体与侧面间滑动摩擦系数是多少?

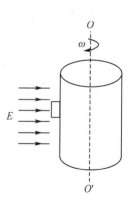

【解析】取从左向右的视向,如图所示:

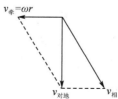

圆柱转速为 $v_牵 = \omega r$,小物体对地竖直下滑,得 $v_相$,摩擦力跟 $v_相$ 反方向,$v_相$ 与 v 对地的夹角为 θ,$\tan\theta = \frac{\omega r}{v}$.

小物体受到的力的示意图如下：

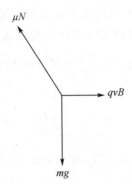

另外小物体还要受到电场力 Eq 和正压力 N. 根据左手定则，磁场和电场平行同向时，力 qvB 跟磁场和速度都垂直，磁场为最小值，还有 $N = Eq$.

因为：
$$qvB_{\min} = mg\tan\theta = mg\frac{\omega r}{v}$$

得：
$$B_{\min} = \frac{mgr\omega}{qv^2}$$

$$\mu N = \mu qE = \sqrt{(mg)^2 + (qvB_{\min})^2}$$

得：
$$\mu = \frac{mg}{Eqv}\sqrt{v^2 + (\omega r)^2}$$

17. 如图所示，PR 是一块长为 L 的绝缘平板，整个空间有平行于 PR 的匀强电场 $\vec{E}$，在板的右半部分有一个垂直于纸面向外的匀强磁场 $\vec{B}$，一个质量为 m，带电量为 q 的物体，从板的 P 端由静止开始在电场力和摩擦力的作用下向右做匀加速运动，进入磁场后恰能做匀速运动. 当物体碰到板 R 端挡板后被弹回，若在碰撞瞬间撤去电场，物体返回时在磁场中仍做匀速运动，离开磁场后做匀减速运动停在 C 点，$PC = L/4$，物体与平板间的动摩擦因数为 μ，求：

(1) 物体与挡板碰撞前后的速度 v_1 和 v_2；
(2) 磁感强度 B 的大小；
(3) 电场强度 E 的大小.

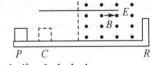

【解析】物体碰挡板后在磁场中做匀速运动，可判断物体带的是正电荷，方向向右.

(1) 物体进入磁场前，在水平方向上受到电场力和摩擦力的作用，由静止匀加速至 v_1

$$(qE - \mu mg) \times \frac{L}{2} = \frac{1}{2}mv_1^2 \qquad ①$$

物体进入磁场后，做匀速直线运动，电场力与摩擦力相等

$$\mu(mg + qv_1B) = qE \qquad ②$$

在碰撞的瞬间，电场撤去，物体仍做匀速直线运动，速度为 v_2.
此时物体不再受摩擦力，在竖直方向上磁场力与重力平衡

$$qv_2B = mg \qquad ③$$

离开磁场后，物体在摩擦力的作用下做匀减速直线运动.

$$-\mu mg \times \frac{1}{4}L = 0 - \frac{1}{2}mv_2^2 \qquad ④$$

由 ④ 式可得

$$v_2 = \frac{\sqrt{2\mu gL}}{2} \qquad \text{⑤}$$

代入③,得

$$qB = m\sqrt{\frac{2g}{\mu L}}$$

由②代入①,再代入⑤得

$$v_1 = \sqrt{2g\mu L}$$

(2) 由③式得

$$B = \frac{mg}{qv_2} = \frac{m\sqrt{2\mu gL}}{q\mu L}$$

(3) 由②式得

$$E = \frac{\mu mg}{q} + \mu v_1 B = \frac{3\mu mg}{q}$$

18. 如图所示,被 1000 V 的电势差加速的电子从电子枪发射出来,沿直线 a 方向运动,要求电子击中在 $\varphi = 60°$ 方向、距离枪口 5 cm 的靶 M 上,对以下两种情形求出所用的均匀磁场的磁感强度 B.

(1) 磁场垂直于由直线 a 与点 M 所确定的平面.
(2) 磁场平行于 TM.

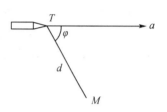

【解析】(1) 从几何角度考虑得出电子的圆轨道的半径为:

$$r = \frac{d}{2\sin\varphi} \qquad \text{①}$$

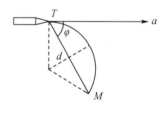

按能量守恒定律,电荷 Q 通过电势差 U 后的速度 v 为

$$\frac{1}{2}mv^2 = eU$$

即

$$v = \sqrt{\frac{2eU}{m}} \qquad \text{②}$$

又电子的轨道半径

$$r = \frac{mv}{eB} \qquad \text{③}$$

由以上各式可得

$$B = \frac{2\sin\varphi}{d}\sqrt{\frac{2mU}{e}} \approx 3.7 \times 10^{-3} \text{ T}$$

(2) 在磁场施加的力与速度垂直,所以均匀恒定磁场只改变电子速度的方向,不改变速度的大小. 我们把电子枪发射的电子速度分解成两个直线分量:沿磁场 B 方向的 $v\cos\varphi$ 和垂直磁场的 $v\sin\varphi$,因为 $v\cos\varphi$ 在磁场的方向上,磁场对它没有作用力. 结果是电子绕 B 方向做螺旋线运动.

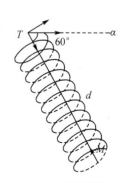

电子绕一周的时间是 $T = \dfrac{2\pi m}{eB}$.

电子在 $\dfrac{d}{v\cos\varphi}$ 时间内,在绕了 k 圈后击中目标. k 是一个整数. 于是

$$\frac{d}{v\cos\varphi} = kT = \frac{2k\pi m}{eB}$$

$$B = k \cdot \frac{2\pi m v \cos\alpha}{ed} = k \cdot \frac{2\pi \cos\alpha}{d}\sqrt{\frac{2Um}{e}}$$

$k=1$ 时，电子转一圈后击中目标；$k=2$ 时，电子转两圈后击中目标，等等．只要角度 α 相同，磁场方向相反与否，无关紧要．用给出的数据代入，得

$$B = 0.006\,7k\text{T}\,(k=1,2,3\cdots)$$

19．在空间有相互垂直的场强为 E 的匀强电场和磁感强度为 B 的匀强磁场．如图所示，一电子从原点静止释放，求电子在 y 轴方向前进的最大距离．

【解析】虽然电子在 O 点速度为 0，但也可设想其具有沿 x 轴方向的速度 $+\bar{v}$ 和逆 x 轴方向的速度 $-\bar{v}$，$\bar{v}$ 满足 $Be v=eE$，$v=\frac{E}{B}$ 与 $+\bar{v}$ 所对应的洛伦兹力沿 y 轴反方向，与电子所受电场力平衡．与 $-\bar{v}$ 对应的洛伦兹力与 y 轴同向．电子的运动可视为一个速率为 v 的沿 x 轴正向的匀速直线运动和一个速率为 v 的匀速圆周运动的合成，对匀速圆周运动有

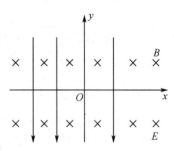

$$evB = m\frac{v^2}{R}$$

而

$$R = \frac{y_m}{2}$$

$$y_m = \frac{2mE}{eB^2}$$

§10.4 洛伦兹力的实际应用

10.4.1 磁聚焦

如图 10-31 所示，电子束经过 a、b 板上恒定电场加速后，进入 c、d 极板之间的电场，c、d 板上加交变电压，所以飞出 c、d 板后粒子速度 v 方向不同，从 A 孔穿入螺线管磁场中，由于 v 大小差不多，且 v 与 B 夹角 θ 很小，则

$$v_{/\!/} = v\cos\theta \approx v$$

$$v_\perp = v\sin\theta \approx v\theta$$

图 10-31

由于速度分量 $v_\perp$ 不同，在磁场中它们将沿不同半径的螺旋线运动．但由于它们速度 $v_{/\!/}$ 分量近似相等，经过 $h = \frac{2\pi m v_{/\!/}}{qB} \approx \frac{2\pi m v}{qB}$ 后又相聚于 A' 点，这与光束经透镜后聚焦的现象有些类似，所以叫做磁聚焦现象．磁聚焦原理被广泛地应用于电真空器件，如电子显微镜．

10.4.2　磁约束

在如图 10-32 所示的非匀强磁场中,磁场两端很强中间较弱,带电粒子在此磁场中向磁场较强的方向运动时,可做螺旋线运动.我们知道螺旋线半径 $r = \dfrac{mv}{qB}$,螺旋线的半径随 B 的增大而减小;同时,带电粒子在磁场中所受洛伦兹力总有一指向磁场较弱方向的分力,此分力的作用效果是阻碍粒子向磁场强的方向运动,最终使带电粒子返回,就像光线遇到镜面反射一样.非均匀磁场对带电粒子的这种效应称为磁镜效应.由于磁场两端强、中间弱,磁镜效应使带电粒子如同被两平面镜反射的光线,在两端之间来回振荡,被约束在一定范围内,形成磁约束.形成这种磁场效应的装置叫磁镜.在受控热核反应装置中,一般都采用这种磁场来约束等离子体.

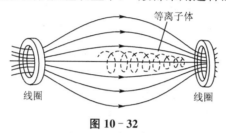

图 10-32

磁约束现象也展现在宇宙空间.例如地球这个大磁体,从赤道到地磁的两极磁场逐渐增强,因此地磁场是一个天然的磁镜,它使来自宇宙射线和"太阳风"的带电粒子围绕地磁场的磁感应线做螺旋运动,而在靠近地磁南、北两极处被反射回来.这样,带电粒子就在地磁南、北两极之间来回振荡,约束在地磁感线区域形成所谓范·阿仑辐射带,如图 10-33 所示.美轮美奂的极光也是范·阿仑辐射带中的粒子因空间磁场的变化而有机会进入地极附近的大气层而产生的.

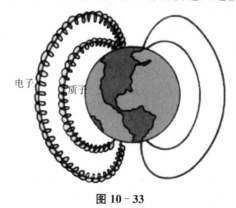

图 10-33

10.4.3　质谱仪

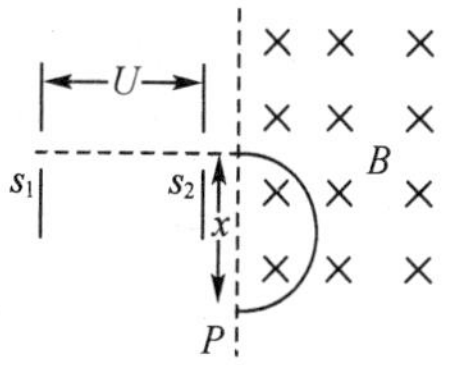

密粒根油滴实验可测定带电粒子的电量,而质谱仪能测定带电粒子荷质比 q/m,两者结合可测定带电粒子质量,如图 10-34 为质谱仪的原理图.

图中粒子源产生质量为 m、电量为 q 的粒子,由于初始速度很小,可以看做是静止的粒子经加速电压 U 后,速度为 v,由动能定理:

$$qU = \dfrac{1}{2}mv^2$$

图 10-34

带电粒子进入磁感强度为 B 的匀强磁场中,在洛伦兹力作用下做匀速圆周运动,粒子运动半圈后打在 P 点的照相底片上,测得 x,则半径 $R = \dfrac{x}{2}$,根据向心力公式:

$$qvB = \dfrac{mv^2}{R}$$

得

$$\dfrac{q}{m} = \dfrac{8U}{B^2 x^2}$$

10.4.4 磁流体发电机

磁流体发电机是一种不依靠机械传动,而直接把热能转变为电能的装置. 如图 10-35 所示为磁流体发电机原理图,两块平行板充当电极,板间有大小为 B 的匀强磁场,板间距离为 d. 我们知道,6 000 K 或 7 000 K 以上的高温气体是不可能以中性原子形态存在的,只能以正负离子的混合物形态存在,称为等离子体. 在气体中加入钠离子 Na^+,可降低电离所需温度. 我们用一定的压强把等离子体粒子流(称为磁流体)

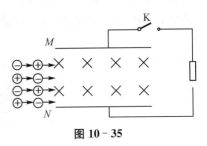

图 10-35

充入两极板之间,离子速率 v 与磁感线垂直,所有带电粒子都受洛伦兹力作用,但正负离子受力反向. 结果正离子向 M 板偏转,负离子向 N 板偏转,异号电荷在两极板上被吸收和积聚的结果,形成了电压和电场. 也就是说,电场并不是预先和磁场一起加入的,而是作为磁场力作用的结果. 电场一经产生,立刻就扮演一个阻碍离子向两极板偏转的角色. 就是说,原因产生结果,结果对抗原因. 如果离子受到的电场力小于磁场力,偏转积累仍占优势,板上电荷和板间电场都将继续变大,直到电场力等于磁场力,离子的侧向偏移就停止了. 这时的板间电压是一个稳定的电压,使 M、N 板成为能提供正、负电荷的电源两极.

稳定时,射入两板间离子所受洛伦兹力与电场力平衡

$$qE = qvB$$

两板间场强 $E = B \cdot v$,两板间电势差为

$$U = E \cdot d = Bv \cdot d$$

电键 K 断开时,此电势差即为磁流体发电机的电动势,即:

$$\varepsilon = Bvd$$

当电键 K 闭合时,M、N 板放电,对外做功,此时两板间电势差小于电动势. 一旦极板向外电阻输出电流和电能,板上电荷下降,变为电场力小于磁场力,离子的偏移积聚就会重新占优势. 因此,所谓稳定的电压,其实是一种动态的稳定,是一种可由装置的内部机制自行调节的稳定,这个装置就是磁流体发电机.

任何电源内部都是通过非静电力做功,把其他形式能量转化为电能. 磁流体发电机给我们的一个疑问是,什么是它的非静电力呢?当正离子偏向高电势极板,负离子偏向低电势极板的时候,是电场在做负功. 但电场力不可能自动地做负功的,是由电荷克服电场力的阻碍做功实现的. 另一方面,不能认为洛伦兹力是非静电力,说它做了正功,根据左手定则,无论离子是沿什么样的一条轨迹运动,洛伦兹力总跟速度方向垂直,总不会做功,这是不能怀疑的. 电荷本身具有克服电场力做功的本领,是因为磁流体是高温高压高速的粒子流. 高温即内能大,指的是微粒

无规则热运动的动能大;高速,指粒子流整体具有定向运动的动能,这是机械能.磁流体的内能与机械能转变为电能是直接的,在这个过程中伴随的就是电场力做负功.洛伦兹力的作用只是改变离子运动方向,引导离子向两极板运动,或者说洛伦兹力提供的是一种约束,限制着离子只能沿一定的轨迹向极板汇聚.游乐园里的过山车在某段轨道能从低处冲上高处,是因为它具有动能且速度方向沿切线向上,从而克服重力做功,动能减少使重力势能增加.做正功的力是不存在的,轨道的正压力跟速度方向垂直,提供的也是一种约束,限制车子贴紧轨道运动,正压力并不做功.这个未必是十分恰当的比喻,但是也许有助于我们理解,没有必要在磁流体发电机中寻找做正功的非静电力.

10.4.5 回旋加速器

回旋加速器是利用带电粒子在匀强磁场中做匀速圆周运动的周期与速度无关的原理,实现对粒子反复加速的装置. 如图10-36所示,回旋加速器核心部分是两个D形金属扁盒,两个D形盒之间留有狭缝,在两个D形盒之间加高频交变电压,于是狭缝间形成交变电场,由于电屏蔽,D形金属盒内电场几乎为零.

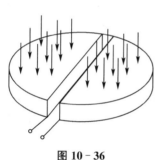

图 10 - 36

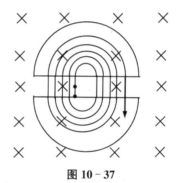

图 10 - 37

D形盒置于真空容器中,整个装置又放在巨大的电磁铁两极之间,磁场垂直于D形盒.狭缝中心处有粒子源 S_0,当 S_0 发出的带电粒子首先通过狭缝被加速,调节高频交变电压,变化周期与粒子在D形盒中运动周期相等,使粒子每次通过狭缝时都被电场加速,经过反复加速,粒子速率越来越大,回旋半径也越来越大,趋近盒边缘时粒子加速达到最大速度后引出.如图10-37所示.

粒子在磁场中回旋时有:

$$qvB = mv^2/r$$
$$r = mv/qB$$
$$T = \frac{2\pi r}{v} = \frac{2\pi m}{qB}$$

粒子速度最大时 $r = R$,R 为D形盒半径,所以粒子的最大速度 v_m 为

$$v_m = qBR/m$$

最大动能 E_{km} 为

$$E_{km} = \frac{q^2 B^2 R^2}{2m}$$

关于回旋加速器:回旋加速器的任务是使某些微观带电粒子的速率被增加到很大,因而具有足够的动能,成为可用于轰击各种靶元素的原子核甚至核内基本粒子的高能炮弹.

早期欧洲核子研究中心的质子同步加速器,造价2 800万美元,轨道半径560英尺(1英尺 = 0.305 m) = 170.8 m,最大磁场为14 T,质子在其中绕行总路程为5×10^4 英里(1英里 = 1.609 3 km) = 80 465 km = 2倍赤道周长后引出,最大能量达到28×10^{10} eV,每次放出质子10^{11}个. 20世纪80年代末该加速器的效果已达到4×10^{11} eV. 世界上最大的加速器在美国加利福尼亚,直径几乎达3 km,其加速效果达到了10^{12} eV. 我国最大的加速器为5×10^{10} eV,在四川省.

影响回旋加速器的加速能力的主要因素是相对论效应. 在极高速的运动中,微粒质量随速度增加而显著变大,以后我们会学到相对论质量 — 速度公式:

$$m = \frac{m_0}{\sqrt{1 - \left(\frac{v}{c}\right)^2}}$$

m_0是微粒静止质量,m是运动质量,c是光速. 当$v \ll c$时,$m \approx m_0$,但是当速度v接近光速时,$\frac{v}{c} \to 1$,m就变得非常大.

事实上,在汤姆逊发现电子后不久,科学家就发现了许多种元素都能自发地放出β射线(高速电子流),但不同元素发射的β粒子速率不一样,导致同是电子流,荷质比有差异,速率越大其荷质比越小. 用实验测定的荷质比其实不是q/m_0,而是q/m. 其中的一个实验结果见下表,再把实验测出的$\frac{q}{m}$值由$\frac{q}{m_0} = \frac{q}{m} \cdot \frac{1}{\sqrt{1 - \left(\frac{v}{c}\right)^2}}$换算,所得的$\frac{q}{m_0}$的数值确实很接近一个恒量. 回旋加速器的这一实验结果,最早证实了爱因斯坦相对论的正确性.

$\frac{v}{c}$	实验测量的$\frac{q}{m}$ ($\times 10^{-11}$)	换算后所得的$\frac{q}{m_0}$ ($\times 10^{-11}$)
0.317 3	1.661	1.752
0.378 7	1.630	1.761
0.428 1	1.590	1.760
0.515 4	1.511	1.763
0.687 0	1.283	1.767

加速器令粒子质量变大,根据$r = \frac{mv}{qB}$,粒子回旋轨道半径会变大,同时因为周期$T = \frac{2\pi m}{qB}$,或者频率$f = \frac{qB}{2\pi m}$,使周期变大或频率变小,粒子在两个切开的半D形盒内的回旋运动就变得跟加速电压的震荡不同步,不合拍,不再保证粒子每经过一次狭缝就被加速一次. 其次,质量越轻的粒子在能量尚未太高时速度就明显增大,质量变大尤其显著,相对论效应对其继续加速的限制就越厉害. 还有一个限制就是,根据粒子末能量表达式$E_k = \frac{1}{2}mv^2 = \frac{1}{2}m\left(\frac{qBr}{m}\right)^2 = \frac{q^2B^2}{2m}r^2$,$E_k \propto r^2$,$r$为D形盒的尺寸. 比如要在1.5 T的磁场中令质子获得300 eV的能量(对应速度为0.999 98 c),所需磁场的直径为130 m.

上述两个原理上的限制,正在技术上得到逐步克服.措施大致上有两方面:第一,因为 $f = \frac{qB}{2\pi m}$,所以 $mf = \frac{qB}{2\pi}$ 是一个恒量,采用适当的技术能控制加速电压振荡频率 f 随粒子质量变大而成反比地减少,就能做到粒子回旋运动和加速电场同步合拍,这种加速器通常被称为同步加速器.第二,由于 $r = \frac{mv}{qB}$,当 mv 变大时适当加大磁场 B 的值,可致半径 r 的增大减慢,现代加速器的磁场磁极一般做成环形,就是为了达到这个目的.

10.4.6 霍尔效应

将一载流导体放在磁场中,由于洛伦兹力的作用,会使定向移动的带电粒子(载流子)发生横向偏转,在磁场和电流二者垂直的方向上出现横向电势差,这一现象称为霍尔效应.

如图 10-38 所示,电流 I 在导体中流动,设导体横截面高 h、宽为 d,匀强磁场方向垂直于导线前、后两表面向外,磁感强度为 B,导体内载流子密度为 n,定向移动速度为 v.

$$I = nevh \cdot d$$

由于洛伦兹力作用,上表面聚集正离子,下表面聚集负离子,结果上下表面间形成电场,存在电势差 U,这个电场对电子的作用力方向向下,大小为:

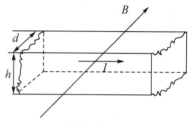

图 10-38

$$F = Eq = \frac{qU}{h}$$

当 F 与洛伦兹力 f 相平衡时,上、下表面电荷达到稳定,则有

$$\frac{qU}{h} = qvB$$

$$U = \frac{IB}{nqd} = k\frac{IB}{d}$$

系数 $k = \frac{1}{nq}$ 称为霍尔系数.既然 k 跟 n 有关,那么通过实验测定 k 值可以确定载流子密度 n,半导体的 n 值比金属导体小得多,所以 k 值也大得多.此外,根据左手定则还可知,即使电流 I 就是图 10-38 中的流向,如果参与流动的是正电荷,那么电压就是上正下负;如果参与定向移动的是自由电子,那么电压就是上负下正了.霍尔电势的高低跟半导体是 p 型的还是 n 型有如此的关系:上正下负的是 p 型半导体,定向载流子是带正电的空穴;上负下正的是 n 型半导体,如果 k 值小得多就是金属导体,定向载流子是自由电子.

霍尔元件在自动检测、控制领域得到广泛应用,如录像机用来测量录像磁鼓的转速、电梯中用来检测电梯门是否关闭以自动控制升降电动机的电源的通断等.

● 强化训练 ●

20. 一种半导体材料称为"霍尔材料",用它制成的元件称为"霍尔元件".这种材料有可定向移动的电荷,称为"载流子",每个载流子的电荷量大小为 1 元电荷,即 $q = 1.6 \times 10^{-19}$ C.在一次实验中,一块霍尔材料制成的薄片宽 $ab=1.0\times 10^{-2}$ m,长 $bc=L=4.0\times 10^{-2}$ m,厚 $h=1\times 10^{-3}$ m,水平放置在竖直向上的磁感强度 $B=1.5$ T 的匀强磁场中,bc 方向通有 $I=3.0$ A 的电流,如图所示,沿宽度产生 1.0×10^{-5} V 的恒电压.求:

(1) 假定载流子是电子,a、b 两端中哪端电势较高?

(2) 薄板中形成电流 I 的载流子定向运动的速率是多少?

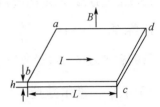

【解析】(1) 根据左手定则可确定 b 端电势高.

(2) 当导体内由于载流子有沿电流方向所在的直线定向分运动时,受洛伦兹力作用而产生横向分运动,产生横向电场,横向电场的电场力与洛伦兹力平衡时,导体横向电压稳定,设载流子沿电流方向所在直线定向移动的速率为 v,横向电压为 U_{ab},横向电场强度为 E,

电场力: $$F_E = Ee = \frac{U_{ab}e}{d}$$

磁场力: $$F_B = evB,$$

平衡时: $$Ee = evB$$

得: $$v = \frac{U_{ab}}{abB} = \frac{1.0\times 10^{-5}}{1.0\times 10^{-2}\times 1.5} \text{ m/s} = 6.7\times 10^{-4} \text{ m/s}$$

21. 用磁聚焦法测比荷的装置如图所示.在真空玻璃管中装有热阴极 K 和带有小孔的阳极 A.在 A、K 之间加上电压 U 后,不断地有电子从阴极 K 由静止加速到达阳极 A,并从小孔射出.接着电子进入平行板电容器 C,电容器两极板间加有不大的交变电场,使不同时刻通过的电子发生不同程度的偏转;电容器 C 和荧光屏 S 之间加一水平向右的均匀磁场,电容器和荧光屏间的距离为 L,电子经过磁场后打在荧光屏上,将磁场的磁感强度从零开始缓慢增大到 B 时,荧光屏上的光点的锐度最大(这时荧光屏 S 上的亮斑最小).

(1) 若平行板电容器 C 的板长为 $\dfrac{L}{4}$,求电子经过电容器和磁场区域的时间之比;

(2) 用 U、B、L 表示出电子的比荷;

(3) 在磁场区域再加一匀强电场,其电场强度的大小为 $E=\dfrac{U}{L}$,方向与磁场方向相反,若保持 U、L 和磁场方向不变,调节磁场的磁感强度大小,仍使电子在荧光屏上聚焦,则磁感强度大小满足的条件是什么?

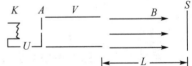

【解析】(1) 因为电子在电场和磁场中沿水平方向做匀速直线运动,所以时间之比为 $1:4$.

(2) $$Ue = \frac{1}{2}mv^2$$

电子在磁场中运动的轨迹为螺旋线,水平速度均相同,圆周运动的周期也相同,要使得锐度最大则应满足:

$$\frac{L}{v} = \frac{2\pi m}{eB}$$

联立解得 $$\frac{e}{m} = \frac{8\pi^2 U}{L^2 B^2}$$

(3) 在 K、A 间，
$$Ue = \frac{1}{2}mv^2$$
设打在 S 上的水平方向速度为 v'，
$$Ue + ELe = \frac{1}{2}mv'^2$$
设电子在复合场中的时间为 t，电子在复合场中沿水平方向做匀加速运动，
$$t = \frac{L}{\bar{v}} = \frac{2L}{v+v'}$$
要使得锐度最大，则应满足
$$t = n\frac{2\pi m}{eB'} \quad (n = 1,2,3,\cdots)$$
解得：
$$B' = \frac{(\sqrt{2}+1)}{2}nB \quad (n = 1,2,3,\cdots)$$

22. 一根边长为 a、b、$c(a \gg b \gg c)$ 的矩形截面长棒，如图所示，由半导体锑化铟制成，棒中有平行于 a 边的电流 I 通过，该棒放在垂直于 c 边向外的磁场 B 中，电流 I 所产生的磁场忽略不计. 该电流的载流子为电子，在只有电场存在时，电子在半导体中的平均速度 $v = \mu E$，其中 μ 为迁移率.

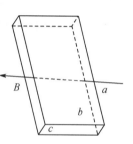

(1) 确定棒中所产生上述电流的总电场的大小和方向.
(2) 计算夹 c 边的两表面上相对两点之间的电势差.
(3) 如果电流和磁场都是交变的，且分别为 $I = I_0\sin(\omega t + \varphi)$，求(2)中电势差的直流分量的表达式.

已知数据：电子迁移率 $\mu = 7.8 \text{ m}^2/\text{V} \cdot \text{s}$，电子密度 $n = 2.5 \times 10^{22}/\text{m}^3$，$I = 1.0$ A，$B = 0.1$ T，$b = 1.0$ cm，$c = 1.0$ mm，$e = 1.6 \times 10^{-19}$ C.

【解析】这是一个有关霍尔效应的问题，沿电流方向，导体内存在电场，又因为霍尔效应，使得电子偏转，在垂直电流方向产生电场，两侧面间有电势差的存在.

(1) 因为
$$I = nevb \cdot c$$
$$v = \frac{I}{nebc} = 25 \text{ m/s}$$
所以电场沿 a 方向的分量
$$E_{/\!/} = v/\mu = 3.2 \text{ V/m}$$
沿 c 方向的分量
$$qvB = qE_\perp$$
$$E_\perp = vB = 2.5 \text{ V/m}$$
总电场大小：
$$E = \sqrt{E_{/\!/}^2 + E_\perp^2} = 4.06 \text{ V/m}$$
电场方向与 a 边夹角 α，
$$\alpha = \arctan\left(\frac{E_\perp}{E_{/\!/}}\right) = \arctan\left(\frac{2.5}{3.2}\right) = 38°$$

(2) 上、下两表面电势差
$$U_\perp = E_\perp \cdot c = 2.5 \times 10^{-3} \text{ V}$$

(3) 加上交变电流和交变磁场后，由前面讨论的上、下表面电势差表达式 $U = \dfrac{IB}{nec}$，可得：
$$U_\perp = \frac{IB}{nec} = \frac{I_0 B_0}{nec} \sin\omega t \cdot \sin(\omega t + \varphi)$$
$$= \frac{I_0 B_0}{nec}\left[-\frac{1}{2}\cos(2\omega t + \varphi) + \frac{1}{2}\cos\varphi\right]$$

因此 $U_\perp$ 的直流分量为
$$U_{\perp 直} = \frac{I_0 B_0}{2nec}\cos\varphi$$

23. 下图为一种质谱仪工作原理示意图。在以 O 为圆心，OH 为对称轴，夹角为 2α 的扇形区域内分布着方向垂直于纸面的匀强磁场。对称于 OH 轴的 C 和 D 分别是离子发射点和收集点。CM 垂直磁场左边界于 M，且 $OM = d$。现有一正离子束以小发射角（纸面内）从 C 射出，这些离子在 CM 方向上的分速度均为 v_0。若该离子束中比荷为 $\dfrac{q}{m}$ 的离子都能汇聚到 D，试求：

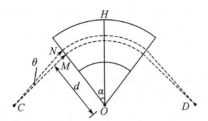

(1) 磁感应强度的大小和方向；
(2) 离子沿与 CM 成 θ 角的直线 CN 进入磁场，其轨道半径和在磁场中的运动时间；
(3) 线段 CM 的长度。

【解析】(1) 沿 CM 方向运动的离子在磁场中做圆周运动的轨道半径为 $R = d$

由 $qBv_0 = m\dfrac{v_0^2}{R}$ 解得 $B = \dfrac{mv_0}{qd}$，磁场方向垂直纸面向外。

(2) 沿 CN 运动的离子速度大小为 v，在磁场中的轨道半径为 R'，运动时间为 t，由 $v\cos\theta = v_0$

得 $v = \dfrac{v_0}{\cos\theta}$，故 $R' = \dfrac{mv}{qB} = \dfrac{d}{\cos\theta}$

离子在磁场中做匀速圆周运动的周期

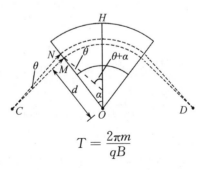

$$T = \frac{2\pi m}{qB}$$

$$t = \frac{2(\theta+\alpha)}{2\pi}T = \frac{2(\theta+\alpha)d}{v_0}$$

(3) $CM = MN\cot\theta$

$$\frac{MN}{\sin(\alpha+\theta)} = \frac{R'}{\sin\alpha}, \quad R' = \frac{d'}{\cos\theta}$$

解得 $CM = d\cot\alpha$

24. 如图是磁流体发电机原理示意图:前、后两个侧面是电阻可以忽略不计的导体板,相距为 a;上、下两个侧面是绝缘体,相距为 b;它们构成一个长度为 l 的长方体管道.前、后两个侧面用一个电阻 R_0 相连.磁感应强度大小为 B 的匀强磁场垂直于绝缘侧面向上.现有大量等离子气体(由正、负带电粒子组成)持续稳定地流经管道,设横截面上各点流速相同,等离子气体所受阻力与流速成正比,且无论有无磁场时都维持管道两端等离子气体的压强差为 p. 已知等离子气体电阻率恒为 ρ;无磁场存在时,等离子气体的流速为 v_0. 求此磁流体发电机电动势的大小 E.

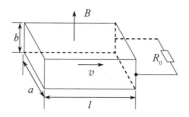

【解析】由电阻定律可得: $\quad r = \dfrac{\rho a}{bl}$ ①

无磁场时: $\quad p \cdot ab = kv_0$ ②

有磁场时电动势为 $\quad E = Bav$ ③

由闭合电路欧姆定律 $\quad I = \dfrac{E}{r+R_0}$

管内气体所受安培力 $\quad F = ILB$

所以 $\quad F = \dfrac{B^2 a^2 v}{R_0 + \rho\dfrac{a}{bl}}$

$\quad p \cdot ab = kv + F$

即 $\quad p \cdot ab = kv + \dfrac{B^2 a^2 v}{R_0 + \rho\dfrac{a}{bl}}$ ④

由①②③④可得 $\quad E = \dfrac{pab}{\dfrac{Ba}{\dfrac{\rho a}{bl}+R_0} + \dfrac{pb}{Bv_0}}$

25. 据有关资料介绍,受控核聚变装置中有极高的温度,因而带电粒子将没有通常意义上的"容器"可装,而是由磁场约束带电粒子运动使之束缚在某个区域内.现按下面的简化条件来讨论这个问题:如图是一个截面为内径 $R_1 = 0.6$ m、外径 $R_2 = 1.2$ m 的环状区域,区域内有垂直截面向里的匀强磁场.已知氢核的荷质比 $q/m = 4.8\times 10^7$ C/kg,磁场的磁感强度 $B = 0.4$ T,不计带电粒子的重力.

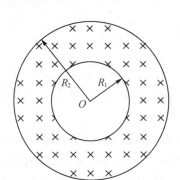

(1) 实践证明,氦核在磁场区域内沿垂直于磁场方向运动速度 v 的大小与它在磁场中运动的轨道半径有关,试导出 v 与 r 的关系式.

(2) 若氦核沿磁场区域的半径方向平行于截面从 A 点射入磁场,画出氦核在磁场中运动而不穿出外边界的最大圆轨道示意图.

(3) 若氦核在平行于截面从 A 点沿各个方向射入磁场都不能穿出磁场外边界,求氦核的最大速度.

【解析】(1) 设氦核质量为 m,电量为 q,以速度 v 在磁感强度为 B 的匀强磁场中做半径为 r 的匀速圆周运动,由洛伦兹力计算公式和牛顿定律得

$$qvB = m\frac{v^2}{r}$$

所以
$$v = \frac{qBr}{m}$$

(2) 所求轨迹示意图如下图所示(要与外圆相切).

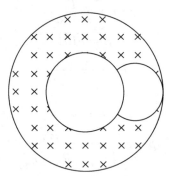

(3) 当氦核以 v_m 的速度沿与内圆相切方向射入磁场且轨道与外圆相切时,则以 v_m 的速度沿各方向射入磁场区的氦核都不能穿出磁场外界,如图所示.

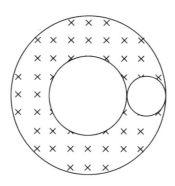

由图中知
$$r' = \frac{R_2 - R_1}{2} = 0.3 \text{ m}$$

由 $qvB = m\dfrac{v^2}{r}$ 得 $r = \dfrac{mv}{qB}$

在速度为 v_m 时不穿出磁场外边界应满足的条件是
$$\frac{mv_m}{Bq} \leqslant r'$$

所以
$$v_m \leqslant \frac{Bqr'}{m} = 5.67 \times 10^6 \text{ m/s}$$

§10.5　本章总结与能力提升训练

本章的知识结构如下：

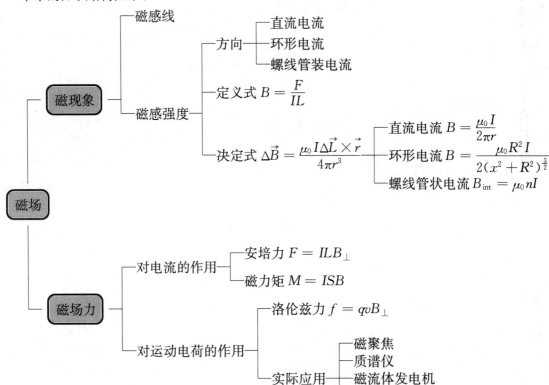

例8　如图 10-39 所示，有一无限长直线电流 I_0，另有一半径为 R 的圆形电流 I，其直径 AB 与此直线电流近似重合. 试求：

（1）半圆弧 AaB 所受作用力的大小和方向；

（2）整个圆形电流所受的作用力的大小和方向.

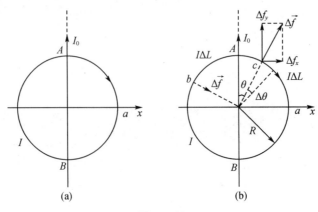

图 10-39

【解析】（1）半圆弧 AaB 所受磁力见图 $10-39$(b)，在 AaB 弧上的 c 点取一电流元 $I\Delta l$，其所在处的磁感强度方向垂直纸面向里，大小为

$$B = \frac{\mu_0 I_0}{2\pi x} = \frac{\mu_0 I_0}{2\pi R\sin\theta}$$

则电流元 $I\Delta l$ 上所受到的安培力为 $\Delta F = IB\Delta l = \frac{\mu_0 II_0}{2\pi R\sin\theta}\Delta l$，方向沿径向.

现将 ΔF 分解到 x 轴和 y 轴

$$\Delta F_x = \Delta F\sin\theta = \frac{\mu_0 II_0}{2\pi R}\Delta l, \quad \Delta F_y = \Delta F\cos\theta = \frac{\mu_0 II_0}{2\pi R\tan\theta}\Delta l$$

考虑到对称性，$\sum \Delta F_y = 0$，

$$F = F_x = \sum \Delta F_x = \sum \frac{\mu_0 II_0}{2\pi R}\Delta l = \frac{\mu_0 II_0}{2\pi R} \cdot \pi R = \frac{\mu_0 II_0}{2}, \text{方向沿} x \text{轴正方向}.$$

（2）由于左半圆 AbB 的电流与右半圆 AaB 的电流等值反向且与 I_0 对称，所处空间的磁感强度也是对称反向的，故两半圆所受安培力等值同向，都沿 x 轴正向，那么 $F = F_{AaB} + F_{AbB} = \mu_0 II_0$.

例 9 地球赤道表面附近处的重力加速度为 g_0，磁场的磁感强度的大小为 B_0，方向沿经线向北. 赤道上空的磁感强度的大小与 r^3 成反比（r 为考察点到地心的距离），方向与赤道附近的磁场方向平行. 假设在赤道上空离地心的距离为 $5R_e$（R_e 为地球半径）处，存在有等数量的质子和电子的等离子层（层内磁场可视为匀强磁场），每种粒子的数密度非常低，电子和质子的粒子数密度均为 n，带电粒子的相互作用可以忽略不计. 已知电子的质量为 m_e，质子的质量为 m_p，所考察的等离子层中的电子和质子一方面做无规则运动，另一方面因受地球引力和磁场的共同作用会形成位于赤道平面内的绕地心的环形电流，试求此环形电流的电流密度的表达式并说明此电流主要由质子引起.

【解析】 建立如图 $10-40$ 所示坐标系，x 轴方向为水平向东，y 轴方向指向地心，z 轴水平向北，不妨以质子为研究对象.

由于等离子层的厚度远小于地球的半径，故在所考察的等离子区域内的引力场和磁场都可视为匀强场. 在该区域内磁场的磁感强度

$$B = \left(\frac{R_0}{r}\right)^3 B_0 \quad \text{①}$$

引力加速度

$$g = \left(\frac{R_0}{r}\right)^2 g_0 \quad \text{②}$$

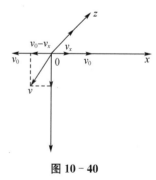

图 $10-40$

质子的初速度在坐标系中的三个分量分别为 u_x、u_y 和 u_z. 因作用于粒子的引力沿 y 轴正方向，作用于粒子的洛伦兹力与 z 轴垂直，故质子在 z 轴方向不受力的作用，沿 z 轴的分速度保持不变.

现设想在开始时刻，附加给质子一沿 x 轴正方向大小为 v_0 的速度，同时附加给质子一沿 x 轴负方向大小为 v_0 的速度，注意这两个速度都是相对于磁场的速度，要求与 v_0 相联系的洛伦兹力正好与粒子所受的地球引力相等，即 $ev_0 B = mg$.

得
$$v_0 = \frac{mg}{eB} \qquad ③$$

可以取参考系 $x'y'z'$，三个轴 x'、y'、z' 分别与 x、y、z 平行，此参考系相对于 xyz 参考系以速度 v_0 沿 x 轴正方向运动，在此参考系中，洛伦兹力与重力平衡，在 x' 方向仅有一相对于磁场 $u_x - v_0$ 的速度.

$$v = \sqrt{(v_0 - u_x)^2 + u_y^2} \qquad ④$$

这样，所考察的粒子的速度可分为三部分：

1. 沿 z 轴的分速度 u_z. 其大小和方向都保持不变，但对不同的粒子是不同的，属于等离子层中粒子的无规则运动的速度分量. 由统计规律，z 方向上也不会有电流.

2. 沿 x 轴的速度 v_0. 对带正电的粒子，速度的方向沿 y 轴的负方向，对带负电的粒子，速度的方向沿 x 轴的正方向. 与这个速度联系的洛伦兹力正好和引力抵消，故粒子将以速率 v_0 沿 x 轴运动. 由 ③ 式可知，v_0 的大小是恒定的，与粒子的初速度无关.

3. 在 xOy 平面内的速度 v. 与这个速度联系的洛伦兹力使粒子在 xOy 平面内做速率为 v 的匀速率圆周运动，若以 R 表示圆周的半径，则有

$$evB = m\frac{v^2}{R}$$

得
$$R = \frac{mv}{eB} \qquad ⑤$$

质子在 xOy 平面内做半径为 R 的圆周运动，但圆周运动也不会引起电流.

由此可见，等离子层内质子的运动虽然相当复杂，但每个质子都具有由 ③ 式给出的速度 v_0，其方向垂直于粒子所在处的地球引力方向，方向向东. 这是质子的定向运动，质子的定向运动就形成了环绕地球中心的环形电流.

根据电流密度的定义有：

$$j_p = nev_{op} = \frac{5ng_0m_p}{B_0} \qquad ⑥$$

对于电子，可以作同样讨论，只是定向移动的方向向西，但由于其带负电，所以形成的电流方向也向东.

$$j_e = nev_{oe} = \frac{5ng_0m_e}{B_0} \qquad ⑦$$

电子和质子形成的总的电流为：

$$j = j_e + j_p$$

代入已知条件可得：

$$j = \frac{5ng_0(m_e + m_p)}{B_0} \qquad ⑧$$

由于 $m_p \gg m_e$，所以 $j_p \gg j_e$.

即电流主要由质子引起：$j = \frac{5ng_0m_p}{B_0}$.

例 10 围绕地球周围的磁场是两极强、中间弱的空间分布. 1958 年，范·阿仑通过人造卫星搜集到的资料研究了带电粒子在地球磁场空间中的运动情况后，得出了在距地面 800 km ～

4 000 km 和 60 000 km 的高空存在着电磁辐射带(范·阿仑辐射带)的结论.有人在实验室中通过实验装置,形成了如图 10-41 所示的磁场分布 MN,在该区域中,磁感强度 B 的大小沿 z 轴从左到右,由强变弱,由弱变强,对称面为 PP'.已知 z 轴上 O 点磁感强度 B 的大小为 B_0,两端点的磁感强度为 B_{max},现有一束质量均为 m、电量均为 q、速度大小均为 v_0 的粒子,在 O 点以与 z 轴成不同的投射角 α_0 向右半空间发射.设磁场足够强,粒子只能在由紧邻 z 轴的磁感线围成的截面积很小的"磁力管"内运动,试分析说明具有不同的投射角 α_0 的粒子在磁场区 MM' 间的运动情况.提示:理论上可以证明,在细磁力管的管壁上粒子垂直磁场方向的速度 $v_\perp$ 的平方与磁力管上的磁感强度的大小 B 之比为一常量.

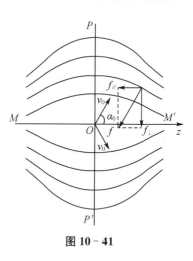

图 10-41

【解析】(1)带电粒子沿 z 轴做螺旋运动时受到阻力而减速.

带电粒子斜射入匀强磁场后,做半径不变的等距螺旋运动,计算时,把它看做一个匀速直线运动和一个与其垂直的匀速圆周运动的合运动.而本题是分布"对称"的非匀强磁场,粒子斜射入磁场后,也做螺旋运动.不同的是沿 z 轴的直线运动的速度和垂直 z 轴的圆周运动的半径,随坐标 z 的变化而变化.

设粒子达到磁感强度为 B 处的速度为 v,其垂直和平行于磁场方向的分速度分别为 $v_\perp$ 和 $v_\parallel$.粒子刚从 O 点射出时,其垂直磁场方向的分速度为 $v_{0\perp} = v_0 \sin\alpha_0$.根据提示,粒子运动过程中,在细"磁力管"的管壁上垂直磁场方向的速度的平方与磁力管轴上的磁场的大小 B 之比为一常量,即

$$\frac{v_\perp^2}{B} = \frac{v_{0\perp}^2}{B_0} = \frac{v_0^2 \sin^2\alpha_0}{B_0} \qquad ①$$

因粒子还具有沿轴向的分速度,所以粒子在磁力管中做螺旋运动,由于洛伦兹力 f 垂直粒子的速度,对带电粒子不做功,因而粒子在任何点的速度的大小不变,均为 v_0,按题设,z 轴上 O 点右侧磁场 B 逐渐变大,因而,粒子向右运动的过程中,垂直磁场方向的速度 $v_\perp$ 随之增大,平行于磁场方向的速度 $v_\parallel$ 亦随之按下列规律变化

$$v_\parallel = \sqrt{v_0^2 - v_\perp^2} = v_0\sqrt{1 - \frac{B}{B_0}\sin^2\alpha_0} \qquad ②$$

由②式可知,随沿 z 轴磁场 B 的增大,平行于磁场方向的速度 $v_\parallel$ 将随之减小,轴向速度的减小是因为粒子沿轴向右运动时受到阻力,因磁力管壁的磁场与 z 轴不平行,粒子在运动过程中受到的洛伦兹力 f 斜向指向 z 轴,如图 10-41 所示,$f_\parallel$ 是 f 平行于 z 轴的分量,它成为阻碍粒子沿轴向右运动的阻力,$f_\perp$ 是洛伦兹力 f 垂直于 z 轴的分量,它为粒子做螺旋运动时提供粒子做圆周运动的向心力,圆周半径 $r = \frac{mv_\perp}{qB}$,由①式得

$$r = \frac{mv_\perp}{qB} = \frac{mv_0\sin\alpha_0}{q}\sqrt{\frac{1}{BB_0}} \qquad ③$$

此式表明螺旋半径随磁场 B 的增大而减小,结合式②的讨论可知,螺旋运动的轴向速度逐

渐减小，到达 M' 端时，粒子以半径 $r_M = \dfrac{mv_0 \sin\alpha_0}{q} \sqrt{\dfrac{1}{B_{max}B_0}}$ 做圆周运动．

(2) 临界投射角

由(2)式知，以某个投射角 α_{0L} 发射的粒子到达 M' 点时，其平行于磁场方向的速度 $v_{M\parallel}$ 恰等于零

$$\sqrt{1 - \dfrac{B_{max}}{B_0}\sin^2\alpha_{0L}} = 0$$

得

$$\sin\alpha_{0L} = \sqrt{\dfrac{B_0}{B_{max}}} \tag{4}$$

此式表明：投射角 $\alpha = \alpha_{0L}$ 时，粒子恰好在 M' 点，轴向速度为零，$v_{ML} = v_0$，即垂直于磁场方向的分速度最大，α_{0L} 称为临界投射角．投射角 $\alpha < \alpha_{0L}$ 的粒子到达 M' 点时，因轴向速度尚未减至零，这些粒子就从 M 处逸出离开磁场区域．

(3) 投射角大于临界角的粒子的运动

当粒子在 O 点以临界角 α_{0L} 发射，即做螺旋运动到达端点 M' 时，因轴向速度为零，粒子在此瞬间停止向右移动，只做圆周运动，但因沿 z 轴磁场分布的非均匀性，磁场大小存在变化陡度．因而粒子在 M 点仍受到向左的作用力，粒子即离开端点 M 向左做螺旋运动（螺旋的方向不变）．到达 O 点时，向左运动的沿轴向速度达到最大，继续向左运动离开 O 点后，左半程运动的情况与右半程的运动情况相仿，到达左端点 M 时，轴向速度亦为零，并受到指向 O 点的洛伦兹力沿轴向的分量作用，向右运动．因此，左、右端点处，犹如镜面反射一样，粒子在邻近 z 轴的细磁力管内，在两端面间做螺旋形往复周期运动．

投射角 $\alpha > \alpha_{0L}$ 的粒子在未到达 M' 点时，轴向速度已减至零，这些粒子将在小于 MM' 点距离间相对于对称面 PP' 做周期的往复螺旋运动，投射角 α 愈大，往复运动的距离愈小，当投射角 $\alpha = 90°$ 时，粒子不受轴向力，就在对称面 PP' 上以半径 $r_0 = \dfrac{mv_0}{qB_0}$ 做圆周运动．

【点评】这是一道论述题，要求通过必要的计算，半定性、半定量地说明各个粒子怎样运动．解答这类题的关键是，分析清楚题中有哪些物理过程以及过程和过程间有哪些不同、哪些联系，分析清楚从现象的产生、发展到结果，引起了哪些物理量的变化以及怎样的变化，本题中粒子的投射角 α 不同，物理过程的共同点，都是做螺旋运动（除 $\alpha = 90°$ 外），不同点只是各个螺旋线的半径、螺距不同而已．

● 强 化 训 练 ●

26. 单摆的摆长为 L，摆球带电 $+q$，放在匀强磁场中，球的摆动平面跟磁场垂直，最大摆角为 α．为使其能正常摆动，磁场的磁感应强度 B 值有何限制？

【解析】如图所示，当小球摆至 P 点，如果小球没有离开圆弧，可以列出动力学方程：

$$T + qvB - mg\cos\theta = \dfrac{mv^2}{L} \qquad ①$$

从 O 到 P 过程的能量方程：
$$mgL(\cos\theta - \cos\alpha) = \frac{1}{2}mv^2$$

小球不离开圆弧的条件是：
$$T \geq 0$$

解①②③式易得
$$B \leq \frac{mg}{q\sqrt{2gL}} \cdot \frac{3\cos\theta - 2\cos\alpha}{\sqrt{\cos\theta - \cos\alpha}}$$

$$y = \frac{3\cos\theta - 2\cos\alpha}{\sqrt{\cos\theta - \cos\alpha}} = 3\sqrt{\cos\theta - \cos\alpha} + \frac{\cos\alpha}{\sqrt{\cos\theta - \cos\alpha}}$$

考虑到 θ、α 的实际取值情况，$3\sqrt{\cos\theta - \cos\alpha}$ 和 $\dfrac{\cos\alpha}{\sqrt{\cos\theta - \cos\alpha}}$ 均为正数，所以，$y \geq 2\sqrt{3\cos\alpha}$

即
$$y_{\min} = 2\sqrt{3\cos\alpha}$$

磁感应强度取值的一般结论为：
$$B \leq \frac{mg}{q\sqrt{2gL}} \cdot 2\sqrt{3\cos\alpha}$$

考虑到极值点的条件是
$$\sqrt{3(\cos\theta - \cos\alpha)} = \frac{\cos\alpha}{\sqrt{\cos\theta - \cos\alpha}}$$

即
$$\cos\theta = \frac{4}{3}\cos\alpha$$

显然，只有当 $\cos\alpha < \dfrac{3}{4}$ 时，极值点才可取，上面的"一般结论"才成立；可以看出小球"最有可能脱离圆弧"的点不在最低点．

当 $\cos\alpha > \dfrac{3}{4}$ 时，θ 无解，需要求 $y = \dfrac{3\cos\theta - 2\cos\alpha}{\sqrt{\cos\theta - \cos\alpha}}$ 函数的最小值．

y 值在极值点附近随着自变量 $\sqrt{\cos\theta - \cos\alpha}$ 的增大，先减后增，y 值在极值点附近也随着 $\cos\theta$ 的增大先减后增，如右图所示．

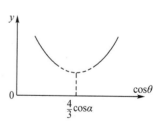

当极值点不可达(图中虚线所示)，图线应落在左边的一段实线(因为 α 过小，$\cos\alpha$ 过大，理论极值点过大，$\cos\theta$ 达不到)，函数为减函数．当 $\cos\theta$ 最大时，y 有最小值．

所以，当 $\cos\theta = 1$ 时(此时 $\theta = 0$，小球在最低点)，最小值 $y_{\min} = \dfrac{3 - 2\cos\alpha}{\sqrt{1 - \cos\alpha}}$；即小球"最有可能脱离圆弧"的点在最低点．

综上所述

当 $\alpha \geq \arccos\dfrac{3}{4}$ 时，$B \leq \dfrac{mg}{q\sqrt{2gL}} \cdot 2\sqrt{3\cos\alpha}$；

当 $\alpha < \arccos\dfrac{3}{4}$ 时，$B \leq \dfrac{mg}{q\sqrt{2gL}} \cdot \dfrac{3 - 2\cos\alpha}{\sqrt{1 - \cos\alpha}}$．

27. 处于外磁场中的超导体，内部磁感应强度处处为零，外表面磁场与外表面平行，一个通以电流的导线圆环能在不用任何器械的情况下漂浮在水平的超导平面之上. 右图所示的 A 就是这样一个均匀圆环，它的质量为 M，且它的半径 r 远大于它和超导平面的距离 h，圆心在 $O-xyz$ 坐标的 z 轴上，平面 $z=0$ 就是超导所在平面.

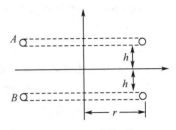

(1) 求导线环 A 离超导平面的距离 h_0.
(2) 如果漂浮的环在垂直方向上振动，求振动的周期.

【解析】(1) 因超导体内磁感强度为零，为抵消 A 产生的磁场线穿过超导面，即在超导面下，与 A 对称处有线圈 B，其中电流大小与 A 中相同，而方向相反. A 与超导面的作用相同于 A、B 两线圈的作用，把两环看作两根长的平行导线，因而 A 所受的磁场力为

$$F_m = IlB = I \cdot 2\pi r \cdot \frac{\mu_0 I}{2\pi \cdot 2h_0} = \frac{\mu_0 I^2 r}{2h_0}$$

当平衡时磁场力应等于重力 Mg，所以

$$Mg = \frac{\mu_0 I^2 r}{2h_0}$$

即

$$h_0 = \frac{\mu_0 r I^2}{2Mg}$$

(2) 在平衡位置附近，可令 $h = h_0 + \Delta h$，Δh 为一相对平衡位置的小位移，而合力等于重力和磁场力的合成，即

$$F = F_m - Mg = \frac{\mu_0 I^2 r}{2(h_0 + \Delta h)} - Mg$$

$$= \frac{\mu_0 I^2 r}{2h_0}\left(1 - \frac{\Delta h}{h_0}\right) - Mg = -\frac{\mu_0 I^2 r}{2h_0^2}\Delta h$$

振动的角频率为：

$$\omega = \sqrt{\frac{\mu_0 I^2 r}{2h_0^2 M}} = \sqrt{\frac{Mg}{h_0 M}} = \sqrt{\frac{g}{h_0}}$$

振动周期为：

$$T = \frac{2\pi}{\omega} = 2\pi\sqrt{\frac{h_0}{g}}$$

28. 如图所示，M_1M_2 和 M_3M_4 都是由无限多根无限长的外表面绝缘的细直导线紧密排列成的导线排横截面，两导线排相交成 $120°$，OO' 为其角平分线. 每根细导线中都通有电流 I，两导线排中电流的方向相反，其中 M_1M_2 中电流的方向垂直纸面向里. 导线排中单位长度上细导线的根数为 λ. 图中的矩形 $abcd$ 是用 N 型半导体材料做成的长直半导体片的横截面，($\overline{ab} \ll \overline{bc}$)，长直半导体片与导线排中的细导线平行，并在片中通有均匀电流 I_0，电流方向垂直纸面向外. 已知 ab 边与 OO' 垂直，$\overline{bc} = 1$，该半导体材料内载流子密度为 n，每个载流子所带电荷量的大小为 q. 求此半导体片的左右两个侧面之间的电势差. 已知当细的无限长的直导线中通有电流 I 时，电流产生的磁场离直导线的距离为 r

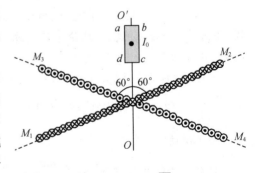

处的磁感强度的大小为 $B = k\dfrac{I}{r}$,式中 k 为已知常量.

【解析】(1) 导线排的电流产生的磁场:取导线排方向为 x 轴,垂直于导线排方向为 y 轴,位于 x 到 $x+\Delta x$ 之间的细导线可以看作"一根"通有电流 I 的长直导线,在 P 点产生的磁感强度为 $\Delta B = k\dfrac{I\lambda\Delta x}{r}$,$\Delta B_x = k\dfrac{I\lambda\Delta x}{r}\cos\theta = kI\lambda\Delta\theta$,由对称性知 B 在 y 方向的分量可以互相抵消,则 $B = k\pi I\lambda$,两导线排产生的磁场方向夹角为 $120°$,所以合磁场的磁感强度仍为 $B_0 = k\pi I\lambda$.

(2) 半导体片两侧的电势差:
$$I_0 = nqvS = nqvl\,\overline{ab}$$
$$f_B = qvB_0 = f_E = \dfrac{Uq}{ab}$$

所以
$$U = \dfrac{k\pi\lambda I I_0}{nql}.$$

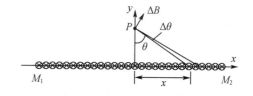

29. 如右图所示,空间有互相正交的匀强电场 E 和匀强磁场 B,E 沿 $+y$ 方向,B 沿 $+z$ 方向,一个带正电 $+q$、质量为 m 的粒子(设重力可以忽略),从坐标原点 O 开始无初速出发,求粒子坐标和时间的函数关系,以及粒子的运动轨迹.

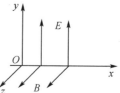

【解析】正离子以 O 点起无初速出发,受恒定电场力作用沿 $+y$ 方向运动,因为速度 v 的大小、方向都改变,洛伦兹力仅在 xOy 平面上起作用,粒子轨迹一定不会离开 xOy 平面且一定以 O 为起点.既然粒子仅受的两个力中一个是恒力一个是变力,作为解题思路,利用独立性与叠加原理,我们设想把洛伦兹力分解为两个分力,使一个分力跟恒电场力抵消,就把这个实际受力简化为只受一个洛伦兹力分力的问题.注意此处不是场的分解和抵消,而是通过先分解速度,对力进行分解和叠加.

我们都知道,符合一定大小要求的彼此正交的匀强复合电磁场能起速度选择器的作用.受其原理启发,设想正离子从 O 点起(此处 $v_O = 0$)就有一个沿 x 轴正方向、大小为 $v_O = \dfrac{E}{B}$ 的始终不变的速度,当然在 O 点同时应有一个沿 $-x$ 方向的大小也是 $\dfrac{E}{B}$ 的速度,

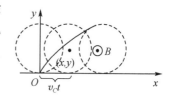

保证在 O 点 $v_O = 0$,则 $qBv_C = qE$,qBv_C 沿 $-y$ 方向,qE 沿 $+y$ 方向,彼此抵消,可写成 $f_B(v_C) = -F(E)$.因任一时刻 $v_t = v_C + v'$,所以 $f_B = (v_t) = f_B(v_C) + f_B(v')$,或改写成:$f_B(v_t) + F(E) = f_B(v')$.三个速度和 f_B 始终在 xOy 平面上,其物理意义是:正离子在复合场中受的两个真实的力 $f_B(v_t)$ 和 $F(E)$ 的矢量和,可以用一个洛伦兹力的分力 $f_B(v')$ 来代替,这样做的一个先决条件是把正离子的运动看成以下两个分运动的合成:① 沿 $+x$ 方向的 $v_C = E/B$ 的匀速直线运动;② 在 xOy 平面上的一个匀速圆周运动,其理由是:$f_B(v')$ 是平面力,轨迹又是平面的不是三维空间的,所以 $f_B(v')$ 必与 v' 垂直,在 O 点 v' 就是 $-v_C$,之后 $f_B(v')$ 不对离子做功,v' 大小不变,$f_B(v')$ 充当向心力这个圆周运动特征量.有:$T = \dfrac{2\pi m}{qB}$,$\omega = \dfrac{2\pi}{T} = \dfrac{qB}{m}$,$r = \dfrac{mv'}{qB} = \dfrac{mE}{qB^2}$.

$t = 0$ 时刻,正离子位于 O 点,此时正离子具有两个速度:一是速度方向始终不变、大小为 v_C

荣誉物理

$= E/B$ 的速度. 由这个速度引起的洛伦兹力跟电场力抵消. 另一个速度是在 O 点时沿 $-x$ 方向的大小为 E/B 的速度, 该速度引起的洛伦兹力指向 $\left(0, +\dfrac{mE}{qB^2}\right)$ 点, 这点就是 $t=0$ 时的圆心. 之后该圆心以速率 v_C 沿平行于 x 轴正方向无滑动地开始平动, 正离子是该圆周上的一个点, 且 $t=0$ 恰好就是该圆与 x 轴的切点, 即坐标原点, 此后, 正离子相对圆心以角速度 ω 顺时针绕行在 xOy 平面上, 粒子的轨迹被称为旋轮线, 其坐标值随时间的变化的参数方程为:

$$z = 0 \qquad ①$$

$$x = v_C t - r\sin\omega t = \dfrac{E}{B}t - \dfrac{mE}{qB^2}\sin\dfrac{qB}{m}t \qquad ②$$

$$y = r - r\cos\omega t = \dfrac{mE}{qB^2}\left(1 - \cos\dfrac{qB}{m}t\right) \qquad ③$$

【点评】设想一个轮子沿地面做无滑动的滚动, 轮子边缘上某点用红颜料涂上色, 那么这个边缘移动所得的运动轨迹就是旋轮线. 读者不妨尝试把参数 t 消去得出 y 与 x 的关系式, 可以得到表示其轨迹的又一方程.

第十一章 电磁感应

§11.1 法拉第电磁感应定律和楞次定律

11.1.1 电磁感应现象

奥斯特在1820年发现了电流的磁效应后,人们很自然地做出思考:既然电流能够产生磁场,那么磁场是否可以产生电流?不少科学家都开始探索怎样用磁体使导线中产生电流,但在相当长的时间里,并没有得到预期的结果.英国物理学家法拉第经过十年坚持不懈的努力,终于在1831年发现了由磁场产生电流的条件和规律.由磁场产生电流的这种现象后来叫做电磁感应现象.

实验一:磁铁插入线圈或从线圈内拨出的过程中,检流计指针发生了偏转,线圈中产生了电流;磁铁插入线圈或从线圈内拨出时,穿过线圈的磁通量发生了变化(图11-1).

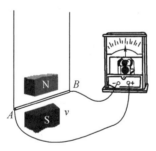

图11-1

实验二:当导体垂直于磁场方向运动时,电流表指针偏转,电路中产生了电流;当导体平行磁场方向运动时,电流表指针不偏转,电路中没有电流.因为导体平行于磁场方向运动时,穿过闭合电路的磁感应线的条数不发生变化;导体垂直于磁场方向运动时,闭合电路的面积改变了,穿过闭合电路的磁感应线的条数发生了变化,即穿过电路的磁通量发生了变化(图11-2).

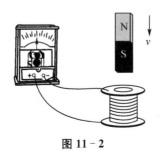

图11-2

实验三：如图11-3所示，把线圈A跟电键S和电源连接起来，把线圈B跟电流计连接起来，把线圈A插入到线圈B中．当关闭或打开电键S时，检流计指针发生了偏转，线圈B中产生了电流．当关闭或打开电键S时，线圈A中的电流及其产生的磁场从无到有或从有到无发生了变化，穿过线圈B的磁通量发生了变化．当关闭电键S并在电路稳定后检流计的指针不偏转，但是如果滑动变阻器的滑片移动，则检流计指针也发生偏转，说明B线圈中产生了电流．由于A中电流的变化，它所产生的磁场也发生了变化，B中的磁通量也发生了变化．

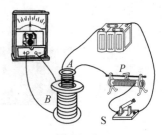

图 11 - 3

由以上实验可以看出，当闭合电路的磁通量改变时，线圈中出现电流，这个现象称作电磁感应，电磁感应中出现的电流称之为感应电流．

在电磁感应现象中的电能是由其他形式的能转化成的电能．如实验一、实验二中是把机械能转化为电能，实验三是把电能转化为磁能再把磁能转化为电能．

11.1.2　法拉第电磁感应定律

当通过闭合线圈的磁通量变化时，线圈中有感应电流产生，而电流的产生必与某种电动势的存在相联系，这种由于磁通量变化而引起的电动势，称作感应电动势．感应电动势比感应电流更能反映电磁感应现象的本质．因为感应电流的大小随线圈的电阻而变，而感应电动势仅与磁通量的变化有关，与线圈电阻无关，特别是当线圈不闭合时，只要有磁通变化，线圈内就有感应电动势，而此时线圈内却没有感应电流，这时我们还是认为发生了电磁感应现象．

精确的实验表明：闭合回路中的感应电动势 ε 与穿过回路的磁通量的变化率 $\Delta\Phi/\Delta t$ 成正比，这个结论叫做法拉第电磁感应定律．即：

$$\varepsilon = k\frac{\Delta\Phi}{\Delta t}$$

式中k是比例常数，取决于ε、Φ、t的单位．在国际单位制中，Φ的单位为韦伯，t的单位为秒，ε的单位是伏特，则$k=1$．

$$\varepsilon = \frac{\Delta\Phi}{\Delta t}$$

这个定律告诉我们，决定感应电动势大小的不是磁通量Φ本身，而是Φ随时间的变化率．在磁铁插在线圈内部不动时，通过线圈的磁通虽然很大，但并不随时间而变化，那仍然没有感应电动势．

法拉第电磁感应定律是实验定律，它与库仑定律，毕奥－萨伐尔定律这两个实验定律一起，撑起了电磁理论的整座大厦．

11.1.3　楞次定律

具体分析电磁感应实验，可看到：感应电流的磁场总是阻碍引起感应电流的磁通量的变化．这个结论就是楞次定律．这个定律是1834年楞次提出的，根据感应电流的方向可以说明感应电动势的方向．

用楞次定律来判断感应电流的方向，首先判断穿过闭合回路的磁力线沿什么方向，它的磁通量发生什么变化(增加还是减少),然后根据楞次定律来确定感应电流所激发的磁场沿何方向(与原磁场反向还是同向);最后根据右手定则从感应电流产生的磁场方向来确定感应电流的方向.

法拉第定律确定了感应电动势的大小,而楞次定律确定了感应电动势的方向,若要把二者统一于一个数学表达式中,必须把磁通 Φ 和感应电动势看成代数量,并对它的正负赋予确切的含义.

电动势和磁通量都是标量,它们的正负都是相对于某一标定方向而言的.对于电动势的正负,要先标定回路的绕行方向,与此绕行方向相同的电动势为正,否则为负.磁通量是通过以回路为边界的面的磁力线的根数,其正负有赖于这个面的法线矢量 $\vec{n}$ 方向的选取,若 $\vec{B}$ 与 $\vec{n}$ 的夹角为锐角,则 Φ 为正;夹角为钝角,Φ 为负.但需要注意,回路绕行方向与 $\vec{n}$ 方向的选定,并不是各自独立的任意确定,二者必须满足右手螺旋法则.如图11-4,伸出右手,大拇指与四指垂直,让四指弯曲代表选定的回路的绕行方向,则伸直的拇指就指向法线 $\vec{n}$ 的方向.

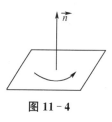

图 11-4

对电动势和磁通量的方向做以上规定后,法拉第定律和楞次定律就统一于下式:

$$\varepsilon = -\frac{\Delta \Phi}{\Delta t}$$

若在时间间隔 t 内 Δt 的增量为 $\Delta \Phi = \Phi(t+\Delta t) - \Phi(t)$,那么当正 Φ 随时间增大,或负的 Φ 的绝对值随时间减小时,$\Delta \Phi > 0$,则 ε 为负,ε 的方向与标定的回路方向相反;反之,当正的 Φ 随时间减小,或负的 Φ 的绝对值随时间增加,$\Delta \Phi < 0$,则 ε 为正,ε 的方向与标定的回路方向相同.

例1 如图 11-5 所示,光滑固定导轨 M、N 水平放置,两根导体棒 P、Q 平行放于导轨上,形成一个闭合回路.当一条形磁铁从高处下落接近回路时,则 (　　)

(A) P、Q 将互相靠拢 (B) P、Q 则互相远离
(C) 磁铁的加速度仍为 g (D) 磁铁的加速度小于 g

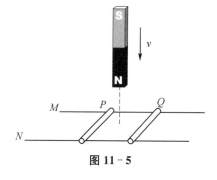 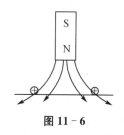

图 11-5　　　　　　　图 11-6

【解析】设磁铁的下端为 N 极,如图 11-6 所示,根据楞次定律可判断出 P、Q 中的感应电流方向,根据左手定则可判断 P、Q 所受安培力的方向.可见 P、Q 将互相靠拢.由于回路所受安培力的合力方向向下,由牛顿第三定律,磁铁将受到向上的反作用力,所以加速度小于 g.当磁铁的下端为 S 极时,根据类似的分析可得到相同的结果.所以选项 A、D 正确.

【点评】 楞次定律还有另一种表述，即感应电流的效果总是要反抗产生感应电流的原因. 本题中的"原因"是回路中磁通量的增加，归根结底是磁铁靠近回路，"效果"便是阻碍磁通量的增加和磁铁的靠近. 所以 P、Q 相互靠近且磁铁的加速度小于 g.

例 2 用直径为 1 mm 的超导材料制成的导线做成 1 个半径为 5 cm 的圆环. 圆环处于超导状态，环内电流为 100 A. 经过一年，经检测发现，圆环内电流的变化量小于 10^{-6} A，试估算该超导材料电阻率数量级的上限.

【解析】 圆环内电流缓慢减小，使穿过环面的磁通量发生变化，由法拉第电磁感应定律不难算出环中的感应电动势大小，再由闭合电路欧姆定律、电阻定律求得圆环导线的电阻和电阻率. 根据题中所给的条件，当圆环内通过电流 I 时，圆环中心的磁感强度.

$$B = \frac{\mu_0}{2}\frac{I}{R}$$

穿过圆环的磁通量可近似为

$$\Phi \approx BS = \frac{\mu_0}{2}\pi I r \qquad ①$$

根据法拉第电磁感应定律，电流变化产生的感应电动势的大小

$$E = \frac{\Delta \Phi}{\Delta t} = \frac{\mu_0}{2}\pi r \frac{\Delta I}{\Delta t} \qquad ②$$

圆环的电阻

$$R = \frac{E}{I} = \frac{\mu_0 \pi r}{2I}\frac{\Delta I}{\Delta t} \qquad ③$$

根据题设条件 $r = 0.05$ m，$\mu_0 = 4\pi \times 10^{-7}$ N·A^{-2}，$I = 100$ A，$\frac{\Delta I}{\Delta t} \leqslant 3 \times 10^{-14}$ A·s^{-1}，代入③式得

$$R \leqslant 3 \times 10^{-23} \ \Omega \qquad ④$$

由电阻与电阻率 ρ、导线截面积 S、长度 l 的关系 $R = \rho \frac{l}{S}$ 及已知导线的直径 $d = 1$ mm，环半径 $r = 5$ cm，得电阻率

$$\rho = R\frac{S}{l} = R\frac{d^2}{8r} = 7.5 \times 10^{-29} \ \Omega \cdot m \qquad ⑤$$

【点评】 常温下金属导体的电阻率的数量级是 $10^{-6} \sim 10^{-8}$ $\Omega \cdot m$. 相比之下本题中的环形导线的电阻率可以为无限小，处于超导状态. 半径为 r 的圆环中通以电流 I 后，圆环中心的磁感强度为 $B = \frac{\mu_0 I}{2r}$，式中 B、I、r 各量均用国际单位，$\mu_0 = 4\pi \times 10^{-7}$ N·A^{-2}.

例 3 如图 11-7 所示，在水平桌面放着长方形线圈 $abcd$，已知 ab 边长为 l_1，bc 边长为 l_2，线圈总电阻为 R，ab 边正好指向正北方. 现将线圈以南北连线为轴翻转 180°，使 ab 边与 cd 边互换位置，在翻转的全过程中，测得通过导线的总电量为 Q_1. 然后维持 ad 边（东西方向）不动，将该线圈绕 ad 边转 90°，使之竖直，测得正竖直过程中流过导线的总电量为 Q_2. 试求该处地磁场磁感强度 B.

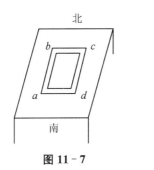

图 11-7

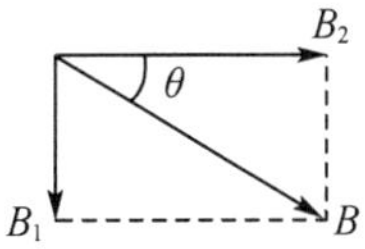

图 11-8

【解析】 由于地磁场存在,无论翻转或竖直,都会使通过回路的磁通量发生变化,产生感应电动势,引起感应电流,导致电量传输.值得注意的是,地磁场既有竖直分量,又有南北方向的分量,而且在南半球和北半球又有所不同,题目中未指明是在南半球或北半球,所以解题过程中应分别讨论.

(1) 设在北半球,地磁场 B 可分解为竖直向下的 B_1 和沿水平面由南指向北的 B_2,如图 11-8 所示,其中 B 与水平方向夹角为 θ. 当线圈翻转 $180°$ 时,初末磁通分别为

$$\Phi_1 = B_1 l_1 l_2, \Phi_2 = -B_1 l_1 l_2$$

由

$$\varepsilon = \frac{\Delta \Phi}{\Delta t}, i = \frac{\varepsilon}{R} = \frac{\Delta \Phi}{R \cdot \Delta t}$$

可知:Δt 时间内通过导体截面电量

$$\Delta q = i \Delta t = \frac{\Delta \Phi}{R}$$

所以在这一过程中有

$$Q_1 = \frac{\Phi_2 - \Phi_1}{R} = \frac{2B_1 l_1 l_2}{R}$$

将该线圈绕 ad 边转 $90°$,B_1、B_2 均有影响,即

$$\Phi_1 = B_1 l_1 l_2 \quad \Phi_2 = B_2 l_1 l_2 \quad Q_2 = \frac{1}{R} | B_2 - B_1 | l_1 l_2$$

于是解得

$$B_1 = \frac{RQ_1}{2l_1 l_2}$$

$$B_2 = \frac{R}{2l_1 l_2}(Q_1 \pm 2Q_2) \quad B_2 > B_1 \text{ 时取正},B_2 < B_1 \text{ 时取负}.$$

$$B = \sqrt{B_1^2 + B_2^2} = \frac{\sqrt{2}R}{2l_1 l_2} \sqrt{Q_1^2 \pm 2Q_1 Q_2 + 2Q_2^2}$$

$$\tan\theta = \frac{B_1}{B_2} = \frac{Q_1}{Q_1 \pm 2Q_2}$$

(2) 设在南半球,B 同样可分解为竖直向上的分量 B_1 和水平面上由南指向北的分量 B_2,如图 11-9 所示.

同上,

$$Q_1 = \frac{\Phi_2 - \Phi_1}{R} = \frac{2B_1 l_1 l_2}{R}$$

图 11-9

将该线圈绕 ad 边转 $90°$，

$$\Phi_1 = -B_1 l_1 l_2, \Phi_2 = B_1 l_1 l_2$$

则有

$$\Delta\Phi = \Phi_2 - \Phi_1 = (B_1 + B_2) l_1 l_2$$

$$Q_2 = \frac{\Delta\Phi}{R} = \frac{(B_1 + B_2) l_1 l_2}{R}$$

解得：

$$B_1 = \frac{RQ_1}{2l_1 l_2}$$

$$B_2 = \frac{R}{2l_1 l_2}(2Q_1 - Q_2)$$

所以

$$B = \sqrt{B_1^2 + B_2^2} = \frac{\sqrt{2}R}{2l_1 l_2}\sqrt{Q_1^2 - 2Q_1 Q_2 + 2Q_2^2}$$

方向：

$$\tan\theta = \frac{B_1}{B_2} = \frac{Q_1}{2Q_1 - Q_2}$$

强化训练

1. 如图所示，在匀强磁场中，有圆形的弹簧线圈．试问：当磁感强度逐渐减小时，线圈会扩张还是会收缩？

【答案】扩张．

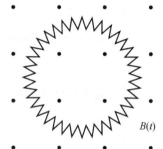

【解析】根据楞次定律之"发电结果总是阻碍发电过程本身"，可以判断线圈应该"反抗磁通的减小"，故应该扩张．值得注意的是，不论感应电流方向如何，弹簧每两圈都是"同向平行电流"，根据安培力的常识，它们应该相互吸引，似乎线圈应该是收缩的．这是因为导线除了受彼此间的安培力之外，还受到外磁场的安培力作用，而外磁场的安培力是促使线圈扩张的．

2. 有一长螺线管，竖直放置，通以电流 I，如图(a)所示．今有一较重的环形闭合线圈沿竖直方向落入螺线管内，线圈的平面始终与螺线管的轴垂直．

(1) 在图(b)中画出螺线管内磁力线的分布情况．

(2) 在图(b)中画出线圈落至 A、B、C 三个位置时感生电流的方向．

(3) 在图(b)中画出线圈在 A、B、C 三个位置时受到磁场作用力的合力方向．

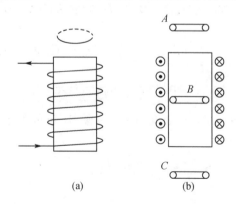

(a)   (b)

【解析】(1) 在螺线管内,磁感线的分布如图(a)所示.

(2) 线圈落至 B 位置时无感生电流.线圈落至 A、C 位置时,感生电流方向如图(b)所示.合力向上.

(3) 线圈在 B 位置时,不受磁场力的作用.线圈在位置 A 及 C 时,均受到向上的磁场力 F 作用.

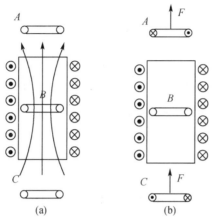

(a)　　　(b)

3. 如右图所示,等边三角形回路 abc 的边长为 l,所用导体材料每单位长度电阻为 R_0,ab 与 ac 是硬导线折成的固定边,bc 边是活动边,bc 边与固定边接触良好,垂直于回路平面有一个垂直指入纸内的匀强磁场,其磁感强度 B 随时间 t 的变化规律是 $B_t = B_0 + at$,a 是正恒量,为保持 bc 边不动,应向什么方向对它施加多大的外力?

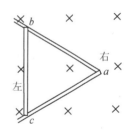

【解析】磁感强度随时间变大,根据楞次定律,bc 边上的电流从 $b \to c$,受安培力向右,所以外力应向左.

$$F_{外} = F_A = ilB$$

B 随 t 变大,l 不变,$F_{安} = Bli$,i 是否变化要经过计算.

$$\varepsilon = \frac{\Delta \phi}{\Delta t} = S_\triangle \frac{\Delta B}{\Delta t} = aS_\triangle \frac{\sqrt{3}}{4}l^2 a$$

是恒定电动势,其中 $a = \frac{\Delta B}{\Delta t}$ 是磁感强度随时间的变化率.$R = 3lR_0$,为恒电阻.

所以 $i = \varepsilon/R = \frac{\sqrt{3}}{4}l^2 a/3lR_0 = \sqrt{3}la/12R_0$ 是恒定电流.

故 $F_{外} = F_A = ilB = \frac{\sqrt{3}}{12R_0}l^2(B_0 + at)$ 是随时间变大的力.

4. 如图所示,A 是一个面积为 0.2 m^2、100 匝的圆环形线圈,处在匀强磁场中,磁场方向与线圈平面垂直且指向纸里.磁感强度随时间变化的规律是 $B = 0.02t(\text{T})$.开始时 S 是断开的,$R_1 = 4 \text{ Ω}$,$R_2 = 9 \text{ Ω}$,$R_3 = 18 \text{ Ω}$,$C = 30 \text{ μF}$.内阻忽略不计.求:

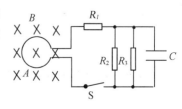

(1) S 闭合后通过 R_1 的电流大小.

(2) S闭合过一段时间又断开,在断开后流经R_2的电量是多少?

【解析】(1) 线圈中的电动势

$$E = N\frac{\Delta \Phi}{\Delta t} = NS\frac{\Delta B}{\Delta t} = 0.4 \text{ V}$$

S闭合后通过R_1的电流强度大小为

$$I = \frac{E}{R_1 + \dfrac{R_2 \cdot R_3}{R_2 + R_3}} = 0.04 \text{ A}$$

(2) 闭合S后C的带电量

$$Q = CU_{R_2} = C \cdot I \cdot \frac{R_2 R_3}{R_2 + R_3} = 7.2 \times 10^{-6} \text{ C}$$

断开开关S后C通过R_2、R_3放电,且R_2、R_3并联,因此其电量之比

$$\frac{Q_2}{Q_3} = \frac{R_3}{R_2} = \frac{2}{1}$$

那么通过R_2的电量

$$Q_2 = \frac{2}{3}Q = 4.8 \times 10^{-6} \text{ C}$$

5. 如右图所示,在边长为a的等边三角形区域内有匀强磁场B,其方向垂直纸面向外. 一个边长也为a的等边三角形导体框架ABC,在$t=0$时恰好与上述磁场区域的边界重合,而后以周期T绕其中心组面内沿顺时针方向匀速运动,于是在框架ABC中产生感应电流. 规定电流按$A—B—C—A$方向流动时电流强度取正值,反向流动时取负值. 设框架ABC的电阻为R,试求从$t=0$到$t_1 = T/6$时间内的平均电流强度$\bar{I}_1$和从$t=0$到$t_2 = T/2$时间内的平均电流强度$\bar{I}_2$.

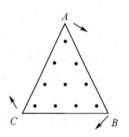

【解析】从$t=0$到$t_1 = \dfrac{T}{6}$的时间内,导体框架从右图中的虚线位置转到实线位置,磁通量的变化为

$$\Delta \Phi_1 = -\frac{\sqrt{3}}{12}a^2 B$$

故感应电动势的平均值为

$$\bar{\varepsilon}_1 = -\frac{\Delta \Phi_1}{\Delta t_1} = \frac{\sqrt{3}}{2}\frac{a^2 B}{T}$$

$$\bar{I}_1 = \frac{\sqrt{3}a^2 B}{2T}$$

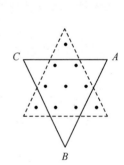

由楞次定律,感应电流方向为$A—C—B—A$,故平均电流强度为负值.

同理 $\Delta t_2 = \dfrac{T}{2}$,$\Delta \Phi_2 = -\dfrac{\sqrt{3}}{12}a^2 B$,$\bar{\varepsilon}_2 = \dfrac{\sqrt{3}a^2 B}{6T}$

感应电流强度的平均值为

$$\bar{I}_2 = \frac{\bar{\varepsilon}_2}{R} = \frac{\sqrt{3}a^2 B}{6RT} \quad \text{方向为正}$$

细致分析可知,从 $t=0$ 到 $\dfrac{T}{6}$ 的过程中,磁通量减小,感应电流沿 $A—C—B—A$ 方向,电流强度取正值;从 $\dfrac{T}{6}$ 到 $\dfrac{T}{3}$ 的过程中,磁通量增加,感应电流沿 $A—B—C—A$ 方向,电流强度取负值;从 $\dfrac{T}{3}$ 到 $\dfrac{T}{2}$,磁通量减小,感应电流沿 $A—C—B—A$.

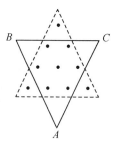

6. 由绝缘导线构成一个"8"字形的线圈,如下图(a)所示. 其中大圆"Ⅰ"的半径为 r_1,小圆"Ⅱ"的半径为 r_2. 但大圆的绕向与小圆的绕向正好相反(即大圆的电流若是逆时针的,则小圆的电流将是顺时针的). 现有一匀强磁场垂直穿过线圈平面,磁感强度随时间变化率为 $\Delta B/\Delta t = b = $ 常数,试确定在交叠处的 a 点与 b 点间的电势差. 若线圈按下图(b) 那样绕成,即大圆的绕向与小圆的绕向相同,则 a 点与 b 点的电势差又是多大?

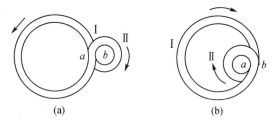

(a)   (b)

【解析】(1) 由法拉第电磁感应定律,大圆与小圆中的感应电动势的大小分别为

$$\varepsilon_1 = \dfrac{\Delta \varphi}{\Delta t} = \pi r_1^2 b$$

$$\varepsilon_2 = \pi r_2^2 b \qquad ①$$

线圈中的电流为

$$I = \dfrac{\varepsilon_1 - \varepsilon_2}{R_1 + R_2} = \dfrac{\pi b}{R_1 + R_2}(r_1^2 - r_2^2) \qquad ②$$

其中 R_1 与 R_2 分别为大圆与小圆线圈的电阻. 若导线电阻率为 ρ,截面积为 S,有

$$R_1 = \dfrac{2\pi r_1 \rho}{S}, R_2 = \dfrac{2\pi r_2 \rho}{S}$$

则利用①、②式可得 a 点与 b 点间电势差为

$$U = \varepsilon_1 - IR_1 = \pi r_1 r_2 b$$

(2) 这时 ε_1、ε_2 与(1)式相同,但线圈中的电流为

$$I' = \dfrac{\varepsilon_1 + \varepsilon_2}{R_1 + R_2}$$

由此可解得 a 点与 b 点间的电势差为

$$U' = \varepsilon_1 - I'R_1 = \pi r_1 r_2 \left(\dfrac{r_1 - r_2}{r_1 + r_2}\right) b$$

§11.2 动生电磁感应

11.2.1 动生电动势

在如图 11-10 所示的匀强磁场中,磁感强度为 B,有一个矩形线框 $abcd$ 放在这个磁场里,它的平面与磁感应线垂直,导线 ab 的长度为 L,以速度 v 向右运动.

设导线在 Δt 时间内,由原来的位置 ab 移动到位置 $a'b'$,则线框面积的改变量 $\Delta S = Lv\Delta t$. 穿过闭合电路的磁通的改变量 $\Delta \Phi = BLv\Delta t$.

根据法拉第电磁感应定律,感应电动势为

$$E = \frac{\Delta \Phi}{\Delta t} = \frac{BLv\Delta t}{\Delta t} = BLv$$

这种由于线圈或导体回路相对于磁场运动而引起的电磁感应现象称为动生电磁感应现象. 动生电磁感应现象中的电动势称为动生电动势.

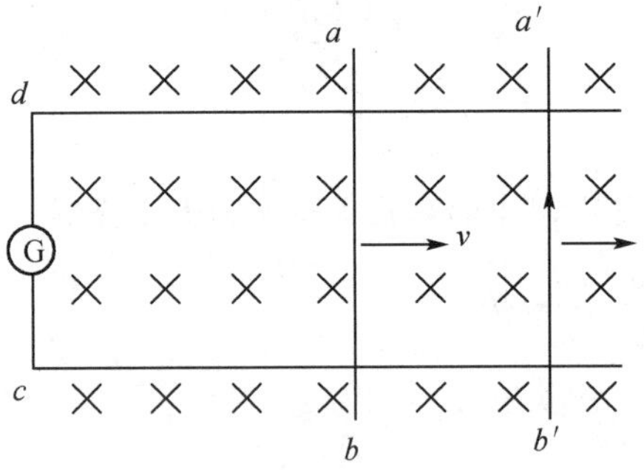

图 11-10 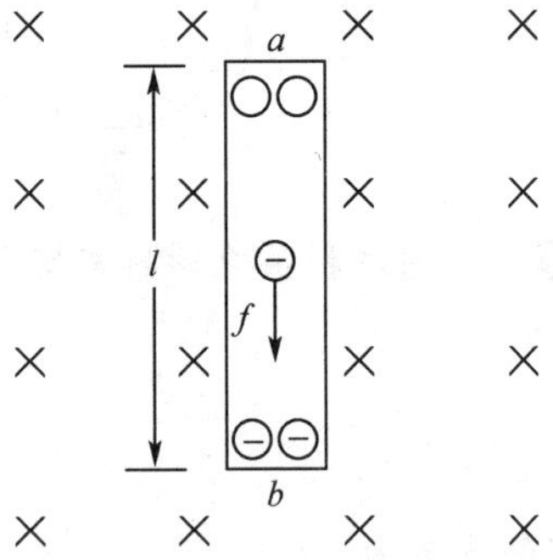   图 11-11

动生电磁感应的产生是由于洛伦兹力的作用. 导体 ab 在磁场 B 中做垂直于磁力线的运动,速度为 v(图 11-11),导体长度为 l. 由于导体中所有自由电子也随着导体一起以 v 向右运动,因此受到洛伦兹力 $f = evB$,这样就使导体的 b 端积累了负电荷,a 端积累了正电荷,形成了感生电场. 这种自由电子的定向移动一直要进行到洛伦兹力和感生电场的电场力相互平衡为止,即

$$evB = \frac{\varepsilon}{l}e$$

$$\varepsilon = Blv$$

从以上讨论可以得到下面的结论:

(1) 动生电动势的产生并不要求导体必须构成闭合回路. 构成回路仅仅是可以形成电流,而不是产生动生电动势的必要条件;

(2) 只有在磁场中运动的导体才可能产生动生电动势,不运动导体或不在磁场中运动的导体,不存在产生动生电动势的可能性;

(3) 要产生有意义的动生电动势必须同时满足 v 不平行于 B,并且 v 不平行于导线这两个条件,这两个条件用一句通俗的话表示,就是导线运动必须切割磁感应线.

法拉第电磁感应定律是发电机的原理. 凡电源内都有非静电力. 产生动生电动势现象中,切割磁感线的那部分导体就相当于一个电源.什么力是非静电力呢?

图 11-12 中,长为 l 的导体杆以向右的速度 v_1 运动,导体杆中所有电子都参与了这一向右的运动,如果回路闭合,则产生向上的电流 I,非静电力就是洛伦兹力 f_1,使负电荷流向电源的负极,电子定向移动的速度 v_2 是在 f_1 作用下产生的.

虽然 f_1 是洛伦兹力的一个分力,作为非静电力,可以做正功,但洛伦兹力是不做功的. v_1 与 v_2 两个速度的合速度为 v,这个速度对应的洛伦兹力 f 与其垂直,所以 f 不做功.实际上,v_2 对应的洛伦兹力 f_2 做的是负功,f_1 与 f_2 的总功是零.

既然总功为零,那么能量到底是如何转化来的呢?

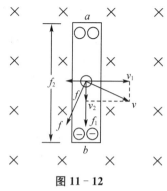

图 11-12

我们不难发现,棒所受的合力不为零,即 f_2 这个力在宏观上必然使棒的动能减小,所以棒的动能通过 f_2 的功转化为内能.如果棒匀速运动,那么一定存在外力 F,这个外力克服所有电子所受到的 f_2 这个力,从而把其他形式的能转化为电能.

11.2.2 导体平动切割

前面讨论了导体棒平动切割时的电动势 $\varepsilon = BLv$,但这里满足 $v \perp L$、$v \perp B$、$B \perp L$. 若 v 方向与磁场 B 方向存在夹角 θ,如图 11-13 所示,则电动势为

$$\varepsilon = BLv\sin\theta$$

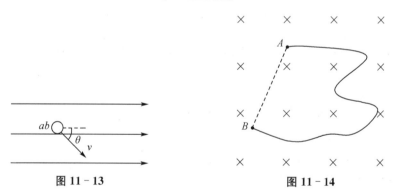

图 11-13   图 11-14

如果切割磁场的导线并非直线,而是一段弯曲导线,如图 11-14 所示.则其电动势大小应等效于连在 AB 间直导线切割磁场时电动势的大小.

例 4 如图 11-15 所示,一根被弯成半径为 $R = 10$ cm 的半圆形导线,在磁感应强度 $B = 1.5$ T 的均匀磁场中以速度 $v = 6$ m/s 沿直径 ac 方向向右移动,O 为圆心,Ob 与 ac 垂直,磁场的方向垂直纸面向里.求:

(1) 导线上 a、b 两点的电势差,指出哪一点电势高.

(2) 求导线上 a、c 两点的电势差.

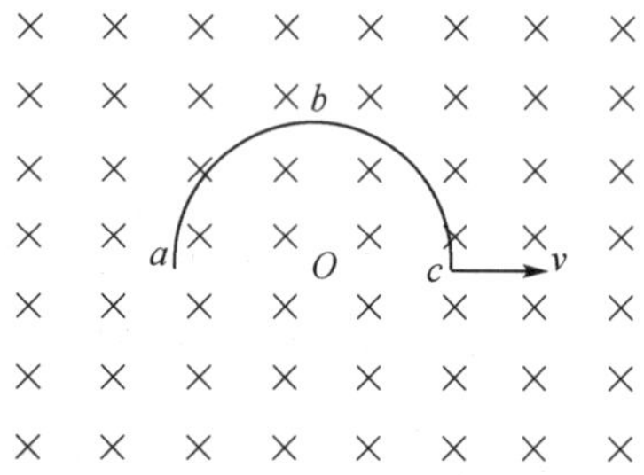

图 11-15

【解析】(1) a、b 两点的电势差与一根连接 O 和 b 两点的导线两端的电势差相等.

$$\varepsilon = Blv\sin\alpha = 1.5 \times 10 \times 6 = 0.9 \text{ (V)}$$

b 点的电势高.

(2) a、c 两点间的电势差为 0.

11.2.3 导体转动切割

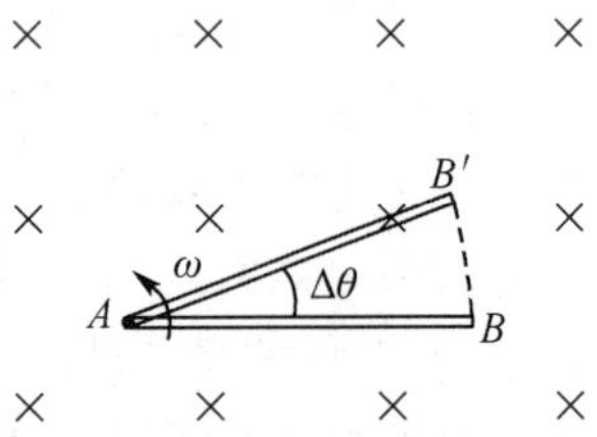

一般说来要用积分的方法才能求出整根导体上的动生电动势，但有些特殊情况还是可以用初等数学来解. 如图 11-16 所示，匀强磁场中一段导体棒 AB 垂直于磁场放置，当导体棒 A 点在垂直于磁场平面以角速度 ω 旋转时，AB 中同样会产生电动势，在 Δt 时间内 AB 转过 $\Delta \theta = \omega t$，可以假想回路 ABB'，此回路的磁通量变化

$$\Delta \Phi = B \cdot \Delta S = \frac{B}{2} L^2 \cdot \Delta \theta$$

图 11-16

由法拉第电磁感应定律

$$\varepsilon = \frac{\Delta \Phi}{\Delta t} = \frac{B}{2} L^2 \frac{\Delta \theta}{\Delta t}$$

$$\varepsilon = \frac{1}{2} B \omega L^2$$

也可以用平均速度来求出 AB 棒的电动势，因为棒上各点的速度均匀变化，所以平均速度为 $\frac{1}{2}\omega L$，即：

$$\varepsilon = BL \cdot \frac{1}{2}\omega L = \frac{1}{2} B \omega L^2$$

由右手定则可以判断，A 端聚集正电荷，为电源的正极，B 端聚集负电荷，为电源的负极.

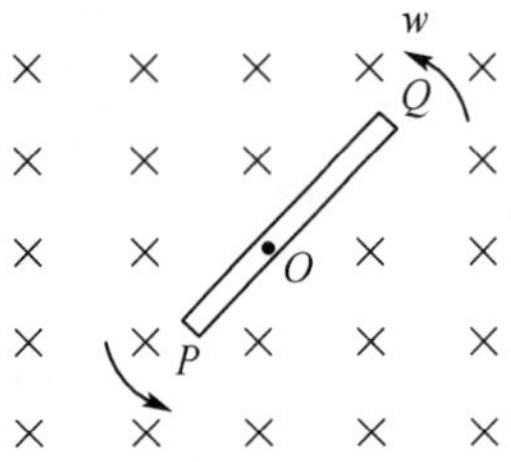

例 5 如图 11-17 所示，有一匀强磁场，磁感强度 $B = 2.0 \times 10^{-3}$ T，在垂直于磁场的平面内有一金属棒 PQ 绕平行于磁场的 O 轴做逆时针转动. 已知棒长 $L = 0.06$ m，O 轴与 P 端相距 $L/3$. 棒的转速 n 是 2.0 r/s.

(1) 求棒中的感应电动势.

(2) P、Q 两端中哪一端的电势高？为什么？

【解析】(1) OQ 段的电动势为

$$\varepsilon_1 = \frac{1}{2} B \omega \left(\frac{2L}{3}\right)^2$$

图 11-17

OP 段的电动势为

$$\varepsilon_2 = \frac{1}{2} B \omega \left(\frac{L}{3}\right)^2$$

$$\omega = 2\pi n$$

由右手定则可以确定，ε_1 的方向由 Q 指向 O，ε_2 的方向由 P 指向 O，两者方向相反，因此，金属棒 PQ 中的感应电动势为

$$\varepsilon = \varepsilon_1 - \varepsilon_2 = \frac{1}{3} n \pi B L^2 = 1.5 \times 10^{-3} \text{ V}$$

(2) P 端的电势高. 因为如果有导线连接 P、Q 两端，则显然感应电动势将产生从 P 端经过导线流向 Q 端的电流.

例6 如图11-18所示,质量为m的直杆,可以无摩擦地沿水平平行导轨滑行,两导轨间的宽度为l,两导轨的左端与电阻R连接,整个导轨放在竖直向下的匀强磁场中,若给杆一个平行于轨道的初速度v_0,求杆ab所能滑行的最大距离.(其余电阻不计)

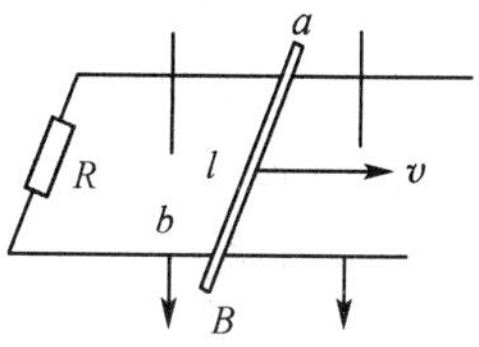

图 11-18

【解析】杆在导轨上滑行,切割磁感线,回路中产生感应电流,反过来磁场对电流产生安培力作用而阻碍导体杆运动,杆将做变减速运动直到停止.解答此类问题往往要用微元法.

解法一:应用牛顿定律求解.

设在很短的时间Δt内,速度的改变量为Δv,因为所取的时间很短,故在此时间内可看作匀加速运动.其加速度

$$a = \frac{\Delta v}{\Delta t}$$

由牛顿第二定律有

$$F = ma = m\frac{\Delta v}{\Delta t}$$

因

$$F = BIl = B\frac{Blv}{R}l = \frac{B^2l^2v}{R}$$

故得

$$\frac{B^2l^2v}{R} = m\frac{\Delta v}{\Delta t} \tag{1}$$

而

$$\Delta x = v\Delta t$$

即 $v = \frac{\Delta x}{\Delta t}$,代入上式得

$$\frac{B^2l^2}{R}\Delta x = m\Delta v \tag{2}$$

对(2)式求和

$$\frac{B^2l^2}{R}\sum \Delta x = m\sum \Delta v \tag{3}$$

因为

$$\sum \Delta x = v\sum \Delta t \tag{4}$$

由(3)(4)式得杆滑行的最大距离为

$$x = mv_0R/B^2l^2$$

解法二:由动量定理得

$$F\Delta t = m\Delta v$$

由以上两式得:

$$\frac{B^2l^2}{R}v\Delta t = m\Delta v$$

对上式求和有:

$$\frac{B^2l^2}{R}\sum v\Delta t = m\sum \Delta v$$

即可解得:

$$x = mv_0 R / B^2 l^2$$

解法一与解法二看似差不多,但解题的思路不同,应用的物理规律不同.

例 7 在如图 11-19 所示的直角坐标系中,有一塑料制成的半锥角为 θ 的圆锥体 Oab. 圆锥体的顶点在原点处,其轴线沿 z 轴方向有一条长为 l 的细金属丝 OP 固定在圆锥体的侧面上,金属丝与圆锥体的一条母线重合. 整个空间中存在着磁感强度为 B 的均匀磁场,磁场方向沿 X 轴正方向,当圆锥体绕其轴沿图示方向做角速度为 ω 的匀角速转动时,

(1) OP 经过何处时两端的电势相等?

(2) OP 在何处时 P 端的电势高于 O 端?

(3) 电势差 $U_P - U_O$ 的最大值是多少?

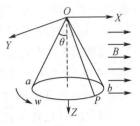

图 11-19

【解析】解法一:(1) 当 OP 经过 YOZ 平面的瞬间,两端的电势相等. 因为此时 OP 的运动方向和磁场方向平行(同向或反向).

(2) 只要 OP 处于 YOZ 平面的内侧,P 点的电势总是高于 O 点.

(3) 当 OP 处于 XOZ 平面的右侧且运动方向和磁场方向垂直时,即通过 XOZ 平面的瞬间(如图 11-20 所示)$U_P - U_O$ 的值最大. 其值等于在此瞬间很短时间间隔 Δt 内,OP 切割的磁感线数 $\Delta \varphi$ 除以 Δt,由几何投影可知,$\Delta \varphi$ 也等于 Δt 内 OP 在 YOZ 平面内的投影切割的磁感线的数目. P 点在 YOZ 平面上的投影为沿 Y 轴做圆频率为 ω、振幅为 $L\sin\theta$ 的简谐运动,此简谐运动在 Z 轴附近时其速度为 $\omega l \sin\theta$. 因此 OP 的投影切割的面积为一小三角形($\triangle MON$)的面积,即

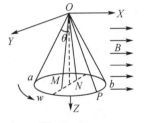

图 11-20

$$\Delta S = \frac{1}{2} l \cos\theta \cdot \omega l \sin\theta \cdot \Delta t$$

切割磁感线数即磁通量为

$$\Delta \varphi = B \Delta S = \frac{1}{2} l^2 \omega B \cos\theta \sin\theta \Delta t$$

根据法拉第电磁感应定律可知

$$U_P - U_O = \frac{\Delta \varphi}{\Delta t} = \frac{1}{2} l^2 \omega B \cos\theta \sin\theta$$

解法二:如图 11-21 所示,把磁感强度 B 正交分解成垂直 OP 的分量和平行于 OP 的分量,即

$$B_\perp = B\cos\theta, \quad B_\parallel = B\sin\theta$$

当金属丝 OP 在匀强磁场 $B_\perp$ 中绕 Z 轴转动时,切割磁感线产生的电动势为 $E = B_\perp l v_中$.

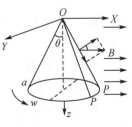

图 11-21

式中 $v_中$ 为金属丝 OP 中点的线速度,$v_中 = \omega \frac{1}{2} \sin\theta$. 代入上式得

$$E = B\cos\theta \cdot l \cdot \omega \cdot \frac{1}{2}\sin\theta = \frac{1}{2} B \omega l^2 \sin\theta \cos\theta$$

由此得电势差

$$U_P - U_O = \frac{1}{2} B \omega l^2 \sin\theta \cos\theta$$

解法三：设想 OP 是闭合线框 $OO'P$ 的一条边．线框绕 OZ 轴匀速转动产生的最大动生电动势为

$$E = BS\omega = B\left(\frac{1}{2}l\sin\theta l\cos\theta\right)\omega = \frac{1}{2}B\omega l^2 \sin\theta\cos\theta$$

因为边 O' 与 OO' 没有切割磁感线，不产生动生电动势，因此 OP 中的电动势就等于闭合线框 $OO'P$ 中的电动势．由此得电势差

$$U_P - U_O = \frac{1}{2}B\omega l^2 \sin\theta\cos\theta$$

强化训练

7. 如图所示，OC 为一绝缘杆，C 端固定一金属细杆 MN，已知 $MC = CN$，$MN = OC = R$，$\angle MCO = 60°$，此结构整体可绕 O 点在纸面内沿顺时针方向以匀角速度 ω 转动，设磁感强度为 B，有方向垂直于纸面向里的匀强磁场存在，求 M、N 两点间的电势差 U_{MN}．

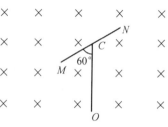

【解析】连 OM、ON 构成一个三角形 OMN，在转动过程中，因三角形回路中磁通量不变，故有

$$U_{MN} + U_{NO} + U_{OM} = 0$$

$$U_{OM} = B \cdot \frac{\sqrt{3}}{2}R \cdot \omega \cdot \frac{\sqrt{3}}{4}R = \frac{3}{8}B\omega R^2$$

$$U_{NO} = B \cdot \frac{\sqrt{7}}{2}R \cdot \omega \cdot \frac{\sqrt{7}}{4}R = \frac{7}{8}B\omega R^2$$

所以

$$U_{MN} = U_{ON} + U_{MO} = \frac{3}{8}B\omega R^2 - \frac{7}{8}B\omega R^2 = -\frac{1}{2}B\omega R^2$$

【点评】求感应电动势时，经常会用到各种等效替换，如有效长度的等效替换、切割速度的等效替换及像本题中的线面变换（即将面分割成线、连线构成面）等．

8. 如图所示，一很长的薄导体平板沿 x 轴放置，板的宽度为 L，电阻可忽略不计． $aebcfd$ 是圆弧形均匀导线，电阻为 $3R$，圆弧所在的平面与轴垂直，圆弧的两端 a、d 与导体板的两个侧面相接触，并可在其上滑动．圆弧 $ae = eb = cf = fd = 1/8$ 圆周长，圆弧 $bc = 1/4$ 圆周长．一个内阻为 $R_g = nR$ 的体积很小的电压表位于圆弧的圆心处，电压表与 b、c 相连．整个装置处于磁感强度为 B、方向垂直向上的匀强磁场中．当导体板不动而圆弧导线与电压表一起以恒定速度 v 沿 x 轴方向做平移运动时：

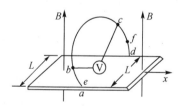

(1) 求电压表的读数．

(2) 求 e 点与 f 点的电势差 U_{ef}．

【解析】(1) 画出此装置从左向右看的侧面图，如图(a)所示，弧 bc 段产生的感应电动势大

小为 $\varepsilon_1 = BLv$. 弧 ae 段产生的感应电动势大小为 $\varepsilon_2 = \frac{1}{2}(\sqrt{2}-1)BLv$. 弧 eb、cf、fd 段产生的感应电动势大小均为 ε_2. 连接电压表的每根导线中产生的感应电动势大小均为 $\varepsilon_3 = \frac{1}{2}\varepsilon_1 = \frac{1}{2}BLv$.

各段的感应电动势的方向可由右手定则来判断. 画出图(a)的等效电路,如图(b)所示. 用 I_1、I_2、I_3 分别表示图中三个支路的电流,其方向如图(b)所示.

则有
$$U_{bc} = \varepsilon_1 - I_1 R$$
$$U_{bc} = 2\varepsilon_3 - IR_g$$
$$U_{bc} = 2I_2 R$$
$$I_2 = I_1 + I_3$$

联立以上各式,并将 $2\varepsilon_3 = \varepsilon_1$, $R_g = nR$ 代入,解得
$$I_3 = \frac{\varepsilon_1}{(3n+2)R}$$
$$I_2 = \frac{(n+1)\varepsilon_1}{(3n+2)R}$$

电压表的读数为
$$V = I_3 R_g = \frac{nBLv}{3n+2}$$

(2) 对 e、f 两点下方的支路,有
$$U_{ef} - 2\varepsilon_2 = I_2 R$$

解得
$$U_{ef} = I_2 R + 2\varepsilon_2 = \left[\frac{n+1}{3n+2} + (\sqrt{2}-1)\right]BLv$$

9. 如图所示,有一个长为 l,宽为 a、高为 b 的矩形管,图中画斜线的前后两侧面为金属板,上下两面为绝缘板,用导线将两金属板相连,金属板和导线的电阻均可忽略不计. 今有电阻率为 ρ 的水银流过矩形管,流速为 v_0. 设管中水银的流速与管两端的压强差成正比,已知流速为 v_0 时的压强差为 p_0,在垂直于矩形管上下平面的方向上加一均匀磁场,磁感强度大小为 B,试求加磁场后水银的流速 v.

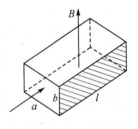

【解析】 加磁场后,水银(液态导体)因有运动速度 $v \neq 0$,其中会产生沿着宽边 a 方向的感应电动势 ε,从而在横向形成电流 I,它将使水银柱受到阻碍其流动的纵向安培力 $F_{安}$,$F_{安}$ 的存在使水银柱两端之间产生附加压强差 Δp,于是水银柱两端面之间的真实压强差为 $p = p_0 - \Delta p$. 上述分析表明,p 与 v 的大小有关. 另外,题设管中水银的流速与管两端压强差成正比,所以 p 与 p_0 的比值应等于 v 与 v_0 的比值. 由以上两个 p 与 v 的关系式,应可解出 v.

设加磁场 B 后水银流速为 v,可视为运动的导体棒,故在宽边 a 方向产生感应电动势为
$$\varepsilon = Bav$$

构成 ε 的非静电力的方向从靠里的金属板指向靠外的金属板,于是形成相应的从里经水银柱向外流的电流为:

$$I = \frac{\varepsilon}{R}$$

式中 R 是水银柱的电阻,将 $R = \frac{\rho a}{bl}$ 代入,感应电流为

$$I = \frac{\varepsilon}{R} = \frac{Bvbl}{\rho}$$

水银柱因有电流 I 而受到磁场的安培力,其方向与水银流速反向(为阻力),其大小为

$$F_{安} = IBa = \frac{B^2 v a b l}{\rho}$$

$F_{安}$ 使水银柱两端面之间形成反向(即与原先的 p_0 反向)的附加压强差为

$$\Delta p = \frac{F_{安}}{ab} = \frac{B^2 v l}{\rho}$$

故两端面之间真实的压强差为

$$p = p_0 - \Delta p = p_0 - \frac{B^2 v l}{\rho} \qquad ①$$

由题设,压强与流速成正比,故

$$\frac{p}{p_0} = \frac{v}{v_0} \qquad ②$$

由 ①、② 式解出

$$v = \frac{P_0 v_0 \rho}{P_0 \rho + v_0 B^2 l}$$

10. 如右图所示,直导线中的电流为 I,边长为 L 的正方形金属线框 $adcb$ 的 ab 和 cd 两边跟直导线平行,且在同一平面内,线框固定不动,其电阻为 R. 当直导线以速度 v 向左运动,ab 边距离导线 x 时,线框所受合力为多少?

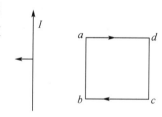

【解析】直导线向左运动,根据楞次定律可判断感应电流方向为顺时针方向 $adcb$. ad、bc 两边所受的安培力相互抵消.

I 在 ab 处产生的磁感强度为

$$B = K\frac{I}{x}$$

I 在 cd 处产生的磁感强度为

$$B' = K\frac{I}{x+L}$$

$$\varepsilon_{ab} = BLv = K\frac{I}{x}Lv$$

$$\varepsilon_{cd} = K\frac{I}{x+L}Lv$$

所以

$$I' = \frac{\varepsilon_{ab} - \varepsilon_{cd}}{R} = \frac{KLv\left(\frac{I}{x} - \frac{I}{x+L}\right)}{R} = \frac{KL^2 vI}{R(L+x)x}$$

$$F_{ab} = I'LB$$
$$F_{cd} = I'LB'$$

所以
$$F_{合} = F_{ab} - F_{cd} = \frac{K^2 L^4 I^2}{Rx^2(R+L)^2}$$

11. 如图所示,在大小为 B 的匀强磁场区域内跟 B 垂直的平面中有两根固定的足够长的金属平行导轨,在导轨上面平放着两根导体棒 ab 和 cd,两棒彼此平行,构成一矩形回路. 导轨间距为 l,导体棒的质量都是 m,电阻各为 R,导轨部分电阻可忽略不计. 设导体棒可在导轨上无摩擦地滑行,初始时刻 ab 棒静止,给 cd 棒一个向右的初速 v_0,求两棒之间距离增长量 x 的上限.

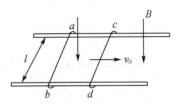

【解析】 过程的定性概况是,cd 棒以初速 v_0 向右运动,切割磁感线,产生电动势 ε_1,有电流通过 ab,ab 受安培力作用也运动起来,而且速度方向与 cd 的 v_0 是相同的. 同时 cd 边也受安培力作用而减速,ab 受同样大的安培力作用而加速,此时 ab 边也切割磁感线,产生电动势 ε_2. 只要 $\varepsilon_1 > \varepsilon_2$,$\varepsilon_2$ 就是反电动势,因为电流从 ε_2 的正极进入. 随着 ε_1 的减小和 ε_2 的变大,电流、安培力、两棒的加速度都在减小,最终当两棒速度相同时,电流、安培力及加速度都会消失,两棒匀速运动,相对距离不再变化,这时两棒之间的距离比初始时刻变大了. 我们可以看到,这个过程几乎所有物理量都随时间变化,只有两个物理量是不变的,一是系统的总动量,二是系统的总能量,动量守恒是由于两棒彼此虽无相互作用的内力,但磁场对两棒施加的安培力等大反向合力为零. 能量守恒表现为系统动能的减小转化为电能的产生和电流在电阻上的发热. 由于除动量守恒和能量守恒之外所有物理量都变化,牛顿运动定律和匀变速运动公式在这种场合无用武之地. 下面我们运用微元法,通过取一小微元进行分析,令整体上变化的量在局部转化为不变的量.

据动量守恒定律,设两棒共同的末速度为 v_0
$$mv_0 = (m+m)v$$
得
$$v = \frac{1}{2}v_0$$

设在某一时刻,cd 棒与 ab 棒的速度分别是 v_1 和 v_2. 在这极短的时间 Δt 内,cd 的位移 $x_1 = v_1 \Delta t$,ab 的位移 $x_2 = v_2 \Delta t$(时间取得那么短,以至于可认为 v_1 与 v_2 不变,两棒做匀速运动). 距离增长量在这 Δt 时间内为
$$\Delta x = x_1 - x_2 = (v_1 - v_2)\Delta t$$

这段时间内回路的电流也可认为是不变的,
$$I = \frac{\varepsilon_1 - \varepsilon_2}{2R} = \frac{Bl}{2R}(v_1 - v_2)$$

对 ab 棒运用动量定理有:
$$Il B \Delta t = m\Delta v$$

所以
$$\Delta x = (v_1 - v_2)\Delta t = (v_1 - v_2)\frac{m\Delta v}{IlB}$$
$$= (v_1 - v_2)m\Delta v \cdot \frac{2R}{B^2 l^2(v_1 - v_2)}$$
$$= \frac{2mR\Delta v}{B^2 l^2}$$

对所有极微小的 Δx 求和

$$x = \sum \Delta x = \frac{2mR}{B^2 l^2} \sum \Delta v$$

由于对 ab 棒而言，$\sum \Delta v$ 的上限是 $v - 0 = \frac{1}{2}v_0$，所以两棒相对距离的增长量的上限：

$$x = \frac{2mR}{B^2 l^2} \sum \Delta v = \frac{2mR}{B^2 l^2} \cdot \frac{v_0}{2} = \frac{mRv_0}{B^2 l^2}$$

【点评】微元法通常包含两步：先是微元，比如取极短的 Δt，使 Δt 中所有量都短暂不变，再求总和，如本题的 $\sum \Delta x$。无数个微小量求和，结果将趋向一个极限值。我们可以粗略地了解一下这种处理问题的方法，这正是微积分的萌芽。其次，我们看到 $(v_1 - v_2)$。这实际上是 Δt 时间内以 cd 为参照系看到的 ab 的相对速度，x 的上限其意义就是：ab 棒以它变化的相对速度运动在大小从 v_0 变为 $\frac{1}{2}v_0$ 的过程中，相对 cd 棒最远可远离的路程。求和时 $\sum \Delta v$ 的上限是 $\frac{v_0}{2} - v_0 = -\frac{1}{2}v_0$，最后得到的距离上限为 $x = -\frac{mRv_0}{B^2 l^2}$。负号表示以 cd 为参照系，ab 棒向左远离。

§11.3　感生电磁感应

11.3.1　感生电动势

磁场相对于线圈或导体回路改变大小和方向所引起的电磁感应现象称为感生电磁感应现象。在电磁感应现象中产生的电动势称为感应电动势。

$$\varepsilon = S \frac{\Delta B}{\Delta t}$$

实验表明，变化的磁场能够在空间激发一种电场，称为涡旋电场或感应电场。涡旋电场也像静电场一样，能够对电荷产生作用力；但其电场线却与静电场的不同，是闭合线。正是由于这种非静性电场的出现，才使处于变化磁场中的导体产生感应电动势。如果用 E_v 表示涡旋电场的电场强度，则它在闭合回路 L 中产生的感应电动势为 ε_v。

如果回路闭合就有感应电流 $i = \frac{1}{R} \cdot \frac{\Delta \Phi}{\Delta t}$，如果回路不闭合，感应电动势仍是 $\varepsilon = \frac{\Delta \Phi}{\Delta t}$，不产生感应电流。放置了闭合回路，回路中就有电流，这只是表面现象，即使不存在导体回路，变化着的磁场也能在其周围空间激发涡旋电场。

由变化磁场产生的涡旋电场，其特征是：① 空间各点的 E_v 一定处在与磁场垂直的平面上，即 E_v 没有跟 B 平行的分量。② 磁场边界内外都有 E_v。上面说过，E_v 的场线是与磁场边界同心的封闭圆，任何一个与磁场边界同心的圆周上任意一点的 E_v 沿切线方向。③ E_v 的指向与磁场变化的关系遵从楞次定律，即 E_v 的方向就是感应电动势的方向。④ 特殊情况下，E_v 的大小，可以从涡旋电场力是非静电力这一点出发来推导。

11.3.2　静电场与感生电场的比较

就产生原因而言，静电场是静止电荷产生的，而感生电场是变化的磁场激发的。就性质而言,当单位正电荷绕闭合回路一周,静电场力做功为零.当感生电场驱使单位正电荷绕副线圈一周时,感生电场力的功不为零,其数值恰为副线圈内产生的感应电动势,数值上等于通过副线圈的磁通量对时间的变化率.静电场中电场力的功与路径无关,我们称这类场为保守场,感生电场中电场力的功与路径有关,我们称这种场是非保守场.静电场的电场线是有头有尾的不封闭曲线,而感生电场的电场线是无头无尾的闭合曲线.

例8 无限长螺线管的电流随时间作线性变化 $\left(\dfrac{\Delta I}{\Delta t}=\text{常数}\right)$ 时,其内部的磁感强度 B 也随时间作线性变化.已知 $\dfrac{\Delta B}{\Delta t}$ 的数值,求管内外的感生电场.

【解析】 如图 11-22 所示,为螺线管的横截面图,设螺线管的半径为 R.由于对称性以及感生电场的电场线是一些封闭曲线的性质,可知管内外的感生电场电场线都是与 C 同心的同心圆.

图 11-22

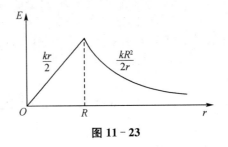

图 11-23

当 $r < R$ 时,

$$\varepsilon = \vec{E}_v \cdot 2\pi r = \dfrac{\Delta \Phi}{\Delta t}$$

即

$$E_v = \dfrac{1}{2\pi r} \cdot \dfrac{\Delta B}{\Delta t} \cdot \pi r^2 = \dfrac{r}{2} \dfrac{\Delta B}{\Delta t}$$

当 $r > R$ 时,

$$\varepsilon = E_v \cdot 2\pi r = \dfrac{\Delta B}{\Delta t} \cdot \pi R^2$$

所以 $E_{\text{感}} = \dfrac{R^2}{2r} \cdot \dfrac{\Delta B}{\Delta t}$.

$\vec{E}_v$ 大小在管内与 r 成正比,在管外与 r 成反比.感生电场电场线的方向可由楞次定律确定,当 $\dfrac{\Delta B}{\Delta t} > 0$ 时,电场线方向为逆时针方向.感生电场线是以螺线管轴心为圆心的同心圆,具体涡旋方向服从楞次定律.感生电场强度的大小规律可以用图 11-23 表达.

【点评】 本题的解答中设置的是一个特殊的回路,才会有"在此回路上感生电场大小恒定"的结论,如果设置其他回路,$E = \dfrac{\varepsilon_{\text{感}}}{2\pi r}$ 关系不可用,用我们现有的数学工具将不可解.

例9 如图 11-24 所示,在一个半径为 R 的长直螺线管中通有变化的电流,使管内圆柱形的空间产生变化的磁场,已知 $\dfrac{\Delta B}{\Delta t} = k > 0$.如果在螺线管横截面内,放置一根长为 R 的导体棒 AB,使得 $OA = AB = OB$,那么 AB 上的感应电动势 ε_{AB} 是多少?如果将导体棒延伸到螺线管外,

并使得 $AB = BC$，求导体棒上 A、C 两点的电势差 U_{AC}.

【解析】前面已说过：长直通电螺线管内是匀强磁场，而管外磁场为零，所以本题研究的是一个圆柱形匀强磁场.

尽管根据前述 E 的表达式可知，AB 棒所在各点的电场强度，但要根据这些场强来求出 ε_{AB} 却不是用初等数学能解决的问题，我们可取等边三角形面积 OAB，因为 OA 和 OB 垂直于感生电场的电场线，所以 OA 和 OB 上没有感应电动势. 又根据法拉第电磁感应定律，OAB 回路上的感应电动势

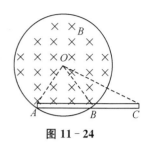

图 11 - 24

$$\varepsilon = \frac{\Delta \Phi}{\Delta t} = \frac{\sqrt{3}}{4} R^2 k$$

这也就是 ε_{AB} 的大小.

如果将 AB 延伸到 C，则可研究 $\triangle OAC$，根据同样的道理可知

$$\varepsilon_{AC} = \frac{\Delta \Phi}{\Delta t} = \left(\frac{\sqrt{3}}{4} + \frac{\pi}{12} \right) R^2 k$$

$$U_{AC} = -\left(\frac{\sqrt{3}}{4} + \frac{\pi}{12} \right) R^2 k$$

【点评】本题可解的前提是磁场局限于圆柱形内. 如果一根导体棒是放在一个宽广的或是其他范围不规则的磁场内，是得不出上述结果的.

例 10 如图 11 - 25 所示，均匀导体做成的半径为 R 的 Φ 形环，内套半径为 $R/2$ 的无限长螺线管，其内部的均匀磁场随时间正比例地增大，$B = kt$，试求导体环直径两端 M、N 的电势差 U_{MN}.

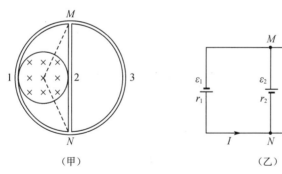

图 11 - 25

【解析】将图 11 - 25（甲）中的左、中、右三段导体分别标示为 1、2、3，它们均为电源，电动势分别为：

$$\varepsilon_1 = \frac{1}{4} k R^2 (\pi - \arctan 2), \varepsilon_2 = \varepsilon_3 = \frac{1}{4} k R^2 \arctan 2$$

设导体单位长度电阻为 λ，三"电源"的内阻分别为：

$$r_1 = r_3 = \pi \lambda R, r_2 = 2 \lambda R$$

应用楞次定律判断电动势的方向后，不难得出它们的连接方式如图 11 - 25（乙）所示. 然后，我们用戴维南定理解图乙中的电流 I.

$$U_{MN} = Ir_1 - \varepsilon_1 = \frac{\varepsilon_3 r_2 r_1 + \varepsilon_2 r_3 r_1 + \varepsilon_1 r_2 r_3}{r_1 r_2 + r_2 r_3 + r_3 r_1} = \frac{1}{4} k R^2 \left(\arctan 2 - \frac{4+\pi}{2\pi} \right)$$

强化训练

12. 如果在螺线管内、外分别放置两段导体 CD 和 EF, 它们都是以螺线管轴线为圆心, 且圆心角为 θ 的弧形, 试求这两段导体两端的电势差.

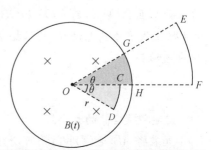

【解析】因为在弧线上的场强都是大小恒定的, 故可用 $U = E \cdot l_{弧长}$ 求解.

显然, $U_{CD} = \frac{k}{2} \theta r^2$, $U_{EF} = \frac{k}{2} \theta R^2$.

【点评】我们不难发现, $U_{CD} = \frac{\Delta B}{\Delta t} \times$ (扇形 OCD 的面积), $U_{EF} = \frac{\Delta B}{\Delta t} \times$ (扇形 OGH 的面积). 感应电动势的大小可以这样计算, 用磁感强度的变化率乘以自磁场变化中心出发引向导体两端的曲边形 (在磁场中) 的 "有效面积".

13. 半径为 R 的螺线管内充满匀强磁场, 磁感强度随时间的变化率 $\frac{\Delta B}{\Delta t}$ 已知. 求长为 L 的直导体在图中 a、b、c 三个位置的感应电动势大小分别为多少?

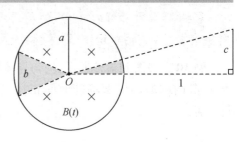

【解】在本题中, 由于没有考查 (以涡旋中心为圆心的) 环形回路或弧形回路, 所以需要用上面的 "推论" 解决问题.

显然, 这里的 "有效面积" 分别为

$$S_a = 0$$
$$S_b = \frac{1}{2} L \cdot \sqrt{R^2 - \left(\frac{L}{2}\right)^2}$$
$$S_c = \frac{1}{2} R^2 \cdot \arctan \frac{L}{l+R}$$

$\varepsilon_a = 0$; $\varepsilon_b = \frac{L}{4} \frac{\Delta B}{\Delta t} \sqrt{4R^2 - L^2}$; $\varepsilon_c = \frac{R^2}{2} \frac{\Delta B}{\Delta t} \arctan \frac{L}{l+R}$.

14. 一个长的螺线管包含了另一个同轴的螺线管 (它的半径 R 是外面螺线管的一半). 它们的线圈单位长度具有相同的圈数, 且初始时都没有电流. 在同一瞬间, 电流开始在两个螺线管中线性增长. 在任意时刻, 里边的螺线管中的电流为外边螺线管中的两倍, 它们的方向相同. 由于增长的电流, 一个初始静止的处于两个螺线管中间的带电粒子, 开始沿着一根圆形的轨道运动 (如图所示). 问圆的半径 r 为多少?

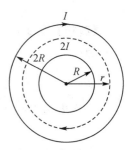

【解析】在 t 时刻外边螺线管中的电流为 $I = kt$, 在里边的螺线管中的电流为 $2I = 2kt$, 其中 k 是一个常数. 由这些电流产生的磁场在外边螺

线管中为 $B = \mu_0 nkt$,而在里边螺线管中为 $3B$,其中 n 为单位长度上螺线管的圈数. 由半径为 r 的粒子轨道所包围的磁通量为

$$\Phi = \pi R^2 \times 2B + \pi r^2 \times B = (2R^2 + r^2)\pi\mu_0 nkt$$

感生电场的大小可以从磁场随时间的变化率计算得出:

$$E \times 2\pi r = \frac{\Delta \Phi}{\Delta t} = (2R^2 + r^2)\pi\mu_0 nk$$

因此

$$E = \frac{(2R^2 + r^2)\mu_0 nk}{2r}$$

带电粒子由磁场限制在它的圆形轨道上,因此,从作用在它上面的力的总的径向分量为零,我们可以得到

$$\frac{mv^2}{r} = qvB \qquad ①$$

根据公式 $ma_t = qE$,粒子由合力的切向分量沿着它的圆形轨道加速,其中 m 是质量,q 是粒子的电荷.

当电场力的大小恒定时,粒子的速度随时间均匀地增加

$$v = a_t t = \frac{qE}{m}t = \frac{q(2R^2 + r^2)\mu_0 nk}{2mr}t$$

把上式和 B 的值代入方程 ①,我们得到

$$\frac{mq(2R^2 + r^2)\mu_0 nk}{2mr^2}t = q\mu_0 nkt$$

满足上式的条件为

$$\frac{(2R^2 + r^2)}{2r^2} = 1$$

即 $r = \sqrt{2}R$.

15. 两根长度相度、材料相同、电阻分别为 R 和 $2R$ 的细导线,围成一直径为 D 的圆环,P,Q 为其两个接点,如图所示. 在圆环所围成的区域内,存在垂直于圆指向纸面里的匀强磁场. 磁场的磁感强度的大小随时间增大,变化率为恒定值 b. 已知圆环中的感应电动势是均匀分布的. 设 MN 为圆环上的两点,MN 间的弧长为半圆弧 $PMNQ$ 的一半. 试求这两点间的电压.

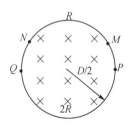

【解析】就整个圆环而言,导线的粗细不同,因而电阻的分布不同,但感应电动势的分布都是均匀的. 求解时要注意电动势的方向与电势的高低.

根据电磁感应定律,整个圆环中的感应电动势的大小为

$$E = \frac{\Delta \Phi}{\Delta t} = \frac{1}{4}\pi D^2 b$$

此电动势均匀分布在整个环路内,方向是逆时针方向. 由欧姆定律可知感应电流为

$$I = \frac{E}{R + 2R}$$

M、N 两点的电压

$$U_M - U_N = \frac{1}{4}E - I\left(2R + \frac{R}{2}\right)$$

由以上各式,可得

$$U_M - U_N = -\frac{1}{48}\pi D^2 b$$

可见,M 点电势比 N 点低.

16. 将一个半径为 a、电阻为 r 的圆形导线,接上一个电阻为 R 的电压表后按图(a)、(b) 两种方式放在磁场中,连接电压表的导线电阻可忽略,(a)、(b) 中的圆心角都是 θ. 均匀变化的磁场垂直于圆面,变化率 $\frac{\Delta B}{\Delta t} = k$. 试问(a)、(b) 中电压表的读数各为多少?

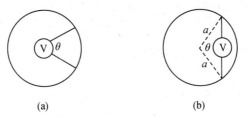

(a)　　　　(b)

【解析】设 B 垂直于纸面向里,且 $\frac{\Delta B}{\Delta t} = k > 0$,如图所示. 回路 OPS_1Q 的面积

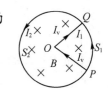

$$S_1 = \frac{\theta}{2\pi} \cdot \pi a^2$$

回路 OPS_2Q 的面积

$$S_2 = \frac{2\pi - \theta}{2\pi} \cdot \pi a^2$$

这两个回路单独存在时的感生电流方向相同,都是逆时针的,感应电动势的大小分别为

$$\varepsilon_1 = S_1 \frac{\Delta B}{\Delta t} = \frac{\theta}{2\pi} \cdot k\pi a^2$$

$$\varepsilon_2 = S_2 \frac{\Delta B}{\Delta t} = \frac{2\pi - \theta}{2\pi} \cdot k\pi a^2$$

$$\frac{\varepsilon_1}{\varepsilon_2} = \frac{\theta}{2\pi - \theta} \qquad ①$$

PS_1Q 段导线和 QS_2P 段导线电阻分别为

$$R_1 = \frac{\theta}{2\pi} r \qquad ②$$

$$R_2 = \frac{2\pi - \theta}{2\pi} r \qquad ③$$

如图中标出的电流,应该有

$$I_V = I_2 - I_1 \qquad ④$$

对两个回路分别列出电压方程:

$$-\varepsilon_1 + I_1 R_1 - I_V R = 0 \qquad ⑤$$

$$-\varepsilon_2 + I_2 R_2 + I_V R = 0 \qquad ⑥$$

由①、②、③、④、⑤、⑥可解得

$$I_1\left[\frac{\theta}{2\pi}(2\pi-\theta)r+\pi R\right]=I_2\left[\frac{2\pi-\theta}{2\pi}\theta r+\pi R\right]$$

即有 $I_1=I_2$，因此 $I_V=0$，所以图(a)的接法中电压表的读数为零.

再看图(b)中的接法，电流设定如图所示.

小回路和大回路的感应电动势大小分别为

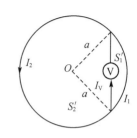

$$\varepsilon'_1=S'_1\frac{\Delta B}{\Delta t}=\left(\frac{\theta}{2\pi}\pi a^2-\frac{1}{2}a^2\sin\theta\right)k=\frac{1}{2}ka^2(\theta-\sin\theta)$$

$$\varepsilon'_2=S'_2\frac{\Delta B}{\Delta t}=\left(\frac{2\pi-\theta}{2\pi}\pi a^2+\frac{1}{2}a^2\sin\theta\right)k=\frac{1}{2}ka^2(2\pi-\theta+\sin\theta)$$

$$I_V=I_2-I_1$$

$$\varepsilon'_2=I_2R_2+I_VR$$

由上述方程可解得

$$I_V=2\pi^2a^2k\sin\theta\Big/\left[\theta(2\pi-\theta)\frac{r}{R}+4\pi^2\right]R$$

由此可知电压表的读数为

$$I_VR=2\pi^2a^2k\sin\theta\Big/\left[\theta(2\pi-\theta)\frac{r}{R}+4\pi^2\right]$$

【点评】 解磁场中比较复杂的闭合电路的感生电流问题，一般除了用到有关电磁感应的知识以外，还要用到解复杂电路的基尔霍夫定律.

§11.4 自 感

11.4.1 自感

由于导体自身电流发生变化而产生的电磁感应现象叫做自感. 导体回路由于自感现象产生的感应电动势叫做自感电动势，由于磁感强度与电流强度成正比 $B\propto I$，通过回路的磁通量又与磁感强度成正比 $\Phi\propto B$，所以磁通量的变化率与电流强度的变化率成正比 $\frac{\Delta\Phi}{\Delta t}\propto\frac{\Delta I}{\Delta t}$，从而自感电动势的大小和电流的变化率成正比 $\varepsilon=-L\frac{\Delta I}{\Delta t}$，式中比例常数 L 叫做自感系数. 在国际单位制中，自感系数的单位是亨利. 自感是导体本身阻碍电流变化的一种属性. 对于一个线圈来说，自感系数的大小取决于线圈的长度、直径、匝数以及铁芯的材料性质.

11.4.2 磁场的能量

如图 11-26 所示，当 K 闭合后，回路中电流 i 将从零不断增加，而自感系数为 L 的线圈中将产生自感电动势 $\varepsilon_{自}=-\frac{\Delta i}{\Delta t}$ 阻碍电流的增加，ε 和 $\varepsilon_{自}$ 合起来产生的电流通过电阻 R.

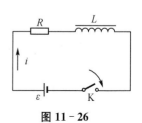

图 11-26

$$\varepsilon - L\frac{\Delta i}{\Delta t} = Ri$$

即
$$\varepsilon = Ri + L\frac{\Delta i}{\Delta t}$$

式中 i 是变化的,方程两边乘以 $i\Delta t$ 并求和

$$\sum \varepsilon i\Delta t = \sum Ri^2\Delta t + \sum Li\Delta i$$

显然,方程的左边是电源输出的能量,而方程右边第一项是在电阻 R 上产生的焦耳热,那剩下的一项显然也是能量,是储存在线圈中的磁场能,下面我们求它的更具体的表达式.

K 刚闭合时,$i=0$,而当电路稳定后,电流不再变化,自感电动势变为零,稳定电流 $I=\frac{\varepsilon}{R}$(忽略电源内阻),$\sum Li\Delta i$ 这个求和式的求和范围从 0 到 I,令 $y=i$ 并以 i 为横坐标,y 为纵坐标做一坐标系,则 $y=i$ 在坐标系中为第一象限的角平分线. 在任一横坐标 i 处取 Δi,Δi 很小,可认为对应的 y 为常量,窄条面积 $\Delta S = y\Delta i = i\Delta i$,把从 0 到 I 的所有窄条面积加起来 $\sum y\Delta i = \sum i\Delta i$ 即为 $y=i$ 与 i 轴所夹三角形的面积,故

$$\sum y\Delta i = \sum i\Delta i = \frac{1}{2}I^2$$

代入 $\sum Li\Delta i$ 可知储存在线圈内的能量公式 $E = \frac{1}{2}LI^2$.

从公式看,能量是与产生磁场的电流联系在一起的,下面我们求出直螺线管的自感系数,从而证实能量是磁场的. 设长直螺线管长为 l,截面积为 S,共绕有 N 匝线圈,管内为真空. 当线圈中通有电流 I 时,管内磁场的磁感强度 $B = \mu_0 nI$,通过 N 匝线圈的磁通量

$$\Phi = NBS = N\mu_0 \cdot \frac{N}{l}IS = \mu_0\frac{N^2}{l}IS$$

又 $\Phi = LI$,可得

$$N = \sqrt{\frac{L\cdot l}{\mu_0 S}}$$

又 $I = \frac{B}{\mu_0 n} = \frac{Bl}{\mu_0 N}$,可得:

$$E = \frac{B^2}{2\mu_0} \cdot lS$$

这样就得到了磁场的能量密度公式 $\omega = \frac{B^2}{2\mu_0}$.

公式虽是从长直螺线管的磁场这一特例推导出来,但对所有磁场均适用. 磁场的能量密度公式 $\omega = \frac{B^2}{2\mu_0}$ 与电场的能量密度公式 $\omega = \frac{1}{2}\varepsilon_0 E^2$ 相似来源于电场和磁场的对称性. 磁场的能量密度公式告诉我们,能量是与磁场联系在一起的. 只要有磁场就有能量.

对于自感现象,还需要作几点说明:

1. 自感现象产生的原因是当线圈中电流发生变化时,该线圈中将引起磁通量变化,从而产生感应电动势. 因此,自感电动势的方向也可由楞次定律确定. 当电流减小时穿过线圈的磁通量也将减小,这时自感电动势的方向应和正在减小的电流方向一致,以阻碍原电流的减小;当

线圈中电流增大时,则穿过线圈的磁通量也随着增大,因而有时将导体的自感现象与惯性现象作类比,它们都表现为对运动状态变化的阻碍,所以自感现象又叫做电磁惯性现象.自感系数又叫做电磁惯量.

2. 自感电动势所阻碍的是电流的变化,而不是阻碍电流本身.所以线圈中电流变化率越大则线圈两端阻碍电流变化的感应电动势值也越大,与电流的大小无直接关系.

3. 电场能的公式为 $E=\frac{1}{2}CU^2$,储藏在磁场里的能量公式为 $E=\frac{1}{2}LI^2$,因而 L 与 C(电容)相当,I 与 U(电压)相当,自感系数 L 也可叫做"磁容",线圈也可以就叫磁容器.

4. 自感现象也可从能量守恒观点来解释.在自感电路里,接通直流电源,电流逐渐增加,在线圈内穿过的磁通量也逐渐增大,建立起磁场.在电流达到最大值前电源供给的能量将分成两部分,一部分消耗在线路的电阻上转变为热能;另一部分克服自感电动势做功,转化为磁场能.如果线路上热能损耗很小,可以忽略不计,那么在电流达到最大值前,电源供应的能量将全部转化为磁场能.当电流达到最大值时,磁场能也达到最大.当电流达到最大值稳定时,自感电动势不再存在,电源不再供给电能.

11.4.3 暂态过程

由一个稳态向另一个稳态过渡的过程叫暂态过程.

1. RL 暂态特性

对图 11 - 27 所示的电路,K 合上的过程,电流 i 的变化情形如图 11 - 28 所示. L 在两个稳态的等效:初态 —— 断路;末态 —— 短路.

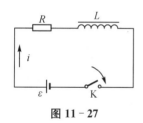

图 11 - 27

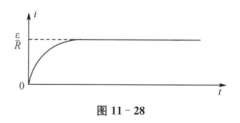

图 11 - 28

对图 11 - 29 所示的电路,K 合上的过程,电流 i 的变化情形如图 11 - 30 所示.

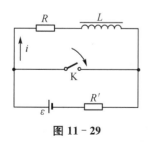

图 11 - 29

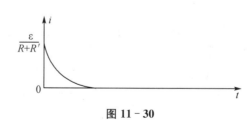

图 11 - 30

2. RC 暂态特性

对图 11 - 31 所示的电路,K 合上的过程,电容器的电压 U_C 的变化情形如图 11 - 32 所示. C 在两个稳态的等效:初态 —— 短路;末态 —— 断路.

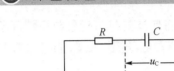
图 11-31

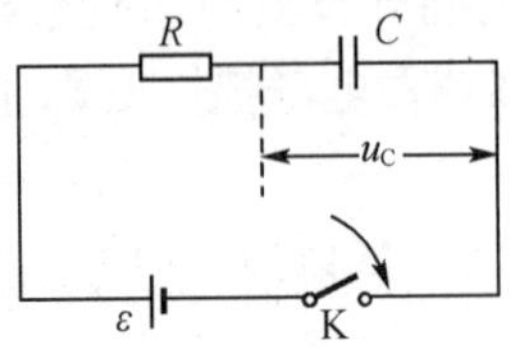

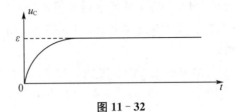
图 11-32

对图 11-33 所示的电路，K 合上的过程，电容器的电压 U_C 的变化情形如图 11-34 所示.

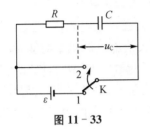
图 11-33

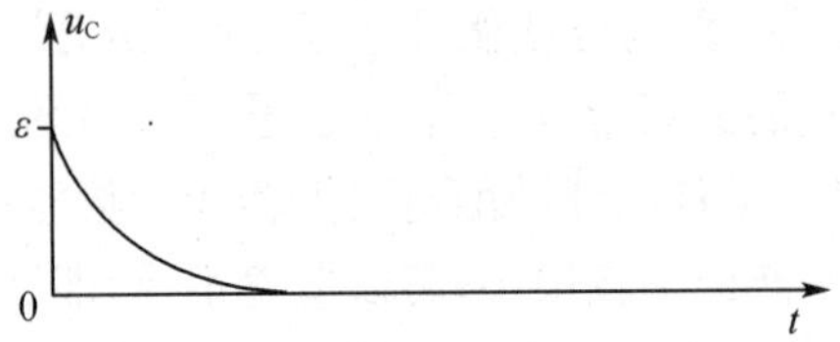

图 11-34

例 11 如图 11-35 所示电路中电源的内阻不计，开关闭合后达稳定状态时两相同的灯泡均正常发光. 则在开关闭合和断开的瞬间能观察到的现象是什么？

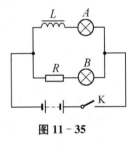
图 11-35

【解析】 由电感线圈 L 和灯泡 A，以及电阻 R 和灯泡 B 组成两个支路，连接在一个电源两端. A、B 灯泡相同，当 K 闭合瞬时，L—A 支路中，由于 L 的自感现象，阻碍电流增大，所以 A 不能立即发光，而是逐渐变亮，而 B 立即正常发光. 当稳定后，电流不再变化时，L 只在电路中起一个电阻的作用. 当 K 断开瞬间，L 中电流要减小，因而会产生自感电动势 ε，在回路 L—A—B—R 中产生感应电流，从能量观点来看，L 释放线圈中磁场能，转变成电能消耗在回路中，所以 A、B 灯泡应是在 K 断开后瞬间逐渐熄灭.

11.4.4 日光灯的工作原理

1. 日光灯的构造

日光灯电路由灯管、镇流器、启辉器以及电容器等部件组成，如图 11-36 所示.

（1）灯管

日光灯管是一根玻璃管，内壁涂有一层荧光粉（钨酸镁、钨酸钙、硅酸锌等），不同的荧光粉可发出不同颜色的光. 灯管内充有稀薄的惰性气体（如氩气）和水银蒸气，灯管两端有由钨制成的灯丝，灯丝涂有受热后易于发射电子的氧化物.

当灯丝有电流通过时，使灯管内灯丝发射电子，还可使管内温度升高，水银蒸发. 这时，若在灯管的两端加上足够的电压，就会使管内氩气电离，从而使灯管由氩气放电过渡到水银蒸气放电. 放电时发出不可见的紫外光线照射在管壁内的荧光粉上面，使灯管发出各种颜色的可见光线.

（2）镇流器

镇流器是与日光灯管相串联的一个元件，实际上是绕在硅钢片铁芯上的电感线圈，其感抗值很大. 镇流器的作用是：① 限制灯管的电流；② 产生足够的自感电动势，使灯管容易放电起燃.镇流器一般有两个触头,但有些镇流器为了在电压不足时容易起燃,就多绕了一个线圈,因此也有四个触头的镇流器.

（3）启辉器

启辉器是一个小型的辉光管,在小玻璃管内充有氖气,并装有两个电极.其中一个电极是用线膨胀系数不同的两种金属组成（通常称双金属片）,冷态时两电极分离,受热时双金属片会因受热而变弯曲,使两电极自动闭合.

（4）电容器

由于日光灯电路中镇流器的电感量大,功率因数是很低的,在 0.5～0.6 左右.为了改善线路的功率因数,故要并联一个适当大小的电容器,这一点我们在下章的学习将会清楚.

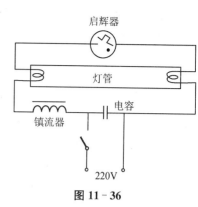
图 11-36

2. 日光灯的启辉过程

当接通电源时,由于日光灯没有点亮,电源电压全部加在启辉光管的两个电极之间,启辉器内的氖气发生电离.电离的高温使得 U 形电极受热趋于伸直,两电极接触,使电流从电源一端流向镇流器→灯丝→启辉器→灯丝→电源的另一端,形成通路并加热灯丝.灯丝因有电流（称为启辉电流或预热电流）通过而发热,使氧化物发射电子.同时,辉光管两个电极接通时,电极间电压为零,启辉器中的电离现象立即停止,例如 U 形金属片因温度下降而复原,两电极离开.在离开的一瞬间,镇流器流过的电流发生突然变化（突降至零）,由于镇流器铁芯线圈的高感作用,产生足够高的自感电动势作用于灯管两端.这个感应电压连同电源电压一起加在灯管的两端,使灯管内的惰性气体电离而产生弧光放电.随着管内温度的逐渐升高,水银蒸气游离,碰撞惰性气体分子放电,当水银蒸气弧光放电时,就会辐射出不可见的紫外线,紫外线激发灯管内壁的荧光粉后发出可见光.

正常工作时,灯管两端的电压较低（40 W 灯管的两端电压约为 110 V,20 W 的灯管约为 60 V）,此电压不足以使启辉器再次产生辉光放电.因此,启辉器仅在启辉过程中起作用,一旦启辉完成,便处于断开状态.

日光类是自感现象的一个典型应用,自感现象有时非常有害,例如具有大自感线圈的电路断开时,因电流变化很快,会产生很大的自感电动势,导致击穿线圈的绝缘保护,或在电闸断开的间隙产生强烈电弧,可能烧坏电闸开关,如周围空气中有大量可燃性尘粒或气体还可引起爆炸.这些都应设法避免.

例 12 在图 11-37 所示的 RLC 电路中,L 不计电阻,$\varepsilon = 6.0$ V,$r = 1.0$ Ω,$R_1 = 0.5$ Ω,$R_2 = 1.5$ Ω.试求：

(1) K 接通瞬间各元件的电流；
(2) K 接通达稳定后各元件的电压.

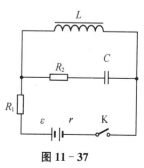
图 11-37

【解析】(1) K 接通瞬间,L 相当于断路,C 相当于短路,所以
$$I_{R_1} = I_{R_2} = I_C = 2.0 \text{ A}, I_L = 0$$

(2) K 接通达稳定后,L 短路,C 断路,所以
$$U_{R_1} = 2.0 \text{ V}, U_L = U_{R_2} = U_C = 0$$

例13 如图11-38所示的电路中,电源的电动势 $\varepsilon = 12$ V,内阻 $r = 1\ \Omega$, $R_1 = 2\ \Omega$, $R_2 = 9\ \Omega$, $R_3 = 15\ \Omega$, $L = 2$ H,开始时电键 K 与 A 接通,将 K 迅速地由 A 拨至与 B 接通,则线圈 L 中可产生的最大自感电动势为多大?

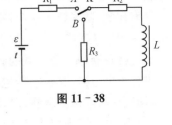

图 11-38

【解析】 K 接在 A 点时,电路中有恒定电流 I,当 K 接至 B 瞬间时,线圈中自感所产生的感应电动势应欲维持这一电流,此瞬时电流 I 就是最大值,维持此电流的感应电动势就是最大自感电动势.

L 为纯电感,直流电阻不计,K 接在 A 时,回路稳定时电流 I 为

$$I = \frac{\varepsilon}{R_1 + R_2 + r} = 1\ \text{A}$$

当 K 接到 B 点时,线圈中电流将逐渐减小至零,但开始时刻,电流仍为 $I = 1$ A,根据欧姆定律,维持这个电流的瞬时自感电动势为

$$\varepsilon_L = I(R_2 + R_3) = 24\ \text{V}$$

以后电流变小,自感电动势也减小直至零.

● 强 化 训 练 ●

17. 如图所示,用电流传感器研究自感现象.电源内阻不可忽略,线圈的自感系数较大,其直流电阻小于电阻 R 的阻值. $t = 0$ 时刻闭合开关 S,电路稳定后,t_1 时刻断开 S,电流传感器连接计算机分别描绘了整个过程线圈中的电流 I_L 和电阻中的电流 I_R 随时间 t 变化的图像.下列图像中可能正确的是 ( )

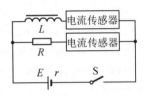

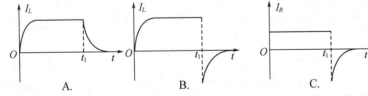

【解析】 $t = 0$ 时,线圈中的电流为零,然后增大,断开 S 后线圈中的电流不能发生突变,电流会有一个同方向减小的过程,所以 A 正确.另一方面,$t = 0$ 时,L 断路,R 分得的电压较大,稳定后 L 相当于是一个电阻,R 与 L 的并联电阻变小,R 分得的电压变小,所以电流变小,且 L 分得的电流比 R 中的电流要大.当断开 S 的瞬间,通过 L 的较大电流反向通过 R,所以 D 正确.

18. 如图所示,自感系数为 L_1 和 L_2 的两个线圈,通过开关 S_1 和 S_2 接入电动势为 E、内电阻为 r 的电源上,开始时两个开关都断开,当开关 S_1 闭合并且通过线圈 L_1 的电流达到某个值 I_0 时,开关 S_2 闭合,求最终在 L_1 和 L_2 中的稳定电流(线圈的电阻不计).

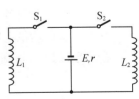

【解析】 开关 S_2 闭合瞬间,通过线圈 L_1 的电流为 I_0,通过线圈 L_2 的电流为 0.设达到稳定时,通过两线圈的电流分别为 I_1 和 I_2,而通过电源的电流为 $\dfrac{E}{r}$,由节点

第十一章 电磁感应

基尔霍夫定律,有:
$$I_1 + I_2 = \frac{E}{r} \qquad ①$$

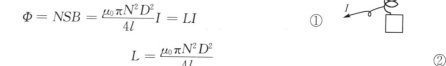

又
$$L_1 \frac{\Delta i_1}{\Delta t} = L_2 \frac{\Delta i_2}{\Delta t}$$

即
$$L_1 \Delta i_1 = L_2 \Delta i_2$$

两边求和可得:
$$L_1(I_1 - I_0) = L_2 I_2 \qquad ②$$

由①、②两式可得:
$$I_1 = \frac{L_2 E + L_1 I_0 r}{r(L_1 + L_2)}, \quad I_2 = \frac{L_1 E - L_1 I_0 r}{r(L_1 + L_2)}$$

19. 如图所示,悬挂着的弹簧下挂一重物,其长度 $L = 1$ m,直径 $D = 0.04$ m,劲度系数 $k = 0.5$ N/m,一共有 700 匝,如给弹簧通以 $I = 2.5$ A 的电流,则重物平衡位置将作微小变化,试求此变化量.

【解析】 视弹簧为无限长螺线管,则内部磁感强度为 $B = \mu_0 \dfrac{N}{l} I$(μ_0 为真空的磁导率).

故磁通量为
$$\Phi = NSB = \frac{\mu_0 \pi N^2 D^2}{4l} I = LI \qquad ①$$

故
$$L = \frac{\mu_0 \pi N^2 D^2}{4l} \qquad ②$$

设通电达稳定后,平衡位置向上移动了 x,长度变为 l_1,则自感系数为
$$L_1 = \frac{\mu_0 \pi N^2 D^2}{4l_1} = \frac{\mu_0 \pi N^2 D^2}{4(l-x)} \qquad ③$$

当系统处于平衡状态时,假设重物受到一微扰,下降了 Δl($\Delta l \to 0$),考虑系统的功能情况. 机械能的变化为
$$\Delta E_1 = \frac{1}{2} k(x - \Delta l)^2 - \frac{1}{2} k x^2 = -kx\Delta l + \frac{1}{2} k \Delta l^2 \approx -kx\Delta l \qquad ④$$

其间自感系数也有变化,由③式得
$$\Delta L = \frac{\mu_0 \pi N^2 D^2}{4(l_1 + \Delta l)} - \frac{\mu_0 \pi N^2 D^2}{4l_1} \approx -\frac{\mu_0 \pi N^2 D^2}{4l_1^2} \Delta l \qquad ⑤$$

故磁场能量变化为
$$\Delta E_2 = \Delta\left(\frac{1}{2} L I^2\right) = \frac{1}{2} I^2 \Delta L = -\frac{\mu_0 \pi N^2 D^2 I^2}{8 l_1^2} \Delta l \qquad ⑥$$

同时,L 的变化使弹簧两端有了电压,恒流电源将对系统做功,由电磁感应定律,有
$$U = \frac{\Delta \Phi}{\Delta t} = \frac{\Delta (LI)}{\Delta t} = \frac{I \Delta L}{\Delta t}$$

故恒流电源做功为
$$W = UI\Delta t = \frac{I^2 \Delta L}{\Delta t} \Delta t = -I^2 \frac{\mu_0 \pi N^2 D^2}{4 l_1^2} \Delta l \qquad ⑦$$

由能量守恒,有
$$W = \Delta E_1 + \Delta E_2$$
$$-\frac{\mu_0 \pi N^2 D^2}{4 l_1^2} I^2 \Delta l = -kx\Delta l - \frac{\mu_0 \pi N^2 D^2}{8 l_1^2} I^2 \Delta l$$

故
$$x = \frac{\mu_0 \pi N^2 D^2 I^2}{8 l_1^2 k} = \frac{\mu_0 \pi N^2 D^2 I^2}{8(l-x)^2 k}$$
$$\approx \frac{\mu_0 \pi N^2 D^2 I^2}{8 l^2 k}\left(1+\frac{2x}{l}\right)(x \ll l)$$
$$x = \frac{\dfrac{\mu_0 \pi N^2 D^2 I^2}{8 l^2 k}}{1-\dfrac{\mu_0 \pi N^2 D^2 I^2}{4 l^3 k}}$$

代入数据,得 $x = 4.9$ mm.

20. 由半径 $r_1 = 1$ mm 的导线构成的半径 $r_2 = 10$ cm 的圆形线圈处于超导状态,开始时线圈内通有 100 A 的电流. 一年后测出线圈内电流的减少量不足 10^{-6} A,试粗略估算此线圈电阻率的上限.

【解析】线圈中电流 $I(t)$ 的减小将在线圈内导致自感电动势,故
$$\varepsilon = -L\frac{\Delta I}{\Delta t} = IR \qquad ①$$

式中 L 是线圈的自感系数
$$L = \frac{\Phi}{I}$$

在计算通过线圈的磁通量 Φ 时,以导线附近即 r_1 处的 B 为最大,而该处 B 又可把线圈当成无限长载流导线所产生的,即
$$B(r_1) = \frac{\mu_0 I}{2\pi r_1}$$
$$\Phi < B(r_1)\pi r_2^2 = \frac{\mu_0 r_2^2}{2 r_1} I(t)$$
$$L = \frac{\Phi}{I} < \frac{\mu_0 r_2^2}{2 r_1} \qquad ②$$

而
$$R = \rho \frac{2\pi r_2}{\pi r_1^2} = \rho \frac{2 r_2}{r_1^2} \qquad ③$$

把式②和式③代入式①,得
$$\rho < -\frac{\mu_0 r_1 r_2}{4 I}\frac{\Delta I}{\Delta t} \qquad ④$$

把 $r_1 = 10^{-3}$ m, $r_2 = 10^{-1}$ m, $I \approx 100$ A 及 $-\dfrac{\Delta I}{\Delta t} < \dfrac{10^{-6}}{365 \times 24 \times 3600} \approx 3.2 \times 10^{-14}$ A/s 代入式④得

$\rho < 1.0 \times 10^{-26}$ Ω/m. 这就是超导线圈电阻率的上限.

21. 如图所示,已知某条形磁铁磁极端面附近的磁感强度 B,用一根端面面积为 A 的条形磁铁完全吸住一面积相同的铁片 P,求要想把铁片与磁铁拉开所需的最小力.

【解析】在用力将铁片与磁铁拉开一段微小距离的过程中，拉力 F 可认为不变，因此 F 所做的功为：
$$W = F \cdot \Delta l \qquad ①$$
以 ω 表示间隙中磁场的能量密度，则间隙中磁场的能量
$$E = \omega A \Delta l \qquad ②$$
因为 F 所做的功等于间隙中磁场的能量，即
$$W = E \qquad ④$$
由以上各式可以解得 $F = \dfrac{AB^2}{2\mu}$。

【点评】本题所用的思维方法为虚功原理．

§11.5 本章总结与能力提升训练

本章的知识结构如下：

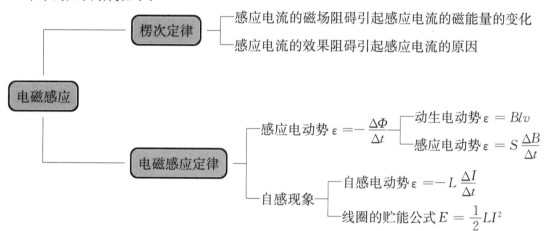

例 14 如图 11-39 所示，电路 $abcdef$ 中，a 与 f 保持良好接触，不计摩擦，abc 段绕成圆形，圆内有一个与圆平面垂直的、大小为 B 的垂直纸面向外的匀强磁场，电路中除了恒定电阻 R 之外其他电阻不计，导线质量也不计．现在 a 端施一个随着圆面积减小而减小的力 $F = \alpha(\pi r^2)$，r 是圆半径，$\alpha = 2\ \text{N/m}^2$，因 c 点固定，圆半径从 r 开始收缩且形状维持不变，问要经多长时间圆圈将收缩至完全消失？

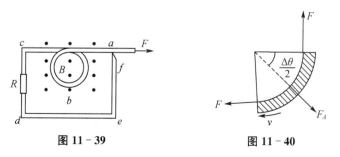

图 11-39　　　　图 11-40

【解析】本例的主要思路是适当选取质量微元为研究对象，因导线质量不计，所以导线动能

的变化也不计,把力 F 做的功全部转化为电阻 R 上消耗的电能就行了. 由于力是变力,电流并不恒定,时间 t 不可能用初等数学方法求出.

导线内部处处张力都是切线方向,大小都是 F,这是导线不计质量造成的,在导线的圆形部分隔离一小段,瞬时对应圆心角为很小的 $\Delta\theta$,如图 11-40 所示(图中的 $\Delta\theta$ 夸大了),被拉动的速度为顺时针方向,由楞次定律可得电流为逆时针方向,由左手定则得安培力 F_A 为沿半径远离圆心方向. 设弧长为 Δx,因合力为零. 有:

$$2F\sin\frac{\Delta\theta}{2} = F\Delta\theta = iB\Delta x = irB\Delta\theta$$

所以
$$F = irB$$

又因为 $F = \alpha(\pi r^2)$,所以
$$i = \frac{\pi\alpha}{B}r \qquad ①$$

① 式说明 $i \propto r$,因半径 r 变小,所以 i 是变小的电流.

注意合力为零的原因是 $\Delta m = 0$,而不要想当然地认为是 $\alpha = 0$,不能认为力 F 拉动导线是匀速的,是否匀速应经过逻辑论证.

下面来做这一论证.

根据法拉第电磁感应定律:
$$i = \frac{\Delta\varphi}{\Delta t} \cdot \frac{1}{R} = \frac{B}{R} \cdot \frac{\Delta S}{\Delta t} = \frac{B}{R} \cdot \frac{2\pi r\Delta r}{\Delta t}$$

式中的 $\Delta S = 2\pi r\Delta r$. 理解成 Δt 时间内,圆面积向内收缩了一个环面积,该环半径为 r,宽度为 Δr. Δt 越短,Δr 就越小,对照 ① 式可知:

$$\frac{\pi\alpha}{B}r = \frac{B}{R} \cdot \frac{2\pi r\Delta r}{\Delta t}$$

$$\frac{\Delta r}{\Delta t} = \frac{\alpha R}{2B^2} = 恒量 \qquad ②$$

圆半径收缩的快慢不是上图中的 v,圆周长 $x = 2\pi r$ 在变化,$\Delta x = 2\pi\Delta r$,切向收缩的速率:

$$v = \frac{\Delta x}{\Delta t} = \frac{2\pi\Delta r}{\Delta t}$$

由于
$$\frac{\Delta r}{\Delta t} = \frac{\Delta r}{\Delta x} \cdot \frac{\Delta x}{\Delta t} = \frac{v}{2\pi}$$

代入 ② 式得:
$$\frac{\alpha R}{2B^2} = \frac{v}{2\pi}$$

所以
$$v = \frac{\pi\alpha R}{B^2} = 恒量$$

可见,力 F 拉圆弧导线的运动是匀速的,该速率 v 沿切线方向,圆半径从最初的 r_0 开始,收缩至圆消失,所需时间 t 为:

$$t = \frac{2\pi r_0}{v} = \frac{r_0 B^2}{R}$$

例15 如图11-41,假想有一水平方向的匀强磁场,磁感强度 B 很大,有一半径为 R,厚度为 $d(d\ll R)$ 的金属圆盘,在此磁场中竖直下落,盘面始终位于竖直平面内并与磁场方向平行,如图(a)所示. 若要使圆盘在磁场中下落的加速度比没有磁场时减小千分之一(不计空气阻力). 试估算所需磁感强度的数值. 假定金属盘的电阻为零,并设金属盘的密度 $\rho = 9\times 10^3 \text{ kg/m}^3$,真空的电常数为 $\varepsilon = 9\times 10^{-12} \text{ C}^2/(\text{N}\cdot\text{m}^2)$.

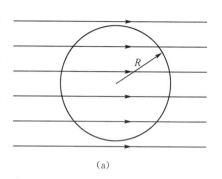

图 11-41

【解析】 当盘在磁场中下落的速度为 v 时,盘中的感应电动势 $\varepsilon = Bdv$. 在感应电动势的作用下,圆盘两个表面上将带有等量异号的电荷($\pm Q$),因为盘电阻为零,所以由此电荷($\pm Q$)引起的两表面间的电压 U 等于盘中感应电动势的数值,即

$$U = Bdv$$

圆盘上的 Q 和 U 之间的关系跟一个同样尺寸的带电电容器的 Q 和 U 的关系一样.

$$C = \frac{\varepsilon S}{d} = \frac{\varepsilon\pi R^2}{d}$$

$$Q = CU = \frac{\varepsilon\pi R^2}{d}\cdot Bdv = \varepsilon\pi R^2 Bv$$

随着盘下落速度的增加,Q 也相应增大,由此求出盘中对应的电流强度

$$I = \frac{\Delta Q}{\Delta t} = \varepsilon\pi R^2 B \frac{\Delta v}{\Delta t}$$

磁场对此电流的作用力方向向上,大小为

$$F = IdB = \varepsilon\pi R^2 B^2 d \cdot \frac{\Delta v}{\Delta t}$$

盘受到向上的安培力和向下的重力,故有

$$mg - F = m\frac{\Delta v}{\Delta t}$$

即

$$mg - \varepsilon\pi R^2 B^2 d \frac{\Delta v}{\Delta t} = m\frac{\Delta v}{\Delta t}$$

$$a = \frac{\Delta v}{\Delta t} = \frac{mg}{m + \varepsilon\pi R^2 B^2 d}$$

将 $m = \pi R^2 d\rho$ 代入上式得到

$$a = \frac{g}{1 + \frac{\varepsilon B^2}{\rho}}$$

而根据题意

$$a = g - \frac{1}{1\,000}g = \left(1 - \frac{1}{1\,000}\right)g$$

比较得

$$\frac{1}{1 + \frac{\varepsilon B^2}{\rho}} = 1 - \frac{1}{1\,000}$$

即
$$\frac{\varepsilon B^2}{\rho} = \frac{1}{1\,000}$$
$$B = \sqrt{(\rho/\varepsilon) \times 10^{-3}}$$

代入数据 $B = 10^6$ T.

● 强 化 训 练 ●

22. 一个用绝缘材料制成的扁平薄圆环,其内、外半径分别为 a_1、a_2,厚度可以忽略. 两个表面都带有电荷,电荷面密度 σ 随离开环心距离 r 变化的规律均为 $\sigma(r) = \dfrac{\sigma_0}{r^2}$,$\sigma_0$ 为已知常量. 薄圆环绕通过环心垂直环面的轴以大小不变的角加速度 β 减速转动,$t = 0$ 时刻的角速度为 ω_0. 将一半径为 $a_0(a_0 \ll a_1)$、电阻为 R 并与薄圆环共面的导线圆环与薄圆环同心放置. 试求在薄圆环减速运动过程中导线圆环中的张力 F 与时间 t 的关系. 已知环形电流在圆心处产生的磁感强度为 $B = k\dfrac{I}{r}$(r 为环形电流的半径、k 为已知常量).

【解析】用半径分别为 $r_1(>a_1), r_2, \cdots, r_i, \cdots, r_{n-1}(<a_2)$ 的 $n-1$ 个同心圆把塑料薄圆环分割成 n 个细圆环. 第 i 个细圆环的宽度为 $\Delta r_i = r_i - r_{i-1}$,其环带面积

$$\Delta S_i = \pi r_i^2 - \pi (r_i - \Delta r_i)^2 = 2\pi r_i \Delta r_i$$

式中已略去高阶小量 $(\Delta r_i)^2$. 该细圆环带上、下表面所带电荷量之和为

$$\Delta q_i = 2\sigma \Delta S_i = \frac{2\sigma_0}{r_i^2} 2\pi r_i \Delta r_i = \frac{4\pi \sigma_0 \Delta r_i}{r_i}$$

设时刻 t,细圆环转动的角速度为 $\omega = \omega_0 - \beta t$. 单位时间内,通过它的"横截面"的电荷量,即为电流

$$\Delta I_i = \Delta q_i \frac{\omega}{2\pi} = \frac{2\omega \sigma_0 \Delta r_i}{r_i}$$

由环形电流产生磁场的规律,该细圆环的电流在环心产生的磁感强度为

$$\Delta B_i = k \frac{\Delta I_i}{r_i} = k \frac{2\omega \sigma_0 \Delta r_i}{r_i^2} \quad \text{①}$$

式中 Δr_i 是一个微小量,注意到 $r_i r_{i-1} = r_i(r_i - \Delta r_i) \approx r_i^2$,有

$$\frac{\Delta r_i}{r_i^2} = \frac{r_i - r_{i-1}}{r_i r_{i-1}} = \frac{1}{r_{i-1}} - \frac{1}{r_i} \quad \text{②}$$

将各细圆环产生的磁场叠加,由①、②式得出环心 O 点处的磁感强度:

$$B = \frac{2k\omega \sigma_0 (a_2 - a_1)}{a_1 a_2} \quad \text{③}$$

由于 $a_0 \ll a_1$,可以认为在导线圆环所在小区域的磁场是匀强磁场,可由 O 点的场表示. 磁场对导线环的磁通量

$$\Phi = BS = \frac{2k\omega \sigma_0 (a_2 - a_1)}{a_1 a_2} \pi a_0^2 \quad \text{④}$$

由于 ω 是变化的,所以上述磁通量是随时间变化的,产生的感应电动势的大小为

$$E = \left|\frac{\Delta \Phi}{\Delta t}\right| = \frac{2k\sigma_0(a_2-a_1)\pi a_0^2}{a_1 a_2}\left|\frac{\Delta \omega}{\Delta t}\right| = \frac{2k\sigma_0(a_2-a_1)\pi a_0^2 \beta}{a_1 a_2} \qquad ⑤$$

由全电路欧姆定律可知,导线环内感应电流的大小为

$$I = \frac{E}{R} = \frac{2k\sigma_0(a_2-a_1)\pi a_0^2 \beta}{a_1 a_2 R} \qquad ⑥$$

设题图中薄圆环带正电做逆时针旋转,穿过导线圆环的磁场方向垂直纸面向外,由于薄圆环做减角速转动,穿过导线圆环的磁场逐渐减小,根据楞次定律,导线圆环中的感应电流亦为逆时针方向,导线圆环各元段 Δl 所受的安培力都沿环半径向外. 现取对于 y 轴两对称点 U、V,对应的二段电流元 $I\Delta l$ 所受的安培力的大小为

$$\Delta f = BI\Delta l \qquad ⑦$$

方向如右图所示,它沿 x 及 y 方向的分量分别

$$\Delta f_x = BI\Delta l \cdot \cos\theta = BI\Delta y \qquad ⑧$$
$$\Delta f_y = BI\Delta l \cdot \sin\theta = BI\Delta x \qquad ⑨$$

根据对称性,作用于沿半个导线圆环 QMN 上的各电流元的安培力的 x 分量之和相互抵消,即

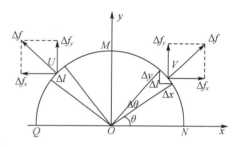

$$f_x = \sum BI\Delta y = BI\sum \Delta y = 0 \qquad ⑩$$

式中 $\Delta y = \Delta l\cos\theta$,当 $\theta < \frac{\pi}{2}$ 时,Δy 是正的,当 $\theta > \frac{\pi}{2}$ 时,Δy 是负的,故 $\sum \Delta y = 0$,而作用于沿半个导线圆环 QMN 上的各电流元的安培力的 y 分量之和为

$$f_y = \sum BI\Delta x = BI\sum \Delta x = BI\cdot 2a_0 \qquad ⑪$$

即半个导线圆环上受的总安培力的大小为 $BI\cdot 2a_0$,方向沿 y 正方向,由于半个圆环处于平衡状态,所以在导线截面 Q、N 处所受(来自另外半个圆环)的拉力(即张力)F 应满足 $2F = BI\cdot 2a_0$. 由③、⑥两式得

$$F = BIa_0 = \frac{4k^2\sigma_0^2 \pi a_0^3(a_2-a_1)^2 \beta}{a_1^2 a_2^2 R}(\omega_0 - \beta t) \qquad ⑫$$

由 ⑫ 式可见,张力 F 随时间 t 线性减小.

23. 如图所示,水平放置的金属细圆环半径为 a,竖直放置的金属细圆柱(其半径比 a 小得多)的端面与金属圆环的上表面在同一水平面内,圆柱的细轴通过圆环的中心 O,一质量为 m、电阻为 R 的均匀导体细棒被圆环和细圆柱端面支撑,棒的一端有小孔套在细轴 O 上,另一端 A 可绕轴线沿圆环做圆周运动. 棒与圆环的动摩擦因数为 μ,圆环处于磁感强度大小为 $B = Kr$,方向竖直向上的恒定磁场中,式中 K 为大于零的常量,r 为场点到细轴的距离. 金属细圆柱与圆环用导线 ed 连接,不计棒及轴与细圆柱端面间的摩擦,也不计细圆柱、圆环及导线的电阻和感应电流产生的磁场. 问沿垂直于棒方向以多大的水平力作用于棒的 A 端才能使棒以角速度 ω 匀速转动.

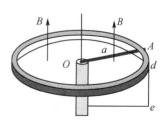

【解析】 $(x+\Delta x)^3 = x^3 + 3x^2\Delta x + 3x(\Delta x)^2 + (\Delta x)^3$

将导体棒无限分小，则导体中的电动势为

$$\varepsilon = \sum \Delta \varepsilon_i = K\omega \sum r_i^2 \Delta r_i$$

由 $(r+\Delta r)^3 = r^3 + 3r^2\Delta r + 3r(\Delta r)^2 + (\Delta r)^3$ 略去高阶小量 $(\Delta r)^2$ 和 $(\Delta r)^3$，可得：

$$r^2 \Delta r = \frac{1}{3}[(r+\Delta r)^3 - r^3]$$

代入上式得：

$$\varepsilon = \frac{1}{3}K\omega \sum(r_i^3 - r_{i-1}^3) = \frac{1}{3}K\omega a^3$$

电流为 $I = \dfrac{\varepsilon}{R} = \dfrac{K\omega a^3}{3R}$，各小段所受安培力为 $\Delta f_i = BI\Delta r_i = Kr_i I\Delta r_i$，

其力矩为 $\Delta M_i = r_i \Delta f_i = Kr_i^2 I \Delta r_i$，则

$$M = \sum \Delta M_i = KI \sum r_i^2 \Delta r_i = \frac{1}{3}KI \sum(r_i^3 - r_{i-1}^3) = \frac{1}{3}KI a^3 = \frac{K^2 \omega a^6}{9R}$$

摩擦力为 $\dfrac{1}{2}\mu mg$，由力矩平衡得：$Fa = M + M_f$，则 $F = \dfrac{K^2 \omega a^5}{9R} + \dfrac{1}{2}\mu mg$.

24. 有一边长为 a 的正方形小框，由不会发生形变的、电阻为零的超导体材料制成，置于非均匀磁场中，$\vec{B}$ 的三个分量为 $B_x = 0, B_y = -\alpha y, B_z = B_0 + \alpha z$，式中 a、B_0 为大于 0 的常量，线框的自感系数为 L，质量为 m，水平放置，如右图所示. 试确定小线框的运动规律，即在 t 时刻小线框所处的位置. 设在 $t = 0$ 时，小线框的中心 O 在坐标原点.

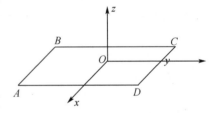

【解析】(1) 与一般导体在非均匀磁场中运动时情况不同，无论磁场均匀与否，超导体框内的磁通量恒保持不变. 为了确定其值，我们可利用 $t = 0$ 时的 Φ 值即 Φ_0.

$$\Phi_0 = (B_0 - a \cdot 0)S = a^2 B_0$$

(2) 小线框中电动势为零，但电流不为零，这是超导体一个特殊的电磁性质. 怎样确定这个电流 I 的大小? 这里的关键在于正确理解超导线框内的 Φ_0 为什么不变. 当线框从 $t = 0$ 受重力作用开始下滑，其外磁场通过线框的磁通量因 $z < 0$ 实际上是减小了，因而产生了感应电流，这个感应电流 I 的磁场是补偿线框回路中磁通量减小，所以线框内的总磁通量 Φ_0 保持不变. 线框位于 z 处时感应电流产生的磁通量为 $\Phi_{感应} = -a^2 \alpha z$.

利用电流与磁通量成正比的关系有 $LI = -a^2 \alpha z$，从而得到

$$I = \frac{-a^2 \alpha z}{L}$$

式中 L 为线圈的自感系数.

(3) 线框受力分析，线框受到沿 z 轴负方向的力 mg，线框中的电流受到外磁场的安培力作用. B_z 对线框产生的力，AB 与 CD 边上受力大小相等，方向相反；BC 边与 DA 边亦然，故合力为零，不影响线框的运动. 而 B_y 对 BC 与 DA 两边无作用，只对 AB 边与 CD 边有安培力作用，二者大小相等，方向相同，均沿 z 轴正方向（因线框向下运动）且

$$F_{安} = 2a \left| \frac{2\alpha}{2} \right| I = a^2 \alpha I$$

(4) 小框运动满足的方程

$$ma_z = -mg + a^2\alpha I$$

$$ma_z = -mg - \frac{a^4\alpha^2}{L}z$$

令

$$k = \frac{a^4\alpha^2}{L}$$

则

$$ma_z = -mg - kz$$

上述方程与一个无重、劲度系数为 k 的弹簧，其下悬一质量为 m 的物体运动方程相同. 因而可用类比法求得线框位置 z 随时间变化的规律.

首先确定振动的平衡位置 z_0，而且 z_0 的绝对值就是振幅，物体在平衡位置时，加速度 a_z 等于零

$$\frac{a^4\alpha^2}{L}z_0 = -mg$$

$$z_0 = -\frac{mgL}{a^4\alpha^2}$$

振动的圆频率

$$\omega = \sqrt{\frac{k}{m}} = \frac{a^2\alpha}{\sqrt{Lm}}$$

z 随时间变化的规律是

$$z = \frac{mgL}{\alpha^2 a^4}\left(\cos\frac{a^2\alpha}{\sqrt{Lm}}t - 1\right)$$

25. 图中 xOy 是位于水平光滑桌面上的直角坐标系，在 $x > 0$ 的一侧，存在匀强磁场，磁场方向垂直于 xOy 平面向里，磁感强度的大小为 B. 在 $x < 0$ 的一侧，一边长分别为 l_1 和 l_2 的刚性矩形超导线框位于桌面上，框内无电流，框的一对边与 x 轴平行. 线框的质量为 m，自感为 L. 现让超导线框沿 x 轴方向以初速度 v_0 进入磁场区域，试定量地讨论线框以后可能发生的运动情况及与初速度 v_0 大小的关系. (假定线框在运动过程中始终保持超导状态)

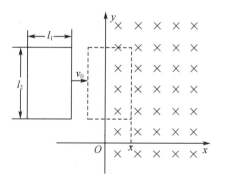

【解析】设某一时刻线框在磁场区域的深度为 $x(x \leqslant l_1)$，速度为 v，因线框的一条边切割磁感线产生的感应电动势为 $E_v = vBl_2$，它在线框中引起感应电流，感应电流的变化又引起自感电动势. 设线框的电动势和电流的正方向均为顺时针方向，则切割磁感线产生的电动势 E_v 与设定的正方向相反，自感电动势 $E_L = -L\frac{\Delta i}{\Delta t}$ 与设定的正方向相同. 因线框处于超导状态，电阻 $R = 0$，故有

$$E_L - E_v = -L\frac{\Delta i}{\Delta t} - vBl_2 = iR = 0 \tag{1}$$

即

$$L\frac{\Delta i}{\Delta t} + Bl_2\frac{\Delta x}{\Delta t} = 0 \tag{2}$$

或

$$Bl_2\Delta x = -L\Delta i \tag{3}$$

即
$$\frac{\Delta i}{\Delta x} = -\frac{Bl_2}{L} \tag{4}$$

可见 i 与 x 呈线性关系,有
$$i = -\frac{Bl_2}{L}x + C \tag{5}$$

C 为一待定常数,注意到 $x=0$ 时,$i=0$,可得 $C=0$,故有
$$i = -\frac{Bl_2}{L}x \tag{6}$$

$x>0$ 时 $i<0$,电流为负值表示线框中电流的方向与设定的正方向相反,即在线框进入磁场区域时右侧边的电流实际流向是向上的. 外磁场作用于线框的安培力
$$f = Bl_2 i = -\frac{B^2 l_2^2}{L}x \tag{7}$$

其大小与线框位移 x 成正比,方向与位移 x 相反,具有"弹性力"的性质. 下面分两种情形做进一步分析:

(1) 线框的初速度 v_0 较小,在安培力的作用下,当它的速度减为 0 时,整个线框未全部进入磁场区,这时在安培力的继续作用下,线框将反向运动,最后退出磁场区. 线框一进一出的运动是一个简谐振动的半个周期内的运动,振动的圆频率
$$\omega = \sqrt{\frac{B^2 l_2^2}{Lm}} \tag{8}$$

周期
$$T = 2\pi \sqrt{\frac{Lm}{B^2 l_2^2}} \tag{9}$$

振动的振幅可由能量关系求得,令 x_m 表示线框速度减为 0 时进入磁场区的深度,这时线框的初始动能全部转换为"弹性力"的"弹性势能",由能量守恒可得
$$\frac{1}{2}mv_0^2 = \frac{1}{2}\left(\frac{B^2 l_2^2}{L}\right)x_m^2 \tag{10}$$

得
$$x_m = \sqrt{\frac{Lmv_0^2}{B^2 l_2^2}} \tag{11}$$

故其运动方程为
$$x = \frac{v_0 \sqrt{Lm}}{Bl_2} \sin\left(\frac{Bl_2}{\sqrt{Lm}}t\right), t \text{ 从 } 0 \text{ 到 } \pi \frac{\sqrt{Lm}}{Bl_2} \tag{12}$$

半个周期后,线框退出磁场区,将以速度 v_0 向左匀速运动. 因为在这种情况下 x_m 的最大值是 l_1,即
$$\frac{1}{2}mv_0^2 = \frac{1}{2}\frac{B^2 l_2^2}{L}l_1^2 \tag{13}$$

由此可知,发生第(1)种情况时,v_0 的值要满足下式
$$\frac{1}{2}mv_0^2 \leqslant \frac{1}{2}\left(\frac{B^2 l_2^2}{L}\right)l_1^2$$

即
$$v_0 \leqslant \frac{Bl_1 l_2}{\sqrt{mL}} \tag{14}$$

(2) 若线框的初速度 v_0 比较大,整个线框能全部进入磁场区. 当线框刚进入磁场区时,其速度仍大于0,这要求 v_0 满足下式

$$v_0 > \frac{Bl_2 l_1}{\sqrt{mL}} \qquad (15)$$

当线框的初速度满足(15)式时,线框能全部进入磁场区,在全部进入磁场区域以前,线框的运动方程与(12)式相同,但位移区间是 $x=0$ 到 $x=l_1$,所以时间间隔与(12)式不同,而是从 0 到 t_1,

$$t_1 = \frac{\sqrt{Lm}}{Bl_2}\left[\arcsin\frac{Bl_1 l_2}{\sqrt{Lmv_0^2}}\right] \qquad (16)$$

因为线框的总电动势总是为0,所以一旦线框全部进入磁场区域,线框的两条边都切割磁感线,所产生的电动势之和为0,因而自感电动势也为0. 此后线框中维持有最大的电流 $i_m = -\frac{Bl_2}{L}l_1$,磁场对线框两条边的安培力的合力等于零,线框将在磁场区域匀速前进,运动的速度可由下式决定

$$\frac{1}{2}mv_0^2 = \frac{1}{2}mv^2 + \frac{1}{2}\frac{B^2 l_2^2}{L}l_1^2$$

即

$$v = \sqrt{v_0^2 - \frac{B^2 l_1^2 l_2^2}{Lm}} \qquad (17)$$

26. 如下图(a)所示的电路中,已知电源电动势 ε,R,电感 L 及其内阻 r,电源内阻不计,电感内阻为 r. 问闭合电键 K 后,有多少电量通过无电阻导线 ab?

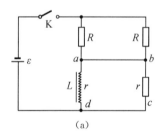

(a)

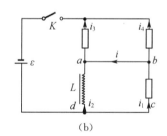

(b)

【解析】当闭合电键 K 后,由于电感 L 的存在,支路 ad 段上的电流从零逐渐增大,直至电流达到稳定. 这时若拆去导线 ab,会发现 a 点和 b 点等势,所以稳定时 ab 导线没有电流.

设自闭合 K 到电流稳定的过程中任一时刻,各支路中的电流如图(b)所示. 由无阻导线 ab 相连的两点 a 和 b 电势始终相等. 因此,流经 R 的电流应相等,即

$$i_3 = i_4 \qquad ①$$

写出 a 点的节点方程:

$$i_3 = i_2 + i \qquad ②$$

将每一时刻看成稳恒电流,得

$$i_4 = i_1 - i \qquad ③$$

K 闭合后 L 上电流 i_2 渐增,回路 $abcda$ 有方程

$$L\frac{\Delta i_2}{\Delta t} + i_2 r - i_1 r = 0$$

即
$$L\frac{\Delta i_2}{\Delta t}=(i_1-i_2)r \qquad ④$$

利用式②、③得
$$i_1-i_2=2i \qquad ⑤$$

联立式④、⑤得到
$$\frac{L}{2r}\Delta i_2=i\Delta t \qquad ⑥$$

从闭合K直至电流稳定,易知 i_2 从零增加到
$$\frac{1}{2}\cdot\frac{\varepsilon}{\frac{1}{2}(R+r)}=\frac{\varepsilon}{(R+r)}$$

对式⑥两边整个过程求和,得到通过 ab 的电量:
$$q=\frac{L}{2r}\cdot\frac{\varepsilon}{(R+r)}$$

27. 如图所示,在一个半径为 r,质量为 m,可以无摩擦地自由转动的匀质绝缘圆盘中部有一细长螺线管,其半径为 a,沿轴线方向单位长度上绕有 n 匝线圈,线圈中通以稳恒电流 I. 在圆盘的边缘上均匀地嵌着 N 个带等量正电荷 q 的小球. 设开始时,螺线管中的电流为 I,圆盘静止,然后将电流切断,试求圆盘转动的角速度.

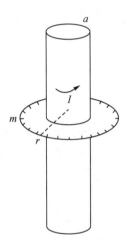

【解析】设螺线管电流切断后,在 Δt 时间内电流从 I 减为零,在此过程中任意时刻 t 的电流表示为 $i(t)$,则在 t 时刻由 $i(t)$ 产生的磁场 $B(t)$ 为
$$B(t)=\mu_0 n i(t)$$

B 的方向沿轴向,$B(t)$ 将随 $i(t)$ 减小为零,变化的 $B(t)$ 产生环状涡旋电场,在 r 处的涡旋电场 $E(t)$ 应满足
$$E(t)2\pi r=\varepsilon=-\frac{\Delta\Phi}{\Delta t}=-\frac{\Delta[B(t)S]}{\Delta t}$$
$$=-S\frac{\Delta B(t)}{\Delta t}=-\pi a^2\mu_0 n\frac{\Delta i(t)}{\Delta t}$$

即
$$E(t)=-\frac{a^2}{2r}\mu_0 n\frac{\Delta i(t)}{\Delta t}$$

因 $i(t)$ 随时间减小,$\frac{\Delta i(t)}{\Delta t}<0$. $E(t)>0$. 即涡旋电场 $\vec{E}(t)$ 的方向与电流的方向一致.
在半径为 r 的圆周上嵌着的 N 个带电小球所受的总切向力为
$$F(t)=NqE=-\frac{a^2}{2r}\mu_0 nNq\frac{\Delta i(t)}{\Delta t}$$

它相对转轴形成的力矩为
$$M(t)=F(t)r=-\frac{1}{2}a^2\mu_0 nNq\frac{\Delta i(t)}{\Delta t}$$

由刚体的角动量定理,在电流从 I 减小为零的 Δt 时间内,刚体所获得的全部冲量矩等于它的角动量的增量. 因开始时刚体(圆盘)静止,角动量为零,故有
$$J\omega=\sum M\Delta t=\frac{1}{2}a^2\mu_0 nNq\sum\left[-\frac{\Delta i(t)}{\Delta t}\Delta t\right]$$

$$= \frac{1}{2}a^2\mu_0 nNq \sum [-\Delta i(t)] = \frac{1}{2}a^2\mu_0 nNqI$$

圆盘绕轴的转动惯量为 $J = \frac{1}{2}mr^2$.

代入上式，得出电流降为零后，圆盘转动的角速度为 $\omega = \dfrac{a^2\mu_0 nNqI}{mr^2}$.

28. 如图所示，AB 是一根裸导线，单位长度的电阻为 R_0，一部分弯曲成半径为 r_0 的圆圈，圆圈导线相交处导电接触良好. 圆圈所在区域有与圆圈平面垂直的均匀磁场，磁感强度为 B. 导线一端 B 点固定，A 端在沿 BA 方向的恒力 F 作用下向右缓慢移动，从而使圆圈缓慢缩小. 设在圆圈缩小过程中始终保持圆的形状，设导体回路是柔软的，试求此圆圈从初始的半径 r_0 到完全消失所需的时间 T.

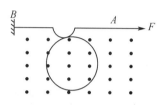

【解析】在恒力 F 拉动下，圆圈不断缩小，使其磁通量发生变化，产生感应电动势，由于交叉点处导线导电良好，所以圆圈形成闭合电路，产生感应电流. 因圆圈缩小是缓慢的，F 所做功全部变为感应电流产生的焦耳热，由此可寻找半径 r 随时间的变化规律.

设在恒力 F 作用下，A 端 Δt 时间内向右移动微小量 Δx，则相应圆半径减小 Δr，则有：
$$\Delta x = 2\pi \Delta r$$

在这瞬息 Δt 时间内 F 做的功等于回路电功
$$F \cdot \Delta x = \frac{\varepsilon^2}{R} \cdot \Delta t$$

$$\varepsilon = \frac{\Delta \Phi}{\Delta t} = B\frac{\Delta S}{\Delta t}$$

ΔS 可认为是由于半径减小微小量 Δr 而引起的面积变化，有：
$$\Delta S = 2\pi r \cdot \Delta r$$

而回路电阻 R 为：
$$R = R_0 \cdot 2\pi r$$

代入得：
$$F \cdot 2\pi \Delta r = \frac{B^2 \cdot \Delta S^2}{\Delta t^2 \cdot R_0 \cdot 2\pi r} \cdot \Delta t$$

$$\Delta t = \frac{B^2 \cdot \Delta S^2}{FR_0 \cdot (2\pi)^2 r \cdot \Delta r} = \frac{B^2 \cdot \Delta S^2}{2FR_0 \pi}$$

显然 Δt 与圆面积的变化 ΔS 成正比，所以当面积由 πr_0^2 变化至零时，经历时间为
$$T = \sum \Delta t = \sum \frac{B^2 \cdot \Delta S_i}{2\pi FR_0} = \frac{B^2}{2\pi FR_0}\sum \Delta S_i$$

$$T = \frac{r_0^2 B^2}{2FR_0}$$

第十二章 交变电流和电磁波

§12.1 交变电流的产生和表征

12.1.1 交流电的产生及变化规律

如图 12-1 所示，矩形线圈 abcd 在匀强磁场中匀速转动，闭合电路中产生交流电．

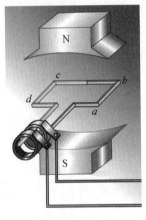

图 12-1

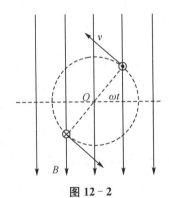

图 12-2

如果从线圈转过中性面的时刻开始计时，那么线圈平面与磁感强度方向的夹角为 ωt，如图 12-2 所示，线圈中产生的瞬时感应电动势按正弦规律变化：

$$e = nBS\omega \sin\omega t = \varepsilon_m \sin\omega t$$

$\varepsilon_m = nBS\omega$，称为感应电动势的最大值．

电路中的电流强度也按正弦规律变化：

$$i = \frac{\varepsilon_m \sin\omega t}{R+r} = I_m \sin\omega t$$

$I_m = \dfrac{\varepsilon_m}{R+r}$，称为交流电流的最大值．

外电路的电压按正弦规律变化：

$$u = \frac{\varepsilon_m R}{R+r}\sin\omega t = U_m \sin\omega t$$

$U_m = \dfrac{\varepsilon_m R}{R+r}$，称为交流电压的最大值．

12.1.2 表征交流电的物理量

1. 周期和频率

周期和频率是表征交流电变化快慢的物理量. 一对磁极交流发电机中的线圈在匀强场中匀速转动一周, 电流按正弦规律变化一周. 我们把电流完成一次周期性变化所需的时间, 叫做交流电的周期 T, 单位是秒. 我们把交流电在 1 秒钟内完成周期性变化的次数, 叫做交流电的频率 f, 单位是赫兹.

2. 最大值和有效值

交流电流的最大值 I_m 与交流电压的最大值 U_m 是交流电在一周期内电流与电压所能达到的最大值. 交流电的最大值 I_m 与 U_m 可以分别表示交流电流的强弱与电压的高低.

交流电的有效值是根据电流热效应来规定的. 让交流电和直流电通过相同阻值的电阻, 如果它们在相同时间内产生的热效应相等, 就把这一直流电的数值叫做这一交流电的有效值. 通常用 ε 表示交流电源的有效值, 用 I 表示交流电流的有效值, 用 U 表示交流电压的有效值. 可以证明正弦交流电的有效值与最大值之间有如下的关系:

$$\varepsilon = \frac{\varepsilon_m}{\sqrt{2}} \quad I = \frac{I_m}{\sqrt{2}} \quad U = \frac{U_m}{\sqrt{2}}$$

当知道了交流电的有效值, 很容易求出交流电通过电阻产生的热量. 设交流电的有效值为 I, 电阻为 R, 则在时间 t 内产生的热量 $Q = I^2 Rt$. 这跟直流电路中焦耳定律的形式完全相同. 由于交流电的有效值与最大值之间只相差一个倍数, 所以计算交流电的有效值时, 欧姆定律的形式不变.

通常情况下所说的交流电流或交流电压是指有效值.

3. 相位和相差

交流发电机中如果从线圈中性面重合的时刻开始计时, 交流电动势的瞬时值是 $e = \varepsilon_m \sin\omega t$. 如果从线圈平面与中性面有一夹角 φ 时开始计时, 那么经过时间 t, 线圈平面与中性面有一夹角 $\omega t + \varphi_0$, 如图 12-3 所示, 则交流电的电动势瞬时值是:

$$e = \varepsilon_m \sin(\omega t + \varphi_0)$$

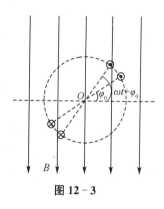

图 12-3

从交流电瞬时值表达式可以看出, 交流电瞬时值何时为零, 何时最大, 不是简单地由时间 t 确定, 而是由 $\omega t + \varphi_0$ 来确定. 这个相当于角度的量 $\omega t + \varphi_0$ 对于确定交流电的大小和方向起重要作用, 称之为交流电的相位. φ 是 $t = 0$ 时刻的相位, 叫做初相位. 在交流电中, 相位这个物理量是用来比较两个交流电的变化步调的.

两个交流电的相位之差叫做它们的相差, 用 $\Delta\varphi$ 表示, 如果交流电的频率相同, 相差就等于初相位之差, 即:

$$\Delta\varphi = (\omega t - \varphi_{10}) - (\omega t + \varphi_{20}) = \varphi_{10} - \varphi_{20}$$

这时相差是恒定的, 不随时间而改变.

两个频率相同的交流电, 它们变化的步调是否一致要由相差 $\Delta\varphi$ 来决定. 如果 $\Delta\varphi = 0$, 这两个交流电称作同相位; 如果 $\Delta\varphi = 180°$, 这两个交流电称为反相位; 若 $\varphi_{10} > \varphi_{20}$, 我们说交流电 I_1

比 I_2 相位超前 $\Delta\varphi$，或说交流电 I_2 比 I_1 相位落后 $\Delta\varphi$.

12.1.3 交流电的旋转矢量表示法

交流电的电流或电压是正弦规律变化的. 这一变化规律除了可以用公式和图像来表示外，还可以用一个旋转矢量来表示.

图 12-4 是正弦交流电的旋转矢量表示法与图像表示法的对照图，左边是旋转矢量法，右边是图像法.

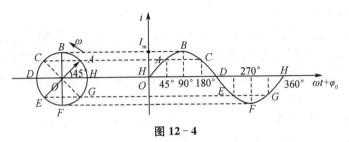

图 12-4

在交流电的旋转矢量表示法中，OA 为一旋转矢量，旋转矢量 OA 的大小表示交流电的最大值 I_m，旋转矢量 OA 旋转的角速度是交流电的角频率 ω，旋转矢量 OA 与横轴的夹角 $\omega t + \varphi_0$ 为交流电的相位，旋转矢量 OA 在纵轴上的投影为交流电的瞬时值 $i = I_m \sin(\omega t + \varphi_0)$.

交流电的旋转矢量表示法使交流电的表达更加直观简捷，并且也为交流电的运算带来极大的方便.

12.1.4 将电流表改装成交流电压表

交流电压表是在直流电压表的基础上改装而成的，在直流电压表上串联一个二极管，就组成交流电压表. 串联二极管后，电表显示的是交流电的平均值（它等于有效值的 0.45 倍）. 用 U 代表某一量程的交流电压有效值，若不考虑二极管正向电阻值，则分压电阻计算公式为

$$R = \frac{0.45U}{I_g} - R'_g$$

实验表明，二极管是非线性元件，它的伏安特性为一条弯曲的图线，如图 12-5 所示. 当二极管正向导通后，限流电阻 R 与交流电压 U 之间的关系不再是线性的. 因此，最大量程的交流电压表的表盘刻度是不均匀的，采用多用电表测量 2.5 V 以下的交流电压时，它的起始段刻度很密，刻度是不均匀的. 这一点，从图 12-5 中可以看得很清楚，在二极管两端电压小于 0.8 V 的一段图线上，相同的电压变化（例如 0.2 V）所对应的电流变化是不同的：顺次分别为 1.7 mA、3.5 mA、7.1 mA、18.3 mA.

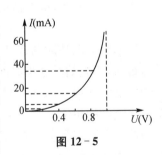

图 12-5

12.1.5 三相交流电

三相交流电发电机原理如图 12-6 所示，其中 AX、BY、CZ 为三组完全相同的线圈，它们排列在圆周上位置彼此相差 $120°$，当磁铁以角速度 ω 匀速转动时，每个线圈中都会产生一个交变

电动势，它们相位彼此为 $\dfrac{2\pi}{3}$，因而有：

$$e_{AX} = \varepsilon_m \sin\omega t$$

$$e_{BY} = \varepsilon_m \sin\left(\omega t + \dfrac{2\pi}{3}\right)$$

$$e_{CZ} = \varepsilon_m \sin\left(\omega t + \dfrac{4\pi}{3}\right)$$

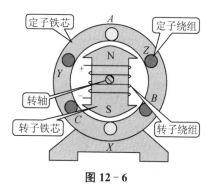

图 12-6

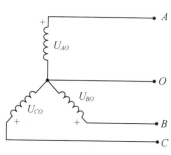

图 12-7

（1）星形（Y形）连接的三相交流电源如图 12-7 所示，三相中每个线圈的头 A、B、C 分别引出三条线，称为端线（火线），而每相线圈尾 X、Y、Z 连接在一起，引出一条线，此线称为中线。因为总共接出四根导线，所以连接后的电源称为三相四线制。

三相电源中，每相线圈中电流为相电流，端线中的电流为线电流，每个线圈中电压为相电压，任意两条端线的电压为线电压。则线电压与相电压的关系：

$$U_{AB} = U_{AO} + U_{OB} = U_{AO} - U_{BO}$$

$$U_{AB} = U_m \sin\omega t - U_m \sin\left(\omega t + \dfrac{2}{3}\pi\right)$$

$$= \sqrt{3} U_m \sin\left(\omega t + \dfrac{\pi}{6}\right)$$

所以相对有效值而言，有：

$$U_{AB} = \sqrt{3} U_{AO}$$

同理有：

$$U_{BC} = \sqrt{3} U_{BO}$$

$$U_{CA} = \sqrt{3} U_{CO}$$

而星形连接后，相电流与线电流大小是一样的，即：

$$I_{相} = I_{线}$$

（2）三角形（△形）连接的三相电源如图 12-8 所示，它构成三相三线制电路。

由图 12-8 可知，在此情形下线电压等于相电压，但线电流与相电流是不相等的，若连接负载，在对称平衡条件下：

$$i_{AX} = I_m \sin\omega t$$

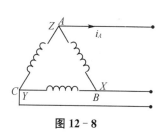

图 12-8

$$i_{CZ} = I_m \sin\left(\omega t - \frac{4}{3}\pi\right)$$

$$i_A = i_{AX} - i_{CZ} = \sqrt{3} I_m \sin\left(\omega t - \frac{\pi}{6}\right)$$

所以有：
$$I_{线} = \sqrt{3} I_{相}$$

(3) 三相交流电负载的星形和三角形连接如图 12-9(甲)、(乙)所示，星形连接时，有 $U_{相} = \frac{U_{线}}{\sqrt{3}}$，电流关系：

$$I_{相} = I_{线}$$

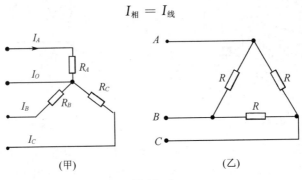

图 12-9

若三相负载平衡，即 $R_A = R_B = R_C$，则有：
$$i_0 = i_A = i_B = i_C = 0, I_0 = 0$$

中线可省去，改为三相三线制.

三相负载的三角形连接时，$U_{线} = U_{相}$，而负载上相电流与线电流不等，当三相平衡时，线电流是相电流的 $\sqrt{3}$ 倍.

例 1 一般的日光灯，当加于它两端的电压增大到 $u_1 = 200$ V 时就能发光，发光后如电压降到 $u_2 = 114.2$ V 就会熄灭. 如果日光灯接在电压为 220 V 的照明电路中，试计算日光灯每次发光的延续时间（日光灯的熄灭电压各异，本题只是一个假设情况）.

【解析】220 V 照明电压的瞬时值表达式为：
$$u = U_m \sin 2\pi f t = 220\sqrt{2} \sin 314 t \text{ V}$$

如图 12-10 所示，第一个半周期中，从 $t = 0$ 开始，设经 t_1 时间后电压从 0 增大到 u_1，此时日光灯第一次发光，则

$$u_1 = U_m \sin 2\pi f t_1$$
$$2\pi f t_1 = \arcsin \frac{u_1}{U_m} = \arcsin \frac{200}{220\sqrt{2}} = 40° = \frac{2}{9}\pi$$

解得：
$$t_1 = \frac{\frac{2}{9}\pi}{2\pi} \times T = \frac{1}{9}T$$

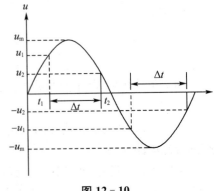

图 12-10

再设经 t_2 时间,电压由零增大到电压的最大值又减小到等于 u_2,这时日光灯第一次熄灭,则:

$$u_2 = U_\text{m}\sin 2\pi f t_2$$

由于

$$\arcsin\frac{u_2}{U_\text{m}} = \arcsin\frac{114.2}{220\sqrt{2}} = \arcsin 0.3681 = \frac{3}{25}\pi$$

所以

$$t_2 = \frac{\pi - \frac{3}{25}\pi}{2\pi} \times T = \frac{11}{25}T$$

所以日光灯发光的持续时间

$$\Delta t = t_2 - t_1 = \frac{11}{25}T - \frac{1}{9}T = \frac{1}{3}T = \frac{1}{3} \times \frac{1}{50}\text{ s} = \frac{1}{150}\text{ s}$$

同样,在第二个半周期交流电压反向增大到 u_1 时,日光灯又会发光,持续时间相同,即一个周期内,日光灯明暗交替两次.

● 强 化 训 练 ●

1. 一台发电机产生的按正弦规律变化的电动势的峰值为 400 V,线圈匀速转动的角速度为 314 rad/s,今将该发电机与只含电阻的负载组成闭合电路,其总电阻为 2 000 Ω,试写出该电路电流的瞬时值表达式并求出该电路所消耗的交流电功率.

【解析】电路电动势的瞬时值表达式为:

$$e = 400\sin 314t$$

电流的瞬时值表达式为:

$$i = \frac{e}{R} = \frac{400}{2\ 000}\sin 314t = \frac{1}{5}\sin 314t$$

电流的有效值:

$$I_\text{有效} = \frac{1}{5\sqrt{2}}\text{ A}$$

故所消耗的交流电功率为:

$$P = I^2 R = \frac{1}{50} \times 2\ 000\text{ W} = 40\text{ W}$$

2. 如图所示,ACD 是由均匀细导线制成的边长为 d 的等边三角形线框,它以 AD 为转轴,在磁感强度为 B 的恒定的匀强磁场中以恒定的角速度转动(俯视为逆时针旋转),磁场方向与 AD 垂直.已知三角形每条边的电阻都等于 R. 取图示线框平面转至与磁场平行的时刻为 $t = 0$.

(1) 求任意时刻 t 线框中的电流;

(2) 规定 A 点的电势为0,求 $t = 0$ 时,三角形线框的 AC 边上任一点 P(到 A 点的距离用 x 表示)的电势 U_P,并画出 U_P 与 x 之间关

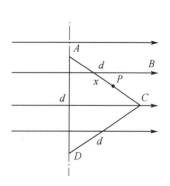

系的图线.

【解析】(1) 由 $\varepsilon = Bd\omega \cdot \dfrac{\sqrt{3}}{4} \cdot d\cos\omega t = \dfrac{\sqrt{3}}{4}Bd^2\omega\cos\omega t$

$$I = \dfrac{\varepsilon}{3R} = \dfrac{\sqrt{3}}{12R}Bd^2\omega\cos\omega t$$

(2) $U_P = \varepsilon_{AP} - IR\dfrac{x}{d} = \dfrac{\sqrt{3}}{8}B\omega\left(x^2 - \dfrac{2}{3}xd\right) = \dfrac{\sqrt{3}}{8}\left(x - \dfrac{1}{3}\right)^2 - \dfrac{\sqrt{3}}{72}Bd^2\omega$ 为抛物线,$x = 0$ 和 $x = \dfrac{2}{3}d$ 时 $U_P = 0$,顶点为 $x = \dfrac{1}{3}d$,$U_P = \dfrac{\sqrt{3}}{72}Bd^2\omega$,$x = d$ 时 $U_P = \dfrac{\sqrt{3}}{24}Bd^2\omega$,所以图线如图所示.

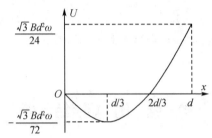

3. 氖灯接入频率 $f = 50$ Hz、电压为 120 V 的交流电路中共 10 分钟,若氖灯点燃和熄灭电压 $u_0 = 120$ V,试求氖灯的发光时间.

【解析】 氖灯发光时电压应为瞬时值,而接入的交流电电压 120 V 为有效值.所以要使氖灯发光,须使交流电电压瞬时值 $u \geqslant u_0$.

氖灯管两端电压瞬时值为

$$u = U_m \sin 2\pi f \cdot t$$

其中 $u = U_m = \sqrt{2}U = 120\sqrt{2}$ V,由于交流电周期性特点,如右图所示,在半个周期内氖灯发光时间为 τ,则有:

$$\tau = t_2 - t_1$$

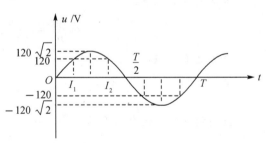

灯点燃和熄灭时刻 $u = u_0 = 120$ V,有

$$u_0 = U_m \sin\dfrac{2\pi}{T} \cdot t$$

$$120 = 120\sqrt{2} \sin\dfrac{2\pi}{T} \cdot t$$

$$\sin\dfrac{2\pi}{T}t = \dfrac{2}{\sqrt{2}}$$

则在 $0 \sim \dfrac{T}{2}$ 时间内,有

$$t_1 = \dfrac{T}{8}, t_2 = \dfrac{3}{8}T$$

$$\tau = t_2 - t_1 = \dfrac{T}{4}$$

在一个周期 T 内,氖灯发光时间 $\tau_0 = 2\tau, \tau_0 = \dfrac{T}{2}$.

所以在 10 分钟时间内,氖灯发光时间应占通电时间的一半,为 5 分钟.

4. 三相交流电的相电压为 220 V,负载是不对称的纯电阻,$R_A = R_B = 22\ \Omega, R_C = 27.5\ \Omega$,连接如右图所示,试求:

(1) 中线电流.

(2) 线电压.

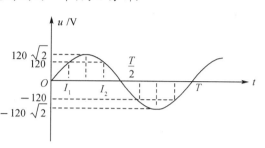

【解析】有中线时,三相交流电三个相变电压的相位彼此差 $\dfrac{2}{3}\pi$,振幅相同,因负载为纯电阻,三个线电流的相位也应彼此相差 $\dfrac{2}{3}\pi$,因负载不对称,三个线电流振幅不同,但始终有 $i_0 = i_A + i_B + i_C$.

(1) 有中线时,三个相电压 $U_{AO} = U_{BO} = U_{CO} = 220$ V,彼此相差为 $\dfrac{2}{3}\pi$,表达式为

$$u_{AO} = 220\sqrt{2}\sin\omega t\ \text{V}$$

$$u_{BO} = 220\sqrt{2}\sin\left(\omega t - \dfrac{2}{3}\pi\right)\ \text{V}$$

$$u_{CO} = 220\sqrt{2}\sin\left(\omega t - \dfrac{4}{3}\pi\right)\ \text{V}$$

三个线电流 i_A、i_B、i_C 为:

$$i_A = \dfrac{u_{AO}}{R_A},\ i_B = \dfrac{u_{BO}}{R_B},\ i_C = \dfrac{u_{CO}}{R_C}$$

则有

$$i_A = 10\sqrt{2}\sin\omega t\ \text{A}$$

$$i_B = 10\sqrt{2}\left(\omega t - \dfrac{2}{3}\pi\right)\ \text{A}$$

$$i_C = 8\sqrt{2}\sin\left(\omega t - \dfrac{4}{3}\pi\right)\ \text{A}$$

中线电流 $i_0 = i_A + i_B + i_C$ 得:

$$i_0 = 10\sqrt{2}\sin\omega t + 10\sqrt{2}\left(\omega t - \dfrac{2}{3}\pi\right) + 8\sqrt{2}\sin\left(\omega t - \dfrac{4}{3}\pi\right)$$

$$= \sqrt{2}\sin\omega t - \sqrt{2}\cdot\sqrt{3}\cos\omega t$$

$$= 2\sqrt{2}\sin\left(\omega t - \dfrac{\pi}{3}\right)\ \text{A}$$

所以中线电流 $I_0 = 2$ A.

(2) 线电压 u_{AB}、u_{BC}、u_{CA} 应振幅相等,最大值皆为 $380\sqrt{2}$ V,有效值为 380 V,彼此相差 $\dfrac{2}{3}\pi$.

5. 两个完全相同的电热器,分别通过如下图甲和乙所示的电流最大值相等的方波交流电流和正弦交流电流,则这两个电热器的电功率之比 $P_{方} : P_{交}$ 是多少?

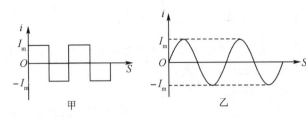

【解析】交流电通过纯电阻R时,电功率$P=I^2R$,式中I是交流电流的有效值.交流电流的有效值是交流电流的最大值I_m的$\frac{1}{\sqrt{2}}$,这一结论是针对正弦交流电而言的.至于方波交流电通过纯电阻R时,每时每刻都有大小是I_m的电流通过,只是方向在作周期性变化.而稳恒电流通过电阻时的热功率跟电流的方向无关.所以最大值为I_m的方波交流电通过纯电阻的电功率等于电流强度是I_m的稳恒电流通过纯电阻的电功率.

对于方波交流电流流过纯电阻R的电功率为:
$$P_{\text{方}}=I_m^2R$$

对于正弦交流电流流过纯电阻R的电功率为:
$$P_{\text{交}}=I^2R=\left(\frac{I_m}{\sqrt{2}}\right)^2R=\frac{1}{2}I_m^2R$$

所以这两个电热器的电功率之比为:
$$P_{\text{方}}:P_{\text{交}}=2:1$$

6. 如图所示,正方形线圈$abcd$绕对称轴OO'在匀强磁场中匀速运动,转数$n=120$ r/min.若已知$ab=bc=0.20$ m,匝数$N=20$,磁感强度$B=0.2$ T,求:

(1) 转动中的最大电动势及位置;

(2) 从图示位置转过$90°$过程中的平均电动势;

(3) 设线圈是闭合的,总电阻$R=10$ Ω,线圈转动过程中受到的最大电磁力矩及位置.

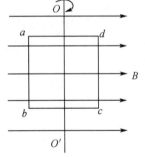

【解析】这是一个以交流发电机为原型的计算题.根据导线切割磁感线产生感应电动势的公式,可计算出线圈中产生的最大感应电动势;根据线圈中的磁通量的平均变化率,可计算出线圈在转动过程中受到的磁力矩.

(1) 当线圈平面与磁场方向平行时,线圈的ab、cd边切割磁感线的有效速度最大,产生的感应电动势最大.
$$\varepsilon_m=NBS\omega=NBS\cdot 2\pi\frac{n}{60}\text{ V}=2.01\text{ V}$$

(2) 从图示位置转过$90°$的过程中,线圈中发生的磁通量的变化$\Delta\Phi=BS$,经历的时间为$\frac{\pi/2}{\omega}$,由法拉第电磁感应定律解得平均感应电动势为
$$\bar{\varepsilon}=N\frac{\Delta\Phi}{\Delta t}=\frac{NBS\omega}{\pi/2}$$
$$=\frac{\varepsilon_m}{\pi/2}=\frac{2.01}{\pi/2}=1.28\text{ V}$$

(3) 当线圈平面与磁场方向平行时,线圈中产生的感应电动势最大,产生的感应电流最大. 此时线圈的 ab、cd 边受到的安培力最大且与线圈平面垂直,因而磁力矩也就最大.

$$M_m = NI_m SB = N\frac{\varepsilon_m}{R}SB = \frac{N^2 B^2 S^2 \omega}{R} = 0.0302 \text{ m} \cdot \text{N}$$

§12.2 交流电路

12.2.1 交流电路中的基本元件

在交流电路中,电压和电流之间的关系已变得比较复杂了,从下面的讨论中我们将发现,电流和电压之间不仅存在着量值(即最大值或有效值)的大小关系,还存在着相位关系,在恒定电流电路中,反映一个电阻元件两端电压和其中的电流的比是 $\frac{U}{I}$,即元件的电阻. 在交流电路中,反映某一元件上电压 $u(t)$ 和电流 $i(t)$ 的关系则需要两个量,一是二者峰值之比(等于有效值之比),这个比值叫做元件的阻抗,用 Z 表示:

$$Z = \frac{U_m}{I_m} = \frac{U}{I}$$

另一个是二者相位之差:

$$\varphi = \varphi_U - \varphi_I$$

1. 纯电阻电路

给电阻 R 加上一正弦交流电,如图 12-11 所示,其电压 u 为:

$$u = U_m \sin\omega t$$

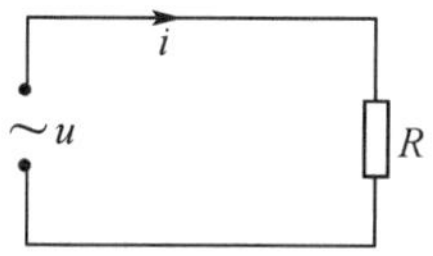

电流的瞬时值 I 与 U、R 三者关系仍遵循欧姆定律.

$$i = \frac{u}{R} = \frac{U_m}{R}\sin\omega t$$

图 12-11

电流最大值 $I_m = \frac{U_m}{R}$,它们的有效值同样也满足:

$$I = \frac{U}{R}$$

在纯电阻电路中,u、i 变化步调是一致的,即它们是同相,图 12-12 中图甲表示电流、电压随时间变化的步调一致特性. 图乙是用旋转矢量法来表示纯电阻电路电流与电压的相位关系.

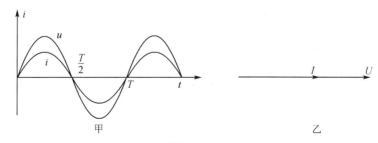

图 12-12

在纯电阻电路中:

$$Z = R \quad \varphi = 0$$

2. 纯电感电路

纯电感电路如图 12-13 所示，自感线圈中产生的自感电动势为 $\varepsilon_{自}$，电路中电阻 R 可近似为零，由含源电路欧姆定律有：

$$u + \varepsilon_{自} = iR$$

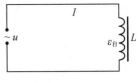

图 12-13

$R = 0$，所以 $\varepsilon_{自} = -u$，自感电动势与外加电压是反相的.

设电路中电流 $i = I_m \sin\omega t$，自感电动势为：

$$\varepsilon_{自} = -L\frac{\Delta i}{\Delta t}$$

$$\Delta i = I_m \sin\omega(t + \Delta t) - I_m \sin\omega t$$
$$= I_m \sin\omega t \cdot \cos(\omega \cdot \Delta t) + I_m \cos\omega t \cdot \sin(\omega \cdot \Delta t) - I_m \sin\omega t$$
$$= I_m \cos\omega t \cdot \sin(\omega \cdot \Delta t)$$

由于 Δt 很短，依三角关系展开上式后，近似处理，$\cos\omega\Delta t = 1$，$\sin\omega\Delta t = \omega\Delta t$，则 Δi 为

$$\Delta i = I_m \omega \cdot \Delta t \cdot \cos\omega t$$

$$\varepsilon_{自} = -L\frac{\Delta i}{\Delta t} = -L\omega I_m \cos\omega t = -L\omega I_m \sin\left(\omega t + \frac{\pi}{2}\right)$$

由 $u = -\varepsilon_{自}$ 得：

$$u = L\omega I_m \sin\left(\omega t + \frac{\pi}{2}\right) = U_m \sin\left(\omega t + \frac{\pi}{2}\right)$$

由上面可见：

(1) 纯电感电路中电压电流关系：

$I = \dfrac{U}{\omega L}$，其中 ωL 称为感抗，用 X_L 表示，$X_L = \omega L = 2\pi f L$. 感抗 X_L 的单位为欧姆.

$$I = \frac{U}{X_L}$$

(2) 纯电感电路中，电压、电流相位关系是，电压超前电流 $\dfrac{\pi}{2}$，它们的图像和矢量表示如图 12-14 的(甲)、(乙)图所示.

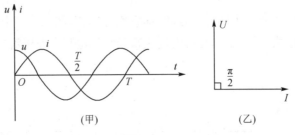

图 12-14

所以在纯电感电路中：

$$Z = X_L$$
$$\varphi = \frac{\pi}{2}$$

3. 纯电容电路

纯电容电路如图12-15所示,外加电压 u,电容器反复进行充放电,$i = \frac{\Delta Q}{\Delta t} = C\frac{\Delta u}{\Delta t}$,设所加交变电压 $u = U_m \sin\omega t$,与前面推导方式相同,Δt 时间很短,得到:

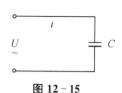

图 12-15

$$\Delta u = U_m \omega \cdot \Delta t \cdot \cos\omega t = U_m \omega \cdot \Delta t \cdot \sin\left(\omega t + \frac{\pi}{2}\right)$$

$$i = C\frac{\Delta u}{\Delta t} = C\omega U_m \sin\left(\omega t + \frac{\pi}{2}\right)$$

令 $I_m = \omega C U_m$ 则:

$$i = I_m \sin\left(\omega t + \frac{\pi}{2}\right)$$

电路中电流有效值为 I:

$$I = \frac{U}{\frac{1}{\omega C}} = \frac{U}{\frac{1}{2\pi f C}} = \frac{U}{X_C}$$

X_C 称为电容的容抗,$X_C = \frac{1}{\omega C} = \frac{1}{2\pi f C}$,单位是欧姆。在纯电容电路中电流与电压的相位关系是:电流超前电压 $\frac{\pi}{2}$,图12-16(甲)、(乙)分别反映电流、电压随时间的变化图线和它们的矢量表示图。

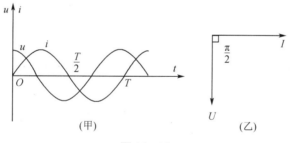

图 12-16

所以在纯电容电路中:

$$Z = X_C$$

$$\varphi = -\frac{\pi}{2}$$

由于电容器在充、放电的过程中,电容器极板上的电荷发生变化,连接电容器的导线中有传导电流通过,相当于在电容器内存在电流,这个电流就是位移电流。值得注意的是:

(1) 位移电流不是电荷定向移动的电流。它引起的变化电场,类似于一种电流。为了形象地表明位移电流,可以把它看作是由极板上电荷积累过程形成的。

(2) 位移电流在产生磁场效应上和传导电流完全等效,因为二者都会在周围的空间产生磁场。

(3) 位移电流通过介质时不会产生热效应。

12.2.2 交流电路的矢量图解法

由于一个简谐量对应一个旋转矢量,即:矢量的长度对应简谐量的最大值(也可以是有效值),矢量旋转的角速度对应简谐量的角频率,矢量与 x 轴的夹角对应简谐量的相位,矢量在 x 轴上的投影对应简谐量的瞬时值,所以两个旋转矢量的合矢量也与两个简谐量的合成对应.

电压、电流的峰值或有效值之间关系和直流电路中的欧姆定律相似,其等式为 $U=IZ$ 或 $I=\dfrac{U}{Z}$,式中 I、U 都是交流电的有效值,Z 为阻抗,该式就是交流电路中的欧姆定律.电阻的阻抗为 R,电感的阻抗为 X_L,电容的阻抗为 X_C.

值得注意的是,由于电压和电流随元件不同而具有相位差,所以电压和电流的有效值之比一般不是一个简单数量.

1. 串联电路

如图 12-17 所示,以 R、L、C 串联为例,总电压的有效值不等于各段分电压的有效值之和,$U \neq U_R + U_L + U_C$.因为电感两端电压相位超前电流相位 $\dfrac{\pi}{2}$.电容两端电压相位落后电流相位 $\dfrac{\pi}{2}$.所以 R、L、C 上的总电压,绝不是各个元件上的电压的代数和,而是矢量和.

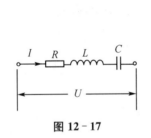

图 12-17   图 12-18

以纯电阻而言,
$$Z_R = R, I_R = \dfrac{U}{R} = \dfrac{U}{X_R}$$

以纯电感而言,
$$Z_L = \omega L, I_L = \dfrac{U}{\omega L} = \dfrac{U}{X_L}$$

以纯电容而言,
$$Z_C = \dfrac{1}{\omega C}, I_C = \dfrac{U}{\dfrac{1}{\omega C}} = \dfrac{U}{X_C}$$

合成的总电压
$$U_m = \sqrt{(I_m X_L - I_m X_C)^2 + (I_m R)^2}$$
$$= I_m \sqrt{(X_L - X_C)^2 + R^2} = I_m Z$$

则
$$Z = \sqrt{(X_L - X_C)^2 + R^2}$$

得 $I_m = \dfrac{U_m}{Z}$.在相位上电压超前电流 φ(图 12-18)

$$\tan\varphi = \frac{X_L - X_C}{R}$$

2. 并联电路

如图 12-19 所示,以 R、L、C 为例,每个元件两端电压都为 U,每分路的电流和两端电压之间关系为:

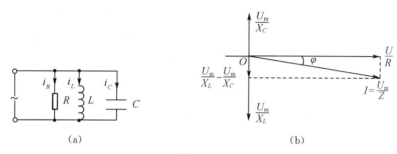

图 12-19

$$I_C = \frac{U_C}{X_C} = \frac{U}{X_C}$$

$$I_L = \frac{U_L}{X_L} = \frac{U}{X_L}$$

$$I_R = \frac{U_R}{X_R} = \frac{U}{R}$$

不同元件上电流的相位也各有差异.

纯电感上电流相位落后于纯电阻电流相位 $\frac{\pi}{2}$,纯电容上电流相位超前纯电阻电流相位 $\frac{\pi}{2}$.

所以分电流的矢量和即总电流:

$$I = \sqrt{\left(\frac{U}{R}\right)^2 + \left(\frac{U}{X_L} - \frac{U}{X_C}\right)^2}$$

令

$$\frac{1}{Z} = \sqrt{\frac{1}{R^2} + \left(\frac{1}{X_L} - \frac{1}{X_C}\right)^2}$$

得

$$I = \frac{U}{Z}$$

在相位上电压超前电流 φ,$\tan\varphi = \dfrac{\dfrac{1}{X_L} - \dfrac{1}{X_C}}{\dfrac{1}{R}}$.

12.2.3 交流电功率

在交流电中,电流、电压随时间而变,因此电流和电压的乘积所表示的功率也将随时间而变.

跟交流电功率有关的概念有:瞬时功率、有功功率、视在功率(又叫做总功率)、无功功率以及功率因数.

1. 瞬时功率(P_t)

瞬时功率是由瞬时电流和电压的乘积所表示的功率. $P = ui$,它随时间而变.

在任意电路中,i 与 u 之间存在相位差 $u(t) = U_m \sin(\omega t + \varphi)$.

$$P_t = ui = U_m \sin(\omega t + \varphi) \cdot I_m \sin\omega t$$
$$= UI[\cos\varphi - \cos(2\omega t + \varphi)]$$

2. 有功功率($\overline{P}$)

用电设备平均每单位时间内所用的能量,或在一个周期内所用能量和时间的比.

在纯电阻电路中(电压和电流间无相位差):

$$P_R = \frac{1}{T}\int_0^T P_R(t)dt = \frac{1}{T}\int_0^T UI(1-\cos 2\omega t)dt = UI$$

纯电阻电路中有功功率和直流电路中的功率计算方法表示完全一致,电压和电流都用有效值来计算.

在纯电感电路中$\left(\text{电压超前电流}\frac{\pi}{2}\right)$:

$$P_L = \frac{1}{T}\int_0^T P_L(t)dt = \frac{1}{T}\int_0^T UI[\cos\varphi - \cos(2\omega t + \varphi)]dt = 0$$

在纯电容电路中$\left(\text{电流超前电压}\frac{\pi}{2}\right)$:

$$P_C = \frac{1}{T}\int_0^T P_L(t)dt = \frac{1}{T}\int_0^T UI[\cos\varphi - \cos(2\omega t + \varphi)]dt = 0$$

以上说明电感电路或电容电路中能量只能在电路中互换,即电容与电源、电感与电源之间交换能量,对外无能量交换,所以它们的有功功率为零.

对于一般电路的平均功率

$$P = \frac{1}{T}\int_0^T P_t dt = \frac{1}{T}\int_0^T IU[\cos\varphi - \cos(2\omega t + \varphi)]dt$$

3. 视在功率(S)

在交流电路中,电流和电压有效值的乘积叫做视在功率,即 $S = UI$. 它可用来表示用电器(发电机或变压器)本身所容许的最大功率(即容量).

4. 无功功率(Q)

在交流电路中,电流、电压的有效值与它们的相位差 φ 的正弦的乘积叫做无功功率,即 $Q = UI\sin\varphi$. 它和电路中实际消耗的功率无关,而只表示电容元件、电感元件和电源之间的能量交换的规模.

有功功率,无功功率和视在功率之间的关系,可用如图 12 - 20 所示的所谓功率三角形来表示.

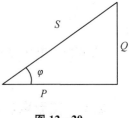

图 12 - 20

5. 功率因数($\cos\varphi$)

发电机输送给负载的有功功率和视在功率的比:

$$\frac{\overline{P}}{S} = \frac{UI\cos\varphi}{UI} = \cos\varphi$$

为了提高电能的可利用程度,必须提高功率因数,或者说减小相位差.

12.2.4 涡流

块状金属放在变化的磁场中,或让它在磁场中运动,金属块内有感应电场产生,从而形成闭合回路,这时在金属内所产生的感生电流构成闭合回路,形成旋涡,所以叫做涡电流."涡电流"简称涡流,又叫傅科电流.

(1) 涡流的大小和磁通量变化率成正比,磁场变化的频率越高,导体里的涡流也越大.

(2) 在导体中涡流的大小和电阻有关,电阻越大涡流越小. 为了减小涡流造成的热损耗,电机和变压器的铁芯常采用多层彼此绝缘的硅钢片叠加而成(材料采用硅钢以增加电阻). 涡流也有可利用的一面. 高频感应炉就是利用涡流作为自身加热用,感应加热,温度控制方便,热效率高,加热速度快,在生产上已用作金属的冶炼. 在生活上也已被用来加热食品.

涡流在仪表上也得到运用. 如电磁阻尼,在磁电式测量仪表中,常把使指针偏转的线圈绕在闭合铝框上,当测量电流流过线圈时,铝框随线圈指针一起在磁场中转动,这时铝框内产生的涡流将受到磁场作用力,抑制指针的摆动,使指针较快地稳定在指示位置上.

12.2.5 互感

由于电路中电流的变化,而引起邻近另一电路中产生电动势的现象叫做互感现象. 变压器就是利用互感改变交流电压的装置,由接电源的初级线圈(又叫原线圈)、接负载的次级线圈(又叫副线圈)和铁芯构成(图 12 - 21).

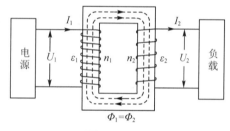

图 12 - 21

我们把无铜损(导线焦耳热)、无铁损(涡流能耗)、无磁损(漏磁通)的变压器称为理想变压器,显然理想变压器是一个理想模型. 对于理想变压器,有:

$$u_1 = -\varepsilon_1 = -\left(-n_1 \frac{\Delta \Phi_1}{\Delta t}\right)$$

$$u_2 = \varepsilon_2 = -n_2 \frac{\Delta \Phi_2}{\Delta t}$$

即原、副线圈电压瞬时值 $\dfrac{u_1}{u_2} = -\dfrac{n_1}{n_2}$,有效值 $\dfrac{U_1}{U_2} = \dfrac{n_1}{n_2}$,联系功率关系,可得 $\dfrac{I_1}{I_2} = \dfrac{n_2}{n_1}$.

如果负载是纯电阻 R,则变压器与负载可以等效为一个电阻 R':

$$R' = \left(\frac{n_1}{n_2}\right)^2 R$$

例 2 一个 25 μF 的电容元件,在 20 V、50 Hz 电源的作用下,电路中的电流为多少?将电源的频率改换为 500 Hz,并保持电压不变,电流变为多少?

【解析】
$$I = \frac{U}{Z_C} = 2\pi f C U$$

当 $U = 20$ V,$f = 50$ Hz 时,$I = 0.175$ A.

当 $f = 500$ Hz 时,$I = 1.57$ A.

可见,同一电容元件,电压不变,频率高了,电流就随着增大.

例3 如图 12-22 所示,已知电容器的电容为 $1\ \mu\text{F}$,$u = 70.7\sqrt{2}\sin\left(314t - \dfrac{\pi}{6}\right)$,求电路中电流的有效值和瞬时值.

【解析】 $X_C = \dfrac{1}{\omega C} = \dfrac{1}{314 \times 10^{-6}} = 3180\ \Omega$

所以电流的有效值为:

$$I = \dfrac{U}{X_C} = \dfrac{70.7}{3180} = 22.2\ \text{mA}$$

瞬时值为:$i = 22.2\sqrt{2}\sin\left(314t - \dfrac{\pi}{6} + \dfrac{\pi}{2}\right)$ mA

$= 22.2\sqrt{2}\sin\left(314t + \dfrac{\pi}{3}\right)$ mA

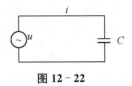

图 12-22

12.2.6 整流

把交流电变为直流电的过程叫做整流,通常是利用二极管的单位导电特性来实现整流目的,一般的整流方式为半波整流、全波整流、桥式整流.

1. 半波整流

如图 12-23 所示电路为半波整流电路,B 是电源变压器,D 是二极管,R 是负载.当变压器输出正弦交流 $u_{ab} = U_m\sin\omega t$ 时,波形如图 12-24(甲)所示,当 $u_{ab} > 0$ 时,二极管 D 正向导通,设正向电阻为零,则 $u_R = u_{ab}$.当 $u_{ab} < 0$ 时,在交流负半周期,二极管处于反向截止状态,$R_D \to \infty$,所以 R 上无电流,$u_R = 0$,u_R 变化如图 12-24(乙)所示.可见 R 上电压是单方向的,而强度是随时间变化的,称为脉动直流电.

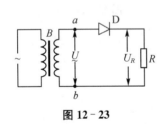

图 12-23

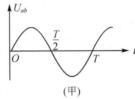

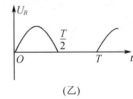

图 12-24

2. 全波整流

全波整流是用两个二极管 D_1、D_2 分别完成的半波整流实现全波整流,如图 12-25 所示,O 为变压器中央抽头,当 $u_{ab} > 0$ 时,D_1 导通,D_2 截止,当 $u_{ab} < 0$ 时,D_1 截止,D_2 导通,所以 R 上总是有从上向下的单向电流,如图 12-26 所示.

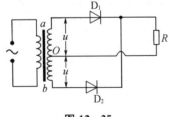

图 12-25

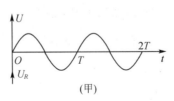

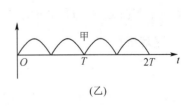

图 12-26

3. 桥式整流

桥式整流电路如图 12-27 所示，当 $u_{ab} > 0$ 时，D_1、D_3 处于导通状态，D_2、D_4 处于反向截止，而当 $u_{ab} < 0$ 时，D_2、D_4 处于导通状态，D_1、D_3 反向截止，流经 R 的电流总是从上向下的脉动直流电，它与全波整流波形相似。所不同的是，全波整流时，二极管截止时承受反向电压的最大值为 $2\sqrt{2}U$，而桥式整流二极管截止时，每一个承受最大反向电压为 $\sqrt{2}U$。

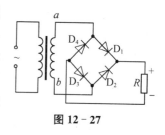

图 12-27

12.2.7 滤波

交流电经整流后成为脉动直流电，其电流强度大小仍随时间变化。为了使脉动电流为比较平稳的直流，需将其中脉动成分滤去，这一过程称为滤波。滤波电路常见的是电容滤波、电感滤波和 π 型滤波。

图 12-28 为电容滤波电路，电解电容 C 并联在负载 R 两端。由于脉动直流可看作是稳恒直流和几个交流电成分叠加而成，因而电容器的隔直流通交流的性质能让脉动直流中的大部分交流成分通过电容器而滤去，使得 R 上获得比较平稳的直流电，如图 12-29 所示。

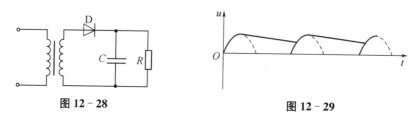

图 12-28   图 12-29

电感线圈具有通直流阻交流的作用，也可以作为滤波元件，如图 12-30 所示。电路中 L 与 R 串联，电压交流分的大部分降在电感线圈上，而 L 的电阻很小，电压的直流分则大部分降在负载电阻上，因此 R 上电压、电流都平稳得多，如图 12-31 所示。

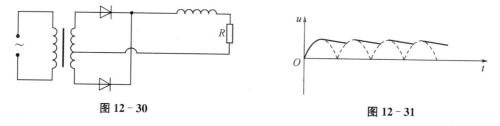

图 12-30   图 12-31

把电容和电感组合起来，则可以组成滤波效果更好的 π 形滤波器，如图 12-32 所示。

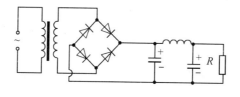

图 12-32

例 4 某用电区总功率表的读数和总电流表的读数常常是 16 kW 和 90 A 左右,原因是电感性负载增大,总电流相位比总电压相位落后较多造成的,导致功率因数过低,于是在该用电区输入端并联一只电容,结果使该电路的功率因数提高到了 0.9,试问并联这一电容规格如何?

【解析】对于一个交流电路,电路的有功功率为 $P = IU\cos\varphi$,φ 为电流与电压的相差,则 $\cos\varphi$ 称为电路的功率因数,由于电路中感性元件较多,因而电流总比电压落后较大相为 φ_1,如图 12-33 所示,并联电容 C 后,电容器支路电流 I_C 超前电压 $\frac{\pi}{2}$,使干路电流 I_2 与 U 的相差 φ_2 减小,从而提高功率因数.

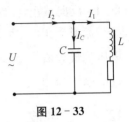

图 12-33

原来的有功功率 $P = 16$ kW,所以功率因数

$$\cos\varphi_1 = \frac{P}{IU} = \frac{16000 \text{ W}}{90 \times 220 \text{ V} \cdot \text{A}} = 0.81$$

设并联电容 C,相应旋转矢量由图 12-34 可得

$$\begin{cases} I_1\cos\varphi_1 = I_2\cos\varphi_2 \\ I_1\cos\varphi_1 - I_2\cos\varphi_2 = I_C \end{cases}$$

$$I_1\cos\varphi_1 - I_1\frac{\cos\varphi_1}{\cos\varphi_2}\sin\varphi_2 = I_C$$

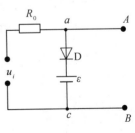

图 12-34

$$I_C = I_1\left(\sqrt{1-\cos^2\varphi_1} - \cos\varphi_1 \cdot \sqrt{\frac{1-\cos^2\varphi_2}{\cos\varphi_2}}\right)$$

$\cos\varphi_1 = 0.81, \cos\varphi_2 = 0.90$,代入得

$$I_C = 18 \text{ A}, C = I_C t_C = I_C \cdot \frac{1}{2\pi f_C}$$

$$C = \frac{I_C}{2\pi f_C} = \frac{18}{314 \times 220} \text{ F} = 260 \times 10^{-6} \text{ F}$$

$$U_m = \sqrt{2}U = 311 \text{ V}$$

取电容器耐压值为 350 V,所以应在输入端并联 260 μF、350 V 的电容器.

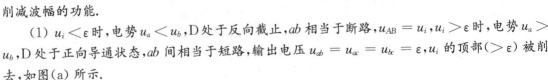

7. 如图所示电路中,输入电压 $u_i = 5\sin\omega t$ (V),直流电源电动势 $\varepsilon = 3$ V.

(1) 求 u_{AB} 的波形;

(2) 将 D 反接后,u_{AB} 又当如何?

【解析】电阻 R_0 与电源 u_i 串联,有分压作用,二极管与电源 ε 串联后,跨接在输出端,与负载形成并联关系,这样的连接特点使电路具有削减波幅的功能.

(1) $u_i < \varepsilon$ 时,电势 $u_a < u_b$,D 处于反向截止,ab 相当于断路,$u_{AB} = u_i$,$u_i > \varepsilon$ 时,电势 $u_a > u_b$,D 处于正向导通状态,ab 间相当于短路,输出电压 $u_{ab} = u_{ac} = u_{bc} = \varepsilon$,$u_i$ 的顶部($>\varepsilon$)被削去,如图(a)所示.

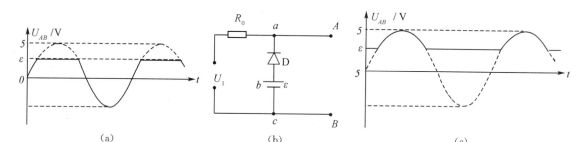

(a)　　　　　　　　(b)　　　　　　　　(c)

(2) 当 D 反接时,如图(b) 所示,当 $u_i \geqslant \varepsilon$ 时,D 截止,$u_{AB} = u_i$;当 $u_i < \varepsilon$ 时,D 被导通,$u_{AB} = \varepsilon$,u_i 低于 ε 的部分全部被削去,输出波形 u_{AB} 成为底部在 $u = \varepsilon$ 处的正脉动电压,如图(c) 所示.

8. 如图所示电路中,电源内阻可略,电动势都是 30 V,D_1 和 D_2 均为理想二极管. $R_0 = 5$ kΩ,$R_1 = R_2 = 10$ kΩ. 将 K 依次接 "1" 和 "2" 时,各电阻上的电流强度是多少?两点谁的电势高?

【解析】一般情况下,我们总是认为二极管为理想情形,正向导通时电阻为零,反向截止时,电阻为无穷大,即为断路.

(1) K 接 1 时,靠直流电源供电,此时 D_1 导通,D_2 截止. 有

$$I_{R_2} = 0, U_d = U_a > U_c$$

$$I_{R_1} = I_1 = \frac{\varepsilon}{R_0 + R_1} = 2 \text{ mA}$$

$$U_{dc} = U_{R_1} = I_1 R_1 = 20 \text{ V}$$

(2) K 接 2 时,交流电源供电,D_1、D_2 交替地导通和截止,设 $e = \varepsilon_m \sin\omega t$,$\varepsilon_m = \sqrt{2}\varepsilon$,如图所示.

在正半周期,D_1 导通,通过 R_1 的电流

$$i_{R_1} = \frac{\varepsilon}{R_0 + R_1} = \frac{\varepsilon_m}{R_0 + R_1}\sin\omega t = 2\sqrt{2}\sin\omega t \text{ mA}$$

在负半周期,D_2 导通,D_1 截止,通过 R_2 的电流

$$i_{R_2} = \frac{\varepsilon}{R_0 + R_2} = \frac{\varepsilon_m}{R_0 + R_2}\sin\omega t = 2\sqrt{2}\sin\omega t \text{ mA}$$

由于 R_0 始终有电流通过,所以 R_0、R_1、R_2 的电流如下图(甲)、(乙)、(丙)所示. R_0 的电流有效值

$$I_{R_0} = \frac{\varepsilon_0}{R_0 + R_1} = 2 \text{ mA}$$

(甲)　　　　　　　　(乙)　　　　　　　　(丙)

R_1、R_2 只有在半个周期内通电流,所以可求得其有效值

$$I_{R_1} = I_{R_2} = \sqrt{2} \text{ mA} = 1.41 \text{ mA}$$

在正半周期

在负半周期
$$U_d > U_c = U_d$$
所以 d、c 两点间总有 $U_d > U_c$.

9. 某发电厂通过两条输电线向远处的用电设备供电. 当发电厂输出的功率为 P_0 时,额定电压为 U 的用电设备消耗的功率为 P_1. 若发电厂用一台升压变压器 T_1 先把电压升高,仍通过原来的输电线供电,到达用电设备所在地,再通过一台降压变压器 T_2 把电压降到用电设备的额定电压,供用电设备使用,如下图所示. 这样改动后,当发电厂输出的功率仍为 P_0,用电设备可获得的功率增加至 P_2. 试求所用升压变压器 T_1 的原线圈与副线圈的匝数比 N_1/N_2 以及降压变压器的原线圈与副线圈的匝数比 n_1/n_2 各为多少?

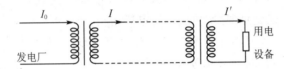

【解析】电能输送过程中,用电设备获得的功率为发电厂输出功率和导线上损失功率之差,升压送电,降压使用过程中,电路为非纯电阻电路,讨论功率应用 $P=UI$ 讨论.

没有用变压器之前,输电线上消耗的电功率为 $P_{R_1}=P_0-P_1=I_0^2 R$(式中 R 为输电线电阻,I_0 为发电厂的输出电流).

输电线电阻
$$R = \frac{P_0 - P_1}{I_0^2} \qquad ①$$

用电设备的电压为
$$U = \frac{P_1}{I_0} \qquad ②$$

用了变压器后,输电线上消耗的电功率为
$$P_{R_2} = P_0 - P_2 = I^2 R \qquad ③$$

式中的 I 是输电线上的电流,也是升压变压器副线圈和降压变压器原线圈上的电流.

由①式和③式可得:
$$I = I_0 \sqrt{\frac{P_0 - P_2}{P_0 - P_1}} \qquad ④$$

所以
$$\frac{n_1}{n_2} = \frac{I_0}{I} = \sqrt{\frac{P_0 - P_2}{P_0 - P_1}}$$

用电设备获得 P_2 的功率时,通过用电设备的电流为 $I' = \frac{P_2}{U}$.

将②式代入后得
$$I' = I_0 \frac{P_2}{P_1} \qquad ⑤$$

由 ④ 式和 ⑤ 式得

$$\frac{n_1}{n_2} = \frac{I'}{I} = \frac{P_2}{P_1} \cdot \sqrt{\frac{P_0 - P_2}{P_0 - P_1}}$$

归纳 本题是通过求原、副线圈的电流之比达到求原、副线圈的匝数之比，而不是利用常规的求原、副线圈的电压之比，进而求原、副线圈的匝数之比．学生对此途径不熟悉，致使求解有一定的困难．如果通过求用电设备的电阻来求降压变压器副线圈的电流，最后得到错误的结果

$$\frac{n_1}{n_2} = \sqrt{\frac{P_2(P_0 - P_1)}{P_1(P_0 - P_2)}}$$

用电设备这个概念很广泛，但有一点必须明确，用电设备绝不是纯电阻的电路，没有理由应用 $P = I^2 R$ 这个公式来求其电流，就像在电动机的电路中，不能用电动机两端的电压去除以它通过的电流求其电阻的道理是一样的．这个错误存在的普遍性令人吃惊，一定要注意公式的适用范围．

10. 在如右图所示的电路中，$R = 6\ \Omega$，各二极管的正向电阻都可以为零，反向电阻都可视为无穷大．今用万用电表的电阻挡测量 a，b 两点之间的电阻，试问测量结果应为多少？

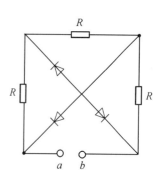

【解析】以万用电表电阻挡测量电阻时，电表插头有正、负极之区分，当接通外电阻时，电流从正极插头经外电阻流到负极插头．

当电表正极插头与右图电路的 a 点连接，负极插头与 b 点连接时，由题设因二极管具有正向短接、负向断路的特征，使得右图电路中只有左侧与上方两个电阻串联，右侧电阻已不起作用，故有

$$R_{ab} = 2R = 12\ \Omega$$

当电表正极插头与 b 点连接，负极插头与 a 点连接时，右图电路中只有右侧电阻单独起作用，故有

$$R_{ab} = R = 6\ \Omega$$

11. 如右图所示．在标有正、负接线柱的黑盒内，由导线连接的电路元件有：$\varepsilon = 2\ V$，$r = 1\ \Omega$ 的电池两节，阻值 $R = 1\ \Omega$ 的电阻两个和一个理想二极管．当单独接入理想电压表和电流表时，电表的示数分别为 $U = 2\ V$ 和 $I = 2\ A$．试画出盒内的电路．

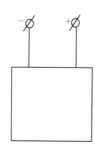

【解析】符合题意的电路有 6 种，如下图所示．

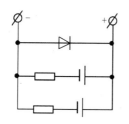 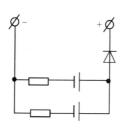 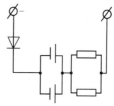

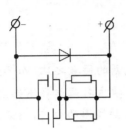 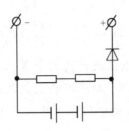 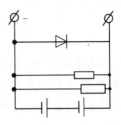

12. 如右图,在开关 K 断开时,给电容量 C 的电容器充上电量 q. 闭合开关后,问电感量为 L_1 和 L_2 的线圈中最大电流是多少?

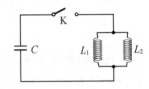

【解析】 电感线 L_1 和 L_2 的电压任何时候都是相等的. 线圈对流过其中交变电流的阻抗分别为 ωL_1 和 ωL_2. 因此得出:两线圈中电流的辐值和线圈电感量成反比:

$$\frac{I_1}{I_2} = \frac{L_2}{L_1}$$

电流同时达到最大值. 由能量守恒定律有

$$\frac{q^2}{2C} = \frac{L_1 I_1^2}{2} + \frac{L_2 I_2^2}{2}$$

解得
$$I_1 = q\sqrt{\frac{L_2}{L_2(L_1+L_2)C}}, \quad I_2 = q\sqrt{\frac{L_1}{L_2(L_1+L_2)C}}$$

§12.3 电磁振荡与电磁波

12.3.1 电磁振荡

我们知道,机械波是由机械振动产生的,与此类似,电磁波是电磁振荡产生的. 能够产生电磁振荡的电路就是振荡电路,下面的实验装置就可以产生电磁振荡.

把自感线圈、电容器、电流表、电池组和单刀双掷开关按图 12-35 所示连成电路,先把开关扳到电池组一边,线电容器充电,稍后再把开关扳到线圈一边,让电容器通过线圈放电. 于是就会产生电磁振荡. 电磁振荡的原理如图 12-36 所示.

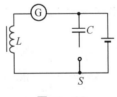

图 12-35

第十二章 交变电流和电磁波

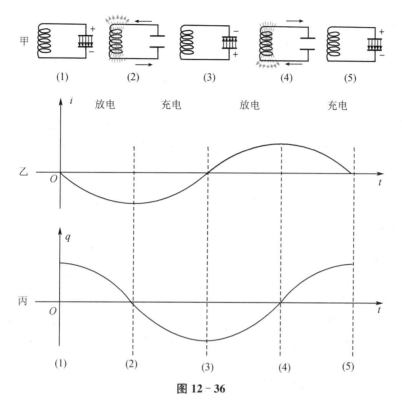

图 12-36

电路中电容器极板上的电荷和电路中的电流及它们相联系的电场和磁场作周期性变化的现象,叫做电磁振荡.在电磁振荡过程中所产生的强度和方向周期性变化的电流称为振荡电流.能产生振荡电流的电路叫振荡电路.最简单的振荡电路,是由一个电感线圈和一个电容器组成的 LC 电路,如图 12-37 所示.

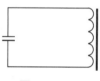

图 12-37

在电磁振荡中,如果没有能量损失,振荡应该永远持续下去,电路中振荡电流的振幅应该永远保持不变,这种振荡叫做自由振荡或等幅振荡.但是,由于任何电路都有电阻,有一部分能量要转变成热,还有一部分能量要辐射到周围空间中去,这样振荡电路中的能量要逐渐减小,直到最后停止下来.这种振荡叫做阻尼振荡或减幅振荡.

电磁振荡完成一次周期性变化时需要的时间叫做周期.一秒钟内完成的周期性变化的次数叫做频率.

振荡电路中发生电磁振荡时,如果没有能量损失,也不受其他外界的影响,即电路中发生自由振荡时的周期和频率,叫做振荡电路的固有周期和固有频率.

LC 回路的周期 T 和频率 f 跟自感系数 L 和电容 C 的关系是:

$$T = 2\pi \sqrt{LC}$$
$$f = \frac{1}{2\pi \sqrt{LC}}$$

12.3.2 电磁场

任何变化的电场都要在周围空间产生磁场,任何变化的磁场都要在周围空间产生电场.变化的电场和磁场总是相互联系的,形成一个不可分割的统一的场,这就是电磁场.麦克斯韦理论是描述电磁场运动规律的理论.

变化的磁场在周围空间激发的电场,其电场呈涡旋状,这种电场叫做涡旋电场.涡旋电场与静电场一样对电荷有力的作用;但涡旋电场又与静电场不同,它不是静电荷产生的,它的电场线是闭合的,在涡旋电场中移动电荷时电场力做的功与路径有关,因此不能引用"电势"、"电势能"等概念.

12.3.3 电磁波

如果空间某处产生了振荡电场,在周围的空间就要产生振荡的磁场,这个振荡磁场又要在较远的空间产生新的振荡电场,接着又要在更远的空间产生新的振荡磁场……这样交替产生的电磁场由近及远地传播就是电磁波.

电磁波的电场和磁场的方向彼此垂直,并且跟传播方向垂直,所以电磁波是横波.

电磁波不同于机械波,机械波要靠介质传播,而电磁波可以在真空中传播.电磁波在真空中的传播速度等于光在真空中的传播速度 $c = 3 \times 10^8$ m/s.

电磁波在一个周期的时间内传播的距离叫电磁波的波长.电磁波在真空中的波长为:

$$\lambda = cT = \frac{c}{f}$$

电磁波可以脱离电荷独立存在,电磁波具有能量,它是物质的一种特殊形态.

例 5 如图 12-38 所示, LC 振荡电路中,电感器的电感 $L = 0.25$ H,电容器的电容 $C = 4$ μF.电容器经充电后,上极板带正电,下极板带负电.现闭合电键 K,设电容器开始放电瞬间 $t = 0$,那么当 $t = 5 \times 10^{-3}$ s 时,电容器上极板带何种电荷,电路中的电流方向如何?

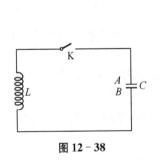

图 12-38

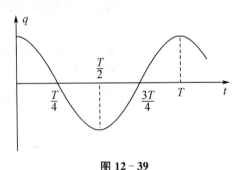

图 12-39

【解析】 LC 回路的振荡周期为:

$$T = 2\pi \sqrt{LC} = 6.28 \times 10^{-3} \text{ s}$$

电容器 A 板所带电量的 q—t 图线如图 12-39 所示.

时刻 $t = 5 \times 10^{-3}$ s 处在 $\frac{3}{4}T$ 与 T 之间,图线表明此时电容器上板带负电荷;并且上板所带负电荷正在减少,电路中的电流方向为顺时针方向.

第十二章 交变电流和电磁波

例6 如果回旋加速器的高频电源是一个LC振荡器,加速器的磁感应强度为B.被加速的带电粒子质量为m、带电量为q,那么LC振荡电路中电感L和电容C的乘积LC为何值?

【解析】 带电粒子回旋周期为T,在加速器中旋转一周两次通过狭缝被加速,所以应使粒子在磁场中回旋周期与高频电源周期相等.

带电粒子在匀强磁场中做匀速圆周运动的周期
$$T = 2\pi m/qB$$

回旋加速器两个D形盒上所接高频电源是一个LC振荡器,其振荡周期
$$T' = 2\pi\sqrt{LC}$$

满足带电粒子每次通过D形盒狭缝都被加速,应有
$$T' = T$$
$$2\pi\sqrt{LC} = 2\pi m/qB$$

得到
$$LC = \frac{m^2}{q^2 B^2}$$

强化训练

13. 如图所示为LC振荡电路中电容器极板上的电量q随时间t变化的图线,可知 (   )

    (A) 在t_1时刻,电路中的磁场能最小
    (B) 从t_1到t_2,电路中的电流值不断变小
    (C) 从t_2到t_3,电容器不断充电
    (D) 在t_4时刻,电容器的电场能最小

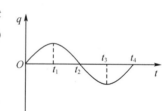

【解析】 此题是从q—t图像研究LC振荡电路中电容器的电量、线圈上的电流、电场能、磁场能的变化规律.电容器的带电量多少看图线纵坐标的绝对值;线圈上的电流大小看图线斜率的绝对值;电场能$E_e = \frac{1}{2}CU^2$;磁场能$E_m = \frac{1}{2}LI^2$.据此不难判断此题各选项的正确与否.

t_1时刻,图线斜率最大,线圈上的电流最大,磁场能最大;从t_1到t_2,图线斜率的绝对值变大,线圈上的电流不断变大;从t_2到t_3,图线纵坐标的绝对值不断增大,电容器带电量增大,电容器不断充电;在t_4时刻,图线纵坐标为零,电容器带电量为零,电场能为零.因此选项A、C、D正确.

14. 在右图所示的电路中,当电容器C_1上电压为零的各时刻,开关S交替闭合、断开,画出电感线圈L上电压随时间t持续变化的图线,忽略电感线圈及导线上的电阻.

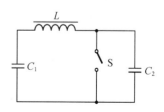

【解析】 在图中所描绘的LC振荡电路中,由于S的开闭,使得电容C不断变化,回路电磁振荡的周期、频率以及电压的振幅随之发生变化.

当S闭合,C_2被短路,L和C_1组成的振荡电路的振荡周期
$$T_1 = 2\pi\sqrt{LC_1}$$

当S被打开时,C_1、C_2串联,总电容C为

$$C = \frac{C_1 \cdot C_2}{C_1 + C_2}$$

它与 L 组成的振荡器振荡周期

$$T_2 = 2\pi\sqrt{LC} = 2\pi\sqrt{L\frac{C_1 C_2}{C_1 + C_2}}$$

因为忽略一切电阻,没有能量损耗,故能量守恒,设当振荡周期为 T_1、T_2 时交流电压的最大值为 U_1 和 U_2,则

$$\frac{1}{2}C_1 U_1^2 = \frac{1}{2}\frac{C_1 C_2}{C_1 + C_2}U_2^2$$

由此得

$$U_2 = U_1\sqrt{1 + \frac{C_1}{C_2}}$$

因为 S 是 C_1 上电压为零时刻打开和关闭的,所以 L 上电压随时间变化的图线如下图所示.

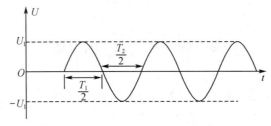

15. 在右图中,$C_1 = C_2 = C$,最初两个电容器分别带有电量 $Q_1 = Q_2 = Q_0$,线圈的自感系数为 L,整个电路的电阻均可忽略不计.

(1) 若先闭合开关 S_1,则电路中将产生振荡,振荡中,C_1 的带电量的最大值为多少?

(2) 若接着再闭合开关 S_2,C_1 的带电量的最大值有无变化?如有,则变化情况如何?

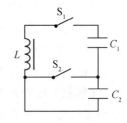

【解析】LC 振荡电路中发生振荡时,从能量转化的角度来看,是电场能与磁场能交替转化的过程,当电流值为零时,磁场能为零,而电容器的带电量最多,其储存的电场能也最多,即此时系统的全部能量都以电场能的形式存在.当电流值达到最大时,磁场能达到最大值,而此时电容器的带电量为零,即此时系统的全部能量都以磁场能的形式存在.

本题正是可以通过分析振荡中的能量转化来确定振荡中电容器储能的最大值,进而据此以确定电容器带电量的最大值.

(1) 仅闭合 S_1 时,相当于 C_2 与 C_1 串联后作为一个电容与 L 组成 LC 振荡电路,显然两电容器最初的带电量 Q_0 也就是以后振荡过程中每个电容器上带电量的最大值.

(2) 在闭合 S_1 后再闭合 S_2,即在原电路中已发生振荡的情况下,在其振荡过程中闭合 S_2,则 S_2 闭合的时刻在一个原振荡周期中处于不同的位置,将产生不同的结果.

若 S_2 闭合时,原电路中的振荡电流恰好为零,则此时原电路中 C_1 和 C_2 均储存有电场能 $\frac{Q_0^2}{2C}$,S_2 闭合后,C_2 被短路而 C_1 与 L 组成新的振荡电路继续发生振荡(振荡周期变为原周期的 $\sqrt{2}$ 倍),这样,在以后的振荡中 C_1 的带电量的最大值就是 Q_0.

若 S_2 闭合时,原电路中的振荡电流恰好为最大值,则原电路中的全部能量$\left(\text{总值}=2\times\dfrac{Q_0^2}{2C}=\dfrac{Q_0^2}{C}\right)$都储存于电感线 L 所形成的磁场中,而闭合 S_2 后振荡电路仅由 L 与 C_1 组成,故当磁场能全部转化为电场能时,C_1 的带电量 Q' 应满足

$$\dfrac{Q'^2}{2C}=\dfrac{Q_0^2}{C}$$

$$Q'=\sqrt{2}Q$$

Q' 也就是在以后的振荡过程中,C_1 带电量的最大值.

若 S_2 闭合时,原电路中的振荡电流既非零值也非最大值,则此时 C_1 中的电场能与 L 中的磁场能之和小于原有总能量 $\dfrac{Q_0^2}{C}$ 而大于此值的一半(L 中此时储有与 C_1 中相等的能量,此二者之和必小于总能量),则以后的振荡过程中,C_1 带电量的最大值应介于 $\sqrt{2}Q_0$ 与 Q_0 之间.

综合以上所述可见,闭合 S_2 后,C_1 上带电量的最大值可能有变化也可能没有变化,其带电量的最大值 Q' 的取值范围为

$$Q_0\leqslant Q'\leqslant\sqrt{2}Q_0$$

$$q_n=2nCU$$

16. 在图(a)所示电路中,当电容器 C_1 上电压为零的各时刻,开关 K 交替地闭合、断开,请画出电感电压随时间持续变化的图像.

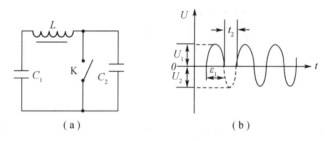

(a)　　　　(b)

【解析】所求图像如图(b)所示,时间即隔 t_1 和 t_2 分别为

$$t_1=\pi\sqrt{LC_1}$$

$$t_2=\pi\sqrt{L\dfrac{C_1C_2}{C_1+C_2}}$$

电压振幅可以用能量守恒确定.

$$\dfrac{C_1U_1^2}{2}=\dfrac{\dfrac{C_1C_2}{C_1+C_2}U_2^2}{2}$$

由此得

$$U_2=U_1\sqrt{1+\dfrac{C_1}{C_2}}$$

17. 两个相同的 LC 回路相距较远,在第一个回路中激发振荡,电容器上电压能达到的最大电压为 U_0.当电容器 C_1 上的电压为最大值时,用导线接通第二个回路,如图所示.试描述接通

后电路中发生的物理过程.

【解析】S 接通瞬间,C_1 上的电压达到最大值,L_1 中的电流为零,由于导线电阻很小,故 C_1 迅速对 C_2 充电.当两电容器达相同电压后各自分别对电感线圈放电形成两个独立的 LC 振荡电路.

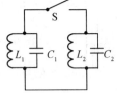

S 接通瞬间,L_1 中的电流为零,C_1 上的电压为 U_0,通过导线加在电容器 C_2 上,在很短的时间内对 C_2 充电(与振荡周期相比较).由于 $C_1=C_2$,所以电荷平分,即

$$U'_1 = \frac{1}{2}U_0 \text{ 或 } U'_2 = \frac{1}{2}U_0$$

当电荷再分配后,两个回路都处于相同的状态,故电容器上的电压等于 $\frac{1}{2}U_0$,线圈中的电流一起开始同步振荡,其振荡频率 $\omega = \frac{1}{\sqrt{LC}}$,电压瞬时值可表示为

$$u_1(t) = u_2(t) = \frac{1}{2}U_0 \cos\omega t$$

两个回路间的连线对该过程无影响,电荷交换后可以把它拿掉.

§12.4　本章总结与能力提升训练

本章的知识结构如下.

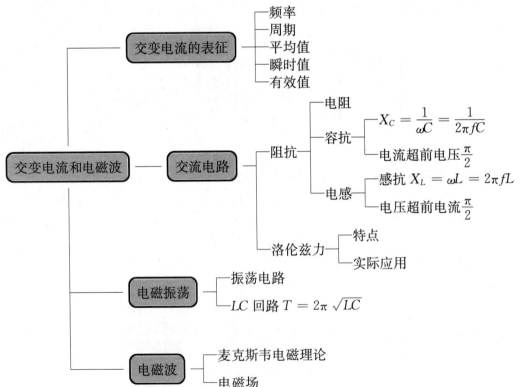

例7　如图 12-40 所示的电路中,三个交流电表的示数都相同,电阻器的阻值都是 100 Ω,求电感线圈 L 和电容 C 的大小.

【解析】 A_1、A_2、A_3 表读数为电流的有效值,三个电表读数相等

$$I_1 = I_2 = I_3 \quad ①$$

而通过电表的瞬时电流应满足:$i_1 = i_2 + i_3$ 借助于电流旋转矢量关系可求解,对应电流旋转矢量关系是

$$\vec{I}_1 = \vec{I}_2 + \vec{I}_3 \quad ②$$

且

$$\vec{I}_C = \vec{I}_2, \vec{I}_L = \vec{I}_3$$

由电路结构可知,i_C 超前 u_{ab},i_L 滞后于 u_{ab} 且相位差都小于 $\frac{\pi}{2}$,由此 i_C 超前于 i_L,且超前量 $\alpha < \pi$,所以合矢量为

$$I_1 = 2I_1 \cos \frac{\alpha}{2}$$

$$\alpha = \frac{2}{3}\pi$$

又

$$I_2 Z_2 = I_3 Z_3 \text{(并联关系)}$$

$$Z_2 = Z_3$$

即

$$\sqrt{X_C^2 + R^2} = \sqrt{X_L^2 + R^2}$$

所以有

$$\omega L = \frac{1}{\omega C} \quad ③$$

电流与端电压间相位差有(图 12-41)

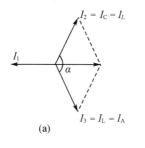 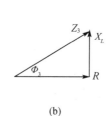 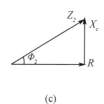

(a)　　　　　　　　(b)　　　　　　　(c)

图 12-41

$$|\Phi_2| = |\Phi_3| = \arctan \frac{X_L}{R}$$

$$|\Phi_2| = |\Phi_3| = \frac{\alpha}{2} = \frac{\pi}{3}$$

所以有

$$2\pi f L = R \tan \frac{\pi}{3}$$

$$L = 0.55 \text{ H}$$

代入 ③ 式得 $C = 1.84 \text{ μF}$.

例8 在如图 12-42(a) 所示电路中,两电容器电容 $C_1 = C_2 = C$.两个二极管 D_1、D_2 皆为理想二极管(正向电阻为零,反向电阻无穷大),当电源输入电压为如图 12-42(b)所示的稳定方

波时,试分别画出达到稳定状态后 L 点的电势 U_L 和 M 点的电势 U_M 随时间的变化图像.

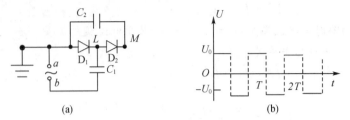

图 12-42

【解析】二极管正向导通时,电阻为零,类似于短路,电容器可被充、放电.而当加反向电压时,反向电阻为无穷大,可以认为断路,则电容器不能充、放电.

当电源 a 为正时,D_1 导通,D_2 处于截止,C_1 被充电,上极板带正电,下极板带负电,两极电压 $U_1=U_0$,此时 L 点电势为零.当 a 为负时,D_2 导通,D_1 截止,C_1 与电源串联给 C_2 充电,使 C_2 下板带正电,上板带负电.当 a 再为正时,电源又给 C_1 充电,充至电压 U_0,然后 C_1 与电源再串联给 C_2 充电……如此反复,至稳定时,C_1 电压为 U_0,C_2 上电压为 $2U_0$.

当 D_1 导通,D_2 截止时,L 点电势为零,C_2 上的电压为 $2U_0$,而左板为零电势,M 点电势为 $2U_0$,当 D_1 截止时,D_2 导通,L、M 点等电势,且 C_2 上电压仍为 $2U_0$,所以 $U_M=2U_0$ 则 $U_L=2U_0$ 其变化图像如图 12-43(甲)、(乙)所示.

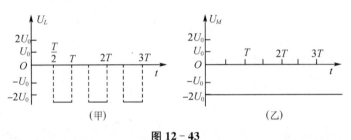

图 12-43

【点评】本题电路叫做倍压整流电路,利用同样原理可以设计出三倍压,四倍压……乃至 n 倍压的整流电路,如图 12-44(a)、(b) 所示.

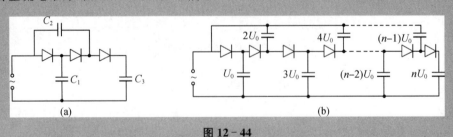

图 12-44

● 强 化 训 练 ●

18. 一个变压器初、次级匝数分别为 N_1 和 N_2,如图所示,内阻分别为 r_1 和 r_2.初级线圈交

流电压为 U_1，次级和可变负载 R 接通．分别求出电源提供的功率 P_1、R 上消耗的功率 P_2 与 R 的关系，作出当 R 变化时的 P_1—P_2 图．

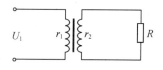

【解析】理想变压器与负载可以等效为一个阻值为 $\left(\dfrac{N_1}{N_2}\right)^2(R+r_2)$ 的电阻，所以

$$I_1 = \dfrac{U_1}{r_1+\left(\dfrac{N_1}{N_2}\right)^2(R+r_2)}$$

$$P_1 = \dfrac{U_1^2}{r_1+\left(\dfrac{N_1}{N_2}\right)^2(R+r_2)} \quad ①$$

$$I_2 = \dfrac{N_1}{N_2}I_1 = \dfrac{N_1}{N_2}\cdot \dfrac{U_1}{r_1+\left(\dfrac{N_1}{N_2}\right)^2(R+r_2)}$$

$$P_2 = I_2^2 R = \left(\dfrac{N_1}{N_2}\right)^2 \cdot \dfrac{U_1^2}{\left[r_1+\left(\dfrac{N_1}{N_2}\right)^2(R+r_2)\right]^2} \quad ②$$

消去①、②两式中的 R 可得

$$\dfrac{r_1+\left(\dfrac{N_1}{N_2}\right)^2 r_2}{U_1^2}P_1^2 + P_1 + P_2 = 0$$

令

$$a = \dfrac{U_1^2}{r_1+\left(\dfrac{N_1}{N_2}\right)^2 r_2},\ P_1 = y,\ P_2 = x$$

则可得：

$$\left(y-\dfrac{a}{2}\right)^2 = -a\left(x-\dfrac{a}{4}\right)$$

作图如下图所示．

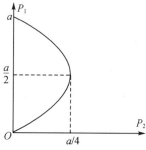

19. 右图为一个电路图（称作"电子张弛振荡器"）．图中 S_C 是恒流源（其电流不因负载的变化而变化）．电流值恒为 I_0．K 为电子开关，它的开、关动作由一个正弦讯号发生器 F 产生的电压 $U_F(t)=U_1+U_0\sin\omega t$ 控制，这里 U_1 为常电压值，U_0 和 ω 分别是正弦讯号的幅度和圆频率，$U_0<U_1$．U_F 只起控制 K 动作的作用，不对电容 C 充放电．当 K 两端电压（即电容器两端电压）$U(t)$ 达到 $U_F(t)$ 时，K 自动合上，使电容 C 放电，$U(t)$ 迅速下降，直到 U 降到 $U_{\min}$ 时，

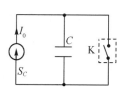

K才自动断开,这里 $U_{\min}$ 是小于 U_1-U_0 的常电压值.

(1) 分析电容器两端电压 U 随时间 t 的变化规律并在 $U-t$ 图上画出 $U_F(t)$、$U_{\min}$ 和 U 随 t 的变化曲线,可以不考虑 $t=0$ 时是如何情况.

(2) 若在一定的 I_0、U_1、U_0、ω、$U_F(t)$、$U_{\min}$ 参数值下,$U(t)$ 每相邻两次达到 $U_F(t)$ 的时间间隔都相等,求每次 $U(t)=U_F(t)$ 时,$U(t)$ 数值与各参数的关系.

【解析】本题的关键是找到电容器两端的电压与时间的函数关系 $U(t)$. 由于充电电流恒定,每秒内两极板增加的电压是恒定不变的,所以 $U(t)$ 必定是线性函数,当电容器电压 $U(t)$ 等于讯号发生器电压 $U_F(t)$ 时,电容器开始放电. 显然,一般地每次开始放电时 $U(t)$ 的值是不同的;但如果 $U(t)$ 每相邻两次达到 $U_F(t)$ 的时间间隔相等,那么开始放电时 $U(t)$ 的值是相等的,对于一定的 $U(t)$ 值,相应的时间有无数个解. 只要找到这些解的相互关系的表达式,就能解出 $U(t)$ 与各参数间的关系.

(1) $U_F(t)$ 如右图中正弦曲线所示,$U_{\min}$ 如图中平行于 t 轴的直线所示. 当 $U_{\min}<U(t)<U_F(t)$ 时,K 是断开的,S_C 以恒定电流 I_0 对 C 充电,每秒内极板上电量的增加量为 I_0,因而每秒内电压的增加量为 I_0/C,在 $U-t$ 图上为一斜率为 I_0/C 的直线. 当 $t=t_n$ 时,此直线与 $U_F(t)$ 相交,有 $U(t)=U_F(t)$,K 自动合上,电容 C 通过 K 放电,$U(t)$ 在极短时间内降到 $U_{\min}$,若在计算中忽略开关与连线的电阻,可以认为 $U(t)$ 由 $U_F(t)$ 回降到 $U_{\min}$ 的时间为无限短. $U-t$ 图上这一段 $U(t)$ 为垂直 t 轴的直线. 当降到 $U_{\min}$ 时(这时用 $U(t+0)=U_{\min}$ 表示),K 又断开,$U(t)$ 再次以不变的斜率上升,从而电容器两端的电压按锯齿波形变化,形成张弛振荡如右图所示.

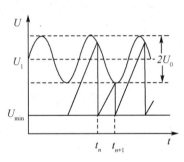

(2) 设 t_n、$t_{n+1}\cdots$ 依次为 $U(t)$ 达到上阈值 $U_F(t)$ 的时刻,t_n+0、$t_{n+1}\cdots$ 为降到 $U_{\min}$ 的时刻,当 $t_n+0\leqslant t\leqslant t_{n+1}$ 时,由于 $U(t)$ 上升的直线斜率恒为 I_0/C,有
$$U(t)=U_{\min}+I_0(t-t_n)/C$$
当 $t=t_{n+1}$ 时,有
$$U(t_{n+1})=U_{\min}+I_0(t_{n+1}-t_n)/C=U_F(t_{n+1})=U_1+U_0\sin(\omega t_{n+1}) \quad \text{①}$$
因而得到
$$t_{n+1}=t_n+\frac{(U_1-U_{\min})C}{I_0}+\frac{U_0C}{I_0}\sin(\omega t_{n+1}) \quad \text{②}$$
当任意相邻两次达到 $U_F(t)$ 的时间间隔均相等,即对任一 n,有 $t_{n+1}-t_n=t_{n+2}-t_{n-1}=\cdots$ 时由(2) 式得到
$$\sin(\omega t_n)=\sin(\omega t_{n+1})=\cdots \quad \text{③}$$
由 ③ 式,可得到
$$\omega t_{n+1}=\omega t_n+2k\pi(k=1,2,3,\cdots) \quad \text{④}$$
或
$$\omega t_{n+1}=\pi-\omega t_n+2k\pi(k=1,2,3,\cdots) \quad \text{⑤}$$
由 ④、⑤ 式均可得到 $U(t_{n+1})=U(t_n)=U_a$(a 为常量),但除了在 $U_a=U_1$ 的情况外,(5) 式不合题意,这是由于由(5) 式得到的 $t_{n+1}-t_n$ 与 $t_{n+2}-t_{n+1}$ 并不相等,所以(4) 式是等幅张弛振荡

的一般解,因而我们得到

$$t_{n+1} = t_n + 2\pi k/\omega, k = 1, 2, 3, \cdots$$

由 ④ 式可得

$$U_a = U(t_{n+1}) = U_{\min} + \frac{I_0(t_{n+1} - t_n)}{C} = U_{\min} + k\frac{2\pi}{\omega}\frac{I_0}{C}(k=1,2,3,\cdots) \qquad ⑥$$

显然,必须有 $U_1 - U_0 \leqslant U_a \leqslant U_1 + U_0$,所以对每个 k 值,有 1 个参数 ω、I_0、C 的允许范围,如果认为电容 C 值不变,I_0 也不变,而选取正弦讯号的幅度 U_0 与圆频率 ω 构成参数平面,产生"k 阶等幅张弛振荡"的范围可在 ω-U_0 平面中标出,不同 k 值的范围是不同的.

讨论:等时间间隔振荡,必定是等幅张弛振荡,寻求等时间间隔这个条件,要联系图线,运用三角函数知识,列出条件方程,并在多参数的情况下,对条件方程进行分析、筛选、概括,独立地思考并完成这类题目,将极大地帮助学生培养、提高这方面的分析概括能力.

20. 一个电容器和忽略阻抗的交流电表以及标准电感组成一个串联电路.将电感器内的铁芯沿轴移动来改变电感器的电感 L,如图(a)所示.功率源供给串联电路一个正弦电动势,其电压有效值为 2 V,频率为 $(500/2\pi)$ Hz.当改变电感器的电感时,可以观测到在某一位置通过电流表的电流为最大值.然后移动铁芯,可以从电流表读出对应铁芯两个位置时的电流减少到最大值 $1/\sqrt{2}$,这两位置所对应的电感器的电感为 $L_1 = 0.9$ H 和 $L_2 = 1.1$ H.

(1) 试解释观测到的情况并计算电容器的电容 C 和电感器的电阻 R.
(2) 对应于两个电感 L_1 和 L_2 中每一个值,计算:
① 电路的阻抗;
② 电路中的电流;
③ 电流和电压之间的位相差.

要求:画出矢量图以显示电路中每一元件上的电压的大小与位相,并说明在每一情况中,是电流还是电压相位超前.

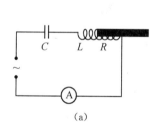

(a)

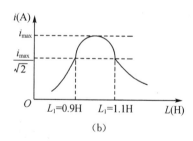

(b)

【解析】(1) 这个电路是一个串联谐振电路.观察到的情况表明,电路处于靠近谐振区域.电流表的读数为有效值.

谐振时,电路的电流为最大值 $I_{\max}$,如图(b)所示.阻抗为最小值 Z_0,它等于电阻 R,即 $Z_0 = R$.

$$Z_0 = \frac{U}{I_{\max}} = R \qquad ①$$

如果 Z_1 和 Z_2 表示铁芯在位置 1 和 2 所对应的电路的阻抗,

$$Z_1 = \frac{U}{\frac{I_{\max}}{\sqrt{2}}}, Z_2 = \frac{U}{\frac{I_{\max}}{\sqrt{2}}}, Z_1 = Z_2$$

即

$$\sqrt{R^2 + \left(\omega L_1 - \frac{1}{\omega C}\right)^2} = \sqrt{R^2 + \left(\omega L_2 - \frac{1}{\omega C}\right)^2}$$

$$\left(\omega L_1 - \frac{1}{\omega C}\right)^2 = \left(\omega L_2 - \frac{1}{\omega C}\right)^2$$

$$\omega L_1 - \frac{1}{\omega C} = \pm \left(\omega L_2 - \frac{1}{\omega C}\right)$$

因为 $L_1 \neq L_2$，并且谐振前电压落后于电流，谐振后电压超前于电流，所以我们必须对上式取负号，即

$$\left(\omega L_1 - \frac{1}{\omega C}\right) = -\left(\omega L_2 - \frac{1}{\omega C}\right)$$

在位置 1

$$\frac{U}{\frac{I_{\max}}{\sqrt{2}}} = Z_1 = \sqrt{R^2 + \left(\omega L_1 - \frac{1}{\omega C}\right)^2} \qquad ②$$

从方程①和②可得

$$\sqrt{R^2 + \left(\omega L_1 - \frac{1}{\omega C}\right)^2} = \sqrt{2} R$$

$$R = \omega L_1 - \frac{1}{\omega C} = 50 \ \Omega$$

$R = 50 \ \Omega$

(2) ① 阻抗 Z_1 为

$$Z_1 = Z_2 = \sqrt{R^2 + \left(\omega L_1 - \frac{1}{\omega C}\right)^2} = 50\sqrt{2} \ \Omega$$

② 电流的最大值为

$$I_{\max} = \frac{U}{R} = 0.04 \ \text{A}$$

在两个位置时的电流为

$$I_1 = I_2 = \frac{0.04}{\sqrt{2}} \ \text{A} = 0.0283 \ \text{A}$$

③ 在位置 1 时，电流和电压之间的位相差为

$$\tan\varphi = \frac{\omega L_1 - \frac{1}{\omega C}}{R} = -1$$

$$\varphi = -45°$$

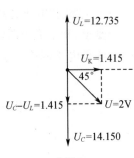

位置 1

在位置 2 时 $\varphi = 45°$.

对于两个位置情况画出向量图，计算每一元件上的电压．对于位置 1，如图所示，电容器上两端的电压为

$$U_C = \frac{I_1}{\omega C} = 14.150 \ \text{V}$$

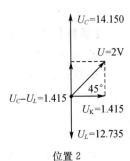

位置 2

电感线圈上两端的电压为
$$U_L = I_1 \omega L_1 = 12.735 \text{ V}$$
电阻上两端的电压为
$$U_R = I_1 R = 1.415 \text{ V}$$
在此情形下
$$U_C - U_L = (14.150 - 12.735) \text{ V} = 1.415 \text{ V}$$
对位置2,如图所示,同样可算得每一元件上的电压.

21. 如右图所示的电路中,$L_2 = 20 \text{ mH}$,$C_1 = 10 \text{ μF}$,$C_2 = 5 \text{ μF}$,$R = 100 \text{ kΩ}$. 开关S长时间闭合,电源的正弦式频率f可改变,但其电流振幅保持恒定.

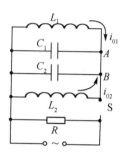

(1) 以f_m表示有功功率为极大值(P_m)时的频率,而分别以f_+和f_-表示有功功率为$1/2P_m$时的频率. 试确定f_m与$\Delta f = f_+ - f_-$的比值. 打开开关S,在打开开关t_0时间后,通过L_1和L_2的电流为$i_1 = 0.1$ A和$i_2 = 0.2$ A,电压为$U_0 = 40$ V.

(2) 计算回路L_1、C_1、C_2、L_2的固有振荡频率.

(3) 确定导线AB内的电流.

(4) 计算线圈L_1中电流振荡的振幅.

【解析】S合上后,电路中发生并联谐振时有功功率最大. S打开后,两组振荡电路L_1C_1与L_2C_2并联,就高频率振荡电流来说,可看作是相互独立的. L_1、L_2是纯电感,C_1、C_2是纯电容,因此两个回路中的振荡能量是守恒的.

(1) 用Z表示电路的等效阻抗. 由于是并联连接,有
$$\frac{1}{Z^2} = \frac{1}{R^2} + \left(C\omega - \frac{1}{L\omega}\right)^2$$

式中$C = C_1 + C_2$是等效电容,$L = \dfrac{L_1 L_2}{L_1 + L_2}$是等效电感,有功功率为
$$P = \frac{U^2}{R} = \frac{(IZ)^2}{R} = \frac{I^2}{R} \frac{1}{\frac{1}{R^2} + \left(C\omega - \frac{1}{L\omega}\right)^2}$$

不难看出,若$C\omega - \dfrac{1}{L\omega} = 0$,则$P$为极大,振荡电路处于谐振状态. 因此
$$f_m = \frac{1}{2\pi \sqrt{LC}}$$

从(1)式还可得出,若
$$\frac{1}{R^2} = \left(C\omega - \frac{1}{L\omega}\right)^2$$
则功率为极大值的一半,于是
$$\frac{1}{R} = C\omega_+ - \frac{1}{L\omega_+}$$
及
$$-\frac{1}{R} = C\omega_- - \frac{1}{L\omega_-}$$

因而
$$\omega_+ - \omega_- = \frac{1}{RC}, \Delta f = \frac{1}{2\pi RC}$$

所求的比值为
$$\frac{f_m}{\Delta f} = R\sqrt{\frac{C}{L}} = 4.74 \times 10^3$$

(2) 对所给的数据，$L_1 C_1 = L_2 C_2$，电路 $L_1 C_1$ 和 $L_2 C_2$ 以相同的频率独立地振荡，它们的固有频率为
$$f = \frac{1}{2\pi\sqrt{LC}} = \frac{1}{2\pi\sqrt{L_1 C_1}} \approx 504 \text{ Hz}$$

(3) 这 2 个振荡电路是独立的，因而在支路 AB 中无正弦式电流流过，对直流电，线圈的电阻为零，所以直流电可在支路 AB 中流过。分别用 i_{C_1} 和 i_{C_2} 表示在时间 t_0 从电容 C_1 流到 A 的电流和从电容 C_2 流到 B 的电流，则有
$$i_{C_1} = C_1 \frac{\Delta U}{\Delta t}, i_{C_2} = C_2 \frac{\Delta U}{\Delta t}$$

因而 $i_{C_1} = \frac{C_1}{C_2} i_{C_2}$，即 $i_{C_1} = 2 i_{C_2}$，

根据基尔霍夫定律，对支点 A 和 B 有
$$i_{AB} = i_{01} + i_{C_1}; i_{AB} = -i_{02} - i_{C_2}$$

从后 3 个方程得到
$$i_{AB} = \frac{i_{01} - 2 i_{02}}{3} = 0.1 \text{ A}$$

(4) 用指标 r 表示由振荡器的振荡所形成的电流，则
$$i_{01r} = i_{01} - i_{AB} = 0.2 \text{ A}$$

根据在振荡器 $L_1 C_1$ 内能量守恒，有
$$L_1 \frac{i_{1\max}^2}{2} = L_1 \frac{i_{01r}^2}{2} + C_1 \frac{U_0^2}{2}$$

电流振幅为
$$i_{1\max} = \sqrt{i_{01r}^2 + \frac{C_1}{L_1} U_0^2} = 1.28 \text{ A}$$

22. 某实验需要获得输出电流很小的约 $900\sqrt{2}$ V 的直流电压，现在实验室只有一个初级 220 V、次级 300 V 的变压器和可供选择的电容器及晶体二极管，试绘出利用实验室照明电压获得此直流电压的电路图，并指出所用的电容器和二极管的最低耐压值。

【解析】利用右图的倍压整流电路可以从 A、F 两端得到 900 V 的直流电压。变压器次级线圈电压的有效值为 300 V。

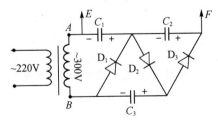

根据交流电的最大值和有效值的关系
$$U_{\max} = \sqrt{2} U_{AB}$$

从电路中次级线圈的电压对 C_1、C_2、C_3 充电的数值来看，C_1 承受的最大电压为

$$\sqrt{2}U_{AB} = 300\sqrt{2} \text{ V}$$

即它应有的最低耐压值为 $300\sqrt{2}$ V.

C_2 和 C_3 承受的最大电压为

$$2\sqrt{2}U_{AB} = 600\sqrt{2} \text{ V}$$

即它们应有的耐压值均为 $600\sqrt{2}$ V.

不难分析 D_1、D_2、D_3 每管承受的最低耐压值均为 $600\sqrt{2}$ V.

23. 如右图,二极管 D_1 和 D_2 都是理想的,两个直流电源 E_1 和 E_2 的电动势都是 $\varepsilon_0 = 1.5$,其内阻不计,自感线圈 L 的直流电阻不计. 最初,开关 S 断开,电容器的电压为 $U_{AB} = U_0(U_0 > 0)$,闭合 S,系统达到平衡后,电容器上的电压变为 $U'_{AB} = -1$ V,试求 U_0.

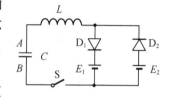

【解析】闭合 S 后电路可能发生振荡,最终稳定下来时,$-\varepsilon_0 < U_{AB} < \varepsilon_0$,即

$$-1.5 \text{ V} < U_{AB} < 1.5 \text{ V}$$

由于最初 $U_{AB} > U_0 > 0$,所以只可能是 D_1 导通,这样,则 $U_0 > \varepsilon_0 = 1.5$ V.

闭合 S 后由 C、L、D_1、E_1 组成的回路,电路可等效为一个 LC 振荡电路,并起振. 通过电感线圈电流和电感线圈两端的电压分别为:$i_{L_1} = 0$,$U_{L_1} = U_0 - \varepsilon_0$,如右图所示.

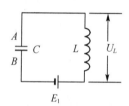

经过半个周期时

$$i_2 = 0, U_{L_2} = -U_{L_1} = -(U_0 - \varepsilon_0)$$

此时电容器两极板间的电压为

$$U'_{AB} = U_{L_2} + \varepsilon_0 = -(U_0 - 2\varepsilon_0)$$

可见半个周期后,电容器上的电压减小了 $2\varepsilon_0$. 进一步讨论:

(1) 若 $U_0 = 2\varepsilon_0$,则 $U'_{AB} = 0$,表明此时电容器刚好不带电,系统便达到最后的稳定状态.

(2) 若 $U_0 < 2\varepsilon_0$,则 $U'_{AB} > 0$,表明电容器的极性不发生变化,而仅仅是其带电量发生了变化. 由于 $U_0 > \varepsilon_0$,故得此时电压 $U'_{AB} = -(U_0 - 2\varepsilon_0) < \varepsilon_0$,这样,电路中不可能再产生电流,系统也就达到了最后的稳定状态.

(3) 若 $U_0 > 2\varepsilon_0$,则 $U'_{AB} < 0$,表明电容器的极性发生了变化,此时 B 板带正电,$U'_{BA} = -U_{AB} = U_0 - 2\varepsilon_0$. 这里又有以下两种可能:

① 若 $U'_{BA} = U_0 - 2\varepsilon_0 < \varepsilon_0$,电路至此已达到稳定状态.

② 若 $U'_{BA} = U_0 - 2\varepsilon_0 > \varepsilon_0$,导致二极管 D_2 导通而在电路中出现新一轮的振荡电流,其变化情况则和以上的分析是相同的.

根据以上分析看到,当 U_0 足够大时,回路中将出现电流的多次往复振荡而最后才达到稳定. 每半个周期,AB 板间的电压 U_{AB} 的大小就减小 $2\varepsilon_0$,符号改变 1 次,这样多次振荡使 U_{AB} 的大小减至区间 -1.5 V $< U_{AB} < 1.5$ V,达到最后的稳定状态.

由于题述 A、B 间电压最后为 $U'_{AB} = -1$ V,则依上分析可见,这一稳定状态的"最后半个周期的振荡"的起始电压有两个可能值:$+4$ V 和 -2 V,这两个值对应的 U_{AB} 的最初可能值分别可以为:

$+4$ V, -7 V, $+10$ V, -13 V,$\cdots$
-2 V, $+5$ V, -8 V, $+11$ V,$\cdots$

由于 U_0 为正值,故 U_{AB} 的最初值只能取

$+4$ V, $+10$ V, $+16$ V,$\cdots$ 和 $+5$ V, $+11$ V, $+17$ V,$\cdots$

即 $\qquad U_0 = (4+6n)$ V, $n=0,1,2,\cdots$

或 $\qquad U_0 = (5+6n)$ V, $n=0,1,2,\cdots$

【点评】结合以上的分析,本题也可根据振荡中能量转化的关系来求解.

对于电容器的一次放电 $\rightarrow$ 充电过程(即前述的半个振荡周期的过程),过程中仅有一个二极管导通,电流也只能从某一对应的电源中通过,且此电流方向与电源电动势方向相反,由此,振荡电路中的能量将有一部分被电源吸收(比如转化为化学能而储存于电源之内),这一吸收量为此过程中通过电源的电量 Q 与电源电动势 ε_0 的乘积.另一方面,又注意到此过程的初、末状态电路中的电流均为零,即振荡电路的 L 中不贮存能量,全部储存于电容中,设此过程初状态时电容器电压的大小为 U_1,末状态时电容器电压的大小为 U_2,则由电容器的储能公式知此过程中电容器储能的减少量为 $\frac{1}{2}CU_1^2 - \frac{1}{2}CU_2^2$,故应有

$$\frac{1}{2}CU_1^2 - \frac{1}{2}CU_2^2 = \varepsilon_0 Q \qquad (*)$$

(1) 对于系统达到最后稳定前的半个振荡周期,设电容器的极性发生了改变,则应有

$$Q = CU_1 + CU_2$$

代入(*)式有

$$U_1 - U_2 = 3 \text{ V}$$

对于 $U'_{AB} = -1$ V,则 U_{AB} 的初值 U_0 可取 $+4$ V, -7 V, $+10$ V, -13 V,$\cdots$

由于还有一条件 $U_0 > 0$,则 U_{AB} 的初值 U_0 只能为 $+4$ V, $+10$ V, $+16$ V,$\cdots$

即 $\qquad U_0 = (4+6n)$ V, $n=0,1,2,\cdots$

(2) 对于系统达到最后稳定前的半个振荡周期,设电容器的极性未发生变化,则应有

$$Q = CU_1 - CU_2$$

代入(*)式有

$$U_1 + U_2 = 3 \text{ V}$$

对于 $U'_{AB} = -1$ V,则 U_{AB} 的初值 U_0 可取 -1 V, -2 V, $+5$ V, -8 V, $+11$ V,$\cdots$

由于还有一条件 $U_0 > 0$,则 U_{AB} 的初值 U_0 只能为 $+5$ V, $+11$ V, $+17$ V,$\cdots$

或 $\qquad U_0 = (5+6n)$ V, $n=0,1,2,\cdots$

附录：数学基础

第1章 向量代数

§1.1 向量及其线性运算

1. 向量概念

向量：既有大小又有方向的量．

常用有向线段来表示向量，有向线段的长度表示向量的大小，有向线段的方向，表示向量的方向．

以 A 为起点，B 为终点的有向线段所表示的向量记为 $\overrightarrow{AB}$．

向量也可表示为：$a、b、c$ 或者 $\vec{a}、\vec{b}、\vec{c}$ 等．

自由向量：与起点无关的向量．

向量 $a = b \Leftrightarrow$ 大小相等，方向相同．

向量的模：向量的大小 $|\overrightarrow{AB}|$．

单位向量：模等于 1 的向量．

零向量：模等于 0 的向量，记作 $\mathbf{0}$，或者 $\vec{0}$，起点与终点重合，方向任意．

向量的平行：记为 $a \parallel b$，两个非零向量的方向相同或相反．零向量与任意向量平行．

向量的共线：可以平移到一条直线上的向量相互平行．

向量共面：可以平移到同一平面上的向量共面．

2. 向量的线性运算

(1) 向量的加法

设有向量 a 与 b，任取一点 A，作 $\overrightarrow{AB} = a$，再以 B 为终点，作 $\overrightarrow{BC} = b$，连接 AC，则 $\overrightarrow{AC} = c$，称为 a 与 b 的和，记作 $c = a + b$．

三角形法则　　平行四边形法则

加法的运算规律

① 交换律 $a + b = b + a$

② 结合律 $(a + b) + c = a + (b + c)$

(结合律示意图)　($s = a_1 + a_2 + a_3 + a_4 + a_5$ 示意图)

推广：任意有限个向量 $a_1, a_2, \cdots, a_n$ 的和可记为 $a_1 + a_2 + \cdots + a_n$．

由向量的三角形求和法则推广到**多边形法则**

即 $\overrightarrow{OA_n} = \overrightarrow{OA_1} + \overrightarrow{A_1A_2} + \cdots + \overrightarrow{A_{n-1}A_n}$（当 A_n 与 O 重合时，$\overrightarrow{OA_n} = \vec{0}$）

(2) 向量的减法

a 的负向量：与 a 的模相同，方向相反的向量．记作 $-a$．

$$a - b \stackrel{\Delta}{=} a + (-b)$$

式中"$\stackrel{\Delta}{=}$"表示"定义为"，也可用"$\stackrel{\text{def}}{=\!=}$"表示．

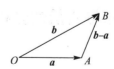 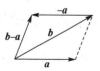

任给向量 AB 及点 O，有：
$$AB = AO + OB = OB - OA.$$

三角形原理：
$$|a + b| \leqslant |a| + |b| \qquad |a - b| \leqslant |a| + |b|$$

(3) 向量的数乘

向量 a 与实数 λ 的乘积记作 λa，规定 λa 是一个向量，

其模为：$|\lambda a| = \lambda |a|$.
其方向为：当 $\lambda > 0$ 时与 a 相同，
当 $\lambda < 0$ 时与 a 相反.
运算规律：
① 结合律：$\lambda(\mu a) = \mu(\lambda a) = (\lambda\mu)a$.
② 分配律：$(\lambda+\mu)a = \lambda a + \mu a$；$\lambda(a+b) = \lambda a + \lambda b$.
向量的线性运算：向量相加及数乘向量
(4) 两向量平行的充分必要条件
定理：设向量 $a \neq 0$，则向量 $b \parallel a \Leftrightarrow \exists \lambda \in \mathbf{R}$，使 $b = \lambda a$.
式中"$\exists$"表示"存在".
证明：充分性显然.
（必要性）设 $b \parallel a$.
取 $|\lambda| = |b|/|a|$，且规定：
b 与 a 同向时，$\lambda > 0$；b 与 a 反向时，$\lambda < 0$.
则有：$b = \lambda a$.
（唯一性）设 $b = \lambda a$, $b = \mu a$，则 $(\lambda - \mu)a = 0 \Rightarrow |\lambda - \mu||a| = 0$,
因 $|a| \neq 0 \Rightarrow \lambda = \mu$.
(5) 向量 a 的单位向量 e_a：
$$e_a = a/|a|.$$

例 1 在平行四边形 $ABCD$ 中，设 $AB = a$, $AD = b$. 试用 a 和 b 表示向量 MA, MB, MC, MD，这里 M 是平行四边形对角线的交点.

【解析】$MA = -(1/2)AC = -(a+b)/2$；
$MC = -MA = (a+b)/2$；
$MB = (1/2)DB = (a-b)/2$；
$MD = -MB = (b-a)/2$.

§1.2 点的坐标与向量的坐标

1. 空间直角坐标系

坐标轴：x 轴（横轴），y 轴（纵轴），z 轴（竖轴）
以 O 为原点，两两垂直. 三轴的单位向量依次为 i, j, k.
构成空间直角坐标系 $Oxyz$ 或 $[O, i, j, k]$，正向符合右手规则.
坐标面：任意两条坐标轴确定的平面.

xOy 平面；xOz 平面；yOz 平面.
卦限：坐标平面将空间划分的每一个部分称为一个卦限.

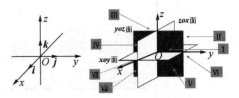

向量的坐标分量式：给定向量 r，对应点 M，使 $OM = r$.

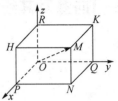

则 $r = OM = OP + PN + NM = OP + OQ + OR$.
设 $OP = xi$；$OQ = yj$；$OR = zk$,
则 $r = OM = xi + yj + zk$. 称为 r 的坐标分量式.
空间点 M，向量 $r = OM$ 与有序数组 (x, y, z) 一一对应
$M \leftrightarrow r = OM = xi + yj + zk \leftrightarrow (x, y, z)$
称 (x, y, z) 为点 M 的坐标. 记为 $M(x, y, z)$.
向径：向量 OM 称为点 M 关于原点 O 的**向径**.
点与此点的向径有相同的坐标. (x, y, z) 既表示点 M，又表示向量 OM.

2. 利用坐标作向量的运算

设 $a = (a_x, a_y, a_z)$, $b = (b_x, b_y, b_z) \Rightarrow a = a_x i + a_y j + a_z k$, $b = b_x i + b_y j + b_z k$, 则
$a + b = (a_x + b_x)i + (a_y + b_y)j + (a_z + b_z)k$
$a - b = (a_x - b_x)i + (a_y - b_y)j + (a_z - b_z)k$
$\lambda a = (\lambda a_x)i + (\lambda a_y)j + (\lambda a_z)k$
向量平行的充分必要条件：
设 $a = (a_x, a_y, a_z) \neq 0$, $b = (b_x, b_y, b_z)$,
$b \parallel a \Leftrightarrow b = \lambda a \Leftrightarrow (b_x, b_y, b_z) = \lambda(a_x, a_y, a_z)$
$\Leftrightarrow \dfrac{b_x}{a_x} = \dfrac{b_y}{a_y} = \dfrac{b_z}{a_z} = \lambda$

3. 向量的模、两点间的距离

(1) 向量的模
设向量 $r = (x, y, z)$，作 $OM = r$，则
$r = OM = OP + OQ + OR$
$|r| = |OM| = \sqrt{|OP|^2 + |OQ|^2 + |OR|^2}$

$OP = xi$, $OQ = yj$, $OR = zk$
$|OP| = |x|$, $|OQ| = |y|$, $|OR| = |z|$
$|r| = \sqrt{x^2 + y^2 + z^2}$

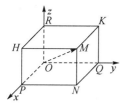

(2) 两点间的距离公式

设有点 $A(x_1, y_1, z_1)$、点 $B(x_2, y_2, z_2)$，则
$AB = OB - OA = (x_2, y_2, z_2) - (x_1, y_1, z_1)$
$= (x_2 - x_1, y_2 - y_1, z_2 - z_1)$

点 A 和点 B 之间的距离 $|AB|$ 为：
$|AB| = \sqrt{(x_2 - x_1)^2 + (y_2 - y_1)^2 + (z_2 - z_1)^2}$

4. 定比分点

对于有向线段 P_1P_2（P_1、P_2 不重合），如果点 P 满足 $P_1P = \lambda PP_2 (\lambda \neq -1)$，我们就称点 P 为有向线段 P_1P_2 的 λ 分点.

说明：(1) $\lambda \neq -1$ 使得 P_1、P_2 不重合；

(2) 若 $\lambda > 0$，则 P_1P 与 PP_2 同向，P 为 P_1P_2 内部的点；

(3) 若 $\lambda < 0$，则 P_1P 与 PP_2 反向，P 为 P_1P_2 外部的点.

且若 $\lambda < -1$，则 P 点在 P_2 右侧；

若 $-1 < \lambda < 0$，则 P 点在 P_1 左侧.

例 2 已知点 $A(x_1, y_1, z_1)$、点 $B(x_2, y_2, z_2)$ 和实数 $\lambda \neq -1$，在直线 AB 上求点 M，使 $AM = \lambda MB$.

【解析】$AM = OM - OA$, $MB = OB - OM$,
$OM - OA = \lambda(OB - OM)$

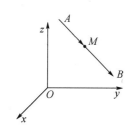

$OM = \frac{1}{1+\lambda}(OA + \lambda OB)$
$= \frac{1}{1+\lambda}[(x_1, y_1, z_1) + \lambda(x_2, y_2, z_2)]$

$OM = \left(\frac{x_1 + \lambda x_2}{1+\lambda}, \frac{y_1 + \lambda y_2}{1+\lambda}, \frac{z_1 + \lambda z_2}{1+\lambda}\right)$

此为点 M 的坐标，也即定比分点公式.

当 $\lambda = 1$ 时，为中点公式.

例 3 求证：以 $M_1(4,3,1)$、$M_2(7,1,2)$、$M_3(5,2,3)$ 三点为顶点的三角形是一个等腰三角形.

【解析】
$|M_1M_2|^2 = (7-4)^2 + (1-3)^2 + (2-1)^2 = 14$;
$|M_2M_3|^2 = (5-7)^2 + (2-1)^2 + (3-2)^2 = 6$;
$|M_1M_3|^2 = (5-4)^2 + (2-3)^2 + (3-1)^2 = 6$.

例 4 在 z 轴上求与两点 $A(-4,1,7)$、$B(3,5,-2)$ 等距离的点.

【解析】设所求点的坐标为 $M(0,0,z)$，则有：
$|AM|^2 = |BM|^2$
$\Rightarrow (0+4)^2 + (0-1)^2 + (z-7)^2$
$= (0-3)^2 + (0-5)^2 + (z+2)^2$,
$\Rightarrow z = 14/9$

所求点 M 为 $(0, 0, 14/9)$.

例 5 求点 $A(a, b, c)$ 关于 (1) 各坐标轴；(2) 各坐标面；(3) 坐标原点对称的点的坐标.

【解析】(1) 关于 x 轴：$(a, -b, -c)$；
关于 y 轴：$(-a, b, -c)$；
关于 z 轴：$(-a, -b, c)$；

(2) 关于 xOy 面：$(a, b, -c)$；
关于 xOz 面：$(a, -b, c)$；
关于 yOz 面：$(-a, b, c)$；

(3) 关于坐标原点：$(-a, -b, -c)$.

例 6 已知两点 $A(4, 0, 5)$ 和点 $B(7, 1, 3)$，求与 AB 方向相同的单位向量.

【解析】$AB = OB - OA = (7,1,3) - (4,0,5)$
$= (3, 1, -2)$,
$|AB| = \sqrt{3^2 + 1^2 + (-2)^2} = \sqrt{14}$,
$e_{AB} = \frac{AB}{|AB|} = \frac{1}{\sqrt{14}}(3, 1, -2)$.

§1.3 向量的方向余弦及投影

1. 方向角与方向余弦

(1) 两向量的夹角：

设有非零向量 a, b，任取一点 O，作 $OA = a, OB = b$.

称不超过 π 的角 $\varphi = \angle AOB$ 为向量 a, b 的夹角，记为 $(\hat{a, b})$ 或 $(\hat{b, a})$.

(2) 向量的方向角

非零向量 $r = OM$ 与三条坐标轴的夹角 α, β, γ ($0 \leq \alpha, \beta, \gamma \leq \pi$) 称为向量 r 的方向角.

(3) 向量的方向余弦

设 $r = (x, y, z)$，由图可知，$OP = xi$，

$$\Rightarrow \cos\alpha = \frac{x}{|OM|} = \frac{x}{|r|}$$

同理：$\cos\beta = \frac{y}{|r|}$；$\cos\gamma = \frac{z}{|r|}$

$$(\cos\alpha, \cos\beta, \cos\gamma) = \left(\frac{x}{|r|}, \frac{y}{|r|}, \frac{z}{|r|}\right)$$

$$= \frac{1}{|r|}(x, y, z) = \frac{r}{|r|} = e_r$$

$\cos\alpha, \cos\beta, \cos\gamma$ 叫做 r 的方向余弦.

$$|r| = \sqrt{x^2 + y^2 + z^2}$$

$$\cos\alpha = \frac{x}{\sqrt{x^2 + y^2 + z^2}}$$

$$\cos\beta = \frac{y}{\sqrt{x^2 + y^2 + z^2}}$$

$$\cos\gamma = \frac{z}{\sqrt{x^2 + y^2 + z^2}}$$

性质：$\cos^2\alpha + \cos^2\beta + \cos^2\gamma = 1$

例7 已知两点 $M_1(2, 2, \sqrt{2})$ 和 $M_2(1, 3, 0)$，求向量 M_1M_2 的模、方向余弦和方向角.

【解析】$M_1M_2 = (1-2, 3-2, 0-\sqrt{2})$
$= (-1, 1, -\sqrt{2})$.

$|M_1M_2| = \sqrt{(-1)^2 + 1^2 + (-\sqrt{2})^2} = 2$

$\cos\alpha = -1/2, \cos\beta = 1/2, \cos\gamma = -\sqrt{2}/2$

$\alpha = 2\pi/3, \beta = \pi/3, \gamma = 3\pi/4$

例8 设点 A 位于第 I 卦限，向量 OA 与 x 轴、y 轴的夹角依次为 $\pi/3$ 和 $\pi/4$，且 $|OA| = 6$，求点 A 的坐标.

【解析】$\alpha = \pi/3$；$\beta = \pi/4$

由 $\cos^2\alpha + \cos^2\beta + \cos^2\gamma = 1 \Rightarrow \cos^2\gamma = 1/4$.

又因为点 A 在第 I 卦限，所以 $\cos\gamma = 1/2$.

$OA = |OA| e_{OA} = 6 \times \left(\frac{1}{2}, \frac{\sqrt{2}}{2}, \frac{1}{2}\right) = (3, 3\sqrt{2}, 3)$，此为点 A 的坐标.

2. 向量在轴上的投影

设点 O 及单位向量 e 确定轴 u（相当于坐标轴）.

给定向量 r，作 $r = OM$，过点 M 作与轴 u 垂直的平面交轴 u 于点 M'，则点 M' 称为点 M 在轴 u 上的投影.

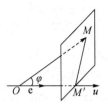

向量 OM' 称为向量 r 在轴 u 上的投影，记为 $Prj_u r$ 或 $(r)_u$.

由此向量 a 在坐标系 $Oxyz$ 中的坐标 a_x, a_y, a_z 为 a 在三条坐标轴上的投影. 即有：

$a_x = Prj_x a, a_y = Prj_y a, a_z = Prj_z a$，

或 $a_x = (a)_x, a_y = (a)_y, a_z = (a)_z$

向量投影的性质：向量的投影具有与向量坐标相同的性质.

性质1：$(a)_u = |a|\cos\varphi$（或 $Prj_u a = |a|\cos\varphi$），其中 φ 为 a 与轴 u 的夹角

性质2：$(a+b)_u = (a)_u + (b)_u$
[或 $Prj_u(a+b) = Prj_u a + Prj_u b$]

$Prj_u(a_1 + a_2 + \cdots + a_n) = Prj_u a_1 + Prj_u a_2 + \cdots + Prj_u a_n$

性质3：$(\lambda a)_u = \lambda(a)_u$ [或 $Prj_u(\lambda a) = \lambda Prj_u a$]

例9 设向量 $a = (4, -3, 2)$，又轴 u 的正向与三条坐标轴的正向构成相等的锐角，试求：

(1) 向量 a 在 u 轴上的投影；

(2) 向量 a 与 u 轴的夹角 θ.

【解析】设 e_u 的方向余弦为 $\cos\alpha, \cos\beta, \cos\gamma$. 则由题意有：$0 < \alpha = \beta = \gamma < \pi/2$.

由 $\cos^2\alpha + \cos^2\beta + \cos^2\gamma = 1$，得：$\cos\alpha = \cos\beta = \cos\gamma = \sqrt{3}/3$.

$e_u = \sqrt{3}/3 \, i + \sqrt{3}/3 \, j + \sqrt{3}/3 \, k$.

$a = 4i - 3j + 2k$.

$Prj_u a = Prj_u(4i) + Prj_u(-3j) + Prj_u(2k)$
$= 4 Prj_u i - 3 Prj_u j + 2 Prj_u k$
$= 4 \cdot \sqrt{3}/3 - 3 \cdot \sqrt{3}/3 + 2 \cdot \sqrt{3}/3 = \sqrt{3}$.

由于 $Prj_u a = |a|\cos\theta = \sqrt{29}\cos\theta = \sqrt{3}$，

所以 $\theta = \arccos\sqrt{3}/\sqrt{29}$.

例 10 设立方体的一条对角线为 OM，一条棱为 OA，且 $|OA|=a$，求 OA 在 OM 上的投影 $\text{Prj}_{OM}OA$.

【解析】设 $\varphi = \angle MOA$，

则 $\cos\varphi = \dfrac{|OA|}{|OM|} = \dfrac{1}{\sqrt{3}}$，

所以 $\text{Prj}_{OM}OA = |OA|\cdot\cos\varphi = \dfrac{a}{\sqrt{3}}$.

§1.4 向量的积

1. 两向量的数量积

(1) 向量 a，b 的数量积：$a\cdot b \overset{\Delta}{=} |a||b|\cos\theta$
$[\theta = (a\wedge b)]$

当 $a\ne 0$ 时，$|a||b|\cos\theta = |b|\cos(a\wedge b) = \text{Prj}_a b \Rightarrow a\cdot b = |a|\text{Prj}_a b\ (a\ne 0)$

同理 $a\cdot b = |b|\text{Prj}_b a\ (b\ne 0)$

性质：

① $a\cdot a = |a|^2$

② $a\cdot b = 0 \Leftrightarrow a\perp b$

(2) 运算规律

① 交换律：$a\cdot b = b\cdot a$

② 分配律：$(a+b)\cdot c = a\cdot c + b\cdot c$

③ 结合律：$(\lambda a)\cdot b = \lambda(a\cdot b) = a\cdot(\lambda b)$
$(\lambda a)\cdot(\mu b) = \lambda[a\cdot(\mu b)] = \lambda[\mu(a\cdot b)] = \lambda\mu(a\cdot b)$

证明：① $a\cdot b = |a||b|\cos\theta$；
$b\cdot a = |a||b|\cos\theta; a\cdot b = b\cdot a$

② 当 $c=0$ 时，显然成立.

当 $c\ne 0$ 时，

$(a+b)\cdot c = |c|\text{Prj}_c(a+b)$
$= |c|(\text{Prj}_c a + \text{Prj}_c b)$
$= |c|\text{Prj}_c a + |c|\text{Prj}_c b$
$= a\cdot c + b\cdot c$

③ 当 $b=0$ 时，结论成立；

当 $b\ne 0$ 时，

$(\lambda a)\cdot b = |b|\text{Prj}_b(\lambda a) = |b|\cdot\lambda\text{Prj}_b a$
$= \lambda|b|\text{Prj}_b a = \lambda(a\cdot b) = a\cdot(\lambda b)$

$(\lambda a)\cdot(\mu b) = \lambda[a\cdot(\mu b)] = \lambda[\mu(a\cdot b)]$
$= \lambda\mu(a\cdot b)$

例 11 试用向量证明三角形的余弦定理.

证明：设在 $\triangle ABC$ 中，$\angle BCA = \theta$，$|CB| = a$，$|CA| = b$，$|AB| = c$.

$CB = a, CA = b, AB = c \Rightarrow c = a - b$

$\Rightarrow c^2 = |c|^2 = c\cdot c = (a-b)\cdot(a-b)$
$= a\cdot a + b\cdot b - 2a\cdot b$

$\Rightarrow c^2 = |a|^2 + |b|^2 - 2|a||b|\cos\theta$
$= a^2 + b^2 - 2ab\cos\theta$

(3) 数量积的坐标表达式

设 $a = a_x i + a_y j + a_z k$，$b = b_x i + b_y j + b_z k$，

则 $a\cdot b = (a_x i + a_y j + a_z k)(b_x i + b_y j + b_z k) = a_x b_x + a_y b_y + a_z b_z$，

从而 $\cos\theta = \dfrac{a\cdot b}{|a||b|} = \dfrac{a_x b_x + a_y b_y + a_z b_z}{\sqrt{a_x^2 + a_y^2 + a_z^2}\cdot\sqrt{b_x^2 + b_y^2 + b_z^2}}$

例 12 已知三点 $M(1,1,1)$、$A(2,2,1)$ 和 $B(2,1,2)$，求 $\angle AMB$.

【解析】作向量 MA，MB，$\angle AMB$ 为 MA 与 MB 的夹角.

$MA = (2,2,1) - (1,1,1) = (1,1,0)$；

$MB = (2,1,2) - (1,1,1) = (1,0,1)$；

$MA\cdot MB = 1\times 1 + 1\times 0 + 0\times 1 = 1$；

$|MA| = \sqrt{2}$；$|MB| = \sqrt{2}$；

$\cos\angle AMB = \dfrac{1}{2} \Rightarrow \angle AMB = \pi/3$.

例 13 已知 a，b，c 两两垂直，且 $|a|=1$，$|b|=2$，$|c|=3$，求 $s = a+b+c$ 的长度及它和 a，b，c 的夹角.

【解析】

$|s|^2 = s\cdot s = (a+b+c)\cdot(a+b+c)$
$= a\cdot a + b\cdot b + c\cdot c + 2a\cdot b + 2b\cdot c + 2a\cdot c$

由 $a\cdot a = |a|^2 = 1$，$b\cdot b = |b|^2 = 4$，

$c\cdot c = |c|^2 = 9; a\cdot b = b\cdot c = a\cdot c = 0$

$\Rightarrow |s|^2 = 14 \Rightarrow |s| = \sqrt{14}$

$$\cos(s \cdot a) = \frac{s \cdot a}{|s||a|} = \frac{(a+b+c) \cdot a}{\sqrt{14}}$$
$$= \frac{a \cdot a}{\sqrt{14}} = 1/\sqrt{14}.$$
$$\Rightarrow (s \wedge a) = \arccos(1/\sqrt{14});$$

同理:$(s \wedge b) = (s \wedge c) = \arccos(1/\sqrt{14}).$

例 14 设 a,b,c 为单位向量,且满足 $a+b+c=0$,求 $a \cdot b + b \cdot c + c \cdot a$.

【解析】$(a+b+c) \cdot a = a^2 + b \cdot a + c \cdot a$
$$= 1 + a \cdot b + c \cdot a;$$
$(a+b+c) \cdot b = a \cdot b + b^2 + c \cdot b$
$$= 1 + a \cdot b + b \cdot c;$$
$(a+b+c) \cdot c = a \cdot c + b \cdot c + c^2$
$$= 1 + c \cdot a + b \cdot c;$$

三式相加:
$$\Rightarrow 3 + 2(a \cdot b + b \cdot c + c \cdot a)$$
$$= (a+b+c) \cdot (a+b+c) = 0$$
$$\Rightarrow a \cdot b + b \cdot c + c \cdot a = -3/2.$$

例 15 利用向量证明不等式:
$$\sqrt{a_1^2 + a_2^2 + a_3^2} \cdot \sqrt{b_1^2 + b_2^2 + b_3^2} \geq |a_1 b_1 + a_2 b_2 + a_3 b_3|$$

其中 $a_1, a_2, a_3, b_1, b_2, b_3$ 为任意常数,并指出等号成立的条件.

证明:设 $a = (a_1, a_2, a_3)$,$b = (b_1, b_2, b_3)$,
$$\cos(a \wedge b) = \frac{a \cdot b}{|a||b|} = \frac{a_1 b_1 + a_2 b_2 + a_3 b_3}{\sqrt{a_1^2 + a_2^2 + a_3^2} \cdot \sqrt{b_1^2 + b_2^2 + b_3^2}}$$
$$\sqrt{a_1^2 + a_2^2 + a_3^2} \cdot \sqrt{b_1^2 + b_2^2 + b_3^2} \geq |a_1 b_1 + a_2 b_2 + a_3 b_3|$$

等号"="成立 $\Leftrightarrow a // b$

例 16 有一个 $\triangle ABC$ 和一个圆,三角形边长 $BC = a$,$CA = b$,$AB = c$,圆的中心为 A,半径为 r. 引圆的直径 PQ,试求当 $BP \cdot CQ$ 取得最大、最小值时 PQ 的方向,并用 a, b, c, r 表示 $BP \cdot CQ$ 的最大值、最小值.

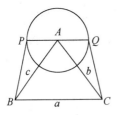

【解析】$AQ = -AP$,$|AP| = |AQ| = r$,
$AB \cdot AC = |AB||AC| \cos \angle BAC$
$$= bc[(b^2 + c^2 - a^2)/2bc]$$
$$= (b^2 + c^2 - a^2)/2$$
$BP \cdot CQ = (AP - AB) \cdot (AQ - AC)$
$$= (AP - AB) \cdot (-AP - AC)$$
$$= -|AP|^2 + (AB - AC) \cdot AP + AB \cdot AC$$
$$= (b^2 + c^2 - a^2)/2 - r^2 + CB \cdot AP$$
$$= (b^2 + c^2 - a^2)/2 - r^2 + BC \cdot PA$$

当 $BC \cdot PA$ 最大(小)时,$BP \cdot CQ$ 最大(小).
当 BC 与 PA 同向即 PQ 与 BC 同向时,
$BC \cdot PA$ 最大,其最大值是 ar;
当 BC 与 PA 反向即 PQ 与 BC 反向时,
$BC \cdot PA$ 最小,其最小值是 $-ar$.
当 PQ 与 BC 同向时,$\max\{BP \cdot CQ\} = (b^2 + c^2 - a^2)/2 - r^2 + ar$;
当 PQ 与 BC 反向时,$\min\{BP \cdot CQ\} = (b^2 + c^2 - a^2)/2 - r^2 - ar$.

2. 两向量的向量积

(1) 定义:$a \times b = c$,c 称为 a 与 b 的向量积. 其中,

① $|c| = |a||b|\sin\varphi$,$\varphi = (a \wedge b)$

② c 的方向垂直于 a, b 所决定的平面,其指向按右手从 a 转向 b 确定

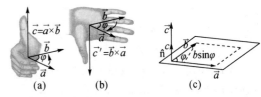

性质:由定义可得:

① $a \times a = 0$

② $a // b \Leftrightarrow a \times b = 0$

几何意义:$|a \times b|$ 是以 a, b 为边的平行四边形的面积.

(2) 运算律

① $a \times b = -b \times a$

② 分配律:$(a+b) \times c = a \times c + b \times c$
$$c \times (a+b) = c \times a + c \times b$$

③ 结合律:$(\lambda a) \times b = a \times (\lambda b) = \lambda(a \times b)$

(3) 向量积的坐标表达式

设 $a = a_x i + a_y j + a_z k$,$b = b_x i + b_y j + b_z k$

则:
$a \times b = (a_x i + a_y j + a_z k) \times (b_x i + b_y j + b_z k)$
$$= (a_y b_z - a_z b_y)i + (a_z b_x - a_x b_z)j + (a_x b_y - a_y b_x)k$$

$$a \times b = \begin{vmatrix} a_y & a_z \\ b_y & b_z \end{vmatrix} i - \begin{vmatrix} a_x & a_z \\ b_x & b_z \end{vmatrix} j + \begin{vmatrix} a_x & a_y \\ b_x & b_y \end{vmatrix} k$$

$$= \begin{vmatrix} i & j & k \\ a_x & a_y & a_z \\ b_x & b_y & b_z \end{vmatrix}$$

例 17 设 $a=(2,1,-1)$, $b=(1,-1,2)$, 计算 $a\times b$.

【解析】
$$a\times b=\begin{vmatrix} i & j & k \\ 2 & 1 & -1 \\ 1 & -1 & 2 \end{vmatrix}$$
$$=\begin{vmatrix} 1 & -1 \\ -1 & 2 \end{vmatrix}i-\begin{vmatrix} 2 & -1 \\ 1 & 2 \end{vmatrix}j+\begin{vmatrix} 2 & 1 \\ 1 & -1 \end{vmatrix}k$$
$$=i-5j-3k.$$

例 18 已知 $\triangle ABC$ 的顶点分别是 $A(1,2,3)$、$B(3,4,5)$ 和 $C(2,4,7)$,求 $\triangle ABC$ 的面积.

【解析】$S_{\triangle ABC}=\dfrac{1}{2}|AB|\cdot|AC|\cdot\sin\angle A$
$$=\dfrac{1}{2}|AB\times AC|$$
$AB=(3,4,5)-(1,2,3)=(2,2,2)$,
$AC=(2,4,7)-(1,2,3)=(1,2,4)$.
$$S_{\triangle ABC}=\dfrac{1}{2}|AB\times AC|=\begin{vmatrix} i & j & k \\ 2 & 2 & 2 \\ 1 & 2 & 4 \end{vmatrix}$$
$$=\begin{vmatrix} 2 & 2 \\ 2 & 4 \end{vmatrix}i-\begin{vmatrix} 2 & 2 \\ 1 & 4 \end{vmatrix}j+\begin{vmatrix} 2 & 2 \\ 1 & 2 \end{vmatrix}k$$
$$=4i-6j+2k.$$

例 19 利用向量积证明三角形的正弦定理.

证明: 如图,$S_{\triangle ABC}=1/2|a\times b|=1/2|b\times c|$
$$=1/2|c\times a|$$
$|a||b|\sin C=|b||c|\sin A=|c||a|\sin B$

例 20 已知 $M_1(1,-1,2)$, $M_2(3,3,1)$, $M_3(3,1,3)$,求与 M_1M_2, M_2M_3 同时垂直的单位向量.

【解析】$M_1M_2=(3,3,1)-(1,-1,2)=(2,4,-1)$, $M_2M_3=(3,1,3)-(3,3,1)=(0,-2,2)$;

与 M_1M_2, M_2M_3 同时垂直的一个向量为:
$$a=M_1M_2\times M_2M_3=\begin{vmatrix} i & j & k \\ 2 & 4 & -1 \\ 0 & -2 & 2 \end{vmatrix}$$
$$=\begin{vmatrix} 4 & -1 \\ -2 & 2 \end{vmatrix}i-\begin{vmatrix} 2 & -1 \\ 0 & 2 \end{vmatrix}j+\begin{vmatrix} 2 & 4 \\ 0 & -2 \end{vmatrix}k$$
$$=6i-4j-4k.$$

$|a|=\sqrt{6^2+(-4)^2+(-4)^2}=2\sqrt{17}$,
$a=\pm\dfrac{1}{\sqrt{17}}(3i-2j-2k)$.

3. 向量的混合积

我们把形如 $d\cdot(a\times b)$ 的运算称为混合积,可以证明:
$$d\cdot(a\times b)=(d_x i+d_y j+d_z k)\cdot\begin{vmatrix} i & j & k \\ a_x & a_y & a_z \\ b_x & b_y & b_z \end{vmatrix}$$
$$=\begin{vmatrix} d_x & d_y & d_z \\ a_x & a_y & a_z \\ b_x & b_y & b_z \end{vmatrix}$$
$$d\cdot(a\times b)=(|a||b|\sin\varphi)(|d|\cos\theta)$$

这个式子实际上等于如图所示的底面积为 $|a||b|\sin\varphi$,高为 $|d|\cos\theta$ 的立体图形的体积.

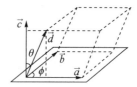

$$d\cdot(a\cdot b)=a\cdot(b\times d)=b\cdot(d\times a)$$

下面我们利用向量的混合积来证明外积的分配律.

设 r 为空间任意矢量
$$r\cdot[a\times(b+c)]=(r\times a)\cdot(b+c)$$
$$=(r\times a)\cdot b+(r\times a)\cdot c$$
$$=r\cdot(a\times b)+r\cdot(a\times c)$$
$$=r\cdot(a\times b+a\times c)$$

移项,再利用数积分配律,得
$$r\cdot[a\times(b+c)-(a\times b+a\times c)]=0$$

这说明矢量 $a\times(b+c)-(a\times b+a\times c)$ 垂直于任意矢量,这个矢量必为零矢量,即
$$a\times(b+c)-(a\times b+a\times c)=0$$

所以有
$$a\times(b+c)=(a\times b+a\times c)$$

4. 向量的双叉乘

我们把形如 $a\times(a\times b)$ 的运算称为双叉乘,应用向量的分量式,可以证明:
$$a\times(b\times c)=(a\cdot c)b-(a\cdot b)c$$
$$(a\times b)\times c=(a\cdot c)b-(b\cdot c)a$$

可能看出,叉乘不满足结合律,$a\times(b\times c)\neq(a\times b)\times c$.

第2章 函数与极限

§2.1 函 数

1. 函数的定义

设 x 和 y 是两个变量，D 是一个给定的数集，如果对于给定的每个数 $x \in D$，变量 y 按照一定法则总有确定的数值和它对应，则称 y 是 x 的函数，记作 $y = f(x)$，数集 D 叫做这个函数的定义域，x 叫做自变量，y 叫做因变量。y 的取值范围叫函数的值域。求定义域，要考虑以下原则：(1) 分母不为零；(2) $\sqrt{x}$，$x \geqslant 0$；(3) $\ln x$，$x > 0$；(4) $\arcsin x$，$\arccos x$，$-1 \leqslant x \leqslant 1$；(5) 同时含有上述四项时，要求使各部分都成立的交集。

例 1 求 $y = \sqrt{4-x^2} + \ln(x^2-1)$ 的定义域。

【解析】 $4 - x^2 \geqslant 0$ 且 $x^2 - 1 > 0$，
$-2 \leqslant x \leqslant 2$ 且 $x < -1$ 或 $x > 1$，
∴ 定义域为 $[-2, -1) \cup (-1, 2]$。

2. 分段函数

用两个或两个以上表达式表达的函数关系叫分段函数，如：

$$f(x) = \begin{cases} x+1, & x \geqslant 1 \\ x-1, & x < 1 \end{cases}$$

$x = 1$ 称为分段点。

3. 复合函数

若 $y = f(u)$，$u = \varphi(x)$，当 $\varphi(x)$ 的值域落在 $f(u)$ 的定义域内时，称 $y = f[\varphi(x)]$ 是由中间变量 u 复合成的复合函数。

例 2 $y = \sqrt{u}$，$u = 2 + \sin x$ 可复合成 $y = \sqrt{2 + \sin x}$。

注意： $y = \sqrt{u}$，$u = \sin x - 2$ 不能复合。

例 3 $y = \arctan 2^{\sqrt{x}}$ 可以看作是 $y = \arctan u$，$u = 2^v$，$v = \sqrt{x}$ 复合成的复合函数。

4. 反函数

设函数的定义域为 D_f，值域为 V_f，对于任意 $y \in V_f$，在 D_f 上至少可以确定一个 x 与 y 对应，且满足 $y = f(x)$。如果把 y 看作自变量，x 看作因变量，就可以得到一个新的函数：$x = f^{-1}(y)$，我们称这个新的函数 $x = f^{-1}(y)$ 为函数 $y = f(x)$ 的反函数，而把函数 $y = f(x)$ 称为直接函数。

直接函数 $y = f(x)$ 是单值函数（每个 x 只对应一个 y），但是其反函数却不一定是单值的。例如，$y = f(x) = x^2$ 的定义域为 $D_f = \mathbf{R}$，值域 $V_f = [0, +\infty)$。任取非零的 $y \in V_f$，则适合 $y = x^2$ 的 x 的数值有两个：$x_1 = \sqrt{y}$，$x_2 = -\sqrt{y}$。所以，直接函数 $y = x^2$ 的反函数 $x = f^{-1}(y)$ 是多值函数（每个 x 所对应的 y 不总是唯一，其实不满足函数定义）：$x = \pm\sqrt{y}$。如果把 x 限制在区间 $[0, +\infty)$ 上，则直接函数 $y = x^2$，$x \in [0, +\infty)$ 的反函数 $x = \sqrt{y}$ 是单值的，并称 $x = \sqrt{y}$ 为直接函数 $y = x^2$ 的反函数的一个单值分支。显然，反函数的另一个单值分支为 $x = -\sqrt{y}$。一个函数若有反函数，则有恒等式 $f^{-1}[f(x)] \equiv x$，$x \in D_f$。相应地，$f[f^{-1}(y)] \equiv y$，$y \in V_f$。例如，直接函数 $y = f(x) = \dfrac{3}{4}x + 3$，$x \in \mathbf{R}$ 的反函数为

$$x = f^{-1}(y) = \frac{4}{3}(y-3), \quad y \in \mathbf{R}$$

并且有 $f^{-1}[f(x)] = \dfrac{4}{3}\left[\left(\dfrac{3}{4}x + 3\right) - 3\right] \equiv x$

$f[f^{-1}(y)] = \dfrac{3}{4}\left[\dfrac{4}{3}(y-3)\right] + 3 \equiv y$。

由于习惯上 x 表示自变量，y 表示因变量，于是我们约定 $y = f^{-1}(x)$ 也是直接函数 $y = f(x)$ 的反函数。反函数 $x = f^{-1}(y)$ 与 $y = f^{-1}(x)$，这两种形式都会用到。应当说明的是，函数 $y = f(x)$ 与它的反函数 $x = f^{-1}(y)$ 具有相同的图形，而直接函数 $y = f(x)$ 与反函数 $y = f^{-1}(x)$ 的图形是关于直线 $y = x$ 对称的。

5. 函数的性质

(1) 有界性：若有正数 M 存在，使函数 $f(x)$ 在区间 I 上恒有 $|f(x)| \leqslant M$，则称 $f(x)$ 在区间 I 上是有

界函数;否则,$f(x)$在区间I上是无界函数.如果存在常数M(不一定局限于正数),使函数$f(x)$在区间I上恒有$f(x) \leqslant M$,则称$f(x)$在区间I上有上界,并且任意一个$N \geqslant M$的数N都是$f(x)$在区间上的一个上界;如果存在常数m,使$f(x)$在区间I上恒有$f(x) \geqslant m$,则称$f(x)$在区间I上有下界,并且任意一个$l \leqslant m$的数l都是$f(x)$在区间I上的一个下界. 显然,函数$f(x)$在区间I上有界的充分必要条件是$f(x)$在区间I上既有上界又有下界.

(2) 单调性:设函数$f(x)$在区间I上的任意两点$x_1 < x_2$,都有$f(x_1) < f(x_2)$(或$f(x_1) > f(x_2)$),则称$y = f(x)$在区间I上为严格单调增(或严格单调减少)的函数. 如果函数$f(x)$在区间I上的任意两点$x_1 < x_2$,都有$f(x_1) \leqslant f(x_2)$(或$f(x_1) \geqslant f(x_2)$),则称$y = f(x)$在区间I上为广义单调增加(或广义单调减少)的函数. 广义单调增加的函数,通常简称为单调增加的函数或非减函数;广义单调减少的函数则简称为单调减少的函数或非增函数. 例如,函数$y = x^2$在区间$(-\infty, 0)$内是严格单调减少的;在区间$(0, +\infty)$内是严格单调增加的. 而函数$y = x$、$y = x^3$在区间$(-\infty, +\infty)$内都是严格单调增加的.

(3) 奇偶性:若函数$f(x)$在关于原点对称的区间I上满足$f(-x) = f(x)$(或$f(-x) = -f(x)$)则称$f(x)$为偶函数(或奇函数). 偶函数的图形是关于y轴对称的;奇函数的图形是关于原点对称的. 例如,$f(x) = x^2$、$g(x) = x\sin x$在定义区间上都是偶函数,而$f(x) = x$、$g(x) = x\cos x$在定义区间上都是奇函数.

(4) 周期性:对于函数$y = f(x)$,如果存在一个非零常数T,对一切的x均有$f(x+T) = f(x)$,则称函数$f(x)$为周期函数,并把T称为$f(x)$的周期. 应当指出的是,通常讲的周期函数的周期是指最小的正周期. 对三角函数而言,$y = \sin x$、$y = \cos x$都是以2π为周期的周期函数,而$y = \tan x$、$y = \cot x$则是以π为周期的周期函数. 关于函数的性质,除了有界性与无界性之外,单调性、奇偶性、周期性都是函数的特殊性质,而不是每一个函数都一定具备的.

6. 初等函数

幂函数、指数函数、对数函数、三角函数、反三角函数和常量函数这6类函数叫做基本初等函数.

(1) 幂函数:$y = x^a (a \in \mathbf{R})$. 它的定义域和值域依$a$的取值不同而不同,但是无论$a$取何值,幂函数在$x \in (0, +\infty)$内总有定义. 当$a \in \mathbf{N}$或$a = \dfrac{1}{2n-1}$,$n \in \mathbf{N}^*$时,定义域为$\mathbf{R}$. 常见的幂函数的图形如图2-1所示.

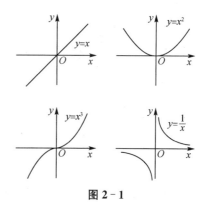

图 2 - 1

(2) 指数函数:$y = a^x (a > 0, a \neq 1)$. 它的定义域为$(-\infty, +\infty)$,值域为$(0, +\infty)$. 指数函数的图形如图2-2所示.

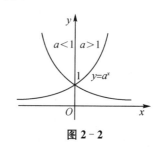

图 2 - 2

(3) 对数函数:$y = \log_a x (a > 0, a \neq 1)$. 定义域为$(0, +\infty)$,值域为$(-\infty, +\infty)$. 对数函数$y = \log_a x$是指数函数$y = a^x$的反函数,其图形见图2-3. 在工程中,常以无理数$e = 2.718281828\cdots$作为指数函数和对数函数的底,并且记$e^x = \exp x$,$\log_e x = \ln x$,而后者称为自然对数函数.

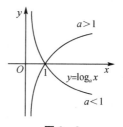

图 2 - 3

(4) 三角函数:三角函数有正弦函数$y = \sin x$、余弦函数$y = \cos x$、正切函数$y = \tan x$、余切函数$y = \cot x$、正割函数$y = \sec x$和余割函数$y = \csc x$. 其中正

弦、余弦、正切和余切函数的图形见图 2-4.

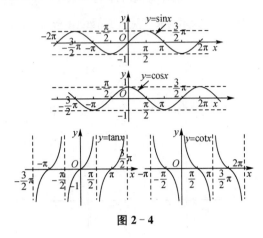

图 2-4

(5) 反三角函数：反三角函数主要包括反正弦函数 $y=\arcsin x$、反余弦函数 $y=\arccos x$、反正切函数 $y=\arctan x$ 和反余切函数 $y=\text{arccot}\,x$ 等.它们的图形如图 2-5 所示.

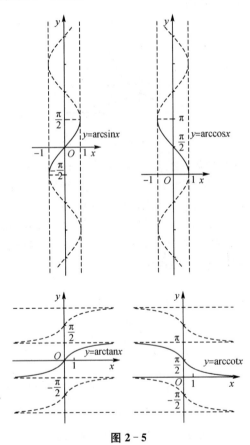

图 2-5

(6) 常量函数为常数：$y=c$（c 为常数）.定义域为 $(-\infty,+\infty)$，函数的图形是一条水平的直线，如图 2-6 所示.

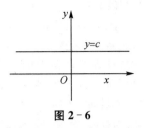

图 2-6

通常把由基本初等函数经过有限次的四则运算和有限次的复合步骤所构成的并用一个解析式表达的函数，称为初等函数.例如，$y=\ln(\sin x+4)$，$y=e^{2x}\sin(3x+1)$，$y=\sqrt[3]{\sin x}$，…都是初等函数.初等函数虽然是常见的重要函数，但是在工程技术中，非初等函数也会经常遇到.例如符号函数，取整函数 $y=[x]$ 等分段函数就是非初等函数.在微积分运算中，常把一个初等函数分解为基本初等函数来研究，学会分析初等函数的结构是十分重要的.

§2.2 极 限

1. 数列的极限

极限概念是由于求某些实际问题的精确解答而产生的.例如，我国古代数学家刘徽（公元 3 世纪）利用圆内接正多边形来推算圆面积的方法——割圆术，就是极限思想在几何学上的应用.设有一圆，首先作内接正六边形，把它的面积记为 A_1；再作内接正十二边形，其面积记为 A_2；再作内接正二十四边形，其面积记为 A_3；循此下去，每次边数加倍，一般地把内接正 $6\times 2^{n-1}$ 边形的面积记为 $A_n(n\in\mathbf{N})$.这样，就得到一系列内接正多边形的面积：

$$A_1,A_2,A_3,\cdots,A_n,\cdots$$

它们构成一列有次序的数.当 n 越大，内接正多边形与圆的差别就越小，从而以 A_n 作为圆面积的近似值也越精确.但是无论 n 取得如何大，只要 n 取定了，A_n 终究只是多边形的面积，还不是圆的面积.因此，设想无限增大（记为 $n\to\infty$，读作 n 趋于无穷大），即内接正多边形的边数无限增加，在这个过程中，内接正多边形无限接近于圆，同时 A_n 也无限接近于某一确定的数值，这个确定的数值就理解为圆的面积.这个确定的数值在数学上称为上面这列有次序的数（所谓数列）$A_1,A_2,A_3,\cdots,A_n,\cdots$，当 $n\to\infty$ 时的极限.在圆面积问题中我们看到，正是这个数列的极限才精确地表达了圆的面积.在解决实际问题中逐渐形成的这种极限方法,已成为高等数学中的一种基本方法,因此有必要作进一步的阐明.

先说明数列的概念.如果按照某一法则,有第一个数 x_1,第二个数 x_2…这样依次序排列着,使得对应着任何一个正整数 n 有一个确定的 x_n,那么,这列有次序的数

$$x_1, x_2, x_3, \cdots, x_n, \cdots$$

就叫做数列.数列中的每一个数叫做数列的项,第 n 项 x_n 叫做数列的一般项.

例如:$\frac{n}{n+1}, 2^n, \frac{1}{2^n}, (-1)^{n+1}, \frac{n+(-1)^{n-1}}{n}$.以后,数列 $x_1, x_2, x_3, \cdots, x_n, \cdots$ 也简记为数列 $\{x_n\}$.

如果数列 x_n,当 n 无限增大时,数列 x_n 的取值能无限接近常数 l,我们就称 l 是 x_n 当 $n \to \infty$ 时的极限,记作 $\lim_{n \to \infty} x_n = l$.极限的解析定义是:如果数列 x_n 与常数 a 有下列关系:对于任意给定的正数 ε(不论它多么小),总存在正整数 N,使得对于 $n > N$ 时的一切 x_n,不等式 $|x_n - a| < \varepsilon$ 都成立,则称常数 a 是数列 x_n 的极限,或者称数列 x_n 收敛于 a,记为 $\lim_{n \to \infty} x_n = a$ 或 $x_n \to a (n \to \infty)$.

如果数列没有极限,就说数列是发散的.显然

$$\lim_{n \to \infty} \frac{1}{n} = 0, \lim_{n \to \infty} \frac{n+1}{n} = 1.$$

收敛数列有下述 3 个性质:

性质 1(极限的唯一性):数列 $\{x_n\}$ 不能收敛于两个不同的极限.

性质 2(收敛数列的有界性):如果数列 $\{x_n\}$ 收敛,那么数列 $\{x_n\}$ 一定有界.

性质 3(收敛数列与其子数列间的关系):如果数列 $\{x_n\}$ 收敛于 a,那么它的任一子数列也收敛,且极限也是 a.

2. 函数当 $x \to \infty$ 时的极限

我们知道,当 $x \to \infty$ 时 $f(x) = \frac{1}{x}$ 越来越接近零.如果函数 $f(x)$ 当 $|x|$ 无限增大时,$f(x)$ 越来越接近常数 A,此时称 A 是 $f(x)$ 当 $x \to \infty$ 时的极限,记作 $\lim_{x \to \infty} f(x) = A$.解析定义是:设函数 $f(x)$ 当 $|x|$ 大于某一正数时有定义.如果对于任意给定的正数 ε(不论它多么小),总存在着正数 X 使得对于适合不等式 $|x| > X$ 的一切 x,对应的函数值 $f(x)$ 都满足不等式 $|f(x) - A| < \varepsilon$,那么常数 A 就叫做函数 $f(x)$ 当 $x \to$ ∞ 时的极限,记作 $\lim_{x \to \infty} f(x) = A$ 或 $f(x) \to A$(当 $x \to \infty$).

注意:若 $\lim_{x \to \infty} f(x) = A$,则(1)$A$ 是唯一确定的常数;(2)$x \to \infty$ 既表示趋于 $+\infty$,也表示趋于 $-\infty$.

如果 $x \to +\infty$ 时,$f(x)$ 越来越接近常数 A,我们称 A 是 $f(x)$ 当 $x \to +\infty$ 时的极限,记作 $\lim_{x \to +\infty} f(x) = A$.如果 $x \to -\infty$ 时,$f(x)$ 越来越接近常数 A,我们称 A 是 $f(x)$ 当 $x \to -\infty$ 时的极限,记作 $\lim_{x \to -\infty} f(x) = A$.显然,$\lim_{x \to \infty} f(x)$ 存在的充分必要条件是 $\lim_{x \to +\infty} f(x) = \lim_{x \to -\infty} f(x)$.

3. 函数当 $x \to x_0$ 时的极限

满足 $|x - x_0| < \delta$ 的 x 的范围称作以 x_0 为中心的 δ 邻域,记为 $U(x_0, \delta)$;满足 $0 < |x - x_0| < \delta$ 的范围称作以 x_0 为中心,以 δ 为半径的去心邻域,记作 $\mathring{U}(x_0, \delta)$.

现在考虑自变量 x 的变化过程为 $x \to x_0$.如果在 $x \to x_0$ 的过程中,对应的函数值 $f(x)$ 无限接近于确定的数值 A,那么就说 A 是函数 $f(x)$ 当 $x \to x_0$ 时的极限.当然,这里我们首先假定函数 $f(x)$ 在点 x_0 的某个去心邻域内是有定义的.以上解析定义是:设函数 $f(x)$ 在点 x_0 的某一去心邻域内有定义.如果对于任意给定的正数 ε(不论它多么小),总存在正数 δ,使得对于适合不等式 $0 < |x - x_0| < \delta$ 的一切 x,对应的函数值 $f(x)$ 都满足不等式 $|f(x) - A| < \varepsilon$,那么常数 A 就叫做函数 $f(x)$ 当 $x \to x_0$ 时的极限,记作 $\lim_{x \to x_0} f(x) = A$ 或 $f(x) \to A$(当 $x \to x_0$).

注:若 $\lim_{x \to x_0} f(x) = A$ 极限存在时,(1)A 是唯一确定的常数;(2)$x \to x_0$ 表示从 x_0 的左右两侧同时趋于 x_0;(3)极限 A 的存在与 $f(x)$ 在 x_0 处有无定义或定义的值无关.显然,$\lim_{x \to 1}(3x+2) = 5$,$\lim_{x \to 2} \frac{x}{x+1} = \frac{2}{3}$.关于函数的极限有如下定理:

定理 1(极限的局部保号性):如果 $\lim_{x \to x_0} f(x) = A$,而且 $A > 0$(或 $A < 0$),那么就存在着点 x_0 的某一去心邻域,当 x 在该邻域内时,就有 $f(x) > 0$(或 $f(x) < 0$).

定理 $1'$:如果 $\lim_{x \to x_0} f(x) = A(A \neq 0)$,那么就存在着 x_0 的某一去心邻域 $\mathring{U}(x_0)$,当 $x \in \mathring{U}(x_0)$ 时,就有 $|f(x)| > \frac{|A|}{2}$.

定理2：如果在 x_0 的某一去心邻域内 $f(x) \geqslant 0$（或 $f(x) \leqslant 0$），而且 $\lim\limits_{x \to x_0} f(x) = A$，那么 $A \geqslant 0$（或 $A \leqslant 0$）.

上述 $x \to x_0$ 时函数 $f(x)$ 的极限概念中，x 是既从 x_0 的左侧也从 x_0 的右侧趋于 x_0 的. 但有时只能或只需考虑 x 仅从 x_0 的左侧趋于 x_0（记作 $x \to x_0 - 0$）的情形，或 x 仅从 x_0 的右侧趋于 x_0（记作 $x \to x_0 + 0$）的情形. 对于 $x \to x_0 - 0$ 的情形，x 在 x_0 的左侧，$x < x_0$. 在 $\lim\limits_{x \to x_0} f(x) = A$ 的定义中，把 $0 < |x - x_0| < \delta$ 改为 $x_0 - \delta < x < x_0$，那么 A 就叫做函数 $f(x)$ 当 $x \to x_0$ 时的左极限，记作 $\lim\limits_{x \to x_0 - 0} f(x) = A$ 或 $f(x_0 - 0) = A$. 类似地，在 $\lim\limits_{x \to x_0} f(x) = A$ 的定义中，把 $0 < |x - x_0| < \delta$ 改为 $x_0 < x < x_0 + \delta$，那么 A 就叫做函数 $f(x)$ 当 $x \to x_0$ 时的右极限，记作 $\lim\limits_{x \to x_0 + 0} f(x) = A$ 或 $f(x_0 + 0) = A$. 根据 $x \to x_0$ 时函数 $f(x)$ 的极限的定义，以及左极限和右极限的定义，容易证明：函数 $f(x)$ 当 $x \to x_0$ 时极限存在的充分必要条件是左极限及右极限各自存在并且相等，即 $f(x_0 - 0) = f(x_0 + 0)$. 因此，即使 $f(x_0 - 0)$ 和 $f(x_0 + 0)$ 都存在，但若不相等，则 $\lim\limits_{x \to x_0} f(x)$ 不存在.

例4 函数 $f(x) = \begin{cases} x-1, & x < 0 \\ 0, & x = 0 \\ x+1, & x > 0 \end{cases}$，当 $x \to 0$ 时 $f(x)$ 的极限不存在.

【**证明**】当 $x \to 0$ 时 $f(x)$ 的左极限 $\lim\limits_{x \to -0} f(x) = \lim\limits_{x \to -0} (x-1) = -1$，而右极限 $\lim\limits_{x \to +0} f(x) = \lim\limits_{x \to +0} (x+1) = 1$，因为左极限和右极限存在但不相等，所以 $\lim\limits_{x \to 0} f(x)$ 不存在（图2-7）.

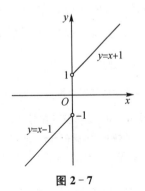

图2-7

§2.3 无穷大量与无穷小量

前面我们研究了 $n \to \infty$ 数列 x_n 的极限、$x \to \infty$ 函数 $f(x)$ 的极限、$x \to +\infty$ 函数 $f(x)$ 的极限、$x \to -\infty$ 函数 $f(x)$ 的极限、$x \to x_0$ 函数 $f(x)$ 的极限、$x \to x_0^+$ 函数 $f(x)$ 的极限、$x \to x_0^-$ 函数 $f(x)$ 的极限这七种趋近方式.

定义1 上述7种情况下，$f(x)$ 或 x_n 以零为极限，则称 $f(x)$ 或 x_n 是相应情况下的无穷小量.

定义2 上述7种情况下，$|f(x)|$ 或 $|x_n|$ 无限增大，则称 $|f(x)|$ 或 $|x_n|$ 是相应情况下的无穷大量.

显然，$n \to \infty$ 时，n、n^2、$n^3 \cdots$ 都是无穷大量，$x \to 0$ 时，x、x^2、$x + x^2$、$\sin x$、$\tan x$ 都是无穷小量.

注意：无穷大量、无穷小量的概念是反映变量的变化趋势，因此任何常量都不是无穷大量，任何非零常量都不是无穷小，谈及无穷大量、无穷小量时，首先应给出自变量的变化趋势.

关于无穷大量、无穷小量有如下一些结论：

定理1：在自变量的同一变化过程 $x \to x_0$（或 $x \to \infty$）中，函数 $f(x)$ 具有极限 A 的充分必要条件是 $f(x) = A + \alpha$，其中 α 是无穷小量.

定理2：在自变量的同一变化过程中，如果 $f(x)$ 为无穷大量，则 $\dfrac{1}{f(x)}$ 为无穷小量；反之，如果 $f(x)$ 为无穷小量，且 $f(x) \neq 0$，则 $\dfrac{1}{f(x)}$ 为无穷大量.

定理3：有限个无穷小量的和也是无穷小量.

定理4：有界函数与无穷小量的乘积是无穷小量.

推论1：常数与无穷小量的乘积是无穷小量.

推论2：有限个无穷小量的乘积也是无穷小量.

定理5：若 $\lim f(x) = A$，$\lim g(x) = B$，则 $\lim [f(x) \pm g(x)]$ 存在，且
$\lim [f(x) \pm g(x)] = A \pm B = \lim f(x) \pm \lim g(x)$.

在这里应该注意：

(1) 无穷多个无穷小量之和不一定是无穷小量. 例如，当 $n \to \infty$ 时，$\dfrac{1}{n}$ 是无穷小量，$2n$ 个这种无穷小量之和的极限显然为2.

(2) 无穷多个无穷小量之积也不一定是无穷小量. 无穷多个无穷大量之积也不一定是无穷大量.

如下数列均为无穷小量(即 $n \to \infty$ 时,极限是0):

$1, \dfrac{1}{2}, \dfrac{1}{3}, \dfrac{1}{4}, \dfrac{1}{5}, \dfrac{1}{6}, \cdots, \dfrac{1}{n}, \cdots$

$1, 2, \dfrac{1}{3}, \dfrac{1}{4}, \dfrac{1}{5}, \dfrac{1}{6}, \cdots, \dfrac{1}{n}, \cdots$

$1, 1, 3^2, \dfrac{1}{4}, \dfrac{1}{5}, \dfrac{1}{6}, \cdots, \dfrac{1}{n}, \cdots$

$1, 1, 1, 4^3, \dfrac{1}{5}, \dfrac{1}{6}, \cdots, \dfrac{1}{n}, \cdots$

$1, 1, 1, 1, 5^4, \dfrac{1}{6}, \cdots, \dfrac{1}{n}, \cdots$

……

但是将它们对应项连乘起来,取极限得到一个新的数列,此数列为 $1,1,1,1,1,1,\cdots$,极限是1,而不是无穷小量.

如下数列均为无穷大量(即 $n \to \infty$ 时,极限是 ∞):

$0, 1, 2, 3, 4, 5, \cdots, n, \cdots$

$1, 0, 1, 2, 3, 4, \cdots, n-1, \cdots$

$1, 1, 0, 1, 2, 3, \cdots, n-2, \cdots$

$1, 1, 1, 0, 1, 2, \cdots, n-3, \cdots$

$1, 1, 1, 1, 0, 1, \cdots, n-4, \cdots$

$1, 1, 1, 1, 1, 0, \cdots, n-5, \cdots$

……

但是它们对应项连乘起来,取极限得到一个新的数列,此数列为 $0,0,0,0,0,0,\cdots$,极限是0,而不是无穷大量.

(3) 无穷大量乘以有界量不一定是无穷大量. 例如,当 $n \to \infty$ 时, n^2 是无穷大量, $\dfrac{1}{n^3}$ 是有界量,显然 $n^2 \cdot \dfrac{1}{n^3} \to 0$.

(4) 函数值大于0,极限未必大于0,例如

$$f(x)=\begin{cases} x^2, & x\neq 0 \\ 8, & x=0 \end{cases}$$

显然 $f(x)>0$,但 $\lim\limits_{x\to 0^+} f(x)=0$.

当在给定的趋势下,变量 α、β 都是无穷小量,那么,它们谁趋近于零的速度更快呢?我们给出如下定义.

如果 $\lim \dfrac{\beta}{\alpha}=0$,就说 β 是比 α 高阶的无穷小,记作 $\beta=0(\alpha)$;

如果 $\lim \dfrac{\beta}{\alpha}=\infty$,就说 β 是比 α 低阶的无穷小;

如果 $\lim \dfrac{\beta}{\alpha}=c\neq 0$,就说 β 是和 α 同阶的无穷小;

如果 $\lim \dfrac{\beta}{\alpha^k}=c\neq 0, k>0$,就说 β 是关于 α 的 k 阶无穷小;

如果 $\lim \dfrac{\beta}{\alpha}=1$,就说 β 与 α 是等价无穷小,记作 $\alpha \sim \beta$.

注意:求极限过程中,一个无穷小量可以用与其等价的无穷小量代替,但只能在因式情况下使用,和、差情况不能用.

§2.4 极限的简单计算

前述7种情况下,如果 $\lim f(x)=A$ 和 $\lim g(x)=B$,下面的运算法则成立:

(1) $\lim [f(x)\pm g(x)]=\lim f(x)\pm \lim g(x)=A\pm B$;

(2) $\lim Cf(x)=C\lim f(x)=CA$;

(3) $\lim f(x)g(x)=\lim f(x)\cdot \lim g(x)=AB$;

$\lim [f(x)]^n=[\lim f(x)]^n=A^n$;

(4) $\lim \dfrac{f(x)}{g(x)}=\dfrac{\lim f(x)}{\lim g(x)}=\dfrac{A}{B}(B\neq 0)$.

这些极限的运算法则在实际运算中未必逐一使用,例如 $\lim\limits_{x\to 1}\dfrac{2x^5-3x^4+2x+1}{3x^3+2x+4}=\dfrac{2}{9}$ 是一目了然的,下面就将几种常用的方法总结如下:

1. 代入法

直接将 $x\to x_0$ 的 x_0 代入所求极限的函数中去,若 $f(x_0)$ 存在,即为其极限,若 $f(x_0)$ 不存在,我们也能知道属于哪种"未定式",便于我们选择不同的方法. 例如, $\lim\limits_{x\to 3}\dfrac{x^2-9}{x-3}$ 就代不进去了,但我们看出了这是一个 $\dfrac{0}{0}$ 型未定式,我们可以用以下的方法来求解.

2. 分解因式,消去零因子法

例如, $\lim\limits_{x\to 3}\dfrac{x^2-9}{x-3}=\lim\limits_{x\to 3}(x+3)=6$.

3. 分子(分母)有理化法

例如, $\lim\limits_{x\to 2}\dfrac{\sqrt{x^2+5}-3}{\sqrt{2x+1}-\sqrt{5}}=$

$\lim\limits_{x\to 2}\dfrac{(\sqrt{x^2+5}-3)(\sqrt{x^2+5}+3)(\sqrt{2x+1}+\sqrt{5})}{(\sqrt{2x+1}-\sqrt{5})(\sqrt{2x+1}+\sqrt{5})(\sqrt{x^2+5}+3)}$

$$= \lim_{x\to 2}\frac{x^2-4}{2x-4}\cdot\frac{\sqrt{5}}{3}$$

$$=\frac{\sqrt{5}}{6}\lim_{x\to 2}\frac{(x+2)(x-2)}{(x-2)}$$

$$=\frac{2\sqrt{5}}{3}$$

又如，$\lim_{x\to\infty}(\sqrt{x^2+1}-x) = \lim_{x\to\infty}\frac{1}{\sqrt{x^2+1}+x}$
$= 0$

4. 化无穷大量为无穷小量法

例如，$\lim_{x\to\infty}\frac{2x^2+x-7}{2x^2-x+4} = \lim_{x\to\infty}\frac{2+\frac{1}{x}-\frac{7}{x^2}}{2-\frac{1}{x}+\frac{4}{x^2}} = 1,$

实际上就是分子分母同时除以 x^2 这个无穷大量. 由此不难得出

$$\lim_{x\to\infty}\frac{a_0 x^m+a_1 x^{m-1}+\cdots+a_m}{b_0 x^n+b_1 x^{n-1}+\cdots+b_n} = \begin{cases} \dfrac{a_0}{b_0}, & n=m \\ 0, & n>m \\ \infty, & n<m \end{cases}$$

又如，$\lim_{x\to+\infty}\frac{\sqrt{x+\sqrt{x}}}{\sqrt{x+2}} = \lim_{x\to+\infty}\frac{\sqrt{1+\frac{1}{\sqrt{x}}}}{\sqrt{1+\frac{2}{x}}} = 1$（分子分母同除以 $\sqrt{x}$).

再如，$\lim_{n\to\infty}\frac{2^n-5^n}{3^n+5^n} = \lim_{n\to\infty}\frac{\left(\frac{2}{5}\right)^n-1}{\left(\frac{3}{5}\right)^n+1} = -1$（分子分母同除以 5^n).

5. 利用定理求极限

例如，$\lim_{x\to\infty}\frac{x\arctan(x+1)}{3x^2+x+1} = 0$（无穷小量乘以有界量).

6. 复合函数的极限运算

设函数 $u=\varphi(x)$ 当 $x\to x_0$ 时的极限存在且等于 a，即 $\lim_{x\to x_0}\varphi(x)=a$，但在 $\mathring{U}(x_0)$ 内 $\varphi(x)\neq a$，又 $\lim_{u\to a}f(u)=A$，则复合函数 $f[\varphi(x)]$ 当 $x\to x_0$ 时的极限也存在，且 $\lim_{x\to x_0}f[\varphi(x)] = \lim_{u\to a}f(u) = A$.

§2.5 两个重要极限

首先介绍一下极限存在的两个准则：
准则 1：如果数列 $\{x_n\},\{y_n\}$ 及 $\{z_n\}$ 满足下列条件 (1) $y_n\leqslant x_n\leqslant z_n (n=1,2,3\cdots)$；(2) $\lim_{n\to\infty}y_n=a$，$\lim_{n\to\infty}z_n=a$，那么数列 $\{x_n\}$ 的极限存在，且 $\lim_{n\to\infty}x_n=a$. 这个准则又叫夹逼准则.

准则 2：单调有界数列必有极限.

如果数列 $\{x_n\}$ 满足条件 $x_1\leqslant x_2\leqslant x_3\leqslant\cdots\leqslant x_n\leqslant x_{n+1}\leqslant\cdots$，就称数列 $\{x_n\}$ 是单调增加的；如果数列 $\{x_n\}$ 满足条件 $x_1\geqslant x_2\geqslant x_3\geqslant\cdots\geqslant x_n\geqslant x_{n+1}\geqslant\cdots$，就称数列 $\{x_n\}$ 是单调减少的. 单调增加和单调减少的数列统称为单调数列.

例 5 求 $\lim_{n\to\infty}\left(\frac{1}{\sqrt{n^2+1}}+\frac{1}{\sqrt{n^2+2}}+\cdots+\frac{1}{\sqrt{n^2+n}}\right)$.

【解析】$\frac{n}{\sqrt{n^2+n}} < \frac{1}{\sqrt{n^2+1}}+\cdots+\frac{1}{\sqrt{n^2+n}} < \frac{n}{\sqrt{n^2+1}}$,

而 $\lim_{n\to\infty}\frac{n}{\sqrt{n^2+n}} = \lim_{n\to\infty}\frac{n}{\sqrt{n^2+1}} = 1$,

所以原式极限为 1.

第一个重要极限：$\lim_{x\to 0}\frac{\sin x}{x} = 1$

不难看出，在 $\mathring{U}(0)$ 内，画出单位圆，由几何关系可以得到 $\sin x < x < \tan x$，则 $1 < \frac{x}{\sin x} < \frac{1}{\cos x}$，即 $\cos x < \frac{\sin x}{x} < 1$，利用收敛准则 1，我们容易证得第一个重要极限.

注意：

(1) 为了更好地利用第一个重要极限求极限，应掌握模型 $\lim_{\mu(x)\to 0}\frac{\sin\mu(x)}{\mu(x)} = 1$ 成立的条件是在给定的趋势下，两个 $\mu(x)$ 应该是一模一样的无穷小量. 例如，$\lim_{n\to\infty}2^n\sin\frac{3}{2^n} = \lim 3\cdot\frac{\sin\frac{3}{2^n}}{\frac{3}{2^n}} = 3$.

(2) 第一个重要极限可以解决 $\frac{0}{0}$ 型含三角函数的未定式. 如：① $\lim_{x\to 0}\frac{\tan 2x}{\sin 3x}$；② $\lim_{x\to\pi}\frac{\sin x}{x-\pi}$；③ $\lim_{x\to 0^+}\frac{\arctan x}{\sin x}$；④ $\lim_{x\to 0^+}\frac{1-\cos x}{x^2}$.

第二个重要极限是 $\lim_{x\to\infty}\left(1+\frac{1}{x}\right)^x = e$

构建数列 $\{x_n\}$，$x_n = \left(1+\frac{1}{n}\right)^n$，下面证明 $\{x_n\}$

单调有界. 由牛顿二项式公式:

$$x_n = \left(1+\frac{1}{n}\right)^n$$
$$= 1 + \frac{n}{1!}\cdot\frac{1}{n} + \frac{n(n-1)}{2!}\cdot\frac{1}{n^2} +$$
$$\frac{n(n-1)(n-2)}{3!}\cdot\frac{1}{n^3} + \cdots +$$
$$\frac{n(n-1)\cdots(n-n+1)}{n!}\cdot\frac{1}{n^n}$$
$$= 1 + 1 + \frac{1}{2!}\cdot\left(1-\frac{1}{n}\right) + \frac{1}{3!}\cdot\left(1-\frac{1}{n}\right)\cdot$$
$$\left(1-\frac{2}{n}\right) + \cdots + \frac{1}{n!}\cdot\left(1-\frac{1}{n}\right)\cdot$$
$$\left(1-\frac{2}{n}\right)\cdot\cdots\cdot\left(1-\frac{n-1}{n}\right)$$

类似地

$$x_{n+1} = 1 + 1 + \frac{1}{2!}\cdot\left(1-\frac{1}{n+1}\right) + \frac{1}{3!}\cdot$$
$$\left(1-\frac{1}{n+1}\right)\cdot\left(1-\frac{2}{n+1}\right) + \cdots + \frac{1}{n!}\cdot$$
$$\left(1-\frac{1}{n+1}\right)\cdot\left(1-\frac{2}{n+1}\right)\cdot\cdots\cdot\left(1-\frac{n-1}{n+1}\right)$$
$$+ \frac{1}{(n+1)!}\cdot\left(1-\frac{1}{n+1}\right)\cdot\left(1-\frac{2}{n+1}\right)\cdot\cdots\cdot$$
$$\left(1-\frac{n}{n+1}\right)$$

比较 x_n 和 x_{n+1} 的展开式可以看出,除前两项外,x_n 的每一项都小于 x_{n+1} 的对应的项,并且 x_{n+1} 还多了一项,其值大于 0,因此 $x_n < x_{n+1}$. 这就是说,$\{x_n\}$ 是单调增加的,同时还是有界的. 因为经观察可以发现:

$$x_n < 1 + 1 + \frac{1}{2!} + \frac{1}{3!} + \cdots + \frac{1}{n!}$$
$$< 1 + 1 + \frac{1}{2} + \frac{1}{2^2} + \cdots + \frac{1}{2^{n-1}}$$
$$= 1 + \frac{1-\frac{1}{2^n}}{1-\frac{1}{2}} = 3 - \frac{1}{2^{n-1}} < 3$$

由于 $\{x_n\}$ 单调有界,所以这个数列的极限存在,即 $\lim_{n\to\infty}\left(1+\frac{1}{n}\right)^n = \mathrm{e}$.

令 $n < x < n+1$,

再由 $\left(1+\frac{1}{n+1}\right)^n < \left(1+\frac{1}{x}\right)^x < \left(1+\frac{1}{n}\right)^{n+1}$,

利用"准则1"可以得到 $\lim_{x\to\infty}\left(1+\frac{1}{x}\right)^x = \mathrm{e}$.

注意:

(1) 模型 $\lim_{\mu(x)\to 0}[1+\mu(x)]^{\frac{1}{\mu(x)}} = \mathrm{e}$ 成立的条件是在给定趋势下,两个 $\mu(x)$ 是一模一样的无穷小量.

(2) 第二个重要极限解决的对象是 1^∞ 型未定式.

例如,$\lim_{x\to -1}(2+x)^{\frac{2}{x+1}} = \lim_{x\to -1}\left\{[1+(x+1)]^{\frac{1}{x+1}}\right\}^2 = \mathrm{e}^2$.

§2.6 函数的连续与间断

1. 函数的连续性

对 $y = f(x)$,当自变量从 x_0 变到 x,称 $\Delta x = x - x_0$ 叫自变量 x 的增量,而 $\Delta y = f(x+x_0) - f(x_0)$ 叫函数 y 的增量.

定义: 设函数 $y = f(x)$ 在点 x_0 的某一邻域内有定义,如果当自变量的增量 $\Delta x = x - x_0$ 趋于零时,对应的函数的增量 $\Delta y = f(x+x_0) - f(x_0)$ 也趋于零,那么就称函数 $y = f(x)$ 在点 x_0 处连续.

它的另一等价定义是:设函数 $y = f(x)$ 在点 x_0 的某一邻域内有定义,如果函数 $f(x)$ 当 $x\to x_0$ 时的极限存在,且等于它在点 x_0 处的函数值 $f(x_0)$,即 $\lim_{x\to x_0}f(x) = f(x_0)$,那么就称函数 $y = f(x)$ 在点 x_0 处连续.

如果 $\lim_{x\to x_0^-}f(x) = f(x_0-0)$ 存在且等于 $f(x_0)$,即 $f(x_0-0) = f(x_0)$,就说函数 $f(x)$ 在点 x_0 处左连续. 如果 $\lim_{x\to x_0^+}f(x) = f(x_0+0)$ 存在且等于 $f(x_0)$,即 $f(x_0+0) = f(x_0)$,就说函数 $f(x)$ 在点 x_0 处右连续.

在区间上每一点都连续的函数,叫做在该区间上的连续函数,或者说函数在该区间上连续. 如果区间包括端点,那么函数在右端点连续是指左连续,在左端点连续是指右连续.

连续函数的图形是一条连续而不间断的曲线.

2. 函数的间断点

设函数 $f(x)$ 在点 x_0 的某去心邻域内有定义,在此前提下,如果函数 $f(x)$ 有下列三种情形之一:

(1) 在 $x = x_0$ 处没有定义;(2) 虽在 $x = x_0$ 处有定义,但 $\lim_{x\to x_0}f(x)$ 不存在;(3) 虽在 $x = x_0$ 处有定义,且 $\lim_{x\to x_0}f(x)$ 存在,但 $\lim_{x\to x_0}f(x) \neq f(x_0)$;

则函数 $f(x)$ 在点 x_0 处不连续,而点 x_0 称为函数 $f(x)$ 的不连续点或间断点.

下面我们来观察下述几个函数的曲线在 $x = 1$ 处的情况,给出间断点的分类:

① $y = x+1$

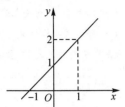

在 $x=1$ 处连续

② $y = \dfrac{x^2-1}{x-1}$

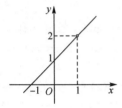

在 $x=1$ 处间断,$x \to 1$ 极限为 2.

③ $y = \begin{cases} x+1, & x<1 \\ 1, & x \geq 1 \end{cases}$

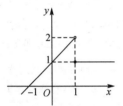

在 $x=1$ 处间断,$x \to 1$ 极限为 2

④ $y = \begin{cases} x+1, & x<1 \\ x, & x \geq 1 \end{cases}$

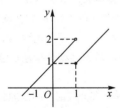

在 $x=1$ 处间断,$x \to 1$ 左极限为 2,右极限为 1

⑤ $y = \dfrac{1}{x-1}$

在 $x=1$ 处间断,$\lim\limits_{x \to 1} \dfrac{1}{x-1} = \infty$

⑥ $y = x\sin\dfrac{1}{x}$

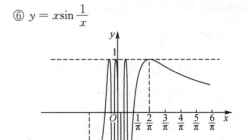

在 $x=0$ 处间断,$x \to 0$ 极限不存在

像②③④这样在 x_0 点左右极限都存在的间断,称为第一类间断,其中极限存在的②③称作第一类间断的可补间断,此时只要令 $y(1)=2$,则在 $x=1$ 处函数就变成连续的了;④被称作第一类间断中的跳跃间断,⑤⑥被称作第二类间断,其中⑤也称作无穷间断,而⑥称作振荡间断.

就一般情况而言,通常把间断点分成两类:如果 x_0 是函数 $f(x)$ 的间断点,且左极限 $f(x_0-0)$ 及右极限 $f(x_0+0)$ 都存在,那么 x_0 称为函数 $f(x)$ 的第一类间断点.不是第一类间断点的任何间断点,称为第二类间断点.在第一类间断点中,左、右极限相等者称为可去间断点,不相等者称为跳跃间断点.无穷间断点和振荡间断点显然是第二类间断点.

3. 连续函数运算

由函数在某点连续的定义和极限的四则运算法则,立即可得下列定理:

定理 1:有限个在某点连续的函数的和是一个在该点连续的函数.

定理 2:有限个在某点连续的函数的乘积是一个在该点连续的函数.

定理 3:两个在某点连续的函数的商是一个在该点连续的函数,只要分母在该点不为零.

定理 4:如果函数 $y=f(x)$ 在区间 I_x 单调增加(或单调减少)且连续,那么它的反函数 $x=\varphi(y)$ 也在对应区间 $I_y = \{y \mid y=f(x), x \in I_x\}$ 上单调增加(或单调减少)且连续.

定理 5:设函数 $u=\varphi(x)$ 当 $x \to x_0$ 时的极限存在且等于 a,即 $\lim\limits_{x \to x_0}\varphi(x) = a$,而函数 $y=f(u)$ 在点 $u=a$ 处连续,那么复合函数 $y=f[\varphi(x)]$ 当 $x \to x_0$ 时的极限也存在且等于 $f(a)$,即 $\lim\limits_{x \to x_0} f[\varphi(x)] = f(a)$.

定理6：设函数 $u=\varphi(x)$ 在点 $x=x_0$ 处连续，且 $\varphi(x_0)=u_0$，而函数 $y=f(u)$ 在点 $u=u_0$ 处连续，那么复合函数 $y=f[\varphi(x)]$ 在点 $x=x_0$ 处也是连续的.

总之，一切初等函数在其定义域内都是连续的.

4. 闭区间连续函数性质

在闭区间上的连续函数具有下述良好性质：

定理1(最大值和最小值定理)：在闭区间上连续的函数在该区间上一定有最大值和最小值.

定理2(有界性定理)：在闭区间上连续的函数一定在该区间上有界.

定理3(零点定理)：设函数 $f(x)$ 在闭区间 $[a,b]$ 上连续，且 $f(a)$ 与 $f(b)$ 异号(即 $f(a) \cdot f(b) < 0$)，那么在开区间 (a,b) 内至少有函数 $f(x)$ 的一个零点，即至少有一点 $\xi (a<\xi<b)$ 使 $f(\xi)=0$.

定理4(介值定理)：设函数 $f(x)$ 在闭区间 $[a,b]$ 上连续，且在这区间的端点取不同的函数值 $f(a)=A$ 及 $f(b)=B$，那么，对于 A 与 B 之间的任意一个数 C，在开区间 (a,b) 内至少有一点 ξ，使得 $f(\xi)=C(a<\xi<b)$.

推论：在闭区间上连续的函数必取得介于最大值 M 与最小值 m 之间的任何值.

第3章 导数与微分

§3.1 导数的概念

1. 两个实例

(1) 直线运动的速度

设某点沿直线运动，在直线上引入原点和单位点(即表示实数1的点)，使直线成为数轴. 此外，再取定一个时刻作为测量时间的零点. 设动点于时刻 t 在直线上的位置的坐标为 x (简称位置 x). 这样，运动完全由某个函数 $x=f(t)$ 所确定. 此函数对运动过程中所出现的 t 值有定义，称为位置函数.

首先取从时刻 t_0 到 t 这样一个时间间隔，在这段时间内，动点从位置 $x_0=f(t_0)$ 移动到 $x=f(t)$. 这时

$$\frac{x-x_0}{t-t_0}=\frac{f(t)-f(t_0)}{t-t_0} \qquad ①$$

可认为是动点在上述时间间隔内的平均速度. 如果时间间隔选得较短，这个比值在实践中也可用来说明动点在时刻 t_0 的速度. 但对于动点在时刻 t_0 的速度的精确概念来说，这样做是不够的，而更确切的应当这样：令 $t \to t_0$，取①式的极限，如果这个极限存在，设为 v_0，即 $v_0 = \lim\limits_{t \to t_0} \dfrac{f(t)-f(t_0)}{t-t_0}$，这时就把这个极限值 v_0 称为动点在时刻 t_0 的(瞬时)速度.

(2) 切线问题

圆的切线可定义为"与曲线只有一个交点的直线". 但是对于其他曲线，用"与曲线只有一个交点的直线"作为切线的定义就不一定合适. 例如，对于抛物线 $y=x^2$，在原点 O 处两个坐标轴都符合上述定义，但实际上只有 x 轴是该抛物线在点 O 处的切线. 下面给出切线的定义.

设有曲线 C 及 C 上的一点 M (图3-1)，在点 M 外另取 C 上一点 N，作割线 MN. 当点 N 沿曲线 C 趋于点 M 时，如果割线 MN 绕点 M 旋转而趋于极限位置 MT，直线 MT 就称为曲线 C 在点 M 处的切线. 这里极限位置的含义是：只要弦长 $|MN|$ 趋于零，$\angle NMT$ 也趋于零.

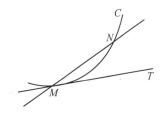

图 3-1

现在就曲线 C 为函数 $y=f(x)$ 的图形的情形来讨论切线问题. 设 $M(x_0,y_0)$ 是曲线 C 上的一个点(图3-2)，则 $y_0=f(x_0)$. 根据上述定义要定出曲线 C 在

点 M 处的切线,只要定出切线的斜率就行了. 为此,在点 M 外另取 C 上的一点 $N(x,y)$,于是割线 MN 的斜率为

$$\tan\varphi = \frac{y-y_0}{x-x_0} = \frac{f(x)-f(x_0)}{x-x_0}.$$

其中 φ 为割线 MN 的倾角. 当点 N 沿曲线 C 趋于点 M 时,$x\to x_0$. 如果当 $x\to x_0$ 时,上式的极限存在,设为 k,即

$$k = \lim_{x\to x_0}\frac{f(x)-f(x_0)}{x-x_0}.$$

存在,则此极限 k 是割线斜率的极限,也就是切线的斜率. 这里 $k = \tan\alpha$,其中 α 是切线 MT 的倾角. 于是,通过点 $M(x_0,f(x_0))$ 且以 k 为斜率的直线 MT 便是曲线 C 在点 M 处的切线. 事实上,由 $\angle NMT = \varphi - \alpha$ 以及 $x\to x_0$ 时 $\varphi \to \alpha$,可见 $x\to x_0$ 时(这时 $|MN|\to 0$),$\angle NMT \to 0$. 因此直线 MT 确为曲线 C 在点 M 处的切线.

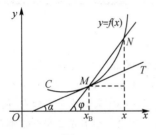

图 3-2

我们撇开这些量的具体意义,抓住它们在数量关系上的共性给出导数的概念.

定义:设函数 $y=f(x)$ 在点 x_0 的某个邻域内有定义,当自变量 x 在 x_0 处取得增量 Δx(点 $x_0+\Delta x$ 仍在该邻域内)时,相应的函数 y 取得增量 $\Delta y = f(x_0+\Delta x)-f(x_0)$;如果 Δy 与 Δx 之比当 $\Delta x\to 0$ 时的极限存在,则称函数 $y=f(x)$ 在点 x_0 处可导,并称这个极限为函数 $y=f(x)$ 在点 x_0 处的导数,记为 $y'|_{x=x_0}$,即

$$y'|_{x=x_0} = \lim_{\Delta x\to 0}\frac{\Delta y}{\Delta x} = \lim_{\Delta x\to 0}\frac{f(x_0+\Delta x)-f(x_0)}{\Delta x}. \quad ②$$

也可记作 $f'(x_0)$,$\dfrac{dy}{dx}\Big|_{x=x_0}$ 或 $\dfrac{df(x)}{dx}\Big|_{x=x_0}$.

函数 $f(x)$ 在点 x_0 处可导有时也说成 $f(x)$ 在点 x_0 具有导数或导数存在. 导数的定义式 ② 也可取不同的形式,常见的有:

$$f'(x_0) = \lim_{h\to 0}\frac{f(x_0+h)-f(x_0)}{h} \quad ③$$

和

$$f'(x_0) = \lim_{x\to x_0}\frac{f(x)-f(x_0)}{x-x_0} \quad ④$$

注:函数在某点的导数的几何定义:$f'(x)$ 是曲线 $y=f(x)$ 在点 $(x_0,f(x_0))$ 处的切线斜率;路程对时间的导数 $S'(t_0)$ 是 t_0 时刻的速度;在抽象情况下,$f'(x_0)$ 表示 $y=f(x)$ 在 $x=x_0$ 点变化的快慢.

2. 可导与连续的关系

设函数 $y=f(x)$ 在点 x 处可导,即 $\lim\limits_{\Delta x\to 0}\dfrac{\Delta y}{\Delta x} = f'(x)$ 存在. 由具有极限的函数与无穷小的关系知道,$\dfrac{\Delta y}{\Delta x} = f'(x) + \alpha$,其中 α 当 $\Delta x\to 0$ 时为无穷小. 上式两边同乘以 Δx,得

$$\Delta y = f'(x)\Delta x + \alpha\Delta x.$$

由此可见,当 $\Delta x\to 0$ 时,$\Delta y\to 0$. 这就是说,函数 $y=f(x)$ 在点 x 处是连续的. 所以,如果函数 $y=f(x)$ 在点 x 处可导,则函数在该点必连续. 但是,函数在某点连续却不一定在该点处可导.

3. 左导数与右导数

根据函数 $f(x)$ 在点 x_0 处的导数 $f'(x_0)$ 的定义,是一个极限,而极限存在的充分必要条件是左、右极限都存在且相等,因此 $f'(x_0)$ 存在即 $f(x)$ 在点 x_0 处可导的充分必要条件是左、右极限

$$\lim_{h\to -0}\frac{f(x_0+h)-f(x_0)}{h} \quad \text{及} \quad \lim_{h\to +0}\frac{f(x_0+h)-f(x_0)}{h}$$

都存在且相等. 这两个极限分别称为函数 $f(x)$ 在点 x_0 处的左导数和右导数,记作 $f'_-(x_0)$ 及 $f'_+(x_0)$,即

$$f'_-(x_0) = \lim_{h\to -0}\frac{f(x_0+h)-f(x_0)}{h},$$

$$f'_+(x_0) = \lim_{h\to +0}\frac{f(x_0+h)-f(x_0)}{h}.$$

现在可以说,函数在点 x_0 处可导的充分必要条件是左导数 $f'_-(x_0)$ 和右导数 $f'_+(x_0)$ 都存在且相等.

如果函数 $f(x)$ 在开区间 (a,b) 内可导,且 $f'_+(a)$ 及 $f'_-(b)$ 都存在,就说 $f(x)$ 在闭区间 $[a,b]$ 上可导.

例1 求函数 $f(x) = C$(C 为常数)的导数.

【解析】$f'(x) = \lim\limits_{h\to 0}\dfrac{f(x+h)-f(x)}{h}$

$= \lim\limits_{h\to 0}\dfrac{C-C}{h} = 0,$

即 $C' = 0$. 这就是说,常数的导数等于零.

例2 求函数 $f(x) = x^n$(n 为正整数) 在 $x=a$ 处的导数.

【解析】$f'(a) = \lim_{x \to a} \dfrac{f(x) - f(a)}{x - a}$

$= \lim_{x \to a} \dfrac{x^n - a^n}{x - a}$

$= \lim_{x \to a}(x^{n-1} + ax^{n-2} + \cdots + a^{n-1})$

$= na^{n-1}.$

把以上结果中的 a 换成 x 得 $f'(x) = nx^{n-1}$，即 $(x^n)' = nx^{n-1}$.

更一般地，对于幂函数 $y = x^\mu$（μ 为常数），有 $(x^\mu)' = \mu x^{\mu-1}$，这就是幂函数的导数公式. 这个结果会在以后证明. 利用这个公式，可以很方便地求出幂函数的导数，例如：

当 $\mu = \dfrac{1}{2}$ 时，$y = x^{\frac{1}{2}} = \sqrt{x}$（$x > 0$）的导数为 $(x^{\frac{1}{2}})' = \dfrac{1}{2}x^{\frac{1}{2}-1} = \dfrac{1}{2}x^{-\frac{1}{2}}$，即 $(\sqrt{x})' = \dfrac{1}{2\sqrt{x}}$.

当 $\mu = -1$ 时，$y = x^{-1} = \dfrac{1}{x}$（$x \neq 0$）的导数为 $(x^{-1})' = (-1)x^{-1-1} = -x^{-2}$，即 $\left(\dfrac{1}{x}\right)' = -\dfrac{1}{x^2}$.

例 3 求函数 $f(x) = \sin x$ 的导数.

【解析】$f'(x) = \lim_{h \to 0} \dfrac{f(x+h) - f(x)}{h}$

$= \lim_{h \to 0} \dfrac{\sin(x+h) - \sin x}{h}$

$= \lim_{h \to 0} \dfrac{1}{h} \cdot 2\cos\left(x + \dfrac{h}{2}\right)\sin\dfrac{h}{2}$

$= \lim_{h \to 0} \cos\left(x + \dfrac{h}{2}\right) \cdot \dfrac{\sin\dfrac{h}{2}}{\dfrac{h}{2}}$

$= \cos x.$

即 $(\sin x)' = \cos x$，这就是说，正弦函数的导数是余弦函数.

用类似的方法，可求得 $(\cos x)' = -\sin x$，这就是说，余弦函数的导数是负的正弦函数.

例 4 求函数 $f(x) = a^x$（$a > 0, a \neq 1$）的导数.

【解析】$f'(x) = \lim_{h \to 0} \dfrac{f(x+h) - f(x)}{h}$

$= \lim_{h \to 0} \dfrac{a^{x+h} - a^x}{h}$

$= a^x \lim_{h \to 0} \dfrac{a^h - 1}{h}$

$= a^x \lim_{h \to 0} \dfrac{a^h - 1}{\log_a(a^h - 1 + 1)}$

$= a^x \lim_{h \to 0} \dfrac{1}{\log_a(a^h - 1 + 1)^{\frac{1}{a^h - 1}}}$

$= a^x \dfrac{1}{\log_a \text{e}}$

$= a^x(\text{e}^x)' = \text{e}$

即 $(\text{e}^x)' = \text{e}^x \ln \text{e}.$

这就是指数函数的导数公式. 特殊地，当 $a = \text{e}$ 时，因 $\ln \text{e} = 1$，故有

$(\text{e}^x)' = \text{e}^x.$

上式表明，以 e 为底的指数函数的导数就是它本身，这是以 e 为底的指数函数的一个重要特性.

例 5 讨论 $f(x) = \begin{cases} x^2, & x < 1 \\ 2x, & x \geqslant 1 \end{cases}$ 在点 $x = 1$ 处的连续性与可导性.

【解析】$\because \lim_{x \to 1^-} f(x) = 1, \lim_{x \to 1^+} f(x) = 2,$

$\therefore f(x)$ 在 $x = 1$ 处不连续，即 $f(x)$ 在 $x = 1$ 处不可导.

例 6 讨论 $f(x) = \begin{cases} x^2 + 1, & x < 1 \\ 2x, & x \geqslant 1 \end{cases}$ 在点 $x = 1$ 处的连续性与可导性.

【解析】$\because f'_-(1) = \lim_{x \to 1^-} \dfrac{f(x) - f(1)}{x - 1}$

$= \lim_{x \to 1^-} \dfrac{x^2 + 1 - 2}{x - 1} = 2,$

$f'_+(1) = \lim_{x \to 1^+} \dfrac{f(x) - f(1)}{x - 1} = \lim_{x \to 1^+} \dfrac{2x - 2}{x - 1} = 2,$

$\therefore f'(1) = 2, f(x)$ 在 $x = 1$ 处可导，当然在 $x = 1$ 处连续.

例 7 讨论 $f(x) = \begin{cases} x, & x \leqslant 1 \\ 2 - x, & x > 1 \end{cases}$.

【解析】$\because \lim_{x \to 1^-} f(x) = \lim_{x \to 1^-} x = 1,$

$\lim_{x \to 1^+} f(x) = \lim_{x \to 1^+} (2 - x) = 1,$

$\therefore f(x)$ 在 $x = 1$ 处连续.

$\because f'_-(1) = \lim_{x \to 1^-} \dfrac{f(x) - f(1)}{x - 1} = \lim_{x \to 1^-} \dfrac{x - 1}{x - 1} = 1,$

$f'_+(1) = \lim_{x \to 1^+} \dfrac{f(x) - f(1)}{x - 1} = \lim_{x \to 1^+} \dfrac{2 - x - 1}{x - 1} = -1,$

$\therefore f(x)$ 在 $x = 1$ 处不可导.

例 8 已知 $f'(x_0) = A$，求 $\lim_{h \to 0} \dfrac{f(x_0 + h) - f(x_0 - h)}{h}.$

【解析】$\lim_{h \to 0} \dfrac{f(x_0 + h) - f(x_0 - h)}{h}$

$= \lim_{h \to 0} \dfrac{[f(x_0 + h) - f(x_0)] - [f(x_0 - h) - f(x_0)]}{h}$

$= \lim_{h \to 0} \left[\dfrac{f(x_0 + h) - f(x_0)}{h} + \dfrac{f(x_0 - h) - f(x_0)}{-h}\right]$

$= 2f'(x_0) = 2A.$

例9 已知 $f(0) = 1$，$\lim\limits_{x \to 0^+} \dfrac{f(2x) - 1}{3x} = 4$，求 $f'(0)$.

【解析】$\because \lim\limits_{x \to 0^+} \dfrac{f(2x) - 1}{3x} = \lim\limits_{x \to 0^+} \dfrac{f(2x) - f(0)}{3x}$

$= \lim\limits_{x \to 0^+} \dfrac{2}{3} \cdot \dfrac{f(2x) - f(0)}{2x}$

$= \dfrac{2}{3} f'(0) = 4,$

$\therefore f'(0) = 6.$

§3.2 函数和差积商的求导法则，反函数的导数

1. 和差积商的求导法则

根据导数定义，很容易得到和、差、积、商的求导法则(假定下面出现的函数都是可导的).

(1) $[u(x) \pm v(x)]' = u'(x) \pm v'(x)$

(2) $[u(x) \cdot v(x)]' = u'(x)v(x) + u(x)v'(x);$
$[cu(x)]' = cu'(x); (uvw)' = u'vw + uv'w + uvw'$

(3) $\left[\dfrac{u(x)}{v(x)}\right]' = \dfrac{u'(x)v(x) - u(x)v'(x)}{v^2(x)}$

这里仅证(2)：

$f'(x) = \lim\limits_{h \to 0} \dfrac{f(x+h) - f(x)}{h}$

$= \lim\limits_{h \to 0} \dfrac{u(x+h)v(x+h) - u(x)v(x)}{h}$

$= \lim\limits_{h \to 0} \dfrac{1}{h}[u(x+h)v(x+h) - u(x)v(x+h)$
$\qquad + u(x)v(x+h) - u(x)v(x)]$

$= \lim\limits_{h \to 0} \left[\dfrac{u(x+h) - u(x)}{h} \cdot v(x+h) + u(x)\right.$
$\qquad \left. \cdot \dfrac{v(x+h) - v(x)}{h}\right]$

$= \lim\limits_{h \to 0} \dfrac{u(x+h) - u(x)}{h} \cdot \lim\limits_{h \to 0} v(x+h) +$
$\quad u(x) \cdot \lim\limits_{h \to 0} \dfrac{v(x+h) - v(x)}{h}$

$= u'(x)v(x) + u(x)v'(x)$

例10 $y = \tan x$，求 y'.

【解析】$y' = (\tan x)' = \left(\dfrac{\sin x}{\cos x}\right)'$

$= \dfrac{(\sin x)' \cos x - \sin x (\cos x)'}{\cos^2 x}$

$= \dfrac{\cos^2 x + \sin^2 x}{\cos^2 x} = \dfrac{1}{\cos^2 x} = \sec^2 x$

即 $(\tan x)' = \sec^2 x$.

这就是正切函数的导数公式.

例11 $y = \sec x$，求 y'.

【解析】$y' = (\sec x)' = \left(\dfrac{1}{\cos x}\right)'$

$= \dfrac{(1)' \cos x - 1 \cdot (\cos x)'}{\cos^2 x} = \dfrac{\sin x}{\cos^2 x}$

$= \sec x \tan x,$

即 $(\sec x)' = \sec x \tan x$.

这就是正割函数的导数公式.

用类似方法，还可求得余切函数及余割函数的导数公式：

$(\cot x)' = -\csc^2 x$

$(\csc x)' = -\csc x \cot x$

2. 反函数的求导法则

若 $\dfrac{\mathrm{d}y}{\mathrm{d}x}$ 存在且不为零，则 $\dfrac{\mathrm{d}x}{\mathrm{d}y} = \dfrac{1}{\dfrac{\mathrm{d}y}{\mathrm{d}x}}$. 由该公式我们可以由直接函数的导数，求出其反函数的导数. 设 $x = \sin y$ 为直接函数，则 $y = \arcsin x$ 是它的反函数. 函数 $x = \sin y$ 在开区间 $I_y = \left(-\dfrac{\pi}{2}, \dfrac{\pi}{2}\right)$ 内单调、可导，且 $(\sin y)' = \cos y > 0$. 因此，由公式 $\dfrac{\mathrm{d}x}{\mathrm{d}y} = \dfrac{1}{\dfrac{\mathrm{d}y}{\mathrm{d}x}}$，在对应区间 $I_x = (-1, 1)$ 内有 $(\arcsin x)' = \dfrac{1}{(\sin y)'} = \dfrac{1}{\cos y}$. 但 $\cos y = \sqrt{1 - \sin^2 y} = \sqrt{1 - x^2}$（因为当 $-\dfrac{\pi}{2} < y < \dfrac{\pi}{2}$ 时，$\cos y > 0$，所以根号前只取正号），从而得反正弦函数的导数公式：$(\arcsin x)' = \dfrac{1}{\sqrt{1 - x^2}}$.

用类似的方法可得反余弦函数的导数公式：$(\arccos x)' = -\dfrac{1}{\sqrt{1 - x^2}}$.

同样我们可得到 $(\arctan x)' = \dfrac{1}{1 + x^2}$;

$(\text{arccot}\, x)' = -\dfrac{1}{1 + x^2}; (\log_a x)' = \dfrac{1}{x \ln a}$.

§3.3 复合函数的求导法则

复合函数求导法则　如果 $u = \varphi(x)$ 在点 x_0 处

可导,而 $y = f(u)$ 在点 $u_0 = \varphi(x_0)$ 处可导,则复合函数 $y = f[\varphi(x)]$ 在点 x_0 处可导,且其导数为 $\dfrac{dy}{dx}\bigg|_{x=x_0} = f'(u_0) \cdot \varphi'(x_0)$.

证:由于 $y = f(u)$ 在点 u_0 处可导,因此 $\lim\limits_{\Delta u \to 0} \dfrac{\Delta y}{\Delta u} = f'(u_0)$ 存在,于是根据极限与无穷小的关系有 $\dfrac{\Delta y}{\Delta u} = f'(u_0) + \alpha$,其中 α 是 $\Delta u \to 0$ 时的无穷小. 上式中 $\Delta u \neq 0$, 用 Δu 乘上式两边,得 $\Delta y = f'(u_0)\Delta u + \alpha \cdot \Delta u$.

当 $\Delta u = 0$ 时,规定 $\alpha = 0$,这时因 $\Delta y = f(u_0 + \Delta u) - f(u_0) = 0$,而 $\Delta y = f'(u_0)\Delta u + \alpha \cdot \Delta u$ 右端亦为零,故 $\Delta y = f'(u_0)\Delta u + \alpha \cdot \Delta u$ 对 $\Delta u = 0$ 也成立. 用 $\Delta x \neq 0$ 除 $\Delta y = f'(u_0)\Delta u + \alpha \cdot \Delta u$ 两边,得 $\dfrac{\Delta y}{\Delta x} = f'(u_0)\dfrac{\Delta u}{\Delta x} + \alpha \cdot \dfrac{\Delta u}{\Delta x}$,于是

$$\lim_{\Delta x \to 0} \dfrac{\Delta y}{\Delta x} = \lim_{\Delta x \to 0}\left[f'(u_0)\dfrac{\Delta u}{\Delta x} + \alpha \cdot \dfrac{\Delta u}{\Delta x}\right].$$

根据函数在某点可导必在该点连续的性质知道,当 $\Delta x \to 0$ 时,$\Delta u \to 0$,从而可以推知

$$\lim_{\Delta x \to 0}\alpha = \lim_{\Delta u \to 0}\alpha = 0.$$

又因 $u = \varphi(x)$ 在点 x_0 处可导,有 $\lim\limits_{\Delta x \to 0}\dfrac{\Delta u}{\Delta x} = \varphi'(x_0)$,

故 $\lim\limits_{\Delta x \to 0}\dfrac{\Delta u}{\Delta x} = f'(u_0) \cdot \lim\limits_{\Delta x \to 0}\dfrac{\Delta u}{\Delta x}$,

即 $\dfrac{dy}{dx}\bigg|_{x=x_0} = f'(u_0) \cdot \varphi'(x_0)$.

证毕.

复合函数的求导法则可以推广到多个中间变量的情形. 我们以两个中间变量为例,设 $y = f(u), u = \varphi(v), v = \psi(x)$,则 $\dfrac{dy}{dx} = \dfrac{dy}{du} \cdot \dfrac{du}{dx}$,而 $\dfrac{du}{dx} = \dfrac{du}{dv} \cdot \dfrac{dv}{dx}$,故复合函数 $y = f\{\varphi[\psi(x)]\}$ 的导数为

$$\dfrac{dy}{dx} = \dfrac{dy}{du} \cdot \dfrac{du}{dv} \cdot \dfrac{dv}{dx}.$$

当然,这里假定上式右端所出现的导数在相应处都存在.

例 12 $y = \ln\sin x$,求 $\dfrac{dy}{dx}$.

【解析】$\dfrac{dy}{dx} = (\ln\sin x)' = \dfrac{1}{\sin x}(\sin x)'$

$= \dfrac{\cos x}{\sin x} = \cot x.$

例 13 $y = \sqrt[3]{1-2x^2}$,求 $\dfrac{dy}{dx}$.

【解析】$\dfrac{dy}{dx} = [(1-2x^2)^{\frac{1}{3}}]'$

$= \dfrac{1}{3}(1-2x^2)^{-\frac{2}{3}} \cdot (1-2x^2)'$

$= \dfrac{-4x}{3\sqrt[3]{(1-2x^2)^2}}.$

例 14 $y = \ln\cos(e^x)$,求 $\dfrac{dy}{dx}$.

【解析】所给函数可分解为 $y = \ln u, u = \cos v, v = e^x$.

因 $\dfrac{dy}{du} = \dfrac{1}{u}, \dfrac{du}{dv} = -\sin v, \dfrac{dv}{dx} = e^x$,故

$\dfrac{dy}{dx} = \dfrac{1}{u} \cdot (-\sin v) \cdot e^x = -\dfrac{\sin(e^x)}{\cos(e^x)} \cdot e^x$

$= -e^x \tan(e^x).$

不写出中间变量,此例可这样写:

$\dfrac{dy}{dx} = [\ln\cos(e^x)]' = \dfrac{1}{\cos(e^x)}[\cos(e^x)]'$

$= \dfrac{-\sin(e^x)}{\cos(e^x)}(e^x)' = -e^x \tan(e^x).$

§3.4 初等函数求导问题、高阶导数

1. 初等函数求导小结

初等函数是由常数和基本初等函数经过有限次四则运算和有限次的函数复合步骤所构成并可用一个式子表示的函数. 为了解决初等函数的求导问题,前面已经求出了常数和全部基本初等函数的导数,还推出了函数的和、差、积、商的求导法则以及复合函数的求导法则. 利用这些导数公式以及求导法则,可以比较方便地求初等函数的导数. 由前面所列举的大量例子可见,基本初等函数的求导公式和上述求导法则,在初等函数的求导运算中起着重要的作用,我们必须熟练地掌握它,为了便于查阅,我们把这些导数公式和求导法则归纳如下:

(1) 常数和基本初等函数的导数公式

$(C)' = 0; (x^\mu)' = \mu x^{\mu-1}; (\sin x)' = \cos x;$

$(\cos x)' = -\sin x; (\tan x)' = \sec^2 x;$

$(\cot x)' = -\csc^2 x; (\sec x)' = \sec x \tan x;$

$(\csc x)' = -\csc x \cot x;$

$(a^x)' = a^x \ln a; (e^x)' = e^x;$

$(\log_a x)' = \dfrac{1}{x \ln a}; (\ln x)' = \dfrac{1}{x}; (\arcsin x)' = \dfrac{1}{\sqrt{1-x^2}};$

$(\arccos x)' = -\dfrac{1}{\sqrt{1-x^2}}; (\arctan x)' = \dfrac{1}{1+x^2};$

$(\operatorname{arccot} x)' = -\dfrac{1}{1+x^2}.$

(2) 函数的和、差、积、商的求导法则

设 $u=u(x), v=v(x)$ 都可导，则

$(u\pm v)' = u'\pm v',$

$(Cu)' = Cu'$ (C 是常数)，

$(uv)' = u'v+uv',$

$\left(\dfrac{u}{v}\right)' = \dfrac{u'v-uv'}{v^2}\ (v\neq 0).$

(3) 复合函数的求导法则

设 $y=f(u)$，而 $u=\varphi(x)$ 且 $f(u)$ 及 $\varphi(x)$ 都可导，则复合函数 $y=f[\varphi(x)]$ 的导数为

$\dfrac{dy}{dx} = \dfrac{dy}{du}\cdot \dfrac{du}{dx}$ 或 $y'(x) = f'(u)\cdot \varphi'(x).$

2. 高阶导数

函数 $y=f(x)$ 的导数 $y'=f'(x)$ 仍然是 x 的函数. 我们把 $y'=f'(x)$ 的导数叫做函数 $y=f(x)$ 的二阶导数，记作 或 $\dfrac{d^2y}{dx^2}$，即

$y'' = (y')'$ 或 $\dfrac{d^2y}{dx^2} = \dfrac{d}{dx}\left(\dfrac{dy}{dx}\right).$

相应地，把 $y=f(x)$ 的导数 $f'(x)$ 叫做函数 $y=f(x)$ 的一阶导数.

类似地，二阶导数的导数，叫做三阶导数，三阶导数的导数叫做四阶导数，……，一般地，$(n-1)$ 阶导数的导数叫做 n 阶导数，分别记作

$y''', y^{(4)}, \cdots, y^{(n)}$

或 $\dfrac{d^3y}{dx^3}, \dfrac{d^4y}{dx^4}, \cdots, \dfrac{d^ny}{dx^n}.$

函数 $y=f(x)$ 具有 n 阶导数，也常说成函数 $f(x)$ 为 n 阶可导. 如果函数 $f(x)$ 在点 x 处具有 n 阶导数，那么 $f(x)$ 在点 x 的某一邻域内必定具有一切低于 n 阶的导数. 二阶及二阶以上的导数统称高阶导数.

由此可见，求高阶导数就是多次接连地求导数. 所以，仍可应用前面学过的求导方法来计算高阶导数.

例15 求指数函数的 n 阶导数.

【解析】$y' = e^x, y'' = e^x, y''' = e^x, y^{(4)} = e^x.$

一般地，可得 $y^{(n)} = e^x,$

即 $y^{(n)} = e^x.$

例16 求正弦函数与余弦函数的 n 阶导数.

【解析】$y = \sin x,$

$y' = \cos x = \sin\left(x+\dfrac{\pi}{2}\right),$

$y'' = \cos\left(x+\dfrac{\pi}{2}\right) = \sin\left(x+\dfrac{\pi}{2}+\dfrac{\pi}{2}\right)$

$= \sin\left(x+2\cdot\dfrac{\pi}{2}\right),$

$y''' = \cos\left(x+2\cdot\dfrac{\pi}{2}\right) = \sin\left(x+3\cdot\dfrac{\pi}{2}\right),$

$y^{(4)} = \cos\left(x+3\cdot\dfrac{\pi}{2}\right) = \sin\left(x+4\cdot\dfrac{\pi}{2}\right),$

一般地，可得 $y^{(n)} = \sin\left(x+n\cdot\dfrac{\pi}{2}\right),$

即 $(\sin x)^{(n)} = \sin\left(x+n\cdot\dfrac{\pi}{2}\right).$

用类似方法，可得 $(\cos x)^{(n)} = \cos\left(x+n\cdot\dfrac{\pi}{2}\right).$

例17 求对数函数 $\ln(1+x)$ 的 n 阶导数.

【解析】$y = \ln(1+x), y' = \dfrac{1}{1+x},$

$y'' = -\dfrac{1}{(1+x)^2}, y''' = \dfrac{1\cdot 2}{(1+x)^3}, y^{(4)} = -\dfrac{1\cdot 2\cdot 3}{(1+x)^4},$

一般地，可得 $y^{(n)} = (-1)^{n-1}\dfrac{(n-1)!}{(1+x)^n},$

即 $[\ln(1+x)]^{(n)} = (-1)^{n-1}\dfrac{(n-1)!}{(1+x)^n}.$

通常规定 $0! = 1$，所以这个公式当 $n=1$ 时也成立.

例18 求幂函数的 n 阶导数公式.

【解析】设 $y = x^\mu$ (μ 是任意常数)，那么

$y' = \mu x^{\mu-1},$

$y'' = \mu(\mu-1)x^{\mu-2},$

$y''' = \mu(\mu-1)(\mu-2)x^{\mu-3},$

$y^{(4)} = \mu(\mu-1)(\mu-2)(\mu-3)x^{\mu-4},$

一般地，可得

$y^{(n)} = \mu(\mu-1)(\mu-2)\cdots(\mu-n+1)x^{\mu-n},$

即 $(x^\mu)^{(n)} = \mu(\mu-1)(\mu-2)\cdots(\mu-n+1)x^{\mu-n}.$

当 $\mu = n$ 时，得到，

$(x^n)^{(n)} = n(n-1)(n-2)\cdots 3\cdot 2\cdot 1 = n!,$

而 $(x^n)^{(n+1)} = 0.$

如果函数 $u=u(x)$ 及 $v=v(x)$ 都在点 x 处具有 n 阶导数，那么显然 $u(x)+v(x)$ 及 $u(x)-v(x)$ 也在点 x 处具有 n 阶导数，且

$(u\pm v)^{(n)} = u^{(n)}\pm v^{(n)}.$

但乘积 $u(x)\cdot v(x)$ 的 n 阶导数并不如此简单. 由 $(uv)' = u'v+uv'$ 首先得出

$(uv)'' = u''v+2u'v'+uv'',$

$(uv)''' = u'''v + 3u''v' + 3u'v'' + uv'''.$

用数学归纳法可以证明

$$(uv)^{(n)} = u^{(n)}v + nu^{(n-1)}v' + \frac{n(n-1)}{2!}u^{(n-2)}v''$$
$$+ \cdots + \frac{n(n-1)\cdots(n-k+1)}{k!}u^{(n-k)}v^{(k)}$$
$$+ \cdots + uv^{(n)}.$$

上式为莱布尼茨(Leibniz)公式. 这公式可以这样记忆: 把 $(u+v)^n$ 按二项式定理展开写成

$$(u+v)^n = u^n v^0 + nu^{n-1}v^1 + \frac{n(n-1)}{2!}u^{n-2}v^2 + \cdots + u^0 v^n,$$

即 $$(u+v)^n = \sum_{k=0}^{n} C_n^k u^{n-k} v^k,$$

然后把 k 次幂换成 k 阶导数(零阶导数理解为函数本身), 再把左端的 $u+v$ 换成 uv, 这样就得到莱布尼茨公式

$$(uv)^{(n)} = \sum_{k=0}^{n} C_n^k u^{(n-k)} v^{(k)}.$$

例 19 $y = x^2 e^{2x}$, 求 $y^{(20)}$.

【解析】设 $u = e^{2x}, v = x^2$, 则 $u^{(k)} = 2^k e^{2x} (k=1, 2, \cdots, 20)$,

$v' = 2x, v'' = 2, v^{(k)} = 0 (k=3, 4, \cdots, 20)$,

代入莱布尼茨公式, 得

$$y^{(20)} = (x^2 e^{2x})^{(20)}$$
$$= 2^{20} e^{2x} \cdot x^2 + 20 \cdot 2^{19} e^{2x} \cdot 2x + \frac{20 \cdot 19}{2!} 2^{18} e^{2x} \cdot 2$$
$$= 2^{20} e^{2x}(x^2 + 20x + 95).$$

§3.5 隐函数的导数, 参数方程的求导方法

1. 隐函数的求导

函数 $y = f(x)$ 表示两个变量 y 与 x 之间的对应关系, 这种对应关系可以用各种不同方式表达. 前面我们遇到的函数, 例如 $y = \sin x, y = \ln x + \sqrt{1-x^2}$ 等, 这种函数表达方式的特点是: 等号左端是因变量的符号, 而右端是含有自变量的式子, 当自变量取定义域内任一值时, 由这式子能确定对应的函数值. 用这种方式表达的函数叫做显函数. 有些函数的表达方式却不是这样, 例如, 方程 $x + y^3 - 1 = 0$ 表示一个函数, 因为当变量 x 在 $(-\infty, +\infty)$ 内取值时, 变量 y 有确定的值与之对应. 例如, 当 $x=0$ 时, $y=1$; 当 $x=$

-1 时, $y = \sqrt[3]{2}$, 等等. 这样的函数称为隐函数.

一般地, 如果在方程 $F(x, y) = 0$ 中, 当 x 取某区间内的任一值时, 相应地总有满足这方程的唯一的 y 值存在, 那么就说方程 $F(x, y) = 0$ 在该区间内确定了一个隐函数.

把一个隐函数化成显函数, 叫做隐函数的显化. 例如从方程 $x + y^3 - 1 = 0$ 解出 $y = \sqrt[3]{1-x}$, 就把隐函数化成了显函数. 隐函数的显化有时是有困难的, 甚至是不可能的. 但在实际问题中, 有时需要计算隐函数的导数, 因此, 我们希望有一种方法, 不管隐函数能否显化, 都能直接由方程算出它所确定的隐函数的导数来. 下面通过具体例子来说明这种方法.

例 20 求由方程 $e^y + xy - e = 0$ 所确定的隐函数 y 的导数 $\dfrac{dy}{dx}$.

【解析】我们把方程两边分别对 x 求导数, 注意 y 是 x 的函数. 方程左边对 x 求导得

$$\frac{d}{dx}(e^y + xy - e) = e^y \frac{dy}{dx} + y + x \frac{dy}{dx},$$

对方程右边求导得 $(0)' = 0.$

由于等式两边对 x 的导数相等, 所以

$$e^y \frac{dy}{dx} + y + x \frac{dy}{dx} = 0,$$

从而 $\dfrac{dy}{dx} = -\dfrac{y}{x + e^y} (x + e^y \neq 0).$

在这个结果中, 分式中的 y 是由方程 $e^y + xy - e = 0$ 所确定的隐函数.

隐函数求导方法小结:

(1) 方程两端同时对 x 求导数, 注意把 y 当作复合函数求导的中间变量来看待, 例如 $(\ln y)'_x = \dfrac{1}{y} y';$

(2) 从求导后的方程中解出 y' 来;

(3) 隐函数求导允许其结果中含有 y, 但求一点的导数时不但要把 x 值代进去, 还要把对应的 y 值代进去.

例 21 $xy + e^y = e$, 确定了 y 是 x 的函数, 求 $y'(0)$.

【解析】$y + xy' + e^y y' = 0, y' = -\dfrac{y}{x + e^y}; \because x = 0$ 时 $y = 1, \therefore y'(0) = -\dfrac{1}{e}.$

2. 取对数求导法

对于幂指函数 $y = u(x)^{v(x)}$ 是没有求导公式的,

我们可以通过方程两端取对数化幂指函数为隐函数,从而求出导数 y'.

例 22 求 $y = x^{\sin x}$ $(x > 0)$ 的导数.

【解析】此函数既不是幂函数也不是指数函数,通常称为幂指函数.为了求此函数的导数,可以先在两边取对数,得 $\ln y = \sin x \cdot \ln x$;

上式两边对 x 求导,注意到 y 是 x 的函数,得

$$\frac{1}{y}y' = \cos x \cdot \ln x + \sin x \cdot \frac{1}{x},$$

于是 $y' = y\left(\cos x \cdot \ln x + \frac{\sin x}{x}\right) = x^{\sin x}\left(\cos x \cdot \ln x + \frac{\sin x}{x}\right)$.

由于对数具有化积商为和差的性质,因此我们可以把多因子乘积开方的求导运算,通过取对数得到化简.

例 23 求 $y = \sqrt{\dfrac{(x-1)(x-2)}{(x-3)(x-4)}}$ 的导数.

【解析】先在两边取对数(假定 $x > 4$),得

$\ln y = \dfrac{1}{2}[\ln(x-1) + \ln(x-2) - \ln(x-3) - \ln(x-4)],$

上式两边对 x 求导,注意到 y 是 x 的函数,得

$\dfrac{1}{y}y' = \dfrac{1}{2}\left(\dfrac{1}{x-1} + \dfrac{1}{x-2} - \dfrac{1}{x-3} - \dfrac{1}{x-4}\right),$

于是 $y' = \dfrac{y}{2}\left(\dfrac{1}{x-1} + \dfrac{1}{x-2} - \dfrac{1}{x-3} - \dfrac{1}{x-4}\right).$

当 $x < 1$ 时,$y = \sqrt{\dfrac{(1-x)(2-x)}{(3-x)(4-x)}}$;

当 $2 < x < 3$ 时,$y = \sqrt{\dfrac{(x-1)(x-2)}{(3-x)(4-x)}}$.

用同样方法可得与上面相同的结果.

关于幂指函数求导,除了取对数的方法也可以采取化指数的办法.例如 $x^x = e^{x\ln x}$,这样就可把幂指函数求导转化为复合函数求导,如求 $y = x^{e^x} + e^{x^e}$ 的导数时,化指数方法比取对数方法来得简单,且不容易出错.

3. 参数方程的求导

若由参数方程 $\begin{cases} x = \varphi(t) \\ y = \psi(t) \end{cases}$ 确定了 y 是 x 的函数,如果函数 $x = \varphi(t)$ 具有单调连续反函数 $t = \overline{\varphi}(x)$,且此反函数能与函数 $y = \psi(t)$ 复合成复合函数,那么由参数方程 $\begin{cases} x = \varphi(t) \\ y = \psi(t) \end{cases}$ 所确定的函数可以看成是由函数

$y = \psi(t)$、$t = \overline{\varphi}(x)$ 复合而成的函数 $y = \psi[\overline{\varphi}(x)]$. 现在要计算这个复合函数的导数,为此,再假定函数 $x = \varphi(t)$、$y = \psi(t)$ 都可导,而且 $\varphi'(t) \neq 0$. 于是根据复合函数的求导法则与反函数的导数公式,就有

$$\frac{dy}{dx} = \frac{dy}{dt} \cdot \frac{dt}{dx} = \frac{dy}{dt} \cdot \frac{1}{\frac{dx}{dt}} = \frac{\psi'(t)}{\varphi'(t)},$$

即

$$\frac{dy}{dx} = \frac{\psi'(t)}{\varphi'(t)}.$$

上式也可写成 $\dfrac{dy}{dx} = \dfrac{\dfrac{dy}{dt}}{\dfrac{dx}{dt}}$.

如果 $x = \varphi(t)$、$y = \psi(t)$ 还是二阶可导的,由 $\dfrac{dy}{dx} = \dfrac{\psi'(t)}{\varphi'(t)}$ 还可导出 y 对 x 的二阶导数公式:

$$\frac{d^2 y}{dx^2} = \frac{d}{dx}\left(\frac{dy}{dx}\right) = \frac{d}{dt}\left(\frac{\psi'(t)}{\varphi'(t)}\right) \cdot \frac{dt}{dx}$$

$$= \frac{\psi''(t)\varphi'(t) - \psi'(t)\varphi''(t)}{\varphi^2(t)} \cdot \frac{1}{\varphi'(t)},$$

即 $\dfrac{d^2 y}{dx^2} = \dfrac{\psi''(t)\varphi'(t) - \psi'(t)\varphi''(t)}{\varphi^3(t)}.$

§3.6 函数的微分

1. 微分的定义

计算函数增量 $\Delta y = f(x_0 + \Delta x) - f(x_0)$ 是我们非常关心的. 一般说来,函数的增量的计算是比较复杂的,我们希望寻求计算函数增量的近似计算方法.

先分析一个具体问题,一块正方形金属薄片受温度变化的影响,其边长由 x_0 变到 $x_0 + \Delta x$(图3-3),问此薄片的面积改变了多少?

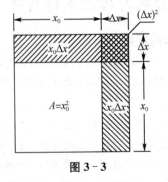

图 3-3

设此薄片的边长为 x,面积为 A,则 A 是 x 的函数:$A = x^2$. 薄片受温度变化的影响时面积的改变量,可以看成是当自变量 x 自 x_0 取得增量 Δx 时,函数 A

相应的增量 ΔA，即

$$\Delta A = (x_0 + \Delta x)^2 - x_0^2 = 2x_0 \Delta x + (\Delta x)^2.$$

从上式可以看出，ΔA 分成两部分，第一部分 $2x_0 \Delta A$ 是 ΔA 的线性函数，即图中带有斜线的两个矩形面积之和，而第二部分 $(\Delta x)^2$ 在图中是带有交叉斜线的小正方形的面积，当 $\Delta x \to 0$ 时，第二部分 $(\Delta x)^2$ 是比 Δx 高阶的无穷小，即 $(\Delta x)^2 = o(\Delta x)$. 由此可见，如果边长改变很微小，即 $|\Delta x|$ 很小时，面积的改变量 ΔA 可近似地用第一部分来代替.

一般地，如果函数 $y = f(x)$ 满足一定条件，则函数的增量 Δy 可表示为

$$\Delta y = A \Delta x + o(\Delta x),$$

其中 A 是不依赖于 Δx 的常数，因此 $A \Delta x$ 是 Δx 的线性函数，且它与 Δy 之差

$$\Delta y - A \Delta x = o(\Delta x),$$

是比 Δx 高阶的无穷小. 所以，当 $A \neq 0$，且 $|\Delta x|$ 很小时，我们就可近似地用 $A \Delta x$ 来代替 Δy.

定义：设函数 $y = f(x)$ 在某区间内有定义，$x_0 + \Delta x$ 及 x_0 在这区间内，如果函数的增量

$$\Delta y = f(x_0 + \Delta x) - f(x_0)$$

可表示为 $\Delta y = A \Delta x + o(\Delta x)$， ①

其中 A 是不依赖于 Δx 的常数，而 $o(\Delta x)$ 是比 Δx 高阶的无穷小，那么称函数 $y = f(x)$ 在点 x_0 处是可微的，而 $A \Delta x$ 叫做函数 $y = f(x)$ 在点 x_0 相应于自变量增量 Δx 的微分，记作 $\mathrm{d}y$，即

$$\mathrm{d}y = A \Delta x.$$

下面讨论函数可微的条件. 设函数 $y = f(x)$ 在点 x_0 处可微，则按定义有 ① 式成立. ① 式两边除以 Δx，得 $\dfrac{\Delta y}{\Delta x} = A + \dfrac{o(\Delta x)}{\Delta x}$.

于是，当 $\Delta x \to 0$ 时，由上式就得到 $A = \lim\limits_{\Delta x \to 0} \dfrac{\Delta y}{\Delta x} = f'(x_0)$.

因此，如果函数 $f(x)$ 在点 x_0 处可微，则 $f(x)$ 在点 x_0 处也一定可导（即 $f'(x_0)$ 存在），且 $A = f'(x_0)$.

反之，如果 $y = f(x)$ 在点 x_0 处可导，即 $\lim\limits_{\Delta x \to 0} \dfrac{\Delta y}{\Delta x} = f'(x_0)$ 存在，根据极限与无穷小的关系，上式可写成 $\dfrac{\Delta y}{\Delta x} = f'(x_0) + \alpha$，其中 $\alpha \to 0$（当 $\Delta x \to 0$）.

由此又有 $\Delta y = f'(x_0) \Delta x + \alpha \Delta x$. 因 $\alpha \Delta x = o(\Delta x)$，且不依赖于 Δx，故上式相当于 ① 式，所以 $f(x)$ 在点 x_0 处也是可微的.

由此可见，函数 $f(x)$ 在点 x_0 处可微的充分必要条件是函数 $f(x)$ 在点 x_0 处可导，且当 $f(x)$ 在点 x_0 处可微时，其微分一定是

$$\mathrm{d}y = f'(x_0) \Delta x.$$ ②

当 $f'(x_0) \neq 0$ 时，有

$$\lim_{\Delta x \to 0} \frac{\Delta y}{\mathrm{d}y} = \lim_{\Delta x \to 0} \frac{\Delta y}{f'(x_0) \Delta x} = \frac{1}{f'(x_0)} \lim_{\Delta x \to 0} \frac{\Delta y}{\Delta x} = 1.$$

从而，当 $\Delta x \to 0$ 时，Δy 与 $\mathrm{d}y$ 是等价无穷小，这时有

$$\Delta y = \mathrm{d}y + o(\mathrm{d}y),$$ ③

即 $\mathrm{d}y$ 是 Δy 的主部. 又由于 $\mathrm{d}y = f'(x_0) \Delta x$ 是 Δx 的线性函数，所以在 $f'(x_0) \neq 0$ 的条件下，我们说 $\mathrm{d}y$ 是 Δy 的线性主部（当 $\Delta x \to 0$）. 这是由③式有

$$\lim_{\Delta x \to 0} \frac{\Delta y - \mathrm{d}y}{\mathrm{d}y} = 0,$$

从而也有

$$\lim_{\Delta x \to 0} \left| \frac{\Delta y - \mathrm{d}y}{\mathrm{d}y} \right| = 0.$$

式子 $\left| \dfrac{\Delta y - \mathrm{d}y}{\mathrm{d}y} \right|$ 表示以 $\mathrm{d}y$ 近似代替 Δy 时的相对误差，于是我们得到结论：在 $f'(x_0) \neq 0$ 的条件下，以微分 $\mathrm{d}y = f'(x_0) \Delta x$ 近似代替增量 $\Delta y = f(x_0 + \Delta x) - f(x_0)$ 时，相对误差当 $\Delta x \to 0$ 时趋于零. 因此，在 $|\Delta x|$ 很小时，有精确度较好的近似等式

$$\Delta y \approx \mathrm{d}y.$$

函数 $y = f(x)$ 在任意点 x 处的微分，称为函数的微分，记作 $\mathrm{d}y$ 或 $\mathrm{d}f(x)$，即

$$\mathrm{d}y = f'(x) \Delta x.$$

注1：由微分的定义，我们可以把导数看成微分的商. 例如求 $\sin x$ 对 $\sqrt{x}$ 的导数时就可以看成 $\sin x$ 微分与 $\sqrt{x}$ 微分的商，即

$$\frac{\mathrm{d}\sin x}{\mathrm{d}\sqrt{x}} = \frac{\cos x \mathrm{d}x}{\dfrac{1}{2\sqrt{x}} \mathrm{d}x} = 2\sqrt{x} \cos x.$$

注2：函数在一点处的微分是函数增量的近似值，它与函数增量仅相差 Δx 的高阶无穷小. 因此要会应用下面两个公式：

$$\Delta y \approx \mathrm{d}y = f'(x_0) \Delta x,$$
$$f(x_0 + \Delta x) \approx f(x_0) + f'(x_0) \Delta x.$$

作近似计算.

2. 微分的几何意义

在直角坐标系中，函数 $y = f(x)$ 的图形是一条曲线. 对于某一固定的 x_0 值，曲线上有一个确定点 $M(x_0, y_0)$ 当自变量 x 有微小增量 Δx 时，就得到曲线上另一点 $N(x_0 + \Delta x, y_0 + \Delta y)$. 由图3-4可知，$MQ = \Delta x, QN = \Delta y$.

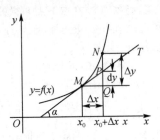

图 3-4

过点 M 作曲线的切线,它的倾角为 α,则
$$QP = MQ \cdot \tan\alpha = \Delta x \cdot f'(x_0),$$
即 $dy = QP$.

由此可见,当 Δy 是曲线 $y = f(x)$ 上的 M 点的纵坐标的增量时,dy 就是曲线的切线上 M 点的纵坐标的相应增量. 当 $|\Delta x|$ 很小时,$|\Delta y - dy|$ 比 $|\Delta x|$ 小得多. 因此在点 M 的邻近,我们可以用切线段来近似代替曲线段.

3. 微分运算法则及微分公式表

由 $dy = f'(x)dx$,很容易得到微分的运算法则及微分公式表(当 u、v 都可导):

$$d(u \pm v) = du \pm dv$$
$$d(Cu) = Cdu$$
$$d(u \cdot v) = vdu + udv$$
$$d\left(\frac{u}{v}\right) = \frac{vdu - udv}{v^2}$$

微分公式表:

$$d(x^\mu) = \mu x^{\mu-1} dx$$
$$d(\sin x) = \cos x dx$$
$$d(\cos x) = -\sin x dx$$
$$d(\tan x) = \sec^2 x dx$$
$$d(\cot x) = -\csc^2 x dx$$
$$d(\sec x) = \sec x \tan x dx$$
$$d(\csc x) = -\csc x \cot x dx$$
$$d(a^x) = a^x \ln a dx$$
$$d(e^x) = e^x dx$$
$$d(\log_a x) = \frac{1}{x \ln a} dx$$
$$d(\ln x) = \frac{1}{x} dx$$
$$d(\arcsin x) = \frac{1}{\sqrt{1-x^2}} dx$$
$$d(\arccos x) = -\frac{1}{\sqrt{1-x^2}} dx$$
$$d(\arctan x) = \frac{1}{1+x^2} dx$$
$$d(\text{arccot } x) = -\frac{1}{1+x^2} dx$$

上述公式必须记牢.

4. 复合函数微分法则

与复合函数的求导法则对应的复合函数的微分法则可推导如下:

设 $y = f(u)$ 及 $u = \varphi(x)$ 都可导,则复合函数 $y = f[\varphi(x)]$ 的微分为
$$dy = y'_x dx = f'(u)\varphi'(x)dx.$$
由于 $\varphi'(x)dx = du$,所以,复合函数 $y = f[\varphi(x)]$ 的微分公式也可以写成
$$dy = f'(u)du \text{ 或 } dy = y'_u du.$$

由此可见,无论 u 是自变量还是另一个变量的可微函数,微分形式 $dy = f'(u)du$ 保持不变. 这一性质称为微分形式不变性. 这一性质表明,当变换自变量时(即设 u 为另一变量的任一可微函数时),微分形式 $dy = f'(u)du$ 并不改变.

第4章 微分中值定理与导数应用

§4.1 微分中值定理

1. 罗尔定理

费马定理:设函数 $f(x)$ 在点 x_0 的某邻域 $U(x_0)$ 内有定义,并且在 x_0 处可导,如果对任意 $x \in U(x_0)$,有 $f(x) \leq f(x_0)$(或 $f(x) \geq f(x_0)$),那么 $f'(x_0) = 0$.

【证明】不妨设 $x \in U(x_0)$ 时,$f(x) \leq f(x_0)$(若 $f(x) \geq f(x_0)$,可以类似地证明).

于是对于 $x_0+\Delta x\in U(x_0)$, 有 $f(x_0+\Delta x)\leqslant f(x_0)$, 从而当 $\Delta x>0$ 时, $\dfrac{f(x_0+\Delta x)-f(x_0)}{\Delta x}\leqslant 0$; 而当 $\Delta x<0$ 时, $\dfrac{f(x_0+\Delta x)-f(x_0)}{\Delta x}\geqslant 0$.

根据函数 $f(x)$ 在 x_0 处可导及极限的保号性可得
$$f'(x_0)=f'_+(x_0)=\lim_{\Delta x\to 0^+}\dfrac{f(x_0+\Delta x)-f(x_0)}{\Delta x}\leqslant 0,$$
$$f'(x_0)=f'_-(x_0)=\lim_{\Delta x\to 0^-}\dfrac{f(x_0+\Delta x)-f(x_0)}{\Delta x}\geqslant 0,$$
所以 $f'(x_0)=0$, 证毕.

定义: 导数等于零的点称为函数的驻点(或稳定点、临界点).

罗尔定理: 如果函数 $f(x)$ 满足: (1) 在闭区间 $[a,b]$ 上连续; (2) 在开区间 (a,b) 内可导; (3) 在区间端点处的函数值相等, 即 $f(a)=f(b)$, 那么在 (a,b) 内至少存在一点 $\xi(a<\xi<b)$, 使得函数 $f(x)$ 在该点的导数等于零, 即 $f'(\xi)=0$.

【证明】 由于 $f(x)$ 在 $[a,b]$ 上连续, 因此必有最大值 M 和最小值 m, 于是有两种可能的情形:

(1) $M=m$, 此时 $f(x)$ 在 $[a,b]$ 上必然取相同的数值 M, 即 $f(x)=M$.

由此得 $f'(x)=0$. 因此, 任取 $\xi\in(a,b)$, 有 $f'(\xi)=0$.

(2) $M>m$, 由于 $f(a)=f(b)$, 所以 M 和 m 中至少有一个不等于 $f(a)$, 不妨设 $M\neq f(a)$ (若 $m\neq f(a)$, 可类似证明), 则必定在 (a,b) 内有一点 ξ 使 $f(\xi)=M$. 因此任取 $x\in[a,b]$ 有 $f(x)\leqslant f(\xi)$, 从而由费马定理有 $f'(\xi)=0$. 证毕.

几何意义: 对于在 $[a,b]$ 上每一点都有不垂直于 x 轴的切线, 且两端点的连线与 x 轴平行的不间断的曲线来说, 至少存在一点 C, 使得其切线平行于 x 轴.

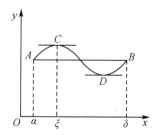

从图可以看出, 符合条件的点出现在最大值和最小值点.

罗尔定理可用于: (1) 讨论方程只有一个根; (2) 证明等式.

例 1 验证罗尔定理对 $f(x)=x^2-2x-3$ 在区间 $[-1,3]$ 上的正确性.

【解析】 显然 $f(x)=x^2-2x-3=(x-3)(x+1)$ 在 $[-1,3]$ 上连续, 在 $(-1,3)$ 上可导, 且 $f(-1)=f(3)=0$, 又 $f'(x)=2(x-1)$, 取 $\xi=1(1\in(-1,3))$, 有 $f'(\xi)=0$.

说明: (1) 若罗尔定理的三个条件中有一个不满足, 其结论可能不成立;

(2) 使得定理成立的 ξ 可能多于一个, 也可能只有一个. 例如 $y=|x|, x\in[-2,2]$ 在 $[-2,2]$ 上除 $f'(0)$ 不存在外, 满足罗尔定理的一切条件, 但在区间 $[-2,2]$ 内找不到一点能使 $f'(x)=0$.

例如 $y=\begin{cases}1-x, & x\in(0,1]\\ 0, & x=0\end{cases}$ 除了在 $x=0$ 点处不连续外, 在 $[0,1]$ 上满足罗尔定理的一切条件, 但在区间 $[0,1]$ 上不存在使得 $f'(\xi)=0$ 的点.

例如 $y=x, x\in[0,1]$. 除了 $f(0)\neq f(1)$ 外, 在 $[0,1]$ 上满足罗尔定理的一切条件, 但在区间 $[0,1]$ 上不存在使得 $f'(\xi)=0$ 的点.

又例如 $y=\cos x, x\in\left[-\dfrac{\pi}{2},\dfrac{3\pi}{2}\right]$ 满足定理的一切条件, 而 $\xi=0,\pi$

例 2 证明方程 $x^5-5x+1=0$ 有且仅有一个小于 1 的正实根.

【证明】 设 $f(x)=x^5-5x+1$, 则 $f(x)$ 在 $[0,1]$ 上连续, 且 $f(0)=1, f(1)=-3$.

由介值定理存在 $x_0\in(0,1)$ 使 $f(x_0)=0$, 即 x_0 为方程的小于 1 的正实根.

设另有 $x_1\in(0,1), x_1\neq x_0$, 使 $f(x_1)=0$. 因为 $f(x)$ 在 (x_0,x_1) 之间满足罗尔定理的条件, 所以至少存在一个 $\xi(x_0<\xi<x_1)$, 使得 $f'(\xi)=0$.

但 $f'(x)=5(x^4-1)<0[x\in(0,1)]$, 矛盾, 所以 x_0 为方程的唯一实根.

拉格朗日中值定理的证明就是罗尔定理证明等式的一个例子.

2. 拉格朗日(Lagrange)中值定理

在实际应用中, 由于罗尔定理的条件(3)有时不能满足, 使得其应用受到一定限制. 如果将条件(3)去掉, 就是下面要介绍的拉格朗日中值定理.

拉格朗日中值定理: 如果函数 $f(x)$ 满足 (1) 在闭区间 $[a,b]$ 上连续; (2) 在开区间 (a,b) 内可导, 那么在 (a,b) 内至少存在一点 $\xi(a<\xi<b)$, 使得等式

$$f(b)-f(a)=f'(\xi)(b-a)$$

成立.

几何意义：上述等式可变形为 $f'(\xi)=\dfrac{f(b)-f(a)}{b-a}$，等式右端为弦 AB 的斜率，于是在区间 $[a,b]$ 上不间断且其上每一点都有不垂直于 x 轴切线的曲线上，至少存在一点 C，使得过 C 点的切线平行于弦 AB.

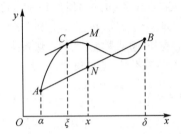

当 $f(a)=f(b)$ 时，罗尔定理变为拉格朗日中值定理，即罗尔定理是拉格朗日中值定理的特例，而拉格朗日中值定理是罗尔定理的推广，下面用罗尔定理证明拉格朗日中值定理.

【分析与证明】 弦 AB 的方程为 $y=f(a)+\dfrac{f(b)-f(a)}{b-a}(x-a)$. 曲线 $f(x)$ 减去弦 AB，所得曲线 AB 两端点的函数值相等. 作辅助函数

$$F(x)=f(x)-\left[f(a)+\dfrac{f(b)-f(a)}{b-a}(x-a)\right]$$

于是 $F(x)$ 满足罗尔定理的条件，则在 (a,b) 内至少存在一点 ξ，使得 $F'(\xi)=0$.

又 $F'(x)=f'(x)-\dfrac{f(b)-f(a)}{b-a}$，

所以 $f'(\xi)=\dfrac{f(b)-f(a)}{b-a}$

即在 (a,b) 内至少有一点 $\xi(a<\xi<b)$，使得 $f(b)-f(a)=f'(\xi)(b-a)$. 证毕.

说明：(1) $f(b)-f(a)=f'(\xi)(b-a)$ 又称为拉格朗日中值公式(简称拉氏公式)，此公式对于 $b<a$ 也成立；

(2) 拉氏公式精确地表达了函数在一个区间上的增量与函数在这区间内某点处的导数之间的关系. 当设 $f(x)$ 在 $[a,b]$ 上连续，在 (a,b) 内可导时，若 $x_0, x_0+\Delta x \in (a,b)$，则有

$$f(x_0+\Delta x)-f(x_0)=f'(x_0+\theta\Delta x)\cdot\Delta x(0<\theta<1)$$

当 $y=f(x)$ 时，也可写成

$$\Delta y=f'(x_0+\theta\Delta x)\cdot\Delta x(0<\theta<1).$$

试与微分 $\mathrm{d}y=f'(x)\cdot\Delta x$ 比较：$\mathrm{d}y=f'(x)\cdot\Delta x$ 是函数增量 Δy 的近似表达式，而 $\Delta y=f'(x_0+\theta\Delta x)\cdot\Delta x(0<\theta<1)$ 是函数增量 Δy 的精确表达式. 所以拉格朗日中值公式又称为有限增量公式，拉格朗日中值定理又称有限增量定理.

推论：若函数 $f(x)$ 在区间 I 上导数恒为零，则 $f(x)$ 在区间 I 上是一个常数.

拉格朗日中值定理可以用于：(1) 证明等式；(2) 证明不等式.

例3 证明 $\arcsin x + \arccos x = \dfrac{\pi}{2}\ (-1 \leqslant x \leqslant 1)$.

【证明】 设 $f(x)=\arcsin x+\arccos x, x\in[-1,1]$

由于 $f'(x)=\dfrac{1}{\sqrt{1-x^2}}+\left(-\dfrac{1}{\sqrt{1-x^2}}\right)=0$，所以 $f(x)\equiv C, x\in[-1,1]$.

又 $f(0)=\arcsin 0+\arccos 0=0+\dfrac{\pi}{2}=\dfrac{\pi}{2}$，即 $C=\dfrac{\pi}{2}$.

故 $\arcsin x+\arccos x=\dfrac{\pi}{2}$.

例4 证明当 $x>0$ 时，$\dfrac{x}{1+x}<\ln(1+x)<x$.

【证明】 设 $f(x)=\ln(1+x)$，则 $f(x)$ 在 $[0,x]$ 上满足拉氏定理的条件，

于是 $f(x)-f(0)=f'(\xi)(x-0)(0<\xi<x)$.

又 $f(0)=0, f'(x)=\dfrac{1}{1+x}$，

于是 $\ln(1+x)=\dfrac{x}{1+\xi}$

而 $0<\xi<x$，所以 $1<1+\xi<1+x$，

故 $\dfrac{1}{1+x}<\dfrac{1}{1+\xi}<1$，

从而 $\dfrac{x}{1+x}<\dfrac{x}{1+\xi}<x$，

即 $\dfrac{x}{1+x}<\ln(1+x)<x$.

3. 柯西中值定理

柯西中值定理 如果函数 $f(x)$ 及 $F(x)$ 在闭区间 $[a,b]$ 上连续，在开区间 (a,b) 内可导，且 $F'(x)$ 在 (a,b) 内每一点处均不为零，那么在 (a,b) 内至少存在一点 $\xi(a<\xi<b)$，使等式 $\dfrac{f(b)-f(a)}{F(b)-F(a)}=\dfrac{f'(\xi)}{F'(\xi)}$ 成立.

几何解释：设曲线弧 C 由参数方程 $\begin{cases} X = f(x) \\ Y = f(x) \end{cases}$ ($a \leqslant x \leqslant b$) 表示，其中 x 为参数. 如果曲线 C 上除端点外处处具有不垂直于横轴的切线，那么在曲线 C 上必有一点 $x = \xi$，使曲线上该点的切线平行于连接曲线端点的弦 AB，曲线 C 上点 $x = \xi$ 处的切线的斜率为 $\dfrac{\mathrm{d}y}{\mathrm{d}x} = \dfrac{f'(\xi)}{F'(\xi)}$，弦 AB 的斜率为 $\dfrac{f(b)-f(a)}{F(b)-F(a)}$. 于是 $\dfrac{f(b)-f(a)}{F(b)-F(a)} = \dfrac{f'(\xi)}{F'(\xi)}$，即在曲线弧 AB 上至少存在一点 $C(F(\xi), f(\xi))$，在该点处的切线平行于弦 AB.

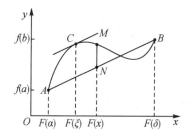

【证明】作辅助函数
$$\varphi(x) = f(x) - f(a) - \dfrac{f(b)-f(a)}{F(b)-F(a)}[F(x)-F(a)]$$

则 $\varphi(x)$ 满足罗尔定理的条件，于是在 (a,b) 内至少存在一点 ξ，使得 $\varphi'(\xi) = 0$，即 $f'(\xi) - \dfrac{f(b)-f(a)}{b-a}F'(\xi) = 0$，所以 $\dfrac{f(b)-f(a)}{F(b)-F(a)} = \dfrac{f'(\xi)}{F'(\xi)}$，证毕.

特别地，当 $f(x) = x$ 时，$F(b) - F(a) = b - a$，$F'(x) = 1$，

由 $\dfrac{f(b)-f(a)}{F(b)-F(a)} = \dfrac{f'(\xi)}{F'(\xi)}$ 有 $\dfrac{f(b)-f(a)}{b-a} = f'(\xi)$，

即 $f(b) - f(a) = f'(\xi)(b-a)$，故拉格朗日中值定理是柯西中值定理的特例，而柯西中值定理是拉格朗日中值定理的推广.

例5 设函数 $f(x)$ 在 $[0,1]$ 上连续，在 $(0,1)$ 内可导，证明：至少存在一点 $\xi \in (0,1)$，使 $f'(\xi) = 2\xi[f(1) - f(0)]$.

【证明与分析】结论可变形为
$$\dfrac{f(1)-f(0)}{1-0} = \dfrac{f'(\xi)}{2\xi} = \dfrac{f'(x)}{(x^2)'}\bigg|_{x=\xi}$$

设 $g(x) = x^2$，则 $f(x)$、$g(x)$ 在 $[0,1]$ 上满足柯西中值定理的条件，

所以至少存在一点 $\xi \in (0,1)$，使

$$\dfrac{f(1)-f(0)}{1-0} = \dfrac{f'(\xi)}{2\xi}$$

即 $f'(\xi) = 2\xi[f(1) - f(0)]$.

§4.2 洛必达法则

1. $\dfrac{0}{0}$ 型和 $\dfrac{\infty}{\infty}$ 型未定式的解法：洛必达法则

定义：若当 $x \to a$（或 $x \to \infty$）时，函数 $f(x)$ 和 $F(x)$ 都趋于零（或无穷大），则极限 $\lim\limits_{\substack{x \to a \\ (x \to \infty)}} \dfrac{f(x)}{F(x)}$ 可能存在，也可能不存在，通常称为 $\dfrac{0}{0}$ 型和 $\dfrac{\infty}{\infty}$ 型未定式.

例如 $\lim\limits_{x \to 0^+} \dfrac{\tan x}{x}$ ($\dfrac{0}{0}$ 型)；$\lim\limits_{x \to 0^+} \dfrac{\ln \sin ax}{\ln \sin bx}$ ($\dfrac{\infty}{\infty}$ 型).

定理：(1) 当 $x \to 0$ 时，函数 $f(x)$ 和 $F(x)$ 都趋于零；(2) 在 a 点的某去心邻域内，$f'(x)$ 和 $F'(x)$ 都存在且 $F'(x) \neq 0$；(3) $\lim\limits_{\substack{x \to a \\ (x \to \infty)}} \dfrac{f'(x)}{F'(x)}$ 存在（或无穷大），则
$$\lim_{x \to a} \dfrac{f(x)}{F(x)} = \lim_{x \to a} \dfrac{f'(x)}{F'(x)}.$$

定义：这种在一定条件下通过分子分母分别求导再求极限来确定未定式的值的方法称为洛必达法则.

【证明】定义辅助函数
$$f_1(x) = \begin{cases} f(x), & x \neq a \\ 0, & x = a \end{cases}, F_1(x) = \begin{cases} f(x), & x \neq a \\ 0, & x = a \end{cases}$$

在 $\overset{\circ}{U}(a, \delta)$ 内任取一点 x，在以 a 和 x 为端点的区间上函数 $f_1(x)$ 和 $F_1(x)$ 满足柯西中值定理的条件，则有

$$\dfrac{f(x)}{F(x)} = \dfrac{f(x)-f(a)}{F(x)-F(a)} = \dfrac{f'(\xi)}{F'(\xi)} (\xi \text{ 在 } a \text{ 与 } x \text{ 之间}),$$

当 $x \to 0$ 时，有 $\xi \to a$，所以当 $\lim\limits_{x \to a} \dfrac{f'(x)}{F'(x)} = A$ 时，有

$$\lim_{\xi \to a} \dfrac{f'(\xi)}{F'(\xi)} = A,$$

故 $\lim\limits_{x \to a} \dfrac{f(x)}{F(x)} = \lim\limits_{\xi \to a} \dfrac{f'(\xi)}{F'(\xi)} = A.$

证毕.

说明：(1) 如果 $\lim\limits_{x \to a} \dfrac{f'(x)}{F'(x)}$ 仍属于 $\dfrac{0}{0}$ 型，且 $f'(x)$ 和 $F'(x)$ 满足洛必达法则的条件，可继续使用洛必达法则，即 $\lim\limits_{x \to a} \dfrac{f(x)}{F(x)} = \lim\limits_{x \to a} \dfrac{f'(x)}{F'(x)} = \lim\limits_{x \to a} \dfrac{f''(x)}{F''(x)} = \cdots$；

(2) 当 $x \to \infty$ 时，该法则仍然成立，有 $\lim\limits_{x \to \infty} \dfrac{f(x)}{F(x)}$

$$= \lim_{x \to \infty} \frac{f'(x)}{F'(x)};$$

(3) 对 $x \to a$(或 $x \to \infty$)时的未定式 $\frac{\infty}{\infty}$，也有相应的洛必达法则；

(4) 洛必达法则是充分条件；

(5) 如果数列极限也属于未定式的极限问题，需先将其转换为函数极限，然后使用洛必达法则，从而求出数列极限.

例 6 求 $\lim\limits_{x \to 0^+} \frac{\tan x}{x}\left(\frac{0}{0}\ 型\right)$.

【解析】原式 $= \lim\limits_{x \to 0^+} \frac{(\tan x)'}{(x)'} = \lim\limits_{x \to 0^+} \frac{\sec^2 x}{1} = 1$.

例 7 求 $\lim\limits_{x \to 1} \frac{x^3 - 3x + 2}{x^3 - x^2 - x + 1}\left(\frac{0}{0}\ 型\right)$.

【解析】原式 $= \lim\limits_{x \to 1} \frac{3x^2 - 3}{3x^2 - 2x - 1} = \lim\limits_{x \to 1} \frac{6x}{6x - 2}$
$= \frac{3}{2}$.

例 8 求 $\lim\limits_{x \to +\infty} \frac{\frac{\pi}{2} - \arctan x}{\frac{1}{x}}\left(\frac{0}{0}\ 型\right)$.

【解析】原式 $= \lim\limits_{x \to +\infty} \frac{-\frac{1}{1+x^2}}{-\frac{1}{x^2}} = \lim\limits_{x \to +\infty} \frac{x^2}{1+x^2} = 1$.

例 9 求 $\lim\limits_{x \to 0^+} \frac{\ln \sin ax}{\ln \sin bx}\left(\frac{\infty}{\infty}\ 型\right)$.

【解析】原式 $= \lim\limits_{x \to 0^+} \frac{a\cos ax \cdot \sin bx}{b\cos bx \cdot \sin ax}$
$= \lim\limits_{x \to 0^+} \frac{\cos bx}{\cos ax} = 1$.

例 10 求 $\lim\limits_{x \to \frac{\pi}{2}} \frac{\tan x}{\tan 3x}\left(\frac{\infty}{\infty}\ 型\right)$.

【解析】原式 $= \lim\limits_{x \to \frac{\pi}{2}} \frac{\sec^2 x}{3\sec^2 3x} = \frac{1}{3} \lim\limits_{x \to \frac{\pi}{2}} \frac{\cos^2 3x}{\cos^2 x}$
$= \frac{1}{3} \lim\limits_{x \to \frac{\pi}{2}} \frac{-6\cos 3x \sin 3x}{-2\cos x \sin x}$
$= \lim\limits_{x \to \frac{\pi}{2}} \frac{\sin 6x}{\sin 2x} = \lim\limits_{x \to \frac{\pi}{2}} \frac{6\cos 6x}{2\cos 2x} = 3$.

注意：洛必达法则是求未定式的一种有效方法，但与其他求极限方法结合使用，效果更好.

例 11 求 $\lim\limits_{x \to 0^+} \frac{\tan x - x}{x^2 \tan x}$.

【解析】原式 $= \lim\limits_{x \to 0^+} \frac{\tan x - x}{x^3} = \lim\limits_{x \to 0^+} \frac{\sec^2 x - 1}{3x^2}$
$= \frac{1}{3} \lim\limits_{x \to 0^+} \frac{\tan^2 x}{x^2} = \frac{1}{3}$.

2. $0 \cdot \infty, \infty - \infty, 0^0, 1^\infty, \infty^0$ 型未定式的求法

关键：将其他类型未定式化为洛必达法则可解决的 $\frac{0}{0}$ 型和 $\frac{\infty}{\infty}$ 型.

(1) $0 \cdot \infty$ 型未定式的求法

步骤：$0 \cdot \infty \Rightarrow \frac{1}{\infty} \cdot \infty$，或 $0 \cdot \infty \Rightarrow 0 \cdot \frac{1}{0}$

例 12 求 $\lim\limits_{x \to +\infty} x^{-2} e^x\ (0 \cdot \infty\ 型)$.

【解析】原式 $= \lim\limits_{x \to +\infty} \frac{e^x}{x^2} = \lim\limits_{x \to +\infty} \frac{e^x}{2x} = \lim\limits_{x \to +\infty} \frac{e^x}{2}$
$= +\infty$.

(2) $\infty - \infty$ 型

步骤：$\infty - \infty \Rightarrow \frac{1}{0} - \frac{1}{0} \Rightarrow \frac{0-0}{0 \cdot 0}$.

例 13 求 $\lim\limits_{x \to 0^+} \left(\frac{1}{\sin x} - \frac{1}{x}\right)(\infty - \infty\ 型)$.

【解析】原式 $= \lim\limits_{x \to 0^+} \frac{x - \sin x}{x \cdot \sin x} = \lim\limits_{x \to 0^+} \frac{1 - \cos x}{\sin x + x\cos x}$
$= 0$.

(3) $0^0, 1^\infty, \infty^0$ 型

步骤：$\left.\begin{array}{l}0^0 \\ 1^\infty \\ \infty^0\end{array}\right\}\xrightarrow{\text{取对数}}\left\{\begin{array}{l}0 \cdot \ln 0 \\ \infty \cdot \ln 1 \\ 0 \cdot \ln \infty\end{array}\right. \Rightarrow 0 \cdot \infty.$

例 14 求 $\lim\limits_{x \to 0^+} x^x\ (0^0\ 型)$.

【解析】原式 $= \lim\limits_{x \to 0^+} e^{x\ln x} = e^{\lim\limits_{x \to 0^+} x \ln x} = e^{\lim\limits_{x \to 0^+} \frac{\ln x}{\frac{1}{x}}}$
$= e^{\lim\limits_{x \to 0^+} \frac{\frac{1}{x}}{-\frac{1}{x^2}}} = e^0 = 1$.

例 15 求 $\lim\limits_{x \to 1} x^{\frac{1}{1-x}}\ (1^\infty\ 型)$.

【解析】原式 $= \lim\limits_{x \to 1} e^{\frac{1}{1-x}\ln x} = e^{\lim\limits_{x \to 1}\frac{\ln x}{1-x}} = e^{\lim\limits_{x \to 1}\frac{\frac{1}{x}}{-1}}$
$= e^{-1}$.

例 16 求 $\lim\limits_{x \to 0^+} (\cot x)^{\frac{1}{\ln x}}\ (\infty^0\ 型)$.

【解析】由于 $(\cot x)^{\frac{1}{\ln x}} = e^{\frac{1}{\ln x} \cdot \ln(\cot x)}$

而 $\lim\limits_{x \to 0^+} \frac{1}{\ln x} \cdot \ln(\cot x) = \lim\limits_{x \to 0^+} \frac{-\frac{1}{\cot x} \cdot \frac{1}{\sin^2 x}}{\frac{1}{x}}$

$= \lim\limits_{x \to 0^+} \frac{-x}{\cos x \cdot \sin x} = -1$

所以原式 $= e^{-1}$.

注意：洛必达法则的使用条件.

例 17 求 $\lim\limits_{x \to \infty} \frac{x + \cos x}{x}$.

【解析】原式 $= \lim\limits_{x\to\infty}\dfrac{1-\sin x}{1} = \lim\limits_{x\to\infty}(1-\sin x)$，

极限不存在(洛必达法条件不满足的情况).

正确解法为：原式 $= \lim\limits_{x\to\infty}\left(1+\dfrac{1}{x}\cos x\right) = 1$.

例 18 求 $\lim\limits_{n\to\infty}\left[\tan^n\left(\dfrac{\pi}{4}+\dfrac{2}{n}\right)\right]$.

【解析】设 $f(x) = \left[\tan^x\left(\dfrac{\pi}{4}+\dfrac{2}{x}\right)\right]$，则 $f(n) = \left[\tan^n\left(\dfrac{\pi}{4}+\dfrac{2}{n}\right)\right]$.

因为 $\lim\limits_{x\to+\infty} f(x) = \exp\left[\lim\limits_{x\to+\infty} x\ln\tan\left(\dfrac{\pi}{4}+\dfrac{2}{x}\right)\right]$

$= \exp\left[\lim\limits_{x\to+\infty}\dfrac{\ln\tan\left(\dfrac{\pi}{4}+\dfrac{2}{x}\right)}{\dfrac{1}{x}}\right]$

$= \exp\left[\lim\limits_{x\to+\infty}\dfrac{\sec^2\left(\dfrac{\pi}{4}+\dfrac{2}{x}\right)\left(-\dfrac{2}{x^2}\right)}{-\dfrac{1}{x^2}\tan\left(\dfrac{\pi}{4}+\dfrac{2}{x}\right)}\right]$

$= e^4$,

从而原式 $= \lim\limits_{n\to\infty} f(n) = \lim\limits_{x\to+\infty} f(x) = e^4$.

3. 小结

（1）洛必达法则是求 $\dfrac{0}{0}$ 型和 $\dfrac{\infty}{\infty}$ 型未定式极限的有效方法，但是非未定式极限却不能使用. 因此在实际运算时，每使用一次洛必达法则，必须判断一次条件.

（2）将等价无穷小代换等求极限的方法与洛必达法则结合起来使用，可简化计算.

（3）洛必达法则是充分条件，当条件不满足时，未定式的极限需要用其他方法求，但不能说此未定式的极限不存在.

（4）如果数列极限也属于未定式的极限问题，需先将其转换为函数极限，然后使用洛必达法则，从而求出数列极限.

§ 4.3 泰勒公式

1. 泰勒(Taylor)中值定理的引入

对于一些较复杂的函数，为了便于研究，往往希望用一些简单的函数来近似表达. 由于用多项式表示的函数，只要对自变量进行有限次加、减、乘三种运算，便能求出它的函数值，因此我们经常用多项式来近似表达函数.

在微分的讨论中已经知道，当 $|x|$ 很小时，有如下的近似等式：

$$e^x \approx 1+x, \quad \ln(1+x) \approx x$$

这些都是用一次多项式来近似表达函数的例子. 但是这种近似表达式还存在着不足之处：首先是精确度不高，由此产生的误差仅是关于 x 的高阶无穷小；其次是用它来做近似计算时，不能具体估算出误差大小. 因此，对于精确度要求较高且需要估计误差时，就必须用高次多项式来近似表达函数，同时给出误差公式.

设函数 $f(x)$ 在含有的开区间内具有直到 $(n+1)$ 阶导数，现在我们希望做的是：找出一个关于 $x-x_0$ 的 n 次多项式 $P_n(x) = a_0+a_1(x-x_0)+a_2(x-x_0)^2+\cdots+a_n(x-x_0)^n$ 来近似表达 $f(x)$，要求 $P_n(x)$ 与 $f(x)$ 之差是比 $(x-x_0)^n$ 高阶的无穷小，并给出误差 $|R_n(x)| = |f(x)-P_n(x)|$ 的具体表达式.

我们自然希望 $P_n(x)$ 与 $f(x)$ 在 x_0 处的各阶导数（直到 $n+1$ 阶导数）相等，这样就有

$P_n(x) = a_0 + a_1(x-x_0) + a_2(x-x_0)^2 + \cdots +$
$\quad a_n(x-x_0)^n$

$P'_n(x) = a_1 + 2a_2(x-x_0) + \cdots +$
$\quad na_n(x-x_0)^{n-1}$

$P''_n(x) = 2a_2 + 3\cdot 2\cdot a_3(x-x_0) + \cdots +$
$\quad n(n-1)a_n(x-x_0)^{n-2}$

$P'''_n(x) = 3!a_3 + 4\cdot 3\cdot 2a_4(x-x_0) + \cdots +$
$\quad n(n-1)(n-2)a_n(x-x_0)^{n-3}$

$\cdots$

$P_n^{(n)}(x) = n!a_n$

于是 $P_n(x_0) = a_0, P'_n(x_0) = a_1, P''_n(x_0) = 2!a_2,$
$P'''_n(x_0) = 3!a_3, \cdots, P_n^{(n)}(x_0) = n!a_n.$

按要求有：

$f(x_0) = P_n(x_0) = a_0, \; f'(x_0) = P'_n(x_0) = a_1,$
$f''(x_0) = P''_n(x_0) = 2!a_2, \; f'''(x_0) = P'''_n(x_0) = 3!a_3,$
$\cdots$
$f^{(n)}(x_0) = P_n^{(n)}(x_0) = n!a_n$

从而有：

$a_0 = f(x_0), a_1 = f'(x_0), a_2 = \dfrac{1}{2!}f''(x_0),$

$a_3 = \dfrac{1}{3!}f'''(x_0), \cdots, a_n = \dfrac{1}{n!}f^{(n)}(x_0),$

即 $a_k = \dfrac{1}{k!}f^{(k)}(x_0)\;(k=1,2,\cdots,n)$

于是就有
$$P_n(x) = f(x_0) + f'(x_0)(x-x_0) + \frac{1}{2!}f''(x_0)\cdot(x-x_0)^2 + \cdots + \frac{1}{n!}f^{(n)}(x_0)(x-x_0)^n.$$

2. 泰勒中值定理

泰勒中值定理　如果函数 $f(x)$ 在含有 x_0 的某个开区间 (a,b) 内具有直到 $(n+1)$ 阶导数，则当 x 在 (a,b) 内时，$f(x)$ 可以表示为 $x-x_0$ 的一个 n 次多项式与一个余项 $R_n(x)$ 之和，即

$$f(x) = f(x_0) + f'(x_0)(x-x_0) + \frac{1}{2!}f''(x_0)(x-x_0)^2 + \cdots + \frac{1}{n!}f^{(n)}(x_0)(x-x_0)^n + R_n(x)$$

其中 $R_n(x) = \frac{f^{(n+1)}(\xi)}{(n+1)!}(x-x_0)^{n+1}$ (ξ 介于 x_0 与 x 之间).

【证明】由假设，$R_n(x)$ 在 (a,b) 内具有直到 $(n+1)$ 阶导数，且
$$R_n(x_0) = R_n'(x_0) = R_n''(x_0) = \cdots = R_n^{(n)}(x_0) = 0$$

两函数 $R_n(x)$ 及 $(x-x_0)^{n+1}$ 在以 x_0 及 x 为端点的区间上满足柯西中值定理的条件，得 $\frac{R_n(x)}{(x-x_0)^{n+1}}$

$= \frac{R_n(x) - R_n(x_0)}{(x-x_0)^{n+1} - 0} = \frac{R_n'(\xi_1)}{(n+1)(\xi_1-x_0)^n}$ (ξ_1 介于 x_0 与 x 之间)

两函数 $R_n'(x)$ 及 $(n+1)(x-x_0)^n$ 在以 x_0 及 ξ_1 为端点的区间上满足柯西中值定理的条件，得
$\frac{R_n'(\xi_1)}{(n+1)(\xi_1-x_0)^n} = \frac{R_n'(\xi_1) - R_n'(x_0)}{(n+1)(\xi_1-x_0)^n - 0} = \frac{R_n''(\xi_2)}{n(n+1)(\xi_2-x_0)^{n-1}}$ (ξ_2 介于 x_0 与 x 之间)，由此下去，经过 $(n+1)$ 次后，得 $P_n^{(n+1)}(x) = 0$，所以 $R_n^{(n+1)}(x) = f^{(n+1)}(x)$，

则由上式得 $R_n(x) = \frac{f^{(n+1)}(\xi)}{(n+1)!}(x-x_0)^{n+1}$ (ξ 介于 x_0 与 x 之间)，证毕.

说明：(1) 这里多项式 $P_n(x) = f(x_0) + f'(x_0)(x-x_0) + \frac{f''(x_0)}{2!}(x-x_0)^2 + \cdots + \frac{f^{(n)}(x_0)}{n!}(x-x_0)^n$ 称为函数 $f(x)$ 按 $(x-x_0)$ 的幂展开的 n 次近似多项式.

(2) 公式 $f(x) = f(x_0) + f'(x_0)(x-x_0) + \frac{1}{2!}f''(x_0)(x-x_0)^2 + \cdots + \frac{1}{n!}f^{(n)}(x_0)(x-x_0)^n + R_n(x)$，称为 $f(x)$ 按 $(x-x_0)$ 的幂展开的 n 阶泰勒公式.

(3) $R_n(x)$ 的表达式 $R_n(x) = \frac{f^{(n+1)}(\xi)}{(n+1)!}(x-x_0)^{n+1}$ (ξ 介于 x_0 与 x 之间)，称为拉格朗日型余项.

(4) 当 $n=0$ 时，泰勒公式变成 $f(x) = f(x_0) + f'(\xi)(x-x_0)$ (ξ 介于 x_0 与 x 之间)，称为拉格朗日中值公式，因此泰勒中值定理是拉格朗日中值定理的推广.

(5) 如果对于某个固定的 n，当 x 在区间 (a,b) 内变动时，$|f^{(n+1)}(x)|$ 总不超过一个常数 M，则有估计式 $|R_n(x)| = \left|\frac{f^{(n+1)}(\xi)}{(n+1)!}(x-x_0)^{n+1}\right| \leqslant \frac{M}{(n+1)!} |x-x_0|^{n+1}$ 及

$$\lim_{x \to x_0} \frac{R_n(x)}{(x-x_0)^n} = 0.$$

可见，当 $x \to a$ 时，误差 $|R_n(x)|$ 是比 $(x-x_0)^n$ 高阶的无穷小，即

$R_n(x) = o((x-x_0)^n)$，该余项称为皮亚诺形式的余项.

(6) 在不需要余项的精确表达式时，n 阶泰勒公式也可写成
$$f(x) = f(x_0) + f'(x_0)(x-x_0) + \frac{1}{2!}f''(x_0)(x-x_0)^2 + \cdots + \frac{1}{n!}f^{(n)}(x_0)(x-x_0)^n + o((x-x_0)^n)$$

(7) 当 $x_0 = 0$ 时的泰勒公式称为麦克劳林 (Maclaurin) 公式，就是
$$f(x) = f(0) + f'(0)x + \frac{f''(0)}{2!}x^2 + \cdots + \frac{f^{(n)}(0)}{n!}x^n + R_n(x)$$

或 $f(x) = f(0) + f'(0)x + \frac{f''(0)}{2!}x^2 + \cdots + \frac{f^{(n)}(0)}{n!}x^n + o(x^n)$

其中 $R_n(x) = \frac{f^{(n+1)}(\xi)}{(n+1)!}x^{n+1}$.

(8) 由此得近似计算公式 $f(x) \approx f(0) + f'(0)x + \frac{f''(0)}{2!}x^2 + \cdots + \frac{f^{(n)}(0)}{n!}x^n$.

误差估计式变为 $|R_n(x)| = \frac{M}{(n+1)!} |x|^{n+1}$.

3. 简单的应用

例 19　求 $f(x) = e^x$ 的 n 阶麦克劳林公式.

【解析】由于 $f'(x) = f''(x) = \cdots = f^{(n)}(x) = e^x$，

所以 $f(0) = f'(0) = f''(0) = \cdots = f^{(n)}(0) = 1$.
而 $f^{(n+1)}(\theta x) = e^{\theta x}$ 代入公式,得
$$e^x = 1 + x + \frac{x^2}{2!} + \cdots + \frac{x^n}{n!} + \frac{e^{\theta x}}{(n+1)!}x^{n+1}.$$
$(0 < \theta < 1)$.

由公式可知 $e^x \approx 1 + x + \frac{x^2}{2!} + \cdots + \frac{x^n}{n!}$.

估计误差:设$(x>0)$ $|R_n(x)| = \left|\frac{e^{\theta x}}{(n+1)!}x^{n+1}\right| < \frac{e^x}{(n+1)!}x^{n+1}$ $(0<\theta<1)$.

取 $x=1, e \approx 1 + 1 + \frac{1}{2!} + \cdots + \frac{1}{n!}$,其误差 $|R_n| < \frac{e}{(n+1)!} < \frac{3}{(n+1)!}$.

例20 求 $f(x) = \sin x$ 的 n 阶麦克劳林公式.

【解析】因为 $f^{(n)}(x) = \sin\left(x + n \cdot \frac{\pi}{2}\right), n = 1, 2, \cdots$

所以 $f(0) = 0, f'(0) = 1, f''(0) = 0, f'''(0) = -1, f^{(4)}(0) = 0, \cdots$

于是 $\sin x = x - \frac{1}{3!}x^3 + \frac{1}{5!}x^5 + \cdots + \frac{(-1)^{m-1}}{(2m-1)!}x^{2m-1} + R_{2m}(x)$.

当 $m = 1, 2, 3$ 时,有近似公式
$$\sin x \approx x, \sin x \approx x - \frac{1}{3!}x^3, \sin x \approx x - \frac{1}{3!}x^3 + \frac{1}{5!}x^5.$$

例21 计算 $\lim_{x \to 0^+} \frac{e^{x^2} + 2\cos x - 3}{x^4}$.

【解析】由于 $e^{x^2} = 1 + x^2 + \frac{1}{2!}x^4 + o(x^4)$,

$\cos x = 1 - \frac{x^2}{2!} + \frac{x^4}{4!} + o(x^5)$,

所以 $e^{x^2} + 2\cos x - 3 = \left(\frac{1}{2!} + 2 \cdot \frac{1}{4!}\right)x^4 + o(x^4)$,

故原式 $= \lim_{x \to 0^+} \frac{\frac{7}{12}x^4 + o(x^4)}{x^4} = \frac{7}{12}$.

4. 常用函数的麦克劳林公式

$$\sin x = x - \frac{x^3}{3!} + \frac{x^5}{5!} - \cdots + (-1)^n \frac{x^{2n+1}}{(2n+1)!} + o(x^{2n+1})$$

$$\cos x = 1 - \frac{x^2}{2!} + \frac{x^4}{4!} - \frac{x^6}{6!} + \cdots + (-1)^n \frac{x^{2n}}{(2n)!} + o(x^{2n})$$

$$\ln(1+x) = x - \frac{x^2}{2} + \frac{x^3}{3} - \cdots + (-1)^n \frac{x^{n+1}}{n+1} + o(x^{n+1})$$

$$\frac{1}{1-x} = 1 + x + x^2 + \cdots + x^n + o(x^n)$$

$$(1+x)^m = 1 + mx + \frac{m(m-1)}{2!}x^2 + \cdots + \frac{m(m-1)\cdots(m-n+1)}{n!}x^n + o(x^n)$$

§4.4 函数的单调性与曲线的凹凸性

1. 函数单调性的判定法

如果函数 $y = f(x)$ 在 $[a, b]$ 上单调增加(单调减少),那么它的图形是一条沿 x 轴正向上升(下降)的曲线.这时曲线的各点处的切线斜率是非负的(非正的),即 $y' = f'(x) \geq 0$ (或 $y' = f'(x) \leq 0$). 由此可见,函数的单调性与导数的符号有着密切的关系.

反过来,能否用导数的符号来判定函数的单调性呢?

定理1(函数单调性的判定法) 设函数 $y = f(x)$ 在 $[a, b]$ 上连续,在 (a, b) 内可导.

(1) 如果在 (a, b) 内 $f'(x) > 0$,那么函数 $y = f(x)$ 在 $[a, b]$ 上单调增加;

(2) 如果在 (a, b) 内 $f'(x) < 0$,那么函数 $y = f(x)$ 在 $[a, b]$ 上单调减少.

【证明】只证(1)((2)可类似证得):

在 $[a, b]$ 上任取两点 $x_1, x_2 (x_1 < x_2)$,应用拉格朗日中值定理,得到
$$f(x_2) - f(x_1) = f'(\xi)(x_2 - x_1) \quad (x_1 < \xi < x_2).$$

由于在上式中 $x_2 - x_1 > 0$,因此,如果在 (a, b) 内导数 $f'(x)$ 保持正号,

即 $f'(x) > 0$,那么也有 $f'(\xi) > 0$,于是
$$f(x_2) - f(x_1) = f'(\xi)(x_2 - x_1) > 0,$$

从而 $f(x_1) < f(x_2)$,因此函数 $y = f(x)$ 在 $[a, b]$ 上单调增加,证毕.

注:判定法中的闭区间可换成其他各种区间.

例22 判定函数 $y = x - \sin x$ 在 $[0, 2\pi]$ 上的单调性.

【解析】因为在 $(0, 2\pi)$ 内 $y' = 1 - \cos x > 0$,

所以由判定法可知函数 $y = x - \sin x$ 在 $[0, 2\pi]$ 上单调增加.

例23 讨论函数 $y = e^x - x - 1$ 的单调性.

【解析】 由于 $y' = e^x - 1$ 且函数 $y = e^x - x - 1$ 的定义域为 $(-\infty, +\infty)$,

令 $y' = 0$, 得 $x = 0$, 因为在 $(-\infty, 0)$ 内 $y' < 0$, 所以函数 $y = e^x - x - 1$ 在 $(-\infty, 0]$ 上单调减少; 又在 $(0, +\infty)$ 内 $y' > 0$, 所以函数 $y = e^x - x - 1$ 在 $[0, +\infty)$ 上单调增加.

例24 讨论函数 $y = \sqrt[3]{x^2}$ 的单调性.

【解析】 显然函数的定义域为 $(-\infty, +\infty)$, 而函数的导数为 $y' = \dfrac{2}{3\sqrt[3]{x}}(x \neq 0)$,

所以函数在 $x = 0$ 处不可导.

又因为 $x < 0$ 时, $y' < 0$, 所以函数在 $(-\infty, 0]$ 上单调减少;

因为 $x > 0$ 时, $y' > 0$, 所以函数在 $[0, +\infty)$ 上单调增加.

说明: 如果函数在定义区间上连续, 除去有限个导数不存在的点外导数存在且连续, 那么只要用方程 $f'(x) = 0$ 的根及导数不存在的点来划分函数 $f(x)$ 的定义区间, 就能保证 $f'(x)$ 在各个部分区间内保持固定的符号, 因而函数 $f(x)$ 在每个部分区间上单调.

例25 确定函数 $f(x) = 2x^3 - 9x^2 + 12x - 3$ 的单调区间.

【解析】 该函数的定义域为 $(-\infty, +\infty)$.

而 $f'(x) = 6x^2 - 18x + 12 = 6(x-1)(x-2)$,

令 $f'(x) = 0$, 得 $x_1 = 1, x_2 = 2$.

列表:

x	$(-\infty, 1)$	$[1, 2]$	$(2, +\infty)$
$f'(x)$	+	−	+
$f(x)$	↗	↘	↗

函数 $f(x)$ 在区间 $(-\infty, 1)$ 和 $(2, +\infty)$ 内单调增加, 在区间 $[1, 2]$ 内单调减少.

例26 讨论函数 $y = x^3$ 的单调性.

【解析】 函数的定义域为 $(-\infty, +\infty)$.

函数的导数为: $y' = 3x^2$, 除 $x = 0$ 时, $y' = 0$ 外, 在其余各点处均有 $y' > 0$, 因此函数 $y = x^3$ 在区间 $(-\infty, 0]$ 上单调增加.

因为当 $x \neq 0$ 时, $y' > 0$, 所以函数在 $(0, +\infty)$ 及 $(0, +\infty)$ 上都是单调增加的. 从而在整个定义域 $(-\infty, +\infty)$ 内 $y = x^3$ 是单调增加的. 其在 $x = 0$ 处

曲线有一水平切线.

说明: 一般地, 如果 $f'(x)$ 在某区间内的有限个点处为零, 在其余各点处均为正(或负)时, 那么 $f(x)$ 在该区间上仍旧是单调增加(或单调减少)的.

例27 证明: 当 $x > 1$ 时, $2\sqrt{x} > 3 - \dfrac{1}{x}$.

【证】 令 $f(x) = 2\sqrt{x} - \left(3 - \dfrac{1}{x}\right)$, 则 $f'(x) = \dfrac{1}{\sqrt{x}} - \dfrac{1}{x^2} = \dfrac{1}{x^2}(x\sqrt{x} - 1)$.

因为当 $x > 1$ 时, $f'(x) > 0$, 因此 $f(x)$ 在 $(1, +\infty)$ 上单调增加, 从而当 $x > 1$ 时, $f(x) > f(1)$, 又由于 $f(1) = 0$, 故 $f(x) > f(1) = 0$,

即 $2\sqrt{x} - \left(3 - \dfrac{1}{x}\right) > 0$, 也就是 $2\sqrt{x} > 3 - \dfrac{1}{x}$, $(x > 1)$.

2. 曲线的凹凸与拐点

(1) 凹凸性的概念

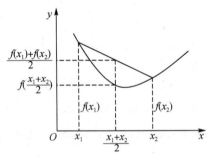

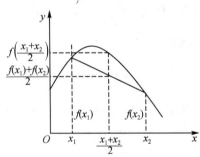

定义: 设 $f(x)$ 在区间 I 上连续, 如果对 I 上的任意两点 x_1, x_2, 恒有

$$f\left(\dfrac{x_1 + x_2}{2}\right) < \dfrac{f(x_1) + f(x_2)}{2},$$

那么称 $f(x)$ 在 I 上的图形是(向上)凹的(或凹弧);

如果恒有

$$f\left(\dfrac{x_1 + x_2}{2}\right) > \dfrac{f(x_1) + f(x_2)}{2},$$

那么称 $f(x)$ 在 I 上的图形是(向上)凸的(或凸弧).

定义′：设函数 $y=f(x)$ 在区间 I 上连续，如果函数的曲线位于其上任意一点的切线的上方，则称该曲线在区间 I 上是凹的；如果函数的曲线位于其上任意一点的切线的下方，则称该曲线在区间 I 上是凸的.

(2) 曲线凹凸性的判定

定理：设 $f(x)$ 在 $[a,b]$ 上连续，在 (a,b) 内具有一阶和二阶导数，那么

(1) 若在 (a,b) 内 $f''(x)>0$，则 $f(x)$ 在 $[a,b]$ 上的图形是凹的；

(2) 若在 (a,b) 内 $f''(x)<0$，则 $f(x)$ 在 $[a,b]$ 上的图形是凸的.

【证明】只证(1)((2)的证明类似). 设 $x_1,x_2\in[a,b](x_1<x_2)$，记 $x_0=\dfrac{x_1+x_2}{2}$.

由拉格朗日中值公式，得
$$f(x_1)-f(x_0)=f'(\xi_1)(x_1-x_0)=f'(\xi_1)\dfrac{x_1-x_2}{2}, x_1<\xi_1<x_0,$$
$$f(x_2)-f(x_0)=f'(\xi_2)(x_2-x_0)=f'(\xi_2)\dfrac{x_2-x_1}{2}, x_0<\xi_2<x_2,$$

两式相加并应用拉格朗日中值公式得
$$f(x_1)+f(x_2)-2f(x_0)=[f'(\xi_2)-f'(\xi_1)]\dfrac{x_2-x_1}{2}$$
$$=f''(\xi)(\xi_2-\xi_1)\dfrac{x_2-x_1}{2}>0,\xi_1<\xi<\xi_2,$$

即 $\dfrac{f(x_1)+f(x_2)}{2}>f\left(\dfrac{x_1+x_2}{2}\right)$，所以 $f(x)$ 在 $[a,b]$ 上的图形是凹的. 拐点：连续曲线 $y=f(x)$ 上凹弧与凸弧的分界点称为这条曲线的拐点.

确定曲线 $y=f(x)$ 的凹凸区间和拐点的步骤：

(1) 确定函数 $y=f(x)$ 的定义域；

(2) 求出二阶导数 $f''(x)$；

(3) 求使二阶导数为零的点和使二阶导数不存在的点；

(4) 判断或列表判断，确定出曲线凹凸区间和拐点.

注：根据具体情况(1)、(3)步有时可省略.

例28 判断曲线 $y=\ln x$ 的凹凸性.

【解析】$y'=\dfrac{1}{x},y''=-\dfrac{1}{x^2}$.

因为在函数 $y=\ln x$ 的定义域 $(0,+\infty)$ 内，$y''<0$，所以曲线 $y=\ln x$ 是凸的.

例29 判断曲线 $y=x^3$ 的凹凸性.

【解析】因为 $y'=3x^2,y''=6x$. 令 $y''=0$ 得 $x=0$.

当 $x<0$ 时，$y''<0$，所以曲线在 $(-\infty,0]$ 内为凸的；

当 $x>0$ 时，$y''>0$，所以曲线在 $[0,+\infty)$ 内为凹的.

例30 求曲线 $y=2x^3+3x^2-12x+14$ 的拐点.

【解析】$y'=6x^2+6x-12,y''=12x+6=6(2x+1)$，令 $y''=0$，得 $x=-\dfrac{1}{2}$.

因为当 $x<-\dfrac{1}{2}$ 时，$y''<0$；当 $x>-\dfrac{1}{2}$ 时，$y''>0$，所以点 $\left(-\dfrac{1}{2},20\dfrac{1}{2}\right)$ 是曲线的拐点.

例31 求曲线 $y=3x^4-4x^3+1$ 的拐点及凹、凸的区间.

【解析】(1) 函数 $y=3x^4-4x^3+1$ 的定义域为 $(-\infty,+\infty)$；

(2) $y'=12x^3-12x^2,y''=36x^2-24x=36x\left(x-\dfrac{2}{3}\right)$；

(3) 解方程 $y''=0$，得 $x_1=0,x_2=\dfrac{2}{3}$；

(4) 列表判断：

	$(-\infty,0)$	0	$(0,2/3)$	$2/3$	$(2/3,\infty)$
$f''(x)$	+	0	−	0	+
$f(x)$	∪	1	∩	11/27	∪

在区间 $(-\infty,0]$ 和 $\left(\dfrac{2}{3},+\infty\right)$ 上曲线是凹的，在区间 $\left(0,\dfrac{2}{3}\right)$ 上曲线是凸的. 点 $(0,1)$ 和 $\left(\dfrac{2}{3},\dfrac{11}{27}\right)$ 是曲线的拐点.

例32 问曲线 $y=x^4$ 是否有拐点？

【解析】$y'=4x^3,y''=12x^2$.

当 $x\neq 0$ 时，$y''>0$，在区间 $(-\infty,+\infty)$ 内曲线是凹的，因此曲线无拐点.

例33 求曲线 $y=\sqrt[3]{x}$ 的拐点 u.

【解析】(1) 函数的定义域为 $(-\infty,+\infty)$；

(2) $y'=\dfrac{1}{3\sqrt[3]{x^2}},y''=-\dfrac{2}{9x\sqrt[3]{x^2}}$；

(3) 函数无二阶导数为零的点，二阶导数不存在的点为 $x=0$；

(4) 判断：当 $x<0$ 时，$y''>0$；当 $x>0$ 时，$y''<0$.

因此，点 $(0,0)$ 是曲线的拐点.

§4.5 函数极值与最大值、最小值

1. 函数的极值及其求法

定义：设函数 $f(x)$ 在 x_0 的某一邻域 $U(x_0)$ 内有定义，如果对于去心邻域 $\mathring{U}(x_0)$ 内的任一 x，有 $f(x)<f(x_0)$(或 $f(x)>f(x_0)$)，则称 $f(x_0)$ 是函数 $f(x)$ 的一个极大值(或极小值)．

函数的极大值与极小值统称为函数的极值，使函数取得极值的点称为极值点．

说明：函数的极大值和极小值概念是局部性的．如果 $f(x_0)$ 是函数 $f(x)$ 的一个极大值，那只是就 x_0 附近的一个局部范围来说，$f(x_0)$ 是 $f(x)$ 的一个最大值；如果就 $f(x)$ 的整个定义域来说，$f(x_0)$ 不一定是最大值．对于极小值情况类似．

极值与水平切线的关系：在函数取得极值处，曲线上的切线是水平的．但曲线上有水平切线的地方，函数不一定取得极值．

由费马引理可得：

定理 1(必要条件) 设函数 $f(x)$ 在点 x_0 处可导，且在 x_0 处取得极值，那么函数在 x_0 处的导数为零，即 $f'(x_0)=0$．

定理 1 可叙述为：可导函数 $f(x)$ 的极值点必定是函数的驻点．但是反过来，函数 $f(x)$ 的驻点却不一定是极值点．考查函数 $f(x)=x^3$ 在 $x=0$ 处的情况，显然 $x=0$ 是函数 $f(x)=x^3$ 的驻点，但 $x=0$ 却不是函数 $f(x)=x^3$ 的极值点．

定理 2(第一充分条件) 设函数 $f(x)$ 在点 x_0 处连续，在点 x_0 的某去心邻域 $\mathring{U}(x_0,\delta)$ 内可导．

(1) 若 $x\in(x_0-\delta,x_0)$ 时，$f'(x)>0$，而 $x\in(x_0,x_0+\delta)$ 时，$f'(x)<0$，则函数 $f(x)$ 在点 x_0 处取得极大值；

(2) 若 $x\in(x_0-\delta,x_0)$ 时，$f'(x)<0$，而 $x\in(x_0,x_0+\delta)$ 时，$f'(x)>0$，则函数 $f(x)$ 在点 x_0 处取得极小值；

(3) 若 $x\in\mathring{U}(x_0,\delta)$ 时，$f'(x)$ 不改变符号，则函数 $f(x)$ 在 x_0 处没有极值．

定理 2'(第一充分条件) 设函数 $f(x)$ 在含 x_0 的区间 (a,b) 内连续，在 (a,x_0) 及 (x_0,b) 内可导．

(1) 如果在 (a,x_0) 内 $f'(x)>0$，在 (x_0,b) 内 $f'(x)<0$，那么函数 $f(x)$ 在 x_0 处取得极大值；

(2) 如果在 (a,x_0) 内 $f'(x)<0$，在 (x_0,b) 内 $f'(x)>0$，那么函数 $f(x)$ 在 x_0 处取得极小值；

(3) 如果在 (a,x_0) 及 (x_0,b) 内 $f'(x)$ 的符号相同，那么函数 $f(x)$ 在 x_0 处没有极值．

定理 2 也可简单地叙述为：当 x 在 x_0 的邻近渐增地经过 x_0 时，如果 $f'(x)$ 的符号由负变正，那么 $f(x)$ 在 x_0 处取得极小值；如果 $f'(x)$ 的符号由正变负，那么 $f(x)$ 在 x_0 处取得极大值；如果 $f'(x)$ 的符号并不改变，那么 $f(x)$ 在 x_0 处没有极值．

确定极值点和极值的步骤：

(1) 求出导数 $f'(x)$；

(2) 求出 $f(x)$ 的全部驻点和不可导点；

(3) 列表判断(考查 $f'(x)$ 的符号在每个驻点和不可导点的左右邻近的情况，以便确定该点是否是极值点，如果是极值点，还要按定理 2 确定对应的函数值是极大值还是极小值)；

(4) 确定出函数的所有极值点和极值．

例 34 求出函数 $f(x)=x^3-3x^2-9x+5$ 的极值．

【解析】$f'(x)=3x^2-6x-9=3(x+1)(x-3)$
令 $f'(x)=0$，得驻点 $x_1=-1, x_2=3$．
列表：

x	$(-\infty,-1)$	-1	$(-1,3)$	3	$(3,+\infty)$
$f'(x)$	$+$	0	$-$	0	$+$
$f(x)$	↑	极大值	↓	极小值	↑

所以极大值 $f(-1)=10$，极小值 $f(3)=-22$．
函数 $f(x)=x^3-3x^2-9x+5$ 的图形如下：

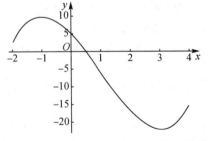

例 35 求函数 $f(x)=(x-4)\sqrt[3]{(x+1)^2}$ 的极值．

【解析】显然函数 $f(x)$ 在 $(-\infty,+\infty)$ 内连续，除 $x=-1$ 外处处可导，且

$$f'(x) = \frac{5(x-1)}{3\sqrt[3]{x+1}}$$

令 $f'(x) = 0$,得驻点 $x = 1$,$x = -1$ 为 $f(x)$ 的不可导点;

(3)列表:

x	$(-\infty, -1)$	-1	$(-1, 1)$	1	$(1, +\infty)$
$f'(x)$	$+$	不可导	$-$	0	$+$
$f(x)$	↗	0	↘	$-3\sqrt[3]{4}$	↗

所以极大值为 $f(-1) = 0$,极小值为 $f(1) = -3\sqrt[3]{4}$.

如果 $f(x)$ 存在二阶导数且在驻点处的二阶导数不为零则有.

定理 3(第二充分条件) 设函数 $f(x)$ 在点 x_0 处具有二阶导数且 $f'(x_0) = 0$,$f''(x_0) \neq 0$,那么

(1) 当 $f''(x_0) < 0$ 时,函数 $f(x)$ 在 x_0 处取得极大值;

(2) 当 $f''(x_0) > 0$ 时,函数 $f(x)$ 在 x_0 处取得极小值.

【证明】 对情形(1),由于 $f''(x_0) < 0$,由二阶导数的定义有

$$f''(x_0) = \lim_{x \to x_0} \frac{f'(x) - f'(x_0)}{x - x_0} < 0.$$

根据函数极限的局部保号性,当 x 在 x_0 的足够小的去心邻域内时,

$$\frac{f'(x) - f'(x_0)}{x - x_0} < 0.$$ 但 $f'(x_0) = 0$,所以上式即为 $\frac{f'(x)}{x - x_0} < 0.$

于是对于去心邻域内的 x 来说,$f'(x)$ 与 $x - x_0$ 符号相反.因此,当 $x - x_0 < 0$ 即 $x < x_0$ 时,$f'(x) > 0$;当 $x - x_0 > 0$ 即 $x > x_0$ 时,$f'(x) < 0$.根据定理 2,$f(x)$ 在 x_0 处取得极大值.

类似地可以证明情形(2).

说明: 如果函数 $f(x)$ 在驻点 x_0 处的二阶导数 $f''(x_0) \neq 0$,那么该点 x_0 一定是极值点,并可以按 $f''(x_0)$ 的符号来判定 $f(x_0)$ 是极大值还是极小值.但如果 $f''(x_0) = 0$,定理 3 就不能应用.

例如讨论函数 $f(x) = x^4$,$g(x) = x^3$ 在点 $x = 0$ 处是否有极值?

因为 $f'(x) = 4x^3$,$f''(x) = 12x^2$,所以 $f'(0) = 0$,$f''(0) = 0$,

但当 $x < 0$ 时 $f'(x) < 0$,当 $x > 0$ 时 $f'(x) > 0$,所以 $f(0)$ 为极小值.

而 $g'(x) = 3x^2$,$g''(x) = 6x$,所以 $g'(0) = 0$,$g''(0) = 0$,

但 $g(0)$ 不是极值.

例 36 求出函数 $f(x) = x^3 + 3x^2 - 24x - 20$ 的极值.

【解析】 $f'(x) = 3x^2 + 6x - 24 = 3(x+4)(x-2)$

令 $f'(x) = 0$,得驻点 $x_1 = -4$,$x_2 = 2$,由于 $f''(x) = 6x + 6$,

所以 $f''(-4) = -18 < 0$,所以极大值 $f(-4) = 60$.

而 $f''(2) = 18 > 0$,所以极小值 $f(2) = -48$.

函数 $f(x) = x^3 + 3x^2 - 24x - 20$ 的图形如下:

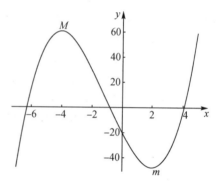

注意: 当 $f''(x_0) = 0$ 时,$f(x)$ 在点 x_0 处不一定取得极值,此时仍用定理 2 判断.

函数的不可导点,也可能是函数的极值点.

例 37 求出函数 $f(x) = 1 - (x-2)^{\frac{2}{3}}$ 的极值.

【解析】 由于 $f'(x) = -\frac{2}{3}(x-2)^{-\frac{1}{3}}$ $(x \neq 2)$,所以 $x = 2$ 时函数 $f(x)$ 的导数 $f'(x)$ 不存在,

但当 $x < 2$ 时,$f'(x) > 0$;当 $x > 2$ 时,$f'(x) < 0$,所以 $f(2) = 1$ 为 $f(x)$ 的极大值.

函数 $f(x) = 1 - (x-2)^{\frac{2}{3}}$ 的图形如下:

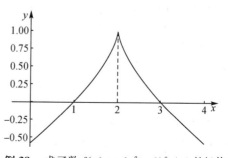

例 38 求函数 $f(x) = (x^2 - 1)^3 + 1$ 的极值.

【解析】$f'(x)=6x(x^2-1)^2$,令 $f'(x)=0$,求得驻点 $x_1=-1,x_2=0,x_3=1$.

又 $f''(x)=6(x^2-1)(5x^2-1)$,所以 $f''(0)=6>0$,

因此 $f(x)$ 在 $x=0$ 处取得极小值,极小值为 $f(0)=0$.

因为 $f''(-1)=f''(1)=0$,所以用定理3无法判别. 而 $f(x)$ 在 $x=-1$ 处的左右邻域内 $f''(x)<0$,所以 $f(x)$ 在 $x=-1$ 处没有极值;同理,$f(x)$ 在 $x=1$ 处也没有极值.

2. 最大值、最小值问题

(1) 极值与最值的关系

设函数 $f(x)$ 在闭区间 $[a,b]$ 上连续,则函数的最大值和最小值一定存在. 函数的最大值和最小值有可能在区间的端点取得,如果最大值不在区间的端点取得,则必在开区间 (a,b) 内取得,在这种情况下,最大值一定是函数的极大值. 因此,函数在闭区间 $[a,b]$ 上的最大值一定是函数的所有极大值和函数在区间端点的函数值中最大者. 同理,函数在闭区间 $[a,b]$ 上的最小值一定是函数的所有极小值和函数在区间端点的函数值中最小者.

(2) 最大值和最小值的求法

设 $f(x)$ 在 $[a,b]$ 上内的驻点和不可导点(它们是可能的极值点)为 $x_1,x_2,\cdots,x_n$,则比较 $f(a),f(x_1),f(x_2),\cdots,f(x_n),f(b)$ 的大小,其中最大的便是函数 $f(x)$ 在 $[a,b]$ 上的最大值,最小的便是函数 $f(x)$ 在 $[a,b]$ 上的最小值.

(3) 求最大值和最小值的步骤

① 先求驻点和不可导点;② 然后求区间端点及驻点和不可导点的函数值;③ 比较函数值大小.

注意: 如果区间内只有一个极值,则这个极值就是最值(最大值或最小值).

例39 求函数 $y=2x^3+3x^2-12x+14$ 在 $[-3,4]$ 上的最大值和最小值.

【解析】$f'(x)=6x^2+6x-12$,解方程 $f'(x)=0$,得 $x_1=-2,x_2=1$.

由于 $f(-3)=23,f(-2)=34;f(1)=7,f(4)=142$,

因此函数 $y=2x^3+3x^2-12x+14$ 在 $[-3,4]$ 上的最大值为 $f(4)=142$,最小值为 $f(1)=7$.

例40 求函数 $f(x)=|x^2-3x+2|$ 在 $[-3,4]$ 上的最大值与最小值.

【解析】由于
$$f(x)=\begin{cases}x^2-3x+2 & x\in[-3,1]\cup[2,4]\\-x^2+3x-2 & x\in(1,2)\end{cases},$$

所以 $f'(x)=\begin{cases}2x-3 & x\in[-3,1]\cup[2,4]\\-2x+3 & x\in(1,2)\end{cases}$,

求得 $f(x)$ 在 $(-3,4)$ 内的驻点为 $x=\dfrac{3}{2}$,不可导点为 $x_1=1,x_2=2$,

而 $f(-3)=20,f(1)=0,f\left(\dfrac{3}{2}\right)=\dfrac{1}{4},f(2)=0,f(4)=6$,

经比较 $f(x)$ 在 $x=-3$ 处取得最大值20,在 $x_1=1,x_2=2$ 处取得最小值0.

例41 工厂铁路线上 AB 段的距离为 100 km,工厂 C 距 A 处为 20 km,AC 垂直于 AB. 为了运输需要,要在 AB 线上选定一点 D 向工厂修筑一条公路. 已知铁路每公里货运的运费与公路上每公里货运的运费之比 3∶5. 为了使货物从供应站 B 运到工厂 C 的运费最省,问 D 点应选在何处?

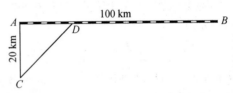

【解析】设 $AD=x(\text{km})$,则 $DB=(100-x)(\text{km})$,$CD=\sqrt{20^2+x^2}=\sqrt{400+x^2}(\text{km})$.

再设从 B 点到 C 点需要的总运费为 y,那么 $y=5k\cdot CD+3k\cdot DB$(k 是某个正数),

即 $y=5k\sqrt{400+x^2}+3k(100-x)(0\leqslant x\leqslant 100)$.

于是问题归结为:x 在 $[0,100]$ 内取何值时目标函数 y 的值最小.

先求 y 对 x 的导数:$y'=k\left(\dfrac{5x}{\sqrt{400+x^2}}-3\right)$. 解方程 $y'=0$ 得 $x=15(\text{km})$.

由于 $y|_{x=0}=400k$,$y|_{x=15}=380k$,$y|_{x=100}=10\sqrt{26}k$,其中以 $y|_{x=15}=380k$ 为最小,因此当 $AD=x=15(\text{km})$ 时总运费最省.

注意: $f(x)$ 在一个区间(有限或无限,开或闭)内可导且只有一个驻点 x_0,且该驻点 x_0 是函数 $f(x)$ 的极值点,那么当 $f(x_0)$ 是极大值时,$f(x_0)$ 就是该区间上的最大值;当 $f(x_0)$ 是极小值时,$f(x_0)$ 就是该区间上的最小值.

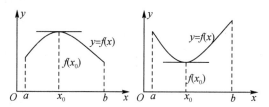

说明:实际问题中往往根据问题的性质可以断定函数 $f(x)$ 确有最大值或最小值,和一定在定义区间内部取得.这时如果 $f(x)$ 在定义区间内部只有一个驻点 x_0,那么不必讨论 $f(x_0)$ 是否是极值就可断定 $f(x_0)$ 是最大值或最小值.

例 42 把一根直径为 d 的圆木锯成截面为矩形的梁. 问矩形截面的高 h 和宽 b 应如何选择才能使梁的抗弯截面模量 $W\left(W=\dfrac{1}{6}bh^2\right)$ 最大?

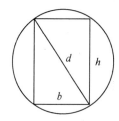

【解析】h 与 b 有下面的关系:$h^2=d^2-b^2$,

因而 $W=\dfrac{1}{6}b(d^2-b^2)(0<b<d)$,

于是问题转化为:当 b 等于多少时,目标函数 W 取最大值?

为此,求 W 对 b 的导数 $W'=\dfrac{1}{6}(d^2-3b^2)$. 解方程 $W'=0$ 得驻点 $b=\sqrt{\dfrac{1}{3}}d$.

由于梁的最大抗弯截面模量一定存在,且在 $(0,d)$ 内部取得;又函数 $W=\dfrac{1}{6}b(d^2-b^2)$ 在 $(0,d)$ 内只有一个驻点,所以当 $b=\sqrt{\dfrac{1}{3}}d$ 时,W 的值最大.此时,

$$h^2=d^2-b^2=d^2-\dfrac{1}{3}d^2=\dfrac{2}{3}d^2,$$

即 $h=\sqrt{\dfrac{2}{3}}d.\ d:h:b=\sqrt{3}:\sqrt{2}:1.$

例 43 某房地产公司有 50 套公寓要出租,当租金定为每月 180 元时,公寓会全部租出去.当租金每月增加 10 元时,就有一套公寓租不出去,而租出的房子每月需花费 20 元的整修维护费.试问房租定为多少可获得最大收入?

【解析】设房租为每月 x 元,租出去的房子有 $\left(50-\dfrac{x-180}{10}\right)$ 套,

每月总收入为

$$R(x)=(x-20)\left(50-\dfrac{x-180}{10}\right)$$
$$=(x-20)\left(68-\dfrac{x}{10}\right),$$

$R'(x)=\left(68-\dfrac{x}{10}\right)+(x-20)\left(-\dfrac{1}{10}\right)=70-\dfrac{x}{5},$

$R'(x)=0\Rightarrow x=350(唯一驻点).$

故每月每套租金为 350 元时收入最高.最大收入为 $R(x)=(350-20)\left(68-\dfrac{350}{10}\right)=10\,890$(元).

例 44 由直线 $y=0$,$x=8$ 及抛物线 $y=x^2$ 围成一个曲边三角形,在曲线 $y=x^2$ 上求一点,使曲线在该点处的切线与直线 $y=0$,$x=8$ 所围成的三角形面积最大.

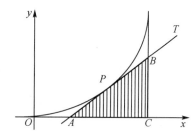

【解析】设所求切点为 $P(x_0,y_0)$,切线为 PT,则 $y-y_0=2x_0(x-x_0)$,

由于 $y_0=x_0^2$,所以 $A\left(\dfrac{1}{2}x_0,0\right),C(8,0),B(8,16x_0-x_0^2),$

$S_{\triangle ABC}=\dfrac{1}{2}\left(8-\dfrac{1}{2}x_0\right)(16x_0-x_0^2)(0\leqslant x_0\leqslant 8).$

令 $S'=\dfrac{1}{4}(3x_0^2-64x_0+16\times 16)=0$,解得 $x_0=\dfrac{16}{3},x_0=16(舍去).$

又因为 $S''\left(\dfrac{16}{3}\right)=-8<0$,所以 $S\left(\dfrac{16}{3}\right)=\dfrac{4\,096}{27}$ 为极大值,

故 $S\left(\dfrac{16}{3}\right)=\dfrac{4\,096}{27}$ 为所有三角形中面积的最大者.

§4.6 函数图形的描绘

1. 渐近线

当曲线 $y=f(x)$ 上的一动点 P 沿曲线移向无穷点时,如果点 P 到某定直线 L 的距离趋向于零,那么直线 L 就称为曲线 $y=f(x)$ 的一条渐近线.

(1) 铅直渐近线(垂直于 x 轴的渐近线)

如果 $\lim\limits_{x \to x_0^+} f(x) = \infty$ 或 $\lim\limits_{x \to x_0^-} f(x) = \infty$,那么 $x = x_0$ 就是曲线 $y=f(x)$ 的一条铅直渐近线.

例如曲线 $y = \dfrac{1}{(x+2)(x-3)}$ 有两条铅直渐近线 $x=-2, x=3$.

(2) 水平渐近线(平行于 x 轴的渐近线)

如果 $\lim\limits_{x \to +\infty} f(x) = b$ 或 $\lim\limits_{x \to -\infty} f(x) = b$ (b 为常数),那么 $y=b$ 就是曲线 $y=f(x)$ 的一条水平渐近线.

例如曲线 $y = \arctan x$ 有两条水平渐近线 $y = \dfrac{\pi}{2}, y = -\dfrac{\pi}{2}$.

(3) 斜渐近线

如果 $\lim\limits_{x \to +\infty}[f(x)-(ax+b)]=0$ 或 $\lim\limits_{x \to -\infty}[f(x)-(ax+b)]=0$ (a, b 为常数),那么 $y=ax+b$ 就是曲线 $y=f(x)$ 的一条斜渐近线.

注意: ① $\lim\limits_{x \to \infty} \dfrac{f(x)}{x}$ 不存在;

② $\lim\limits_{x \to \infty} \dfrac{f(x)}{x} = a$ 存在,而 $\lim\limits_{x \to \infty}[f(x)-ax]$ 不存在,那么曲线 $y=f(x)$ 无斜渐近线.

斜渐近线的求法:

求出 $\lim\limits_{x \to \infty} \dfrac{f(x)}{x} = a$,$\lim\limits_{x \to \infty}[f(x)-ax] = b$,则 $y=ax+b$ 就是曲线 $y=f(x)$ 的斜渐近线.

例45 求曲线 $f(x) = \dfrac{2(x-2)(x+3)}{x-1}$ 的渐近线.

【解析】$D: (-\infty, 1) \cup (1, +\infty)$,因为 $\lim\limits_{x \to 1^+} f(x) = -\infty$,$\lim\limits_{x \to 1^-} f(x) = +\infty$,

所以 $x=1$ 是铅直渐近线.

又因为 $\lim\limits_{x \to \infty} \dfrac{f(x)}{x} = \lim\limits_{x \to \infty} \dfrac{2(x-2)(x+3)}{x(x-1)} = 2$,

$\lim\limits_{x \to \infty}\left[\dfrac{2(x-2)(x+3)}{x-1} - 2x\right] = $

$\lim\limits_{x \to \infty} \dfrac{2(x-2)(x+3) - 2x(x-1)}{x-1} = 4$,

所以 $y = 2x+4$ 为斜渐近线.

2. 描绘函数图形的一般步骤

(1) 确定函数的定义域,并求函数的一阶和二阶导数;

(2) 求出一阶、二阶导数为零的点,求出一阶、二阶导数不存在的点;

(3) 列表分析,确定曲线的单调性和凹凸性;

(4) 确定曲线的渐近性;

(5) 确定并描出曲线上极值对应的点、拐点、与坐标轴的交点、其他特殊点;

(6) 连接这些点画出函数的图形.

例46 作出函数 $f(x) = \dfrac{4(x+1)}{x^2} - 2$ 的图形.

【解析】函数的定义域为 $D: x \neq 0$ 非奇非偶函数,且无对称性.

$f'(x) = -\dfrac{4(x+2)}{x^3}$,$f''(x) = \dfrac{8(x+3)}{x^4}$,令 $f'(x)=0$,得驻点 $x=-2$.

再令 $f''(x)=0$ 得特殊点 $x=-3$,又 $\lim\limits_{x \to \infty} f(x) = $

$\lim\limits_{x \to \infty}\left[\dfrac{4(x+1)}{x^2} - 2\right] = -2$,

得水平渐近线 $y=-2$,而 $\lim\limits_{x \to 0^+} f(x) = $

$\lim\limits_{x \to 0^+}\left[\dfrac{4(x+1)}{x^2} - 2\right] = +\infty$,铅直渐近线 $x=0$. 列表:

x	$(-\infty,-3)$	-3	$(-3,-2)$	-2	$(-2,0)$	0	$(0,+\infty)$
$f'(x)$	$-$		$-$	0	$+$	不存在	$-$
$f''(x)$	$-$	0	$+$		$+$		$+$
$f(x)$	$\cap \searrow$	拐点 $\left(-3, -\dfrac{26}{9}\right)$	$\cup \searrow$	极值点 $y=-3$	$\cup \nearrow$	间断点	$\cup \searrow$

补充点:$(1-\sqrt{3}, 0), (1+\sqrt{3}, 0), A(-1,-2), B(1,6), C(2,1)$.

附录 数学基础

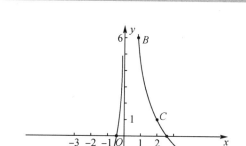

例47 作出函数 $y = x^3 - x^2 - x + 1$ 的图形.

【解析】(1) 函数的定义域为 $(-\infty, +\infty)$,

(2) $y' = 3x^2 - 2x - 1 = (3x+1)(x-1)$.

令 $y' = 0$ 得 $x = -\frac{1}{3}, 1$, 再令 $y'' = 0$ 得 $x = \frac{1}{3}$.

(3) 列表分析:

x	$(-\infty, -1/3)$	$-1/3$	$(-1/3, 1/3)$	$1/3$	$(1/3, 1)$	1	$(1, +\infty)$
y'	+	0	−	−	−	0	+
y''	−	−	−	0	+	+	+
y	∩↗	极大值	∩↘	拐点	∪↘	极小值	∪↗

因为当 $x \to +\infty$ 时, $y \to +\infty$; 当 $x \to -\infty$ 时, $y \to -\infty$, 故无水平渐近线.

计算特殊点: $f\left(-\frac{1}{3}\right) = \frac{32}{27}$, $f\left(\frac{1}{3}\right) = \frac{16}{27}$,

$f(1) = 0$, $f(0) = 1$; $f(-1) = 0$, $f\left(\frac{3}{2}\right) = \frac{5}{8}$.

描点连线画出图形:

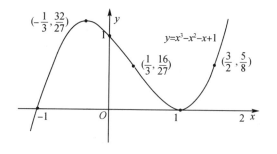

例48 作出函数 $f(x) = \frac{1}{\sqrt{2\pi}} e^{-\frac{1}{2}x^2}$ 的图形.

【解析】 此函数为偶函数, 定义域为 $(-\infty, +\infty)$, 图形关于 y 轴对称.

(2) $f'(x) = -\frac{x}{\sqrt{2\pi}} e^{-\frac{1}{2}x^2}$,

$f''(x) = \frac{(x+1)(x-1)}{\sqrt{2\pi}} e^{-\frac{1}{2}x^2}$.

令 $f'(x) = 0$, 得驻点 $x = 0$; 再令 $f''(x) = 0$, 得 $x = -1$ 和 $x = 1$. 列表:

x	$(-\infty, -1)$	-1	$(-1, 0)$	0	$(0, 1)$	1	$(1, +\infty)$
$f'(x)$	+		+	0	−		−
$f''(x)$	+	0	−		−	0	+
$f(x)$	∪↗	$\left(-1, \frac{1}{\sqrt{2\pi e}}\right)$ 拐点	∩↗	$\frac{1}{\sqrt{2\pi}}$ 极大值	∩↘	$\left(1, \frac{1}{\sqrt{2\pi e}}\right)$ 拐点	∪↘

曲线有水平渐近线 $y = 0$.

先作出区间 $(0, +\infty)$ 内的图形, 然后利用对称性作出区间 $(-\infty, 0)$ 内的图形.

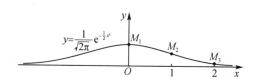

例 49 作出函数 $y = 1 + \dfrac{36x}{(x+3)^2}$ 的图形.

【解析】 函数的定义域为 $(-\infty, -3) \cup (-3, +\infty)$.

$f'(x) = \dfrac{36(3-x)}{(x+3)^3}, f''(x) = \dfrac{72(x-6)}{(x+3)^4}$.

令 $f'(x) = 0$,得驻点 $x = 3$;再令 $f''(x) = 0$,得 $x = 6$. 列表:

x	$(-\infty, -3)$	$(-3, 3)$	3	$(3, 6)$	6	$(6, +\infty)$
$f'(x)$	$-$	$+$	0	$-$	$-$	$-$
$f''(x)$	$-$	$-$	$-$	$-$	0	$+$
$f(x)$	$\cap \searrow$	$\cap \nearrow$	极大值 4	$\cap \searrow$	拐点 $\left(6, \dfrac{11}{3}\right)$	$\cup \searrow$

$x = -3$ 是曲线的铅直渐近线,$y = 1$ 是曲线的水平渐近线.

补充点:$f(0) = 1, f(-1) = -8, f(-9) = -8, f(-15) = -\dfrac{11}{4}$.

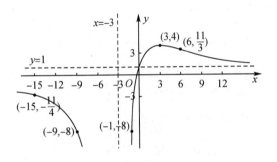

§4.7 曲 率

1. 弧微分

设函数 $f(x)$ 在区间 (a, b) 内具有连续导数. 在曲线 $y = f(x)$ 上取固定点 $M_0(x_0, y_0)$ 作为度量弧长的基点,并规定以 x 增大的方向作为曲线的正向. 对曲线上任一点 $M(x, y)$,规定有向弧段 $\overparen{M_0 M}$ 的值 s (简称为弧 s) 如下:s 的绝对值等于这弧段的长度,当有向弧段 $\overparen{M_0 M}$ 的方向与曲线的正向一致时 $s > 0$,相反时 $s < 0$. 显然,弧 $s = \overparen{M_0 M}$ 是 x 的函数:$s = s(x)$,而且 $s(x)$ 是 x 的单调增加函数. 下面来求 $s(x)$ 的导数及微分.

设 $x, \Delta x$ 为 (a, b) 内两个邻近的点,它们在曲线 $y = f(x)$ 上的对应点为 M, N,并设对应于 x 的增量 Δx,弧 s 的增量为 Δs,于是

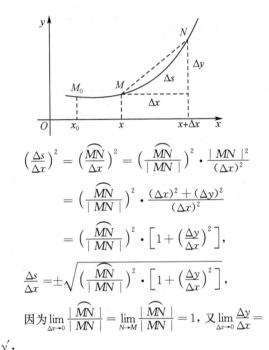

$$\left(\dfrac{\Delta s}{\Delta x}\right)^2 = \left(\dfrac{\overparen{MN}}{\Delta x}\right)^2 = \left(\dfrac{\overparen{MN}}{|MN|}\right)^2 \cdot \dfrac{|MN|^2}{(\Delta x)^2}$$

$$= \left(\dfrac{\overparen{MN}}{|MN|}\right)^2 \cdot \dfrac{(\Delta x)^2 + (\Delta y)^2}{(\Delta x)^2}$$

$$= \left(\dfrac{\overparen{MN}}{|MN|}\right)^2 \cdot \left[1 + \left(\dfrac{\Delta y}{\Delta x}\right)^2\right],$$

$$\dfrac{\Delta s}{\Delta x} = \pm \sqrt{\left(\dfrac{\overparen{MN}}{|MN|}\right)^2 \cdot \left[1 + \left(\dfrac{\Delta y}{\Delta x}\right)^2\right]},$$

因为 $\lim\limits_{\Delta x \to 0} \dfrac{\overparen{MN}}{|MN|} = \lim\limits_{N \to M} \dfrac{\overparen{MN}}{|MN|} = 1$,又 $\lim\limits_{\Delta x \to 0} \dfrac{\Delta y}{\Delta x} = y'$,

因此 $\dfrac{ds}{dx} = \pm \sqrt{1 + y'^2}$. 由于 $s = s(x)$ 是单调增加函数,从而 $\dfrac{ds}{dx} > 0, \dfrac{ds}{dx} = \sqrt{1 + y'^2}$,于是 $ds = \sqrt{1 + y'^2} \, dx$. 这就是弧微分公式.

2. 曲率及其计算公式

曲率是描述曲线局部性质(弯曲程度)的量.

设曲线 C 是光滑的,在曲线 C 上选定一点 M_0 作为度量弧 s 的基点. 设曲线上点 M 对应于弧 s,在点 M 处切线的倾角为 α,曲线上另外一点 N 对应于弧 $s + \Delta s$,在点 N 处切线的倾角为 $\alpha + \Delta \alpha$.

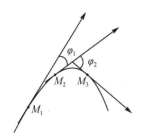

弧段弯曲程度越大转角越大

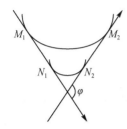

转角相同弧段越短弯曲程度越大

用比值 $\left|\dfrac{\Delta\alpha}{\Delta s}\right|$,即单位弧段上切线转过的角度的大小来表达弧段 $\overset{\frown}{MN}$ 的平均弯曲程度. 记 $\overline{K}=\left|\dfrac{\Delta\alpha}{\Delta s}\right|$, 称 $\overline{K}$ 为弧段 $\overset{\frown}{MN}$ 的平均曲率.

记 $K=\lim\limits_{\Delta s\to 0}\left|\dfrac{\Delta\alpha}{\Delta s}\right|$, 称 K 为曲线 C 在点 M 处的曲率.

在 $\lim\limits_{\Delta s\to 0}\dfrac{\Delta\alpha}{\Delta s}=\dfrac{d\alpha}{ds}$ 存在的条件下, $K=\left|\dfrac{d\alpha}{ds}\right|$.

设曲线的直角坐标方程是 $y=f(x)$, 且 $f(x)$ 具有二阶导数(这时 $f'(x)$ 连续,从而曲线是光滑的). 因为 $\tan\alpha=y'$, 所以 $\sec^2\alpha\cdot d\alpha=y''dx$,

$$d\alpha=\dfrac{y''}{\sec^2\alpha}dx=\dfrac{y''}{1+\tan^2\alpha}dx=\dfrac{y''}{1+y'^2}dx.$$

又 $ds=\sqrt{1+y'^2}dx$, 从而得曲率的计算公式

$$K=\left|\dfrac{d\alpha}{ds}\right|=\dfrac{|y''|}{(1+y'^2)^{\frac{3}{2}}}.$$

若曲线的参数方程为 $\begin{cases}x=\varphi(t)\\y=\psi(t)\end{cases}$, 则曲率 $K=\dfrac{|\varphi'(t)\psi''(t)-\varphi''(t)\psi'(t)|}{[\varphi'^2(t)+\psi'^2(t)]^{3/2}}$.

例50 计算直线 $y=ax+b$ 任一点的曲率.

【解析】显然 $y'=a$, $y''=0$, 所以直线 $y=ax+b$ 上任一点的曲率 $K=0$, 即直线的曲率处处为零.

例51 计算半径为 R 的圆上任一点的曲率.

【解析】由于圆的参数方程为 $\begin{cases}x=R\cos t\\y=R\sin t\end{cases}$, 所以

$K=\dfrac{1}{R}u$.

即圆上各点处的曲率等于半径的倒数,且半径越小曲率越大.

例52 计算等双曲线 $xy=1$ 在点 $(1,1)$ 处的曲率.

【解析】由 $y=\dfrac{1}{x}$, 得 $y'=-\dfrac{1}{x^2}$, $y''=\dfrac{2}{x^3}$. 因此 $y'|_{x=1}=-1$, $y''|_{x=1}=2$.

曲线 $xy=1$ 在点 $(1,1)$ 处的曲率为

$$K=\dfrac{|y''|}{(1+y'^2)^{\frac{3}{2}}}=\dfrac{2}{[1+(-1)^2]^{\frac{3}{2}}}=\dfrac{1}{\sqrt{2}}=\dfrac{\sqrt{2}}{2}.$$

例53 抛物线 $y=ax^2+bx+c$ 上哪一点处的曲率最大?

【解析】由于 $y'=2ax+b$, $y''=2a$ 由曲率公式,得 $K=\dfrac{|2a|}{[1+(2ax+b)^2]^{\frac{3}{2}}}$.

显然,当 $2ax+b=0$ 即 $x=-\dfrac{b}{2a}$ 时曲率最大,它对应抛物线的顶点.因此,抛物线在顶点处的曲率最大,最大曲率为 $K=|2a|$.

3. 曲率圆与曲率半径

设曲线在点 $M(x,y)$ 处的曲率为 $K(K\neq 0)$. 在点 M 处的曲线的法线上凹的一侧取一点 D, 使 $|DM|=K^{-1}=\rho$, 以 D 为圆心, ρ 为半径作圆,这个圆叫做曲线在点 M 处的曲率圆,曲率圆的圆心 D 叫做曲线在点 M 处的曲率中心,曲率圆的半径 ρ 叫做曲线在点 M 处的曲率半径.

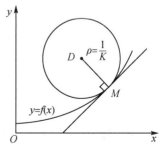

曲线在点 M 处的曲率 $K(K\neq 0)$ 与曲线在点 M 处的曲率半径 ρ 有如下关系:

$$\rho=\dfrac{1}{K},\quad K=\dfrac{1}{\rho}.$$

注意：

(1) 曲线上一点处的曲率半径与曲线在该点处的曲率互为倒数.

(2) 曲线上一点处的曲率半径越大,曲线在该点处的曲率越小(曲线越平坦);曲率半径越小,曲率越大(曲线越弯曲).

(3) 曲线上一点处的曲率圆弧可近似代替该点附近曲线弧(称为曲线在该点附近的二次近似).

例 54 设工件表面的截线为抛物线 $y = 0.4x^2$. 现在要用砂轮磨削其内表面,问用直径多大的砂轮才比较合适?

【解析】砂轮的半径不应大于抛物线顶点处的曲率半径. 由于

$$y' = 0.8x, y'' = 0.8, y'|_{x=0} = 0, y''|_{x=0} = 0.8$$

所以 $K = \dfrac{|y''|}{(1+y'^2)^{\frac{3}{2}}} = 0.8.$

抛物线顶点处的曲率半径为 $K^{-1} = 1.25$. 故选用砂轮的半径不得超过 1.25 单位长,即直径不得超过 2.50 单位长.

第5章 不定积分

§5.1 不定积分的概念与性质

1. 原函数与不定积分

定义 1:如果对任一 $x \in I$,都有

$$F'(x) = f(x) \text{ 或 } dF(x) = f(x)dx$$

则称 $F(x)$ 为 $f(x)$ 在区间 I 上的原函数.

例如:$(\sin x)' = \cos x$,即 $\sin x$ 是 $\cos x$ 的原函数.

$[\ln(x+\sqrt{1+x^2})]' = \dfrac{1}{\sqrt{1+x^2}}$,即 $\ln(x+\sqrt{1+x^2})$ 是 $\dfrac{1}{\sqrt{1+x^2}}$ 的原函数.

原函数存在定理:如果函数 $f(x)$ 在区间 I 上连续,则 $f(x)$ 在区间 I 上一定有原函数,即存在 I 上的可导函数 $F(x)$,使得对任一 $x \in I$,有 $F'(x) = f(x)$.

注 1:如果 $f(x)$ 有一个原函数,则 $f(x)$ 就有无穷多个原函数.

设 $F(x)$ 是 $f(x)$ 的原函数,则 $[F(x)+C]' = f(x)$,即 $F(x)+C$ 也为 $f(x)$ 的原函数,其中 C 为任意常数.

注 2:如果 $F(x)$ 与 $G(x)$ 都为 $f(x)$ 在区间 I 上的原函数,则 $F(x)$ 与 $G(x)$ 之差为常数,即

$$F(x) - G(x) = C (C \text{ 为常数})$$

注 3:如果 $F(x)$ 为 $f(x)$ 在区间 I 上的一个原函数,则 $F(x)+C(C$ 为任意常数) 可表达 $f(x)$ 的任意一个原函数.

定义 2:在区间 I 上,$f(x)$ 的带有任意常数项的原函数,成为 $f(x)$ 在区间 I 上的不定积分,记为

$$\int f(x)dx.$$

如果 $F(x)$ 为 $f(x)$ 的一个原函数,则

$$\int f(x)dx = F(x) + C (C \text{ 为任意常数}).$$

例 1 因为 $\left(\dfrac{x^3}{3}\right)' = x^2$,得 $\int x^2 dx = \dfrac{x^3}{3} + C.$

例 2 因为,$x > 0$ 时,$(\ln x)' = \dfrac{1}{x}$;$x < 0$ 时,$[\ln(-x)]' = \dfrac{1}{-x}(-x)' = \dfrac{1}{x}$,得

$(\ln|x|)' = \dfrac{1}{x}$,因此有 $\int \dfrac{1}{x}dx = \ln|x| + C.$

例 3 设曲线过点 $(1,2)$,且其上任一点的斜率为该点横坐标的两倍,求曲线的方程.

【解析】设曲线方程为 $y = f(x)$,其上任一点 (x,y) 处切线的斜率为 $\dfrac{dy}{dx} = 2x$,

从而 $y = \int 2x dx = x^2 + C.$

由 $y(1) = 2$,得 $C = 1$,因此所求曲线方程为 $y = x^2 + 1.$

由原函数与不定积分的概念可得:

$$\dfrac{d}{dx}\int f(x)dx = f(x)$$

$$d\int f(x)dx = f(x)dx$$

$$\int F'(x)dx = F(x) + C$$

$$\int \mathrm{d}F(x) = F(x) + C$$

$$\int \mathrm{d}x = x + C$$

2. 积分公式

$$\int k\mathrm{d}x = kx + C \ (k \text{ 为常数})$$

$$\int x^\mu \mathrm{d}x = \frac{x^{\mu+1}}{\mu+1} + C \ (\mu \neq -1)$$

$$\int \frac{\mathrm{d}x}{x} = \ln|x| + C$$

$$\int \frac{\mathrm{d}x}{1+x^2} = \arctan x + C$$

$$\int \frac{\mathrm{d}x}{\sqrt{1-x^2}} = \arcsin x + C$$

$$\int \cos x \mathrm{d}x = \sin x + C$$

$$\int \sin x \mathrm{d}x = -\cos x + C$$

$$\int \frac{\mathrm{d}x}{\cos^2 x} = \int \sec^2 x \mathrm{d}x = \tan x + C$$

$$\int \frac{\mathrm{d}x}{\sin^2 x} = \int \csc^2 x \mathrm{d}x = -\cot x + C$$

$$\int \sec x \tan x \mathrm{d}x = \sec x + C$$

$$\int \csc x \cot x \mathrm{d}x = -\csc x + C$$

$$\int \mathrm{e}^x \mathrm{d}x = \mathrm{e}^x + C$$

$$\int a^x \mathrm{d}x = \frac{a^x}{\ln a} + C$$

$$\int \mathrm{sh} x \mathrm{d}x = \mathrm{ch} x + C$$

$$\int \mathrm{ch} x \mathrm{d}x = \mathrm{sh} x + C.$$

例 4 $\int x^2 \sqrt{x} \mathrm{d}x = \int x^{\frac{5}{2}} \mathrm{d}x = \frac{2}{7} x^{\frac{7}{2}} + C.$

3. 不定积分的性质

性质 1: $\int [f(x) + g(x)] \mathrm{d}x = \int f(x) \mathrm{d}x + \int g(x) \mathrm{d}x$

性质 2: $\int k f(x) \mathrm{d}x = k \int f(x) \mathrm{d}x \ (k \text{ 为常数}, k \neq 0)$

例 5 求 $\int \sqrt{x}(x^2 - 5) \mathrm{d}x.$

【解析】

$$\int \sqrt{x}(x^2 - 5) \mathrm{d}x = \int (x^{\frac{5}{2}} - 5x^{\frac{1}{2}}) \mathrm{d}x$$

$$= \int x^{\frac{5}{2}} \mathrm{d}x - 5 \int x^{\frac{1}{2}} \mathrm{d}x$$

$$= \frac{2}{7} x^{\frac{7}{2}} - \frac{10}{3} x^{\frac{3}{2}} + C$$

$$= \frac{2}{7} x^3 \sqrt{x} - \frac{10}{3} x \sqrt{x} + C$$

例 6 求 $\int \frac{(x-1)^3}{x^2} \mathrm{d}x.$

【解析】

$$\int \frac{(x-1)^3}{x^2} \mathrm{d}x = \int \frac{x^3 - 3x^2 + 3x - 1}{x^2} \mathrm{d}x$$

$$= \int \left(x - 3 + \frac{3}{x} - \frac{1}{x^2}\right) \mathrm{d}x$$

$$= \frac{x^2}{2} - 3x + 3\ln|x| + \frac{1}{x} + C$$

例 7 求 $\int (\mathrm{e}^x - 3\cos x + 2^x \mathrm{e}^x) \mathrm{d}x.$

【解析】

$$\int (\mathrm{e}^x - 3\cos x + 2^x \mathrm{e}^x) \mathrm{d}x$$

$$= \int \mathrm{e}^x \mathrm{d}x - 3 \int \cos x \mathrm{d}x + \int (2\mathrm{e})^x \mathrm{d}x$$

$$= \mathrm{e}^x - 3\sin x + \frac{(2\mathrm{e})^x}{\ln(2\mathrm{e})} + C$$

$$= \mathrm{e}^x - 3\sin x + \frac{(2\mathrm{e})^x}{1 + \ln 2} + C$$

例 8 求 $\int \frac{1 + x + x^2}{x(1+x^2)} \mathrm{d}x.$

【解析】 $\int \frac{1 + x + x^2}{x(1+x^2)} \mathrm{d}x = \int \frac{(1+x^2) + x}{x(1+x^2)} \mathrm{d}x$

$$= \int \frac{1}{x} \mathrm{d}x + \int \frac{1}{1+x^2} \mathrm{d}x$$

$$= \ln|x| + \arctan x + C$$

例 9 求 $\int \tan^2 x \mathrm{d}x.$

【解析】 $\int \tan^2 x \mathrm{d}x = \int (\sec^2 x - 1) \mathrm{d}x$

$$= \int \sec^2 x \mathrm{d}x - \int \mathrm{d}x$$

$$= \tan x - x + C$$

例 10 求 $\int \sin^2 \frac{x}{2} \mathrm{d}x.$

【解析】 $\int \sin^2 \frac{x}{2} \mathrm{d}x = \int \frac{1 - \cos x}{2} \mathrm{d}x$

$$= \int \frac{1}{2} \mathrm{d}x - \frac{1}{2} \int \cos x \mathrm{d}x$$

$$= \frac{1}{2}(x - \sin x) + C$$

§5.2 换元积分法

1. 第一类换元积分法

设 $F(u)$ 为 $f(u)$ 的原函数,即 $F'(u) = f(u)$ 或 $\int f(u) \mathrm{d}u = F(u) + C.$

如果 $u=\varphi(x)$，且 $\varphi(x)$ 可微，则

$$\frac{\mathrm{d}}{\mathrm{d}x}F[\varphi(x)]=F'(u)\varphi'(x)=f(u)\varphi'(x)=f[\varphi(x)]\varphi'(x),$$

即 $F[\varphi(x)]$ 为 $f[\varphi(x)]\varphi'(x)$ 的原函数，或

$$\int f[\varphi(x)]\varphi'(x)\mathrm{d}x = F[\varphi(x)]+C$$
$$= [F(u)+C]_{u=\varphi(x)}$$
$$= \left[\int f(u)\mathrm{d}u\right]_{u=\varphi(x)}$$

因此有

定理 1：设 $F(u)$ 为 $f(u)$ 的原函数，$u=\varphi(x)$ 可微，则

$$\int f[\varphi(x)]\varphi'(x)\mathrm{d}x = \left[\int f(u)\mathrm{d}u\right]_{u=\varphi(x)} \quad (2\text{-}1)$$

公式 (2-1) 称为第一类换元积分公式.

例 11 求 $\int 2\cos 2x\,\mathrm{d}x$.

【解析】$\int 2\cos 2x\,\mathrm{d}x = \int \cos 2x(2x)'\mathrm{d}x$
$$= \int \cos 2x\,\mathrm{d}2x = \sin 2x + C$$

例 12 求 $\int \frac{1}{3+2x}\mathrm{d}x$.

【解析】$\int \frac{1}{3+2x}\mathrm{d}x = \frac{1}{2}\int \frac{1}{3+2x}(3+2x)'\mathrm{d}x$
$$= \frac{1}{2}\int \frac{1}{3+2x}\mathrm{d}(3+2x)$$
$$= \frac{1}{2}\ln|3+2x|+C$$

例 13 求 $\int (2xe^{x^2}+x\sqrt{1-x^2}+\tan x)\mathrm{d}x$.

【解析】

原式 $= \int 2xe^{x^2}\mathrm{d}x + \int x\sqrt{1-x^2}\mathrm{d}x + \int \frac{\sin x}{\cos x}\mathrm{d}x$
$$= \int e^{x^2}\mathrm{d}x^2 - \frac{1}{2}\int (1-x^2)^{\frac{1}{2}}\mathrm{d}(1-x^2) - \int \frac{1}{\cos x}\mathrm{d}\cos x$$
$$= e^{x^2} - \frac{1}{3}(1-x^2)^{\frac{3}{2}} - \ln|\cos x| + C$$

例 14 求 $\int \frac{1}{a^2+x^2}\mathrm{d}x$.

【解析】$\int \frac{1}{a^2+x^2}\mathrm{d}x = \frac{1}{a^2}\int \frac{1}{1+\left(\frac{x}{a}\right)^2}\mathrm{d}x$
$$= \frac{1}{a}\int \frac{1}{1+\left(\frac{x}{a}\right)^2}\mathrm{d}\left(\frac{x}{a}\right)$$
$$= \frac{1}{a}\arctan\frac{x}{a}+C$$

例 15 求 $\int \frac{1}{x^2-a^2}\mathrm{d}x$.

【解析】

$\int \frac{1}{x^2-a^2}\mathrm{d}x = \frac{1}{2a}\int \left(\frac{1}{x-a}-\frac{1}{x+a}\right)\mathrm{d}x$
$$= \frac{1}{2a}\left[\int \frac{1}{x-a}\mathrm{d}(x-a) - \int \frac{1}{x+a}\mathrm{d}(x+a)\right]$$
$$= \frac{1}{2a}[\ln|x-a|-\ln|x+a|]+C$$
$$= \frac{1}{2a}\ln\left|\frac{x-a}{x+a}\right|+C$$

例 16 求 $\int \left[\frac{1}{x(1+2\ln x)}+\frac{1}{\sqrt{x}}e^{3\sqrt{x}}\right]\mathrm{d}x$.

【解析】$\int \left[\frac{1}{x(1+2\ln x)}+\frac{1}{\sqrt{x}}e^{3\sqrt{x}}\right]\mathrm{d}x$
$$= \int \frac{1}{x(1+2\ln x)}\mathrm{d}x + \int \frac{1}{\sqrt{x}}e^{3\sqrt{x}}\mathrm{d}x$$
$$= \frac{1}{2}\int \frac{1}{1+2\ln x}\mathrm{d}(1+2\ln x) + \frac{2}{3}\int e^{3\sqrt{x}}\mathrm{d}3\sqrt{x}$$
$$= \frac{1}{2}\ln|1+2\ln x| + \frac{2}{3}e^{3\sqrt{x}} + C$$

例 17 求 $\int \cos^2 x\,\mathrm{d}x$.

【解析】$\int \cos^2 x\,\mathrm{d}x = \int \frac{1+\cos 2x}{2}\mathrm{d}x$
$$= \frac{1}{2}\left[\int \mathrm{d}x + \int \cos 2x\,\mathrm{d}x\right]$$
$$= \frac{x}{2} + \frac{1}{4}\int \cos 2x\,\mathrm{d}2x$$
$$= \frac{x}{2} + \frac{1}{4}\sin 2x + C$$

例 18 求 $\int \sec x\,\mathrm{d}x$.

【解析】

$\int \sec x\,\mathrm{d}x = \int \frac{1}{\cos x}\mathrm{d}x$
$$= \int \frac{1}{\sin\left(x+\frac{\pi}{2}\right)}\mathrm{d}\left(x+\frac{\pi}{2}\right)$$
$$= \ln\left|\cos\left(x+\frac{\pi}{2}\right)-\cot\left(x+\frac{\pi}{2}\right)\right|+C$$
$$= \ln|\sec x+\tan x|+C$$

2. 第二类换元积分法

定理 2：设 $x=\psi(t)$ 是单调的可导函数，且 $\psi'(t)\neq 0$，又设 $f[\psi(t)]\psi'(t)$ 具有原函数，则

$$\int f(x)\mathrm{d}x = \left[\int f[\psi(t)]\psi'(t)\mathrm{d}t\right]_{t=\bar{\psi}(x)} \quad (2\text{-}2)$$

其中 $t=\bar{\psi}(x)$ 为 $x=\psi(t)$ 的反函数.

公式(2-2)称为第二类换元积分公式.

例 19 求 $\int \sqrt{a^2-x^2}\,\mathrm{d}x\,(a>0)$.

【解析】令 $x=a\sin t,-\dfrac{\pi}{2}\leqslant t\leqslant\dfrac{\pi}{2}$,则 $\sqrt{a^2-x^2}=a\cos t,\mathrm{d}x=a\cos t\mathrm{d}t$,因此有

$$\int \sqrt{a^2-x^2}\,\mathrm{d}x = \int a\cos t\,a\cos t\,\mathrm{d}t$$
$$= a^2\int \cos^2 t\,\mathrm{d}t$$
$$= a^2\int \dfrac{1+\cos 2t}{2}\,\mathrm{d}t$$
$$= \dfrac{a^2}{2}t+\dfrac{a^2}{4}\sin 2t+C$$
$$= \dfrac{a^2}{2}t+\dfrac{a^2}{2}\sin t\cos t+C$$
$$= \dfrac{a^2}{2}\arcsin\dfrac{x}{a}+\dfrac{a^2}{2}\dfrac{x}{a}\dfrac{\sqrt{a^2-x^2}}{a}+C$$
$$= \dfrac{a^2}{2}\arcsin\dfrac{x}{a}+\dfrac{1}{2}x\sqrt{a^2-x^2}+C$$

例 20 求 $\int\dfrac{\mathrm{d}x}{\sqrt{a^2+x^2}}\,(a>0)$.

【解析】令 $x=a\tan t,-\dfrac{\pi}{2}\leqslant t\leqslant\dfrac{\pi}{2}$,则 $\sqrt{a^2+x^2}=a\sec t,\mathrm{d}x=a\sec^2 t\mathrm{d}t$,因此有

$$\int\dfrac{\mathrm{d}x}{\sqrt{a^2+x^2}} = \int\dfrac{1}{a\sec t}a\sec^2 t\,\mathrm{d}t$$
$$= \int\sec t\,\mathrm{d}t$$
$$= \ln|\sec t+\tan t|+C$$
$$= \ln\left|\dfrac{\sqrt{a^2+x^2}}{a}+\dfrac{x}{a}\right|+C$$
$$= \ln|x+\sqrt{a^2+x^2}|+C_1$$

其中 $C_1=C-\ln a$. 用类似方法可得

$$\int\dfrac{\mathrm{d}x}{\sqrt{x^2-a^2}} = \ln|x+\sqrt{x^2-a^2}|+C$$

例 21 求 $\int\dfrac{\mathrm{d}x}{x^2+2x+3}$.

【解析】

$$\int\dfrac{\mathrm{d}x}{x^2+2x+3} = \int\dfrac{1}{x^2+2x+1+2}\mathrm{d}x$$
$$= \int\dfrac{1}{(x+1)^2+(\sqrt{2})^2}\mathrm{d}(x+1)$$
$$= \dfrac{1}{\sqrt{2}}\arctan\dfrac{x+1}{\sqrt{2}}+C$$

§5.3 分部积分法

设 $u=u(x),v=v(x)$,则有
$$(uv)'=u'v+uv'$$
或
$$\mathrm{d}(uv)=v\mathrm{d}u+u\mathrm{d}v$$
两端求不定积分,得
$$\int(uv)'\mathrm{d}x=\int u'v\,\mathrm{d}x+\int uv'\,\mathrm{d}x$$
或
$$\int\mathrm{d}(uv)=\int v\mathrm{d}u+\int u\mathrm{d}v$$
即
$$\int u\mathrm{d}v=uv-\int v\mathrm{d}u \qquad (5\text{-}1)$$
或
$$\int uv'\mathrm{d}x=uv-\int u'v\,\mathrm{d}x \qquad (5\text{-}2)$$

公式(5-1)或(5-2)称为不定积分的分部积分公式.

例 22 求 $\int x\cos x\,\mathrm{d}x$.

【解析】
$$\int x\cos x\,\mathrm{d}x = \int x\mathrm{d}\sin x$$
$$= x\sin x-\int \sin x\,\mathrm{d}x$$
$$= x\sin x+\cos x+C$$

例 23 求 $\int x^2\mathrm{e}^x\,\mathrm{d}x$.

【解析】
$$\int x^2\mathrm{e}^x\,\mathrm{d}x = \int x^2\mathrm{d}\mathrm{e}^x$$
$$= x^2\mathrm{e}^x-\int \mathrm{e}^x\mathrm{d}x^2$$
$$= x^2\mathrm{e}^x-2\int x\mathrm{e}^x\,\mathrm{d}x$$
$$= x^2\mathrm{e}^x-2\left(x\mathrm{e}^x-\int \mathrm{e}^x\mathrm{d}x\right)$$
$$= x^2\mathrm{e}^x-2x\mathrm{e}^x+2\mathrm{e}^x+C$$

注 1:由例 22 和例 23 可以看出,当被积函数是幂函数与正弦(余弦)乘积或是幂函数与指数函数乘积,做分部积分时,取幂函数为 u,其余部分取为 $\mathrm{d}v$.

例 24 求 $\int x\ln x\,\mathrm{d}x$.

【解析】
$$\int x\ln x\,\mathrm{d}x = \dfrac{1}{2}\int \ln x\,\mathrm{d}x^2$$
$$= \dfrac{1}{2}\left[x^2\ln x-\int x^2\mathrm{d}\ln x\right]$$

$$= \frac{1}{2}\left[x^2\ln x - \int x\mathrm{d}x\right]$$
$$= \frac{1}{2}\left[x^2\ln x - \frac{1}{2}x^2\right] + C$$
$$= \frac{1}{2}x^2\ln x - \frac{1}{4}x^2 + C$$

例 25 求 $\int x\arctan x\mathrm{d}x$.

【解析】
$$\int x\arctan x\mathrm{d}x = \frac{1}{2}\int \arctan x\mathrm{d}x^2$$
$$= \frac{1}{2}\left[x^2\arctan x - \int x^2\mathrm{d}\arctan x\right]$$
$$= \frac{1}{2}\left[x^2\arctan x - \int \frac{x^2}{1+x^2}\mathrm{d}x\right]$$
$$= \frac{1}{2}\left[x^2\arctan x - \int \left(1-\frac{1}{1+x^2}\right)\mathrm{d}x\right]$$
$$= \frac{1}{2}[x^2\arctan x - x + \arctan x] + C$$

注 2：由例 24 和例 25 可以看出，当被积函数是幂函数与对数函数乘积或是幂函数与反三角函数函数乘积，做分部积分时，取对数函数或反三角函数为 u，其余部分取为 $\mathrm{d}v$.

例 26 求 $\int e^x\sin x\mathrm{d}x$.

【解析】
$$\int e^x\sin x\mathrm{d}x = \int \sin x\mathrm{d}e^x$$
$$= e^x\sin x - \int e^x\mathrm{d}\sin x$$
$$= e^x\sin x - \int e^x\cos x\mathrm{d}x$$
$$= e^x\sin x - \int \cos x\mathrm{d}e^x$$
$$= e^x\sin x - \left(e^x\cos x - \int e^x\mathrm{d}\cos x\right)$$
$$= e^x\sin x - e^x\cos x - \int e^x\sin x\mathrm{d}x$$

因此得 $2\int e^x\sin x\mathrm{d}x = e^x(\sin x - \cos x)$

即 $\int e^x\sin x\mathrm{d}x = \frac{1}{2}e^x(\sin x - \cos x) + C$

例 27 求 $\int e^{\sqrt{x}}\mathrm{d}x$.

【解析】令 $\sqrt{x}=t$，则 $x=t^2, \mathrm{d}x=2t\mathrm{d}t$，因此
$$\int e^{\sqrt{x}}\mathrm{d}x = \int e^t 2t\mathrm{d}t$$
$$= 2\int te^t\mathrm{d}t$$

$$= 2(te^t - e^t) + C$$
$$= 2e^{\sqrt{x}}(\sqrt{x}-1) + C$$

§5.4 几种特殊类型函数的积分

1. 有理函数的积分

形如
$$\frac{P(x)}{Q(x)} = \frac{a_0 x^n + a_1 x^{n-1} + \cdots + a_{n-1}x + a_n}{b_0 x^m + b_1 x^{m-1} + \cdots + b_{m-1}x + b_m} \quad (5\text{-}3)$$

称为有理函数. 其中 $a_0, a_1, a_2, \cdots, a_n$ 及 $b_0, b_1, b_2, \cdots, b_m$ 为常数，且 $a_0 \neq 0, b_0 \neq 0$.

如果分子多项式 $P(x)$ 的次数 n 小于分母多项式 $Q(x)$ 的次数 m，称分式为真分式；如果分子多项式 $P(x)$ 的次数 n 大于分母多项式 $Q(x)$ 的次数 m，称分式为假分式. 利用多项式除法可得，任一假分式可转化为多项式与真分式之和. 例如：

$$\frac{x^3+x+1}{x^2+1} = x + \frac{1}{x^2+1}$$

因此，我们仅讨论真分式的积分.

根据多项式理论，任一多项式 $Q(x)$ 在实数范围内能分解为一次因式和二次质因式的乘积，即
$$Q(x) = b_0(x-a)^\alpha \cdots (x-b)^\beta (x^2+px+q)^\lambda \cdots$$
$$(x^2+rx+s)^\mu \quad (5\text{-}4)$$

其中 $p^2-4q<0, \cdots, r^2-4s<0$.

如果 (5-3) 的分母多项式分解为 (5-4) 式，则 (5-3) 式可分解为

$$\frac{P(x)}{Q(x)} = \frac{A_1}{(x-a)^\alpha} + \frac{A_2}{(x-a)^{\alpha-1}} + \cdots + \frac{A_\alpha}{(x-a)}$$

$$\cdots$$

$$+ \frac{B_1}{(x-b)^\beta} + \frac{B_2}{(x-b)^{\beta-1}} + \cdots + \frac{B_\beta}{(x-b)}$$

$$+ \frac{M_1 x+N_1}{(x^2+px+q)^\lambda} + \frac{M_2 x+N_2}{(x^2+px+q)^{\lambda-1}} + \cdots$$

$$+ \frac{M_\lambda x+N_\lambda}{(x^2+px+q)}$$

$$\cdots$$

$$+ \frac{R_1 x+NS_1}{(x^2+rx+s)^\mu} + \frac{R_2 x+S_2}{(x^2+rx+s)^{\mu-1}} + \cdots$$

$$+ \frac{R_\mu x+S_\mu}{(x^2+rx+s)} \quad (5\text{-}5)$$

例 28 求 $\int \frac{x+3}{x^2-5x+6}\mathrm{d}x$.

【解析】因为
$$\frac{x+3}{x^2-5x+6} = \frac{x+3}{(x-2)(x-3)} = \frac{-5}{x-2} + \frac{6}{x-3}$$

得
$$\int \frac{x+3}{x^2-5x+6}dx = \int \left(\frac{-5}{x-2}+\frac{6}{x-3}\right)dx$$
$$= -5\int \frac{1}{x-2}dx + 6\int \frac{1}{x-3}dx$$
$$= -5\ln|x-2| + 6\ln|x-3| + C$$

例29 求 $\int \frac{x-2}{x^2+2x+3}dx$.

【解析】由于分母已为二次质因式，分子可写为
$$x-2 = \frac{1}{2}(2x+2) - 3$$
得
$$\int \frac{x-2}{x^2+2x+3}dx$$
$$= \int \frac{\frac{1}{2}(2x+2)-3}{x^2+2x+3}dx$$
$$= \frac{1}{2}\int \frac{2x+2}{x^2+2x+3}dx - 3\int \frac{dx}{x^2+2x+3}$$
$$= \frac{1}{2}\int \frac{d(x^2+2x+3)}{x^2+2x+3} - 3\int \frac{d(x+1)}{(x+1)^2+(\sqrt{2})^2}$$
$$= \frac{1}{2}\ln|x^2+2x+3| - \frac{3}{\sqrt{2}}\arctan\frac{x+1}{\sqrt{2}} + C$$

例30 求 $\int \frac{1}{(1+2x)(1+x^2)}dx$.

【解析】根据分解式(5-3)，计算得
$$\frac{1}{(1+2x)(1+x^2)} = \frac{\frac{4}{5}}{1+2x} + \frac{-\frac{2}{5}x+\frac{1}{5}}{1+x^2}$$
因此得
$$\int \frac{1}{(1+2x)(1+x^2)}dx$$
$$= \int \left(\frac{\frac{4}{5}}{1+2x} + \frac{-\frac{2}{5}x+\frac{1}{5}}{1+x^2}\right)dx$$
$$= \frac{2}{5}\int \frac{2}{1+2x}dx - \frac{1}{5}\int \frac{2x}{1+x^2}dx + \frac{1}{5}\int \frac{1}{1+x^2}dx$$
$$= \frac{2}{5}\int \frac{1}{1+2x}d(1+2x) - \frac{1}{5}\int \frac{1}{1+x^2}d(1+x^2) + \frac{1}{5}\int \frac{1}{1+x^2}dx$$
$$= \frac{2}{5}\ln|1+2x| - \frac{1}{5}\ln(1+x^2) + \frac{1}{5}\arctan x + C$$

2. 三角函数有理式的积分

如果 $R(u,v)$ 为关于 u,v 的有理式，则 $R(\sin x, \cos x)$ 称为三角函数有理式. 我们不深入讨论，仅举几个例子说明这类函数的积分方法.

例31 求 $\int \frac{1+\sin x}{\sin x(1+\cos x)}dx$.

【解析】如果作变量代换 $u = \tan \frac{x}{2}$，可得
$$\sin x = \frac{2u}{1+u^2}, \cos x = \frac{1-u^2}{1+u^2}, dx = \frac{2}{1+u^2}du$$
因此得
$$\int \frac{1+\sin x}{\sin x(1+\cos x)}dx$$
$$= \int \frac{\left(1+\frac{2u}{1+u^2}\right)}{\frac{2u}{1+u^2}\left(1+\frac{1-u^2}{1+u^2}\right)} \frac{2}{1+u^2}du$$
$$= \frac{1}{2}\int \left(u+2+\frac{1}{u}\right)du$$
$$= \frac{1}{2}\left(\frac{u^2}{2}+2u+\ln|u|\right) + C$$
$$= \frac{1}{4}\tan^2 \frac{x}{2} + \tan \frac{x}{2} + \frac{1}{2}\ln|\tan \frac{x}{2}| + C$$

3. 简单无理式的积分

例32 求 $\int \frac{dx}{1+\sqrt[3]{x+2}}$.

【解析】令 $\sqrt[3]{x+2} = u$，得 $x = u^3-2, dx = 3u^2 du$，代入得
$$\int \frac{dx}{1+\sqrt[3]{x+2}} = \int \frac{3u^2}{1+u}du$$
$$= 3\int \frac{u^2-1+1}{1+u}du$$
$$= 3\int \left(u-1+\frac{1}{1+u}\right)du$$
$$= 3\left(\frac{u^2}{2}-u+\ln|1+u|\right) + C$$
$$= \frac{3}{2}\sqrt[3]{(x+2)^2} - 3\sqrt[3]{x+2} + 3\ln|1+\sqrt[3]{x+2}| + C$$

例33 求 $\int \frac{dx}{(1+\sqrt[3]{x})\sqrt{x}}$.

【解析】令 $x = t^6$，得 $dx = 6t^5 dt$，代入得
$$\int \frac{dx}{(1+\sqrt[3]{x})\sqrt{x}} = \int \frac{6t^5 dt}{(1+t^2)t^3}$$
$$= 6\int \frac{t^2}{1+t^2}dt$$
$$= 6\int \left(1-\frac{1}{1+t^2}\right)dt$$
$$= 6(t-\arctan t) + C$$
$$= 6(\sqrt[6]{x} - \arctan \sqrt[6]{x}) + C$$

第6章 定积分

§6.1 定积分的概念与性质

1. 几个实例

(1) 曲边梯形面积

设 $y=f(x)$ 在 $[a,b]$ 上非负且连续,由直线 $x=a,x=b,y=0$ 及曲线 $y=f(x)$ 所围成的图形,称为曲边梯形.

求此曲边梯形面积的方法:

在区间 $[a,b]$ 中任意插入若干个分点
$$a=x_0<x_1<x_2\cdots<x_{n-1}<x_n=b,$$
把 $[a,b]$ 分成 n 个小区间
$$[x_0,x_1],[x_1,x_2],\cdots,[x_{n-1},x_n],$$
它们的长度依次为:
$$\Delta x_1=x_1-x_0,\Delta x_2=x_2-x_1,\cdots,\Delta x_n=x_n-x_{n-1}.$$

经过每一个分点作平行于 y 轴的直线段,把曲边梯形分成 n 个窄曲边梯形,在每个小区间 $[x_{i-1},x_i]$ 上任取一点 ξ_i,以 $[x_{i-1},x_i]$ 为底,$f(\xi_i)$ 为高的窄边矩形近似替代第 i 个窄边梯形($i=1,2,\cdots,n$),把这样得到的 n 个窄矩形面积之和作为所求曲边梯形面积 A 的近似值,即
$$A\approx f(\xi_1)\Delta x_1+f(\xi_2)\Delta x_2+\cdots+f(\xi_n)\Delta x_n$$
$$=\sum_{i=1}^{n}f(\xi_i)\Delta x_i.$$

设 $\lambda=\max\{\Delta x_1,\Delta x_2,\cdots,\Delta x_n\}$,$\lambda\to 0$ 时,可得曲边梯形的面积
$$A=\lim_{\lambda\to 0}\sum_{i=1}^{n}f(\xi_i)\Delta x_i.$$

(2) 变速直线运动的路程

设某物体做直线运动,已知速度 $v=v(t)$ 是时间间隔 $[T_1,T_2]$ 上 t 的连续函数,且 $v(t)\geqslant 0$,计算在这段时间内物体所经过的路程 s.

在 $[T_1,T_2]$ 内任意插入若干个分点
$$T_1=t_0<t_1<t_2<\cdots<t_{n-1}<t_n=T_2.$$
把 $[T_1,T_2]$ 分成 n 个小段
$$[t_0,t_1],[t_1,t_2],\cdots,[t_{n-1},t_n]$$
各小段时间长依次为:
$$\Delta t_1=t_1-t_0,\Delta t_2=t_2-t_1,\cdots,\Delta t_n=t_n-t_{n-1},$$
相应各段的路程为:
$$\Delta s_1,\Delta s_2,\cdots,\Delta s_n$$

在 $[t_{i-1},t_i]$ 上任取一个时刻 $T_i(t_{i-1}\leqslant T_i\leqslant t_i)$,以 T_i 时的速度 $v(T_i)$ 来代替 $[t_{i-1},t_i]$ 上各个时刻的速度,则得:
$$\Delta s_i\approx v(T_i)\Delta t_i(i=1,2,\cdots,n)$$

进一步得到:
$$s\approx v(T_1)\Delta t_1+v(T_2)\Delta t_2+\cdots+v(T_n)\Delta t_n$$
$$=\sum_{i=1}^{n}v(T_i)\Delta t_1$$

设 $\lambda=\max\{\Delta t_1,\Delta t_2,\cdots,\Delta t_n\}$,当 $\lambda\to 0$ 时,得:
$$s=\lim_{\lambda\to 0}\sum_{i=1}^{n}v(T_i)\Delta t$$

2. 定积分的定义

由上述两例可见,虽然所计算的量不同,但它们都决定于一个函数及其自变量的变化区间,其次它们的计算方法与步骤都相同,即归纳为一种和式极限,即

面积 $\quad A=\lim\limits_{\lambda\to 0}\sum_{i=1}^{n}f(\xi_i)\Delta x_i,$

路程 $\quad S=\lim\limits_{\lambda\to 0}\sum_{i=1}^{n}v(T_i)\Delta t_i.$

将这种方法加以精确叙述得到定积分的定义.

定义:设函数 $f(x)$ 在 $[a,b]$ 上有界,在 $[a,b]$ 中任意插入若干个分点
$$a=x_0<x_1<x_2<\cdots<x_{n-1}<x_n=b$$
把区间 $[a,b]$ 分成 n 个小区间
$$[x_0,x_1],[x_1,x_2],\cdots,[x_{n-1},x_n],$$
各个小区间的长度依次为
$$\Delta x_1=x_1-x_0,\Delta x_2=x_2-x_1,\cdots,\Delta x_n=x_n-x_{n-1}.$$
在每个小区间 $[x_{i-1},x_i]$ 上任取一点 $\varepsilon_i(x_{i-1}\leqslant\varepsilon_i\leqslant x_i)$,作函数值 $f(\varepsilon_i)$ 与小区间长度 Δx_i 的乘积

$f(\varepsilon_i)\Delta x_i (i=1,2,\cdots,n)$,并作出和
$$S = \sum_{i=1}^{n} f(\varepsilon_i)\Delta x_i.$$

记 $\lambda = \max\{\Delta x_1, \Delta x_2, \cdots, \Delta x_n\}$,如果不论对 $[a,b]$ 怎样分法,也不论在小区间 $[x_{i-1}, x_i]$ 上点 ε_i 怎样取法,只要当 $\lambda \to 0$ 时,和 S 总趋于确定的极限 I,这时我们称这个极限 I 为函数 $f(x)$ 在区间 $[a,b]$ 上的定积分(简称积分),记作 $\int_a^b f(x)dx$,即
$$\int_a^b f(x)dx = I = \lim_{\lambda \to 0} \sum_{i=1}^{n} f(\varepsilon_i)\Delta x_i,$$
其中 $f(x)$ 叫做被积函数,$f(x)dx$ 叫做被积表达式,x 叫做积分变量,a 叫做积分下限,b 叫做积分上限,$[a,b]$ 叫做积分区间.

注意:积分与积分变量无关,即:
$$\int_a^b f(x)dx = \int_a^b f(t)dt = \int_a^b f(u)du.$$

函数可积的两个充分条件:

定理 1:设 $f(x)$ 在 $[a,b]$ 上连续,则 $f(x)$ 在 $[a,b]$ 上可积.

定理 2:设 $f(x)$ 在 $[a,b]$ 上有界,且只有有限个间断点,则 $f(x)$ 在 $[a,b]$ 上可积.

例 1 利用定积分定义计算 $\int_0^1 x^2 dx$.

【解析】$f(x) = x^2$ 在 $[0,1]$ 上是连续函数,故可积,因此为方便计算,我们可以对 $[0,1]$ n 等分,分点 $x_i = \dfrac{i}{n}, i=1,2,\cdots,n-1$;$\xi_i$ 取相应小区间的右端点,故
$$\sum_{i=1}^{n} f(\xi_i)\Delta x_i = \sum_{i=1}^{n} \xi_i^2 \Delta x_i$$
$$= \sum_{i=1}^{n} \left(\frac{i}{n}\right)^2 \frac{1}{n} = \frac{1}{n^3}\sum_{i=1}^{n} i^2$$
$$= \frac{1}{n^3} \cdot \frac{1}{6}n(n+1)(2n+1)$$
$$= \frac{1}{6}\left(1+\frac{1}{n}\right)\left(2+\frac{1}{n}\right)$$

$\lambda \to 0$ 时(即 $n \to \infty$ 时),由定积分的定义得:
$$\int_0^1 x^2 dx = \frac{1}{3}.$$

§6.2 定积分的性质与中值定理

为方便定积分计算及应用,作如下补充规定:

(1) 当 $a = b$ 时,$\int_a^b f(x)dx = 0$

(2) 当 $a > b$ 时,$\int_a^b f(x)dx = -\int_b^a f(x)dx$

性质 1:函数和(差)的定积分等于它们的定积分的和(差),即
$$\int_a^b [f(x) \pm g(x)]dx = \int_a^b f(x)dx \pm \int_a^b g(x)dx$$

【证明】$\int_a^b [f(x) \pm g(x)]dx$
$$= \lim_{\lambda \to 0} \sum_{i=1}^{n} [f(\xi_i) \pm g(\xi_i)]\Delta x_i$$
$$= \lim_{\lambda \to 0} \sum_{i=1}^{n} f(\xi_i)\Delta x_i \pm \lim_{\lambda \to 0} \sum_{i=1}^{n} g(\xi_i)\Delta x_i$$
$$= \int_a^b f(x)dx \pm \int_a^b g(x)dx$$

性质 2:被积函数的常数因子可以提到积分号外面,即
$$\int_a^b kf(x)dx = k\int_a^b f(x)dx\,(k\text{ 是常数})$$

性质 3:如果将积分区间分成两部分,则在整个区间上的定积分等于这两个区间上定积分之和,即设 $a < c < b$,则
$$\int_a^b f(x)dx = \int_a^c f(x)dx + \int_c^b f(x)dx$$

注意:我们规定无论 a,b,c 的相对位置如何,总有上述等式成立.

性质 4:如果在区间 $[a,b]$ 上,$f(x) \equiv 1$,则
$$\int_a^b f(x)dx = \int_a^b dx = b - a$$

性质 5:如果在区间 $[a,b]$ 上,$f(x) \geqslant 0$,则
$$\int_a^b f(x)dx \geqslant 0\,(a < b)$$

【证明】因 $f(x) \geqslant 0$,故 $f(\xi_i) \geqslant 0(i=1,2,3,\cdots,n)$,又因

$\Delta x_i \geqslant 0(i=1,2,\cdots,n)$,故 $\sum_{i=1}^{n} f(\xi_i)\Delta x_i \geqslant 0$,

设 $\lambda = \max\{\Delta x_1, \Delta x_2, \cdots, \Delta x_n\}$,$\lambda \to 0$ 时,便得欲证的不等式.

推论 1:如果在 $[a,b]$ 上,$f(x) \leqslant g(x)$,则
$$\int_a^b f(x)dx \leqslant \int_a^b g(x)dx\,(a < b)$$

推论 2:$\left|\int_a^b f(x)dx\right| \leqslant \int_a^b |f(x)|dx$

性质 6:设 M 与 m 分别是函数 $f(x)$ 在 $[a,b]$ 上的最大值及最小值,则
$$m(b-a) \leqslant \int_a^b f(x)dx \leqslant M(b-a)\,(a < b)$$

性质 7(定积分中值定理):如果函数 $f(x)$ 在闭

区间$[a,b]$上连续,则在积分区间$[a,b]$上至少存在一点ξ,使下式成立:
$$\int_a^b f(x)\mathrm{d}x = f(\xi)(b-a)(a \leqslant \xi \leqslant b)$$

【证明】利用性质$6, m \leqslant \dfrac{1}{b-a}\int_a^b f(x)\mathrm{d}x \leqslant M$;再由闭区间上连续函数的介值定理,知在$[a,b]$上至少存在一点$\xi$,使$f(\xi) = \dfrac{1}{a-b}\int_a^b f(x)\mathrm{d}x$,故得此性质.

显然无论$a > b$,还是$a < b$,上述等式恒成立.

积分中值定理的几何释意如下:在区间$[a,b]$上至少存在一个ξ,使得以区间$[a,b]$为底边,以曲线$y = f(x)$为曲边的曲边梯形的面积等于同一底边而高为$f(\xi)$的一个矩形的面积.

§6.3 微积分基本公式

1. 变速直线运动中位置函数与速度函数之间的联系

设一物体在一直线上运动,在这直线上取定原点、正方向、单位长度,使其成为一数轴,时刻t时物体所有的位置为$s(t)$,速度为$v(t)$(不妨设$v(t) \geqslant 0$).

物体在时间间隔$[T_1, T_2]$内经过的路程可以用速度函数$v(t)$在$[T_1, T_2]$上的定积分来表达,即
$$\int_{T_1}^{T_2} v(t)\mathrm{d}x$$

另一方面,这段路程可以通过位置函数$s(t)$在区间$[T_1, T_2]$的增量来表示,即
$$s(T_2) - s(T_1)$$
故
$$\int_{T_1}^{T_2} v(t)\mathrm{d}x = s(T_2) - s(T_1)$$
注意到$s'(t) = v(t)$,即$s(t)$是$v(t)$的原函数.

2. 积分上限的函数及其导数

设$f(x)$在$[a,b]$上连续,并且设x为$[a,b]$上任一点,则
$$\Phi(x) = \int_a^x f(t)\mathrm{d}t$$

函数$\Phi(x)$具有如下性质:

定理1:如果函数$f(x)$在区间$[a,b]$上连续,则积分上限函数
$$\Phi(x) = \int_a^x f(t)\mathrm{d}t$$

在$[a,b]$上具有导数,并且它的导数是
$$\Phi'(x) = \dfrac{\mathrm{d}}{\mathrm{d}x}\int_a^x f(t)\mathrm{d}t$$
$$= f(x)(a \leqslant x \leqslant b)$$

【证明】(1) $x \in (a,b)$时,
$$\Delta\Phi(x) = \Phi(x + \Delta x) - \Phi(x)$$
$$= \int_a^{x+\Delta x} f(t)\mathrm{d}t - \int_a^x f(t)\mathrm{d}t$$
$$= \int_x^{x+\Delta x} f(t)\mathrm{d}t = f(\xi)\Delta x$$

ξ在x与Δx之间
$$\dfrac{\Delta\Phi(x)}{\Delta x} = f(\xi)$$

$\Delta x \to 0$时,有
$$\Phi'(x) = f(x)$$

(2) $x = a$或b时考虑其单侧导数,可得
$$\Phi'(a) = f(a), \Phi'(b) = f(b).$$

由定理1可得下面结论:

定理2:如果函数$f(x)$在区间$[a,b]$上连续,则函数
$$\Phi(x) = \int_a^x f(t)\mathrm{d}t$$
是$f(x)$的一个原函数.

3. Newton—Leibniz 公式

定理3:如果函数$F(x)$是连续函数$f(x)$在区间$[a,b]$上的一个原函数,则
$$\int_a^b f(x)\mathrm{d}x = F(b) - F(a)$$

【证明】因$F(x)$与$\Phi(x)$均是$f(x)$的原函数,故
$$F(x) - \Phi(x) = C(a \leqslant x \leqslant b)$$

又因
$$\int_a^b f(x)\mathrm{d}x = \Phi(b) - \Phi(a)$$
故
$$\int_a^b f(x)\mathrm{d}x = F(b) - F(a)$$

为方便起见,把$F(b) - F(a)$记作$[F(x)]_a^b$.

上述公式就是Newton—Leibniz公式,也称作微积分基本公式.

例2 $\int_0^1 x^2 \mathrm{d}x = \left[\dfrac{x^3}{3}\right]_0^1 = \dfrac{1^3}{3} - \dfrac{0^3}{3} = \dfrac{1}{3}$

例3 $\int_{-1}^{\sqrt{3}} \dfrac{1}{1+x^2}\mathrm{d}x$.

【解析】$\int_{-1}^{\sqrt{3}} \dfrac{1}{1+x^2}\mathrm{d}x = [\arctan x]_{-1}^{\sqrt{3}} = \dfrac{7}{12}\pi$

例4 $\int_{-2}^{-1} \dfrac{\mathrm{d}x}{x}$.

【解析】$\int_{-2}^{-1} \dfrac{1}{x} dx = [\ln |x|]_{-2}^{-1} = \ln 1 - \ln 2$
$= -\ln 2$

例 5 计算 $y = \sin x$ 在 $[0, \pi]$ 上与 x 轴所围成的平面图形的面积.

【解析】$A = \int_0^\pi \sin x dx = [-\cos x]_0^\pi = 2$

例 6 汽车以每小时 36 km 的速度行驶,到某处需要减速停车,设汽车以等加速度 $a = -5 \text{ m/s}^2$ 刹车,问从开始刹车到停车,汽车走了多少距离?

【解析】$t = 0$ 时,$v_0 = 10 \text{ m/s}$,
$v(t) = v_0 + at = 10 - 5t$,
$0 = v(t) = 10 - 5t$,故 $t = 2$.
故 $s = \int_0^2 v dt = \int_0^2 (10 - 5t) dt = 10 \text{(m)}$.

即刹车后,汽车需要走 10 m 才能停住.

例 7 设 $f(x)$ 在 $[0, +\infty]$ 内连续且 $f(x) > 0$,证明函数

$$F(x) = \dfrac{\int_0^x tf(t) dt}{\int_0^x f(t) dt}$$

在 $(0, +\infty)$ 内为单调增加函数.

【证明】$\dfrac{d}{dx} \int_0^x tf(t) dt = x f(x)$,$\dfrac{d}{dx} \int_0^x f(t) dt = f(x)$,

$$F'(x) = \dfrac{xf(x) \int_0^x f(t) dt - f(x) \int_0^x tf(t) dt}{\left(\int_0^x f(t) dt \right)^2} > 0,$$

故 $F(x)$ 在 $(0, +\infty)$ 内为单调增加函数.

例 8 求 $\lim\limits_{x \to 0^+} \dfrac{\int_{\cos x}^1 e^{-t^2} dt}{x^2}$.

【解析】$\dfrac{d}{dx} \int_{\cos x}^1 e^{-t^2} dt = -\dfrac{d}{dx} \int_1^{\cos x} e^{-t^2} dt$
$= \sin x e^{-\cos^2 x}$

利用 Hospital 法则得

$$\lim_{x \to 0^+} \dfrac{\int_{\cos x}^1 e^{-t^2} dt}{x^2} = \lim_{x \to 0^+} \dfrac{e^{-\cos^2 x} \sin x}{2x} = \dfrac{1}{2e}$$

§6.4 定积分的换元法

定理: 假设函数 $f(x)$ 在 $[a, b]$ 上连续,函数 $x = \phi(t)$ 满足条件:

(1) $\phi(\alpha) = a, \varphi(\beta) = b$;

(2) $\phi(t)$ 在 $[\alpha, \beta]$(或$[\beta, \alpha]$) 上具有连续导数,且其值不越出 $[a, b]$.

则有 $\int_a^b f(x) dx = \int_\alpha^\beta f[\varphi(t)] \varphi'(t) dt$

例 9 计算 $\int_0^a \sqrt{a^2 - x^2} dx \ (a > 0)$.

【解析】设 $x = a \sin t$,则 $dx = a \cos t dt$ 且
$x = 0$ 时 $t = 0$;$x = a$ 时 $t = \dfrac{\pi}{2}$,

故 $\int_0^a \sqrt{a^2 - x^2} dx = a^2 \int_0^{\frac{\pi}{2}} \cos^2 t dt$
$= \dfrac{a^2}{2} \int_0^{\frac{\pi}{2}} (1 + \cos 2t) dt$
$= \dfrac{a^2}{2} \left[t + \dfrac{1}{2} \sin 2t \right]_0^{\frac{\pi}{2}} = \dfrac{\pi a^2}{4}$

换元公式也可以反过来使用,即 $\int_a^b f[\varphi(x)] \varphi'(x) dx = \int_\alpha^\beta f(t) dt$.

例 10 计算 $\int_0^{\frac{\pi}{2}} \cos^5 x \sin x dx$.

【解析】设 $t = \cos x$,则

$-\int_0^{\frac{\pi}{2}} \cos^5 x d\cos x = -\int_1^0 t^5 dt$
$= \int_0^1 t^5 dt = \left[\dfrac{t^6}{6} \right]_0^1 = \dfrac{1}{6}$

例 11 计算 $\int_0^\pi \sqrt{\sin^3 x - \sin^5 x} dx$.

【解析】

$\int_0^\pi \sqrt{\sin^3 x - \sin^5 x} dx$
$= \int_0^\pi (\sin x)^{\frac{3}{2}} \sqrt{\cos^2 x} dx$
$= \int_0^\pi (\sin x)^{\frac{3}{2}} |\cos x| dx$
$= \int_0^{\frac{\pi}{2}} (\sin x)^{\frac{3}{2}} \cos x dx - \int_{\frac{\pi}{2}}^\pi (\sin x)^{\frac{3}{2}} \cos x dx$
$= \int_0^\pi (\sin x)^{\frac{3}{2}} d\sin x - \int_{\frac{\pi}{2}}^\pi (\sin x)^{\frac{3}{2}} d\sin x$
$= \dfrac{4}{5}$

例 12 计算 $\int_0^4 \dfrac{x + 2}{\sqrt{2x + 1}} dx$.

【解析】设 $t = \sqrt{2x + 1}$,则 $x = \dfrac{t^2 - 1}{2}$.

$x = 0$ 时 $t = 1$;$x = 4$ 时 $t = 3$,

故 $\int_0^4 \dfrac{x + 2}{\sqrt{2x + 1}} dx = \int_1^3 \dfrac{\dfrac{t^2 - 1}{2} + 2}{t} t dt$

$$= \frac{1}{2}\int_1^3 (t^2+3)\mathrm{d}t$$
$$= \frac{1}{2}\left[\frac{t^3}{3}+3t\right]_1^3 = \frac{22}{3}$$

例 13 证明:

(1) 若 $f(x)$ 在 $[a,b]$ 上连续且为偶函数,则
$$\int_{-a}^{a} f(x)\mathrm{d}x = 2\int_0^a f(x)\mathrm{d}x$$

(2) 若 $f(x)$ 在 $[a,b]$ 上连续且为奇函数,则
$$\int_{-a}^{a} f(x)\mathrm{d}x = 0$$

【证明】
$$\int_{-a}^{a} f(x)\mathrm{d}x$$
$$= \int_{-a}^{0} f(x)\mathrm{d}x + \int_0^a f(x)\mathrm{d}x$$
$$= -\int_a^0 f(-x)\mathrm{d}x + \int_0^a f(x)\mathrm{d}x$$
$$= \int_0^a f(-x)\mathrm{d}x + \int_0^a f(x)\mathrm{d}x$$
$$= \int_0^a [f(x)+f(-x)]\mathrm{d}x$$

(1) $f(x)$ 为偶函数时,$f(x)+f(-x) = 2f(x)$

故
$$\int_{-a}^{a} f(x)\mathrm{d}x = 2\int_0^a f(x)\mathrm{d}x$$

(2) $f(x)$ 为奇函数时,$f(x)+f(-x) = 0$

故
$$\int_{-a}^{a} f(x)\mathrm{d}x = 0$$

例 14 若 $f(x)$ 在 $[0,1]$ 上连续.

证明:

(1) $\int_0^{\frac{\pi}{2}} f(\sin x)\mathrm{d}x = \int_0^{\frac{\pi}{2}} f(\cos x)\mathrm{d}x$;

(2) $\int_0^{\pi} xf(\sin x)\mathrm{d}x = \frac{\pi}{2}\int_0^{\pi} f(\sin x)\mathrm{d}x$,由此计算
$$\int_0^{\pi} \frac{x\sin x}{1+\cos^2 x}\mathrm{d}x.$$

【证明】(1) 设 $x = \frac{\pi}{2}-t$,则 $\mathrm{d}x = -\mathrm{d}t$,

且当 $x=0$ 时,$t=\frac{\pi}{2}$;当 $x=\frac{\pi}{2}$ 时 $t=0$,

故
$$\int_0^{\frac{\pi}{2}} f(\sin x)\mathrm{d}x = -\int_{\frac{\pi}{2}}^0 f\left[\sin\left(\frac{\pi}{2}-t\right)\right]\mathrm{d}t$$
$$= \int_0^{\frac{\pi}{2}} f(\cos t)\mathrm{d}t$$
$$= \int_0^{\frac{\pi}{2}} f(\cos x)\mathrm{d}x$$

(2) 设 $x = \pi - t$,
$$\int_0^{\pi} xf(\sin x)\mathrm{d}x = \int_{\pi}^0 (\pi-t)f[\sin(\pi-t)]\mathrm{d}(-t)$$
$$= \int_0^{\pi} \pi f(\sin t)\mathrm{d}t - \int_0^{\pi} tf(\sin t)\mathrm{d}t$$

$\therefore \int_0^{\pi} xf(\sin x)\mathrm{d}x = \frac{\pi}{2}\int_0^{\pi} f(\sin t)\mathrm{d}t$

利用此公式可得:
$$\int_0^{\pi} \frac{x\sin x}{1+\cos^2 x}\mathrm{d}x = \frac{\pi}{2}\int_0^{\pi} \frac{\sin x}{1+\cos^2 x}\mathrm{d}x$$
$$= -\frac{\pi}{2}\int_0^{\pi} \frac{1}{1+\cos^2 x}\mathrm{d}\cos x$$
$$= -\frac{\pi}{2}[\arctan(\cos x)]_0^{\pi}$$
$$= \frac{\pi^2}{4}$$

例 15 设函数 $f(x) = \begin{cases} xe^{-x^2}, & x \geq 0 \\ \dfrac{1}{1+\cos x}, & -1 < x < 0 \end{cases}$,

计算 $\int_1^4 f(x-2)\mathrm{d}x$.

【解析】设 $x-2 = t$,则
$$\int_1^4 f(x-2)\mathrm{d}x = \int_{-1}^2 f(t)\mathrm{d}t$$
$$= \int_{-1}^0 f(t)\mathrm{d}t + \int_0^2 f(t)\mathrm{d}t$$
$$= \int_{-1}^0 \frac{1}{1+\cos t}\mathrm{d}t + \int_0^2 te^{-t^2}\mathrm{d}t$$
$$= \tan\frac{1}{2} - \frac{1}{2}e^{-4} + \frac{1}{2}$$

§6.5 定积分的分部积分法

设 $u(x), v(x)$ 在 $[a,b]$ 上具有连续导数 $u'(x), v'(x)$,则有
$$(uv)' = u'v + uv'$$

故
$$\int_a^b (uv)'\mathrm{d}x = \int_a^b u'v\mathrm{d}x + \int_a^b uv'\mathrm{d}x$$
$$\int_a^b u\mathrm{d}v = [uv]_a^b - \int_a^b v\mathrm{d}u$$

这就是定积分的分部积分公式.

例 16 $\int_0^{\frac{1}{2}} \arcsin x\mathrm{d}x$.

【解析】设 $u = \arcsin x, v = x$,则
$$\int_0^{\frac{1}{2}} \arcsin x\mathrm{d}x$$
$$= [x\arcsin x]_0^{\frac{1}{2}} - \int_0^{\frac{1}{2}} x\frac{1}{\sqrt{1-x^2}}\mathrm{d}x$$
$$= \frac{1}{2}\arcsin\frac{1}{2} + \frac{1}{2}\int_0^{\frac{1}{2}} \frac{1}{\sqrt{1-x^2}}\mathrm{d}(1-x^2)$$

$= \dfrac{\pi}{12} + \dfrac{\sqrt{3}}{2} - 1$

例17 计算 $\int_0^1 e^{\sqrt{x}} dx$.

【解析】设 $\sqrt{x} = t$, 则

$$\int_0^1 e^{\sqrt{x}} dx = \int_0^1 e^t dt^2 = 2\int_0^1 t e^t dt$$
$$= 2\int_0^1 t de^t = 2[te^t]_0^1 - 2\int_0^1 e^t dt$$
$$= 2e - 2(e-1) = 2$$

例18 证明定积分公式

$$I_n = \int_0^{\frac{\pi}{2}} \sin^n x\, dx$$
$$= \begin{cases} \dfrac{n-1}{n} \cdot \dfrac{n-3}{n-2} \cdots \dfrac{3}{4} \cdot \dfrac{1}{2} \cdot \dfrac{\pi}{2}, n\text{ 为正偶数,} \\ \dfrac{n-1}{n} \cdot \dfrac{n-3}{n-2} \cdots \dfrac{4}{5} \cdot \dfrac{2}{3}, n\text{ 为大于 1 的正奇数.} \end{cases}$$

【证明】设 $u = \sin^{n-1} x$, $dv = \sin x\, dx$

由分部积分公式可得:

$$I_n = (n-1)\int_0^{\frac{\pi}{2}} \sin^{n-2} x\, dx - (n-1)\int_0^{\frac{\pi}{2}} \sin^n x\, dx$$
$$= (n-1)I_{n-2} - (n-1)I_n$$

故 $I_n = \dfrac{n-1}{n} I_{n-2}$

由此递推公式可得所证明等式.

§6.6 广义积分

1. 无穷限广义积分

定义1：设函数 $f(x)$ 在区间 $[a, +\infty]$ 上连续, 取 $b > a$. 如果极限

$$\lim_{b \to +\infty} \int_a^b f(x) dx$$

存在, 则称此极限为函数 $f(x)$ 在无穷区间 $[a, +\infty]$ 上的广义积分, 记作 $\int_a^{+\infty} f(x) dx$, 即

$$\int_a^{+\infty} f(x) dx = \lim_{b \to +\infty} \int_a^b f(x) dx$$

这时也称广义积分 $\int_a^{+\infty} f(x) dx$ 收敛；如果上述极限不存在, 函数 $f(x)$ 在无穷区间 $[a, +\infty]$ 上的广义积分 $\int_a^{+\infty} f(x) dx$ 就没有意义, 习惯上称广义积分 $\int_a^{+\infty} f(x) dx$ 发散, 这时记号 $\int_a^{+\infty} f(x) dx$ 不再表示数值了.

类似地, 设函数 $f(x)$ 在区间 $[-\infty, b]$ 上连续, 取 $a < b$. 如果极限

$$\lim_{a \to -\infty} \int_a^b f(x) dx$$

存在, 则称此极限为函数 $f(x)$ 在无穷区间 $(-\infty, b]$ 上的广义积分, 记作 $\int_{-\infty}^b f(x) dx$, 即

$$\int_{-\infty}^b f(x) dx = \lim_{a \to -\infty} \int_a^b f(x) dx$$

这时也称广义积分 $\int_{-\infty}^b f(x) dx$ 收敛；如果上述极限不存在, 就称广义积分 $\int_{-\infty}^b f(x) dx$ 发散.

设函数 $f(x)$ 在区间 $(-\infty, +\infty)$ 上连续, 如果广义积分

$$\int_{-\infty}^0 f(x) dx \text{ 和 } \int_0^{+\infty} f(x) dx$$

都收敛, 则称上述两广义积分之和为函数 $f(x)$ 在无穷区间 $(-\infty, +\infty)$ 上的广义积分, 记作 $\int_{-\infty}^{+\infty} f(x) dx$, 即

$$\int_{-\infty}^{+\infty} f(x) dx = \int_{-\infty}^0 f(x) dx + \int_0^{+\infty} f(x) dx$$
$$= \lim_{a \to -\infty} \int_a^0 f(x) dx + \lim_{b \to +\infty} \int_0^b f(x) dx$$

这时也称广义积分 $\int_{-\infty}^{+\infty} f(x) dx$ 收敛；否则就称广义积分 $\int_{-\infty}^{+\infty} f(x) dx$ 发散.

例19 计算广义积分 $\int_{-\infty}^{+\infty} \dfrac{1}{1+x^2} dx$.

【解析】

$$\int_{-\infty}^{+\infty} \dfrac{1}{1+x^2} dx$$
$$= \int_{-\infty}^0 \dfrac{1}{1+x^2} dx + \int_0^{+\infty} \dfrac{1}{1+x^2} dx$$
$$= \lim_{a \to -\infty} \int_a^0 \dfrac{1}{1+x^2} dx + \lim_{b \to +\infty} \int_0^b \dfrac{1}{1+x^2} dx$$
$$= \lim_{a \to -\infty} [\arctan x]_a^0 + \lim_{b \to +\infty} [\arctan x]_0^b$$
$$= 0 - \left(-\dfrac{\pi}{2}\right) + \dfrac{\pi}{2} = \pi$$

例20 计算广义积分 $\int_0^{+\infty} t e^{-pt} dt$ (p 是常数, 且 $p > 0$).

【解析】

$$\int_0^{+\infty} t e^{-pt} dt$$
$$= \lim_{b \to +\infty} \int_0^b t e^{-pt} dt$$

$$= \lim_{b \to +\infty}\left\{\left[-\frac{t}{p}e^{-pt}\right]_0^b + \frac{1}{p}\int_0^b e^{-pt}dt\right\}$$

$$= \left[-\frac{t}{p}e^{-pt}\right]_0^{+\infty} - \frac{1}{p^2}[e^{-pt}]_0^{+\infty}$$

$$= -\frac{1}{p}\lim_{t \to +\infty}te^{-pt} - 0 - \frac{1}{p^2}(0-1) = \frac{1}{p^2}$$

例 21 证明广义积分 $\int_a^{+\infty}\frac{1}{x^p}dx(a>0)$ 当 $p>1$ 时收敛；当 $p\leqslant 1$ 时发散.

【证明】当 $p=1$ 时，$\int_a^{+\infty}\frac{1}{x^p}dx = \int_a^{+\infty}\frac{1}{x}dx = [\ln x]_a^{+\infty} = +\infty$.

当 $p \neq 1$ 时，$\int_a^{+\infty}\frac{1}{x^p}dx = \left[\frac{x^{1-p}}{1-p}\right]_a^{+\infty} =$

$$\begin{cases}+\infty, & p<1 \\ \dfrac{a^{1-p}}{p-1}, & p>1\end{cases}$$

故命题得证.

2. 无界函数的广义积分

定义 2：设函数 $f(x)$ 在 $[a,b]$ 上连续，而在点 a 的右邻域内无界，取 $\varepsilon>0$，如果极限

$$\lim_{\varepsilon \to 0^+}\int_{a+\varepsilon}^b f(x)dx$$

存在，则称此极限为函数 $f(x)$ 在 $[a,b]$ 上的广义积分，仍然记作 $\int_a^b f(x)dx$ 即

$$\int_a^b f(x)dx = \lim_{\varepsilon \to 0^+}\int_{a+\varepsilon}^b f(x)dx$$

这时也称广义积分 $\int_a^b f(x)dx$ 收敛. 如果上述极限不存在，就称广义积分 $\int_a^b f(x)dx$ 发散.

类似地，设函数 $f(x)$ 在 $[a,b]$ 上连续，而在点 b 的左邻域内无界，取 $\varepsilon>0$，如果极限

$$\lim_{\varepsilon \to 0^+}\int_a^{b-\varepsilon}f(x)dx$$

存在，则定义

$$\int_a^b f(x)dx = \lim_{\varepsilon \to 0^+}\int_a^{b-\varepsilon}f(x)dx$$

否则，就称广义积分 $\int_a^b f(x)dx$ 发散.

设函数 $f(x)$ 在 $[a,b]$ 上除点 $c(a<c<b)$ 外连续，而在点 c 的邻域内无界，如果两个广义积分

$$\int_a^c f(x)dx 与 \int_c^b f(x)dx$$

都收敛，则定义

$$\int_a^b f(x)dx = \int_a^c f(x)dx + \int_c^b f(x)dx$$

$$= \lim_{\varepsilon \to +0}\int_a^{c-\varepsilon}f(x)dx + \lim_{\varepsilon' \to +0}\int_{c+\varepsilon'}^b f(x)dx$$

否则，就称广义积分发散.

例 22 计算广义积分 $\int_0^a \dfrac{dx}{\sqrt{a^2-x^2}}$ ($a>0$).

【解析】

$$\int_0^a \frac{dx}{\sqrt{a^2-x^2}} = \lim_{\varepsilon \to +0}\int_0^{a-\varepsilon}\frac{dx}{\sqrt{a^2-x^2}}$$

$$= \lim_{\varepsilon \to +0}\left[\arcsin\frac{x}{a}\right]_0^{a-\varepsilon}$$

$$= \lim_{\varepsilon \to +0}\left[\arcsin\frac{a-\varepsilon}{a} - 0\right]$$

$$= \arcsin 1 = \frac{\pi}{2}$$

例 23 讨论广义积分 $\int_{-1}^1 \dfrac{1}{x^2}dx$ 的收敛性.

【解析】$\int_{-1}^1 \dfrac{1}{x^2}dx = \int_{-1}^0 \dfrac{1}{x^2}dx + \int_0^1 \dfrac{1}{x^2}dx$

$\lim_{\varepsilon \to +0}\int_{-1}^{-\varepsilon}\dfrac{1}{x^2}dx = -\lim_{\varepsilon \to +0}\left[\dfrac{1}{x}\right]_{-1}^{-\varepsilon} = \lim_{\varepsilon \to +0}\left(\dfrac{1}{\varepsilon}-1\right) = +\infty$

故所求广义积分 $\int_{-1}^1 \dfrac{1}{x^2}dx$ 发散.

例 24 证明广义积分 $\int_a^b \dfrac{dx}{(x-a)^q}$ 当 $q<1$ 时收敛；当 $q \geqslant 1$ 时发散.

【证明】当 $q=1$ 时，$\int_a^b \dfrac{dx}{x-a} = [\ln(x-a)]_a^b = +\infty$，发散；

当 $q \neq 1$ 时，$\int_a^b \dfrac{dx}{(x-a)^q} = \left[\dfrac{(x-a)^{1-q}}{1-q}\right]_a^b$

$$= \begin{cases}\dfrac{(b-a)^{1-q}}{1-q}, & q<1 \\ +\infty, & q>1\end{cases}$$

故命题得证.

第7章 定积分的应用

§7.1 定积分的微元法

1. 再论曲边梯形面积计算

设 $f(x)$ 在区间 $[a,b]$ 上连续,且 $f(x) \geqslant 0$,求以曲线 $y = f(x)$ 为曲边,底为 $[a,b]$ 的曲边梯形的面积 A.

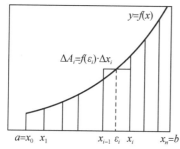

(1) 化整为零

用任意一组分点 $a = x_0 < x_1 < \cdots < x_{i-1} < x_i < \cdots < x_n = b$

将区间分成 n 个小区间 $[x_{i-1}, x_i]$,其长度为
$$\Delta x_i = x_i - x_{i-1}(i = 1, 2, \cdots, n)$$

并记 $\lambda = \max\{\Delta x_1, \Delta x_2, \cdots, \Delta x_n\}$

相应地,曲边梯形被划分成 n 个窄曲边梯形,第 i 个窄曲边梯形的面积记为
$$\Delta A_i, i = 1, 2, \cdots, n.$$

于是 $A = \sum_{i=1}^{n} \Delta A_i$

(2) 以不变高代替变高,以矩形代替曲边梯形,给出"零"的近似值
$$\Delta A_i \approx f(\xi_i) \Delta x_i \quad \forall \xi_i \in [x_{i-1}, x_i](i = 1, 2, \cdots, n)$$

(3) 积零为整,给出"整"的近似值
$$A \approx \sum_{i=1}^{n} f(\xi_i) \Delta x_i$$

(4) 取极限,使近似值向精确值转化
$$A = \lim_{\lambda \to 0} \sum_{i=1}^{n} f(\xi_i) \Delta x_i = \int_a^b f(x) \mathrm{d}x$$

上述做法蕴含如下两个实质性的问题:

(1) 若将 $[a,b]$ 分成部分区间 $[x_{i-1}, x_i]$($i = 1, 2, \cdots, n$),则 A 相应地分成部分量 ΔA_i($i = 1, 2, \cdots, n$),而
$$A = \sum_{i=1}^{n} \Delta A_i$$

这表明:所求量 A 对于区间 $[a,b]$ 具有可加性.

(2) 用 $f(\xi_i) \Delta x_i$ 近似 ΔA_i,误差应是 Δx_i 的高阶无穷小. 只有这样,和式 $\sum_{i=1}^{n} f(\xi_i) \Delta x_i$ 的极限方才是精确值 A. 故关键是确定
$$\Delta A_i \approx f(\xi_i) \Delta x_i (\Delta A_i - f(\xi_i) \Delta x_i = o(\Delta x_i))$$

通过对求曲边梯形面积问题的回顾、分析、提炼,我们可以给出用定积分计算某个量的条件与步骤.

2. 微元法

(1) 能用定积分计算的量 U,应满足下列三个条件:

① U 与变量 x 的变化区间 $[a,b]$ 有关;

② U 对于区间 $[a,b]$ 具有可加性;

③ U 部分量 ΔU_i 可近似地表示成 $f(\xi_i) \cdot \Delta x_i$.

(2) 写出计算 U 的定积分表达式步骤

① 根据问题,选取一个变量 x 为积分变量,并确定它的变化区间 $[a,b]$;

② 设想将区间 $[a,b]$ 分成若干小区间,取其中的任一小区间 $[x, x+\mathrm{d}x]$,求出它所对应的部分量 ΔU 的近似值
$$\Delta U \approx f(x)\mathrm{d}x(f(x) \text{ 为 } [a,b] \text{ 上一连续函数})$$
则称 $f(x)\mathrm{d}x$ 为量 U 的元素,且记作 $\mathrm{d}U = f(x)\mathrm{d}x$.

(3) 以 U 的微元 $\mathrm{d}U$ 作为被积表达式,以 $[a,b]$ 为积分区间,得
$$U = \int_a^b f(x) \mathrm{d}x$$

这个方法叫做微元法,其实质是找出 U 的元素 $\mathrm{d}U$ 的微分表达式
$$\mathrm{d}U = f(x)\mathrm{d}x (a \leqslant x \leqslant b)$$

§7.2 平面图形的面积

1. 直角坐标的情形

由曲线 $y=f(x)(f(x)\geqslant 0)$ 及直线 $x=a$ 与 $x=b(a<b)$ 与 x 轴所围成的曲边梯形面积为 A.

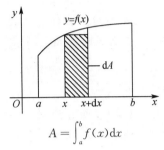

$$A=\int_a^b f(x)\mathrm{d}x$$

其中,$f(x)\mathrm{d}x$ 为面积元.

由曲线 $y=f(x)$ 与 $y=g(x)$ 及直线 $x=a$, $x=b(a<b)$ 且 $f(x)\geqslant g(x)$ 所围成的图形面积为 A.

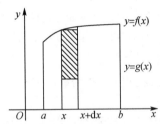

$$A=\int_a^b f(x)\,\mathrm{d}x-\int_a^b g(x)\,\mathrm{d}x=\int_a^b [f(x)-g(x)]\,\mathrm{d}x$$

其中,$[f(x)-g(x)]\mathrm{d}x$ 为面积元.

例 1 计算抛物线 $y^2=2x$ 与直线 $y=x-4$ 所围成的图形面积.

【解析】(1) 先画出所围的图形的简图

解方程 $\begin{cases} y^2=2x \\ y=x-4 \end{cases}$, 得交点:$(2,-2)$ 和 $(8,4)$.

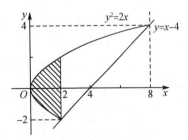

(2) 选择积分变量并定区间

选取 x 为积分变量,则 $0\leqslant x\leqslant 8$

(3) 给出面积元

在 $0\leqslant x\leqslant 2$ 上, $\mathrm{d}A=[\sqrt{2x}-(-\sqrt{2x})]\mathrm{d}x$
$\qquad\qquad\qquad\quad =2\sqrt{2x}\,\mathrm{d}x$

在 $2\leqslant x\leqslant 8$ 上, $\mathrm{d}A=[\sqrt{2x}-(x-4)]\mathrm{d}x$
$\qquad\qquad\qquad\quad =(4+\sqrt{2x}-x)\mathrm{d}x$

(4) 列定积分表达式

$$A=\int_0^2 2\sqrt{2x}\,\mathrm{d}x+\int_2^8[4+\sqrt{2x}-x]\mathrm{d}x$$

$$=\frac{4\sqrt{2}}{3}x^{\frac{3}{2}}\Big|_0^2+\left[4x+\frac{2\sqrt{2}}{3}x^{\frac{3}{2}}-\frac{1}{2}x^2\right]_2^8$$

$$=18$$

【另解】若选取 y 为积分变量,则 $-2\leqslant y\leqslant 4$

$$\mathrm{d}A=\left[(y+4)-\frac{1}{2}y^2\right]\mathrm{d}y$$

$$A=\int_{-2}^4 \left(y+4-\frac{1}{2}y^2\right)\mathrm{d}y$$

$$=\frac{y^2}{2}+4y-\frac{y^3}{6}\Big|_{-2}^4$$

$$=18$$

显然,解法二较简捷,这表明积分变量的选取有个合理性的问题.

例 2 求椭圆 $\dfrac{x^2}{a^2}+\dfrac{y^2}{b^2}=1$ 所围成的面积($a>0,b>0$).

【解析】据椭圆图形的对称性,整个椭圆面积应为位于第一象限内面积的 4 倍.

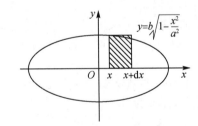

取 x 为积分变量,则 $0\leqslant x\leqslant a$, $y=b\sqrt{1-\dfrac{x^2}{a^2}}$

$$\mathrm{d}A=y\mathrm{d}x=b\sqrt{1-\dfrac{x^2}{a^2}}\,\mathrm{d}x$$

故 $\qquad A=4\int_0^a y\mathrm{d}x=4\int_0^a b\sqrt{1-\dfrac{x^2}{a^2}}\,\mathrm{d}x \qquad (*)$

作变量替换 $x=a\cos t\left(0\leqslant t\leqslant \dfrac{\pi}{2}\right)$

则 $\qquad y=b\sqrt{1-\dfrac{x^2}{a^2}}=b\sin t, \quad \mathrm{d}x=-a\sin t\,\mathrm{d}t$

$$A=4\int_{\frac{\pi}{2}}^0 (b\sin t)(-a\sin t)\mathrm{d}t$$

$$= 4ab\int_0^{\frac{\pi}{2}}\sin^2 t\,dt = 4ab\cdot\frac{(2-1)!}{2!}\cdot\frac{\pi}{2}$$
$$= \pi ab \qquad\qquad (**)$$

2. 极坐标情形

设平面图形是由曲线 $r=\varphi(\theta)$ 及射线 $\theta=\alpha,\theta=\beta$ 所围成的曲边扇形.

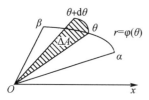

取极角 θ 为积分变量,则 $\alpha\leqslant\theta\leqslant\beta$,在平面图形中任意截取一典型的面积元素 ΔA,它是极角变化区间为 $[\theta,\theta+d\theta]$ 的窄曲边扇形.

ΔA 的面积可近似地用半径为 $r=\varphi(\theta)$,中心角为 $d\theta$ 的窄圆边扇形的面积来代替,即

$$\Delta A \approx \frac{1}{2}[\varphi(\theta)]^2 d\theta$$

从而得到了曲边梯形的面积元素

$$dA = \frac{1}{2}[\varphi(\theta)]^2 d\theta$$

从而

$$A = \int_\alpha^\beta \frac{1}{2}\varphi^2(\theta)d\theta$$

例3 计算心脏线 $r=a(1+\cos\theta)$ $(a>0)$ 所围成的图形面积.

【解析】由于心脏线关于极轴对称,

$$A = 2\int_0^\pi \frac{1}{2}a^2(1+\cos\theta)^2 d\theta$$
$$= a^2\int_0^\pi \left(2\cos^2\frac{\theta}{2}\right)^2 d\theta$$
$$= 4a^2\int_0^\pi \cos^4\frac{\theta}{2}d\theta \xrightarrow{\diamondsuit\frac{\theta}{2}=t} 8a^2\int_0^{\frac{\pi}{2}}\cos^4 t\,dt$$
$$= 8a^2 \cdot\frac{(4-1)!!}{4!!}\cdot\frac{\pi}{2} = \frac{3}{2}a^2\pi$$

§7.3 体 积

1. 旋转体的体积

旋转体是由一个平面图形绕该平面内一条定直线旋转一周而生成的立体,该定直线称为旋转轴.

计算由曲线 $y=f(x)$ 与直线 $x=a,x=b$ 及 x 轴所围成的曲边梯形,绕 x 轴旋转一周而生成的立体的体积.

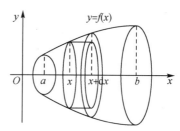

取 x 为积分变量,则 $x\in[a,b]$,对于区间 $[a,b]$ 上的任一区间 $[x,x+dx]$,它所对应的窄曲边梯形绕 x 轴旋转而生成的薄片似的立体的体积近似等于以 $f(x)$ 为底半径,dx 为高的圆柱体积. 即:体积元素为

$$dV = \pi[f(x)]^2 dx$$

所求的旋转体的体积为

$$V = \int_a^b \pi[f(x)]^2 dx$$

例4 求由曲线 $y=\dfrac{r}{h}\cdot x$ 及直线 $x=0,x=h$ $(h>0)$ 和 x 轴所围成的三角形绕 x 轴旋转而生成的立体的体积.

【解析】取 x 为积分变量,则 $x\in[0,h]$

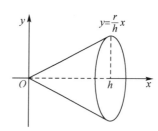

$$V = \int_0^h \pi\left(\frac{r}{h}x\right)^2 dx = \frac{\pi\cdot r^2}{h^2}\int_0^h x^2 dx = \frac{\pi}{3}r^2 h$$

2. 平行截面面积为已知的立体的体积(截面法)

由旋转体体积的计算过程可以发现:如果知道该立体上垂直于一定轴的各个截面的面积,那么这个立体的体积也可以用定积分来计算.

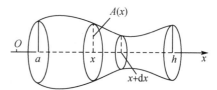

取定轴为 x 轴,且设该立体在过点 $x=a,x=b$ 且垂直于 x 轴的两个平面之内,以 $A(x)$ 表示过点 x 且垂直于 x 轴的截面面积.

取 x 为积分变量,它的变化区间为 $[a,b]$. 立体中相应于 $[a,b]$ 上任一小区间 $[x, x+\mathrm{d}x]$ 的一薄片的体积近似于底面积为 $A(x)$,高为 $\mathrm{d}x$ 的扁圆柱体的体积,

即体积元素为
$$\mathrm{d}V = A(x)\mathrm{d}x$$

于是,该立体的体积为
$$V = \int_a^b A(x)\mathrm{d}x$$

例 5 计算椭圆 $\dfrac{x^2}{a^2} + \dfrac{y^2}{b^2} = 1$ 所围成的图形绕 x 轴旋转而成的立体体积.

【解析】这个旋转体可看作是由上半个椭圆 $y = \dfrac{b}{a}\sqrt{a^2 - x^2}$ 及 x 轴所围成的图形绕 x 轴旋转所生成的立体.

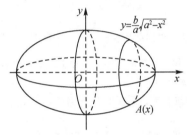

在 x 处 $(-a \leqslant x \leqslant a)$,用垂直于 x 轴的平面去截立体所得截面积为
$$A(x) = \pi \cdot \left(\dfrac{b}{a}\sqrt{a^2 - x^2}\right)^2$$
$$V = \int_{-a}^{a} A(x)\mathrm{d}x = \dfrac{\pi b^2}{a^2}\int_{-a}^{a}(a^2 - x^2)\mathrm{d}x = \dfrac{4}{3}\pi a b^2$$

例 6 计算摆线的一拱
$$\begin{cases} x = a(t - \sin t) \\ y = a(1 - \cos t) \end{cases} (0 \leqslant t \leqslant 2\pi)$$

以及 $y = 0$ 所围成的平面图形绕 y 轴旋转而生成的立体的体积.

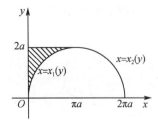

【解析】
$$V = \int_0^{2a} \pi \cdot x_2^2(y)\mathrm{d}y - \int_0^{2a} \pi \cdot x_1^2(y)\mathrm{d}y$$

$$= \pi \int_{2\pi}^{\pi} a^2(t - \sin t)^2 \cdot a\sin t\mathrm{d}t - \pi \int_0^{\pi} a^2(t - \sin t)^2 a\sin t\mathrm{d}t$$
$$= -\pi a^2 \int_0^{2\pi}(t - \sin t)^2 \sin t\mathrm{d}t$$
$$= 6\pi^3 a^3$$

请自行计算定积分 $\int_0^{2\pi}(t - \sin t)^2 \sin t\mathrm{d}t$.

§7.4 平面曲线的弧长

1. 直角坐标情形

设函数 $f(x)$ 在区间 $[a,b]$ 上具有一阶连续的导数,计算曲线 $y = f(x)$ 的长度 s.

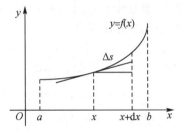

取 x 为积分变量,则 $x \in [a,b]$,在 $[a,b]$ 上任取一小区间 $[x, x+\mathrm{d}x]$,那么这一小区间所对应的曲线弧段的长度 Δs 可以用它的弧微分 $\mathrm{d}s$ 来近似. 于是,弧长元素为
$$\mathrm{d}s = \sqrt{1 + [f'(x)]^2}\,\mathrm{d}x$$

弧长为
$$s = \int_a^b \sqrt{1 + [f'(x)]^2}\,\mathrm{d}x$$

例 7 计算曲线 $y = \dfrac{2}{3}x^{\frac{3}{2}}\ (a \leqslant x \leqslant b)$ 的弧长.

【解析】$\mathrm{d}s = \sqrt{1 + (\sqrt{x})^2}\,\mathrm{d}x = \sqrt{1 + x}\,\mathrm{d}x$
$$s = \int_a^b \sqrt{1 + x}\,\mathrm{d}x = \dfrac{2}{3}(1 + x)^{\frac{3}{2}}\bigg|_a^b$$
$$= \dfrac{2}{3}\left[(1 + b)^{\frac{3}{2}} - (1 + a)^{\frac{3}{2}}\right]$$

2. 参数方程的情形

若曲线由参数方程
$$\begin{cases} x = \varphi(t) \\ y = \psi(t) \end{cases}(\alpha \leqslant t \leqslant \beta)$$

给出,计算它的弧长时,只需要将弧微分写成
$$\mathrm{d}s = \sqrt{(\mathrm{d}x)^2 + (\mathrm{d}y)^2} = \sqrt{[\varphi'(t)]^2 + [\psi'(t)]^2}\,\mathrm{d}t$$

的形式,从而有
$$s = \int_\alpha^\beta \sqrt{[\varphi'(t)]^2 + [\psi'(t)]^2}\,\mathrm{d}t$$

例 8 计算半径为 r 的圆周长度.

【解析】圆的参数方程为
$$\begin{cases} x = r\cos t \\ y = r\sin t \end{cases} (0 \leqslant t \leqslant 2\pi)$$
$$ds = \sqrt{(-r\sin t)^2 + (r\cos t)^2}\, dt = r\, dt$$
$$s = \int_0^{2\pi} r\, dt = 2\pi r$$

3. 极坐标情形

若曲线由极坐标方程
$$r = r(\theta) \ (\alpha \leqslant \theta \leqslant \beta)$$
给出,要导出它的弧长计算公式,只需要将极坐标方程化成参数方程,再利用参数方程下的弧长计算公式即可.

曲线的参数方程为
$$\begin{cases} x = r(\theta)\cos\theta \\ y = r(\theta)\sin\theta \end{cases} (\alpha \leqslant \theta \leqslant \beta)$$
此时 θ 变成了参数,且弧长元素为
$$ds = \sqrt{(dx)^2 + (dy)^2}$$
$$= \sqrt{(r'\cos\theta - r\sin\theta)^2(d\theta)^2 + (r'\sin\theta + r\cos\theta)^2(d\theta)^2}$$
$$= \sqrt{r^2 + r'^2}\, d\theta$$
从而有
$$s = \int_\alpha^\beta \sqrt{r^2 + r'^2}\, d\theta$$

例 9 计算心脏线 $r = a(1+\cos\theta)(0 \leqslant \theta \leqslant 2\pi)$ 的弧长.

【解析】$ds = \sqrt{a^2(1+\cos\theta)^2 + (-a\sin\theta)^2}\, d\theta$
$$= \sqrt{4a^2\left[\cos^4\frac{\theta}{2} + \sin^2\frac{\theta}{2}\cos^2\frac{\theta}{2}\right]}\, d\theta$$
$$= 2a\left|\cos\frac{\theta}{2}\right|\, d\theta$$
$$s = \int_0^{2\pi} 2a\left|\cos\frac{\theta}{2}\right|\, d\theta = 4a\int_0^\pi |\cos\varphi|\, d\varphi$$
$$= 4a\left[\int_0^{\frac{\pi}{2}} \cos\varphi\, d\varphi + \int_{\frac{\pi}{2}}^\pi -\cos\varphi\, d\varphi\right]$$
$$= 8a$$

§7.5 定积分在物理上的应用

例 10 半径为 r 的球沉入水中,球的上部与水面相切,球的密度为 ρ,现将这球从水中取出,需做多少功?

【解析】取 x 轴竖直向上,原点在水面上,将高为 x 的球缺取出水面,所需的力
$$F(x) = G - F_浮$$

其中, $G = \dfrac{4\pi r^3}{3}\rho g$ 是球的重力,$F_浮$ 表示将球缺取出之后,仍浸在水中的另一部分球缺所受的浮力.

由球缺公式
$$V = \pi \cdot x^2 \left(r - \frac{x}{3}\right)$$
有
$$F_浮 = \rho g\left[\frac{4}{3}\pi r^3 - \pi x^2\left(r - \frac{x}{3}\right)\right]$$

从而 $F(x) = \rho g\pi x^2\left(r - \dfrac{x}{3}\right)(x \in [0, 2r])$

显然, $F(x)$ 表示取出水面的球缺的重力. 即:仅有重力做功,而浮力并未做功,且这是一个变力. 从水中将球取出所做的功等于变力 $F(x)$ 从 0 改变至 $2r$ 时所做的功.

取 x 为积分变量,则 $x \in [0, 2r]$,对于 $[0, 2r]$ 上的任一小区间 $[x, x+dx]$,变力 $F(x)$ 从 0 到 $x+dx$ 这段距离内所做的功
$$dW = F(x)dx = \rho g\pi x^2\left(r - \frac{x}{3}\right)dx$$

这就是功元素,并且功为
$$W = \int_0^{2r} \rho g\pi x^2\left(r - \frac{x}{3}\right)dx = \frac{4}{3}\pi\rho gr^4$$

例 11 边长为 a 和 b 的矩形薄板,与水面成 α 角斜沉于水中,长边平行于水面而位于水深 h 处. 设 $a > b$,水的密度为 ρ,试求薄板所受的水压力 F.

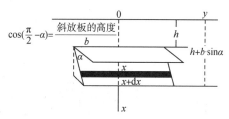

【解析】由于薄板与水面成 α 角斜放置于水中,则它位于水中最深的位置是
$$h + b\sin\alpha$$
取 x 为积分变量,则
$$x \in [h, h + b \cdot \sin\alpha] \text{(注意}: x \text{ 表示水深)}$$

在 $[h, h + b \cdot \sin\alpha]$ 中任取一小区间 $[x, x+dx]$,与此小区间相对应的薄板上一个小窄条形的面积是
$$a \cdot \frac{dx}{\sin\alpha}$$
它所承受的水压力约为
$$\rho \cdot g \cdot x \cdot a\frac{dx}{\sin\alpha}$$

于是,压力元素为

$$dF = \frac{a \cdot \rho \cdot g \cdot x}{\sin\alpha} dx$$

$$\begin{aligned}
F &= \int_h^{h+b\sin\alpha} \frac{a\rho \cdot g}{\sin\alpha} x \, dx \\
&= \frac{a\rho \cdot g}{2\sin\alpha}[(h+b\sin\alpha)^2 - h^2] \\
&= \frac{a\rho \cdot g}{2\sin\alpha}(2bh\sin\alpha + b^2\sin^2\alpha) \\
&= abh\rho \cdot g + \frac{1}{2}ab(b\sin\alpha)\rho \cdot g
\end{aligned}$$

这一结果的实际意义十分明显,$abh\rho \cdot g$ 正好是薄板水平放置在深度为 h 的水中时所受到的压力,而 $\frac{1}{2}ab(b\sin\alpha)\rho \cdot g$ 是将薄板斜放置所产生的压力,它相当于将薄板水平放置在深度为 $\frac{1}{2}b\sin\alpha$ 处所受的水压力.

例 12 设有一半径为 R,中心角为 φ 的圆弧形细棒,其线密度为常数 ρ,在圆心处有一质量为 m 的质点 M,试求该细棒对质点 M 的引力.

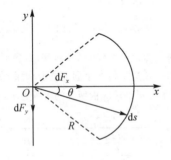

【解析】解决这类问题,一般来说,应选择一个适当的坐标系.建立如图所示的坐标系,质点 M 位于坐标原点,该圆弧的参数方程为

$$\begin{cases} x = R\cos\theta \\ y = R\sin\theta \end{cases} \left(-\frac{\varphi}{2} \leqslant \theta \leqslant \frac{\varphi}{2}\right)$$

在圆弧细棒上截取一小段,其长度为 ds,它的质量为 ρds,到原点的距离为 R,其夹角为 θ,它对质点 M 的引力 ΔF 的大小约为

$$\Delta F \approx k \cdot \frac{m\rho ds}{R^2}$$

ΔF 在水平方向(即 x 轴)上的分力 ΔF_x 的近似值为

$$\Delta F_x \approx k \cdot \frac{m\rho ds}{R^2}\cos\theta$$

而 $ds = \sqrt{(dx)^2 + (dy)^2} = Rd\theta$

于是,我们得到了细棒对质点的引力在水平方向的分力 F_x 的元素,

$$dF_x = \frac{km\rho}{R}\cos\theta d\theta$$

故 $F_x = \int_{-\frac{\varphi}{2}}^{\frac{\varphi}{2}} dF_x = \int_{-\frac{\varphi}{2}}^{\frac{\varphi}{2}} \frac{km\rho}{R}\cos\theta d\theta = \frac{2km\rho}{R}\sin\frac{\varphi}{2}$

类似地

$$F_y = \int_{-\frac{\varphi}{2}}^{\frac{\varphi}{2}} dF_y = \int_{-\frac{\varphi}{2}}^{\frac{\varphi}{2}} \frac{km\rho}{R}\sin\theta d\theta = 0$$

因此,引力的大小为 $\frac{2km\rho}{R}\sin\frac{\varphi}{2}$,而方向指向圆弧的中心.

第8章 微分方程

§8.1 微分方程的基本概念

先看两个例子.

例 1 一条曲线通过点 $(1,2)$,且在该曲线上任一点 $M(x,y)$ 处的切线的斜率为 $2x$,求这条曲线的方程.

【解析】设曲线方程为 $y = y(x)$.由导数的几何意义可知函数 $y = y(x)$ 满足

$$\frac{dy}{dx} = 2x \tag{8-1}$$

同时还满足以下条件:

$$x = 1 \text{ 时}, y = 2 \tag{8-2}$$

把(8-1)式两端积分,得

$$y = \int 2x \, dx \quad \text{即} \quad y = x^2 + C \tag{8-3}$$

其中 C 是任意常数.

把条件(8-2)代入(8-3)式,得 $C=1$,由此解出 C 并代入(8-3)式,得到所求曲线方程:
$$y = x^2 + 1 \qquad (8\text{-}4)$$

例2 列车在平直线路上以 20 m/s 的速度行驶;当制动时列车获得加速度 -0.4 m/s^2.问开始制动后多少时间列车才能停住,以及列车在这段时间里行驶了多少路程?

【解析】设列车开始制动后 t 秒时行驶了 s 米.根据题意,反映制动阶段列车运动规律的函数 $s = s(t)$ 满足:
$$\frac{d^2 s}{dt^2} = -0.4 \qquad (8\text{-}5)$$

此外,还满足条件:
$$t = 0 \text{ 时}, s = 0, v = \frac{ds}{dt} = 20 \qquad (8\text{-}6)$$

(8-5)式两端积分一次得:
$$v = \frac{ds}{dt} = -0.4t + C_1 \qquad (8\text{-}7)$$

再积分一次得
$$s = -0.2t^2 + C_1 t + C_2 \qquad (8\text{-}8)$$

其中,C_1, C_2 都是任意常数.

把条件"$t = 0$ 时 $v = 20$"和"$t = 0$ 时 $s = 0$"分别代入(8-7)式和(8-8)式,得
$$C_1 = 20, \quad C_2 = 0$$

把 C_1, C_2 的值代入(8-7)及(8-8)式得
$$v = -0.4t + 20, \qquad (8\text{-}9)$$
$$s = -0.2t^2 + 20t \qquad (8\text{-}10)$$

在(8-9)式中令 $v = 0$,得到列车从开始制动到完全停止所需的时间:
$$t = \frac{20}{0.4} = 50 (\text{s}).$$

再把 $t = 50$ 代入(8-10)式,得到列车在制动阶段行驶的路程
$$s = -0.2 \times 50^2 + 20 \times 50 = 500 (\text{m}).$$

上述两个例子中的关系式(8-1)和(8-5)都含有未知函数的导数,它们都是微分方程.

一般地,凡表示未知函数、未知函数的导数与自变量之间的关系的方程,叫做微分方程.未知函数是一元函数的方程叫做常微分方程;未知函数是多元函数的方程,叫做偏微分方程.本章只讨论常微分方程.

微分方程中所出现的未知函数的最高阶导数的**阶数**,叫做微分方程的阶.例如,方程(8-1)是一阶微分方程;方程(8-5)是二阶微分方程.又如,方程
$$y^{(4)} - 4y''' + 10y'' - 12y' + 5y = \sin 2x$$
是四阶微分方程.

一般地,n 阶微分方程的形式是
$$F(x, y, y', \cdots, y^{(n)}) = 0, \qquad (8\text{-}11)$$
其中,F 是含有 $(n+2)$ 个变量的函数.这里必须指出,在方程(8-11)中,$y^{(n)}$ 是必须出现的,而 $x, y, y', \cdots, y^{(n-1)}$ 等变量则可以不出现.例如 n 阶微分方程
$$y^{(n)} + 1 = 0$$
中,除 $y^{(n)}$ 外,其他变量都没有出现.

如果能从方程(8-11)中解出最高阶导数,得微分方程
$$y^{(n)} = f(x, y, y', \cdots, y^{(n-1)}). \qquad (8\text{-}12)$$

以后我们讨论的微分方程都是已解出最高阶导数的方程或能解出最高阶导数的方程,且(8-12)式右端的函数 f 在所讨论的范围内连续.

由前面的例子我们可以看到,在研究某些实际问题时,首先要建立微分方程,然后找出满足微分方程的函数,就是说,找出这样的函数,把这函数代入微分方程中能使该方程成为恒等式.这个函数就叫做该微分方程的解.确切地说,设函数 $y = \varphi(x)$ 在区间 I 上有 n 阶连续导数,如果在区间 I 上,
$$F[x, \varphi(x), \varphi'(x), \cdots, \varphi^{(n)}(x)] \equiv 0,$$
那么函数 $y = \varphi(x)$ 就叫做微分方程(8-11)在区间 I 上的解.

例如,函数(8-3)和(8-4)都是微分方程(8-1)的解;函数(8-8)和(8-10)都是微分方程(8-5)的解.

如果微分方程的解中含有任意常数,且任意常数的个数与微分方程的阶数相同,这样的解叫做微分方程的通解.例如,函数(8-3)是方程(8-1)的解,它含有一个任意常数,而方程(8-1)是一阶的,所以函数(8-3)是方程(8-1)的通解.又如,函数(8-8)是方程(8-5)的解,它含有两个任意常数,而方程(8-5)是二阶的,所以函数(8-8)是方程(8-5)的通解.

由于通解中含有任意常数,所以它还不能完全确定地反映某一客观事物的规律性,必须确定这些常数的值.为此,要根据问题的实际情况提出确定这些常数的条件.例如,例1中的条件(8-2),例2中的条件(8-6),便是这样的条件.

设微分方程中的未知函数为 $y = y(x)$,如果微分方程是一阶的,通常用来确定任意常数的条件是
$$x = x_0 \text{ 时}, y = y_0,$$
或写成
$$y\big|_{x=x_0} = y_0$$

其中，x_0, y_0 都是给定的值；如果微分方程是二阶的，通常用来确定任意常数的条件是：
$$x = x_0 \text{ 时}, y = y_0, y' = y'_0$$
或写成
$$y|_{x=x_0} = y_0, y'|_{x=x_0} = y'_0$$
其中，x_0, y_0 和 y'_0 都是给定的值. 上述条件叫做**初始条件**.

确定了通解中的任意常数以后，就得到了**微分方程的特解**. 例如(8-4)式是方程(8-1)满足条件(8-2)的特解；(8-10)式是方程(8-5)满足条件(8-6)的特解.

求微分方程 $y' = f(x,y)$ 满足初始条件 $y|_{x=x_0} = y_0$ 的特解这样一个问题，叫做一阶微分方程的初值问题，记作
$$\begin{cases} y' = f(x,y), \\ y|_{x=x_0} = y_0. \end{cases} \quad (8\text{-}13)$$

微分方程的解的图形是一条曲线，叫做**微分方程的积分曲线**. 初值问题(8-13)的几何意义是求微分方程的通过点 (x_0, y_0) 的那条积分曲线. 二阶微分方程的初值问题
$$\begin{cases} y'' = f(x,y,y'), \\ y|_{x=x_0} = y_0, y'|_{x=x_0} = y'_0 \end{cases}$$
的几何意义是求微分方程的通过点 (x_0, y_0) 且在该点处的切线斜率为 y'_0 的那条积分曲线.

例3 验证：函数
$$x = C_1 \cos kt + C_2 \sin kt \quad (8\text{-}14)$$
是微分方程
$$\frac{d^2 x}{dt^2} + k^2 x = 0 \quad (8\text{-}15)$$
的解.

【解析】求出所给函数(8-14)的导数
$$\frac{dx}{dt} = -kC_1 \sin kt + kC_2 \cos kt,$$
$$\frac{d^2 x}{dt^2} = -k^2 C_1 \cos kt - k^2 C_2 \sin kt$$
$$= -k^2 (C_1 \cos kt + C_2 \sin kt).$$

把 $\frac{d^2 x}{dt^2}$ 及 x 的表达式代入方程(8-15)得
$$-k^2(C_1 \cos kt + C_2 \sin kt) + k^2(C_1 \cos kt + C_2 \sin kt) \equiv 0.$$

函数(8-14)及其导数代入方程(8-15)后成为一个恒等式，因此函数(8-14)是微分方程(8-15)的解.

§8.2 可分离变量的微分方程

一阶微分方程有时也写成如下的对称形式：
$$P(x,y)dx + Q(x,y)dy = 0 \quad (8\text{-}16)$$

在方程(8-16)中，变量 x 与 y 对称，它既可以看作是以 x 为自变量，y 为未知函数的方程
$$\frac{dy}{dx} = -\frac{P(x,y)}{Q(x,y)} (Q(x,y) \neq 0)$$
也可看作是以 y 为自变量，x 为未知函数的方程
$$\frac{dx}{dy} = -\frac{Q(x,y)}{P(x,y)} (P(x,y) \neq 0)$$

在例1中，我们遇到一阶微分方程
$$\frac{dy}{dx} = 2x$$
或
$$dy = 2x dx$$
把上式两端积分就得到这个方程的通解，
$$y = x^2 + C$$

但是并不是所有的一阶微分方程都能这样求解，例如，对于一阶微分方程
$$\frac{dy}{dx} = 2xy^2 \quad (8\text{-}17)$$
就不能像上面那样直接两端用积分的方法求出它的通解. 原因是方程(8-17)的右端含有未知函数 y，积分求不出来.

为了解决这个困难，在方程(8-17)的两端同时乘以 $\frac{dx}{y^2}$，使方程(8-17)变为
$$\frac{dy}{y^2} = 2x dx$$

这样，变量 x 与 y 已分离在等式的两端，然后两端积分得
$$-\frac{1}{y} = x^2 + C$$
或
$$y = -\frac{1}{x^2 + C} \quad (8\text{-}18)$$
其中，C 是任意常数.

可以验证，函数(8-18)确实满足一阶微分方程(8-17)，且含有一个任意常数，所以它是方程(8-17)的通解.

一般地，如果一个一阶微分方程能写成
$$g(y)dy = f(x)dx \quad (8\text{-}19)$$
的形式，就是说，能把微分方程写成一端只含有 y 的函数和 dy，另一端只含 x 的函数和 dx，那么原方程就称为**可分离变量的微分方程**.

假定方程(8-19)中的函数 $g(y)$ 和 $f(x)$ 是连续的，设 $y = \varphi(x)$ 是方程的解，将它代入(8-19)中得到恒等式
$$g[\varphi(x)]\varphi'(x)dx = f(x)dx$$

将上式两端积分,并由 $y = \varphi(x)$ 引进变量 y,得
$$\int g(y)\mathrm{d}y = \int f(x)\mathrm{d}x$$
设 $G(y)$ 及 $F(x)$ 分别为 $g(y)$ 和 $f(x)$ 的原函数,于是有
$$G(y) = F(x) + C \qquad (8\text{-}20)$$
因此,方程(8-19)满足关系式(8-20).反之,如果 $y = \varphi(x)$ 是由关系式(8-20)所确定的隐函数,那么在 $g(y) \neq 0$ 的条件下,$y = \varphi(x)$ 也是方程(8-19)的解.事实上,由隐函数的求导法可知,当 $g(y) \neq 0$ 时,
$$\varphi'(x) = \frac{F'(x)}{G'(y)} = \frac{f(x)}{g(y)}$$
这就表示函数 $y = \varphi(x)$ 满足方程(8-19).所以如果已分离变量的方程(8-19)中 $g(y)$ 和 $f(x)$ 是连续的,且 $g(y) \neq 0$,那么(8-19)式两端积分后得到的关系式(8-20),就用隐式给出了方程(8-19)的解,(8-20)式就叫做微分方程(8-19)的隐式解.又由于关系式(8-20)中含有任意常数,因此(8-20)式所确定的隐函数是方程(8-19)的通解,所以(8-20)式叫做方程(8-19)的**隐式通解**.

例 4 求微分方程 $\dfrac{\mathrm{d}y}{\mathrm{d}x} = 2xy$(*) 的通解.

【解析】方程(*)是可分离变量的,分离变量后得
$$\frac{\mathrm{d}y}{y} = 2x\mathrm{d}x$$
两端积分 $\displaystyle\int \frac{\mathrm{d}y}{y} = \int 2x\mathrm{d}x$
得 $\ln|y| = x^2 + C_1$
从而 $y = \pm e^{x^2 + C_1} = \pm e^{C_1} e^{x^2}$
又因为 $\pm e^{C_1}$ 仍是任意常数,把它记作 C 便得到方程(*)的通解
$$y = Ce^{x^2}.$$

例 5 放射性元素铀由于不断地有原子放射出微粒子而变成其他元素,铀的含量就不断减少,这种现象叫做衰变.由原子物理学知道,铀的衰变速度与当时未衰变的原子的含量 M 成正比.已知 $t = 0$ 时铀的含量为 M_0,求在衰变过程中含量 $M(t)$ 随时间变化的规律.

【解析】铀的衰变速度就是 $M(t)$ 对时间 t 的导数 $\dfrac{\mathrm{d}M}{\mathrm{d}t}$.由于铀的衰变速度与其含量成正比,得到微分方程如下:

$$\frac{\mathrm{d}M}{\mathrm{d}t} = -\lambda M \qquad (**)$$

其中,$\lambda(\lambda > 0)$ 是常数,叫做衰变系数.λ 前的负号是指由于当 t 增加时 M 单调减少,即 $\dfrac{\mathrm{d}M}{\mathrm{d}t} < 0$ 的缘故.

由题易知,初始条件为
$$M|_{t=0} = M_0$$
方程(**)是可以分离变量的,分离后得
$$\frac{\mathrm{d}M}{M} = -\lambda \mathrm{d}t$$
两端积分 $\displaystyle\int \frac{\mathrm{d}M}{M} = \int (-\lambda)\mathrm{d}t$
以 $\ln C$ 表示任意常数,因为 $M > 0$,得
$$\ln M = -\lambda t + \ln C$$
即 $M = Ce^{-\lambda t}$
是方程(**)的通解.将初始条件代入上式,解得
$$M_0 = Ce^0 = C$$
故得 $M = M_0 e^{-\lambda t}$.

由此可见,铀的含量随时间的增加而按指数规律衰落减少.

§8.3 齐次方程

如果一阶微分方程 $y' = f(x,y)$ 中的函数 $f(x,y)$ 可写成 $\dfrac{y}{x}$ 的函数,即 $f(x,y) = \varphi\left(\dfrac{y}{x}\right)$,则称这个方程为齐次方程.例如 $(x+y)\mathrm{d}x + (y-x)\mathrm{d}y = 0$ 是齐次方程,因为其可化为
$$\frac{\mathrm{d}y}{\mathrm{d}x} = \frac{x+y}{x-y} = \frac{1 + \dfrac{y}{x}}{1 - \dfrac{y}{x}}$$

齐次方程
$$f(x,y) = \varphi\left(\frac{y}{x}\right) \qquad (8\text{-}21)$$
的解法是,先作代换 $u = \dfrac{y}{x}$,则 $y = ux$,于是
$$\frac{\mathrm{d}y}{\mathrm{d}x} = x\frac{\mathrm{d}u}{\mathrm{d}x} + u$$
从而 $x\dfrac{\mathrm{d}u}{\mathrm{d}x} + u = \varphi(u)$
$$\frac{\mathrm{d}u}{\mathrm{d}x} = \frac{\varphi(u) - u}{x}$$
分离变量得 $\dfrac{\mathrm{d}u}{\varphi(u) - u} = \dfrac{\mathrm{d}x}{x}$
两端积分得 $\displaystyle\int \frac{\mathrm{d}u}{\varphi(u) - u} = \int \frac{\mathrm{d}x}{x}$

求出积分后,再用 $\dfrac{y}{x}$ 代替 u,便得所给齐次方程的通解. 如上例

$$x\dfrac{du}{dx} + u = \dfrac{1+u}{1-u}$$

分离变量,得 $\dfrac{(1-u)du}{1+u^2} = \dfrac{dx}{x}$

积分后,将 $u = \dfrac{y}{x}$ 代回即得所求通解.

例 6 解方程
$$xy' = y(1 + \ln y - \ln x).$$

【解析】原式可化为
$$\dfrac{dy}{dx} = \dfrac{y}{x}\left(1 + \ln\dfrac{y}{x}\right)$$

令 $u = \dfrac{y}{x}$,则 $\dfrac{dy}{dx} = x\dfrac{du}{dx} + u$,

于是
$$x\dfrac{du}{dx} + u = u(1 + \ln u)$$

分离变量 $\dfrac{du}{u\ln u} = \dfrac{dx}{x}$

两端积分得 $\ln\ln|u| = \ln|x| + \ln C$

$$\ln|u| = Cx$$

即 $u = e^{Cx}$

故方程的通解为 $y = xe^{Cx}$.

后　　记

本书由对优秀生所开设讲座的讲稿修订而成,初稿在2005年基本完成,几经修改,于2013年正式出版。在成书的过程中,得到了很多学生的帮助,他们有的参与了书中习题的验算工作,有的对本书提出了很具建设性的建议,有的甚至给我提供了很好的题目。其中特别要感谢的同学有:2018届曾许曌秋、王言瑞同学,2017届朱亦凡同学,2014届陈鲲、倪盼睿同学,2013届滕志伟同学、2012届张新鹏同学,2011届蒋楠同学,2009届薄祥奚、陆明飞、史博和季张戎同学,2008届唐俊、王刚和朱朗同学,2007届仲克穷、夏士灿、张亮和刘晓戈同学,2006届傅雷、刘子豪和顾一帆同学,2005届程超同学,2004届叶良同学,2003届宋军同学,2001届李乐同学,2000届王见槽同学,1999届祈超同学,1995届李道银同学;南京师范大学物理奥林匹克集训队:2017届郑熠宁同学,2015届陆羽、孙一同学,2014届刘若衡、朱嘉迪同学,2013届孙韩超、王一婷、韩沛、汤皓月同学。

陆天明

2018 年 12 月于九龙湖